中国期货热点问题研究

冯玉成　主编

中国财经出版传媒集团

经济科学出版社
Economic Science Press

图书在版编目（CIP）数据

中国期货热点问题研究/冯玉成主编．—北京：
经济科学出版社，2019.5
ISBN 978 - 7 - 5218 - 0549 - 9

Ⅰ.①中…　Ⅱ.①冯…　Ⅲ.①期货市场 -
研究 - 中国　Ⅳ.①F832.5

中国版本图书馆 CIP 数据核字（2019）第 094029 号

责任编辑：程晓云
责任校对：蒋子明
版式设计：齐　杰
责任印制：王世伟

中国期货热点问题研究

冯玉成　主编
经济科学出版社出版、发行　新华书店经销
社址：北京市海淀区阜成路甲 28 号　邮编：100142
总编部电话：010 - 88191217　发行部电话：010 - 88191522
网址：www. esp. com. cn
电子邮件：esp@ esp. com. cn
天猫网店：经济科学出版社旗舰店
网址：http：//jjkxcbs. tmall. com
北京季蜂印刷有限公司印装
710 × 1000　16 开　24.75 印张　500000 字
2019 年 7 月第 1 版　2019 年 7 月第 1 次印刷
ISBN 978 - 7 - 5218 - 0549 - 9　定价：58.00 元
（图书出现印装问题，本社负责调换。电话：010 - 88191510）
（版权所有　侵权必究　打击盗版　举报热线：010 - 88191661
QQ：2242791300　营销中心电话：010 - 88191537
电子邮箱：dbts@ esp. com. cn）

序 》》》

　　刚过去的 2018 年是中国改革开放 40 周年、中国期货市场建设 30 周年。中国改革开放 40 年创造了"中国奇迹"，GDP 从 1978 年的 3645 亿元增长到 2018 年的 90 万亿元，人均 GDP 也由 100 多美元到接近 1 万美元；由一个贫穷、落后、封闭的国家发展为正在迈向现代化、小康、开放的国家。中国经济崛起，成为全球第二大经济体。中国期货市场发展同样成绩不菲，用短短 30 年的时间走过了西方 150 多年的路程，建立起了比较完整的期货市场体系，培育了铜、铁矿石、PTA 等有国际影响力的期货品种，市场交易规模位居世界前列，国际影响力不断提升。

　　2018 年也是中国资本市场不平凡的一年。一方面资本市场深化改革，对外开放提速。资管新规出炉，设立科创板并试点注册制，退市新规落地，多只股票被终止上市，A 股被纳入 MSCI、富时指数，第一个对外开放的原油期货品种上市，铁矿石、PTA 期货成功引进境外交易者等；另一方面因股指期货交易受限、金融期货及衍生品工具欠缺，资本市场黑天鹅频发，股指重挫，造成投资者严重损失，令投资者惆怅难忘。2018 年 A 股市场熊冠全球，上证指数下跌 24.59%，深证成指下跌 34.42%、中小板指下跌 37.75%、创业板指下跌 28.65%；市值蒸发 14.94 万亿元，在 A 股市场历史上仅次于 2008 年的 20.45 万亿元；近 9 成 A 股公司市值缩水，其中 507 家公司市值跌幅超过 50%，有 15 家公司 A 股市值缩水 80% 以上；投资者户均财富较 2017 年减少 12.71 万元，财富损失金额为近三年之最大。

　　2018 年股市下挫导致基金出现清盘潮，70 多家公募基金公司多达 394 只基金清盘，清盘数量是上年的 3.75 倍。私募基金清盘 8013 只，其中提前清盘数量 5069 只，股票策略产品清盘 3602 只，清盘数量明显多过往年。因股市下跌股权质押出现流动性风险。A 股上市公司大股东在融资环境总体偏紧的大背景下，股权融资成为较普遍的融资工具，据统计，截至 2018 年末，有 3432 家上市公司的股权被质押，质押总股数达 6343.25 亿股，占市场总股本的 11.24%，质押市值高达 4.23 万亿。2018 年股市走熊，加上流动性紧缩，大股东补仓有困难，引爆一个个定时炸弹，导致股票爆仓，控制权丧失，市场信心动摇，市值毁灭。2018年还是债券违约较为突出的一年。2014年公开市场首只债券发生违约，截至2019年1月15日，债券市场共有105个主体发行的242只债券发生了违约，涉及违约的债券本金规模达1946.28亿元。期间的2016年和2018年违约现象突出，2016年全年，我国债券市场新增违约发行人43家，涉及违约债券79只，违约规模约为408.36亿元。2018年新增违约发行人40家，新增违约债券118只，违约规模合计约为832.85亿元。2018年的新增违约债券数量及违约规模创出新高。高违约导致债券投资人承受较大损失。

显然，2018年股市熊冠全球、基金清盘潮、上市公司市值蒸发、大股东股权质押爆仓、投资者财富毁灭、大量债券违约致使投资损失等现象，与对冲股票市场、债券市场风险所需的股指、股票期货及期权、信用违约互换等场内外衍生工具匮乏有极大关系。从理论上讲，如果存在足够丰富的金融期货、期权等衍生工具，基金、上市公司、股权质押的股东就可以有效运用期货、期权、互换等工具对冲现货市场及个股下跌风险，缓释市场下跌动力，收窄股指跌幅，减少投资者损失。

因为金融期货及衍生品市场滞后导致政府及相关机构为化解局部风险付出巨大代价。以化解股权质押风险为例，为防范局部风险扩大，引发系统性风险，证监会、地方政府、行业协会均推出一系列纾困措施，监管层多措并举促进民营企业融资，加大上市公司并购重组，加大支持民营企业发债力度。地方政府纷纷设立纾困基金，银行、保险等通过信贷或者发行专项产品等给予支持，证券行业成立资管计划对接项目，证券交易所发行纾困专项债券，私募基金等市场机构加入纾困队伍，得以稳定市场、防范风险，帮助有发展前景但暂时陷入经营困难的上市公司纾解股权质押困境。Wind数据初步统计，纾困资金总规模7000多亿元。

美国金融改革发展历程表明，在间接金融向直接金融的转变过程中，金融衍生品的需求大幅增加，由此催生了风险管理金融的崛起，形成了美国以直接金融和风险管理金融为显著特征的金融模式。美国依靠直接金融市场社会资本和新型风险管理工具支撑了新经济发展，促进了经济结构调整；美国金融机构利用金融衍生品等风险管理工具为美国资本全球扩张保驾护航并将风险管理金融输出到全球，实现了美国金融模式的全球化，在促进其经济增长的同时向全球渗透，风险管理金融成为美国最具竞争力的领域，提升了美国金融业的国际竞争力，使得美国金融体系更富有弹性。

美国摆脱2008年金融危机，经济金融得以恢复是衍生品市场发挥风险转移功能的很好例证。场外衍生品规模庞大又缺乏监管是2008年金融危机爆发的导火索，但在危机后美国经济金融恢复中衍生品市场同样发挥了不可低估的作用。

2008 年金融危机相较于 1929 年美国遭受的打击更大，但其后果却远好于 1929 的大危机，并且当美国从危机中走出时，欧洲、日本及其他新兴国家却还在承受着由美国引起的这场危机的折磨。其中重要原因之一是美国利用衍生品分散和转移了相当一部分风险到美国之外的国家。据国际货币基金组织 2010 年 4 月的统计，金融危机使全球银行业共损失 2.28 万亿美元，美国仅承担了其中的 39%，其他国家分摊了 61%。2014 年以后，全球主要经济体货币政策显著分化：美联储结束量化宽松政策，货币政策逐渐回归正常，开始启动加息；日本央行则持续加码，维持超宽松货币政策；欧洲央行实施了数年之久的超宽松货币政策，从 2017 年下半年开始探索货币政策的艰难转向。数据显示，2017 年美国的 GDP 比金融危机前提高了 15%，而日本、欧元区的产出刚刚恢复到经济危机前的水平；美国失业率降至 4.1%，达到 17 年来的历史最低水平；道琼斯工业指数、标准普尔 500 指数自 2009 年 3 月以来持续上涨，屡创新高，上涨超过 33%。

相较于国内金融期货及衍生品，商品期货、期权功能发挥较为充分。以大豆产业为例，在中美贸易发生摩擦前的 2017 年，中国国产大豆 1455 万吨、进口 9554 万吨，进口量创历史最高纪录，进口依存度超过 87%。其中，来自美国的大豆约为 3285.4 万吨，占进口总量约 34%。2018 年中美贸易摩擦以来，中国进口美国大豆的数量明显减少，大豆进口成本明显上升。但因为国内期货市场已经构建起较为完整的油脂油料品种体系，超过 90% 的大中型大豆加工厂参与豆粕和豆油期货市场交易，现货套保比例平均达到 70%，期货市场已成为油脂行业的价格中心和风险管理中心。在进口美国大豆数量减少的情况下，国内大豆产业及时调整采购节奏，延长采购期限，大量转向采购南美大豆，同时在大连豆粕和豆油期货上进行套保，锁定了远期压榨利润。在价格波动加剧和货源受限的不利情况下，保障了国内粮油市场的稳定供应，也为下游饲料和养殖行业提供了稳定的原料来源，保证了肉禽蛋等副食供应安全。

发展期货及衍生品市场，建设与直接金融市场、间接金融市场相匹配的风险管理金融市场，形成结构合理、富有弹性的金融体系是经济大国持续、健康发展的基础。中国作为全球第二大经济体和第一大货物贸易国对金属、能源等基础原材料和农产品等大宗商品有巨大需求，原油、铁矿石、大豆等部分大宗商品进口依存度都在 70% 以上，控制战略资源、降低生产成本、锁定销售利润、扩大本国贸易、减少不必要的跨境流动等迫切需要建立国际大宗商品定价中心；发展资本市场、提高直接融资比重、资产证券化、利率市场化、汇率自由化、人民币国际化改革、宏观金融稳定等均需要建立与之匹配的金融期货、期权、互换、远期风险管理金融市场；精准扶贫、服务于一带一路国家建设也需要期货及衍生品市场的支撑。建设国际大宗商品定价中心是中国崛起应有之义。

目前国内期货及衍生品市场场外与场内、商品与金融、对外开放与对内改革发展不均衡情况突出，制约了价格发现、风险管理功能的发挥，削弱了大宗商品定价国际影响力以及资本市场的核心竞争力。加强期货及衍生品理论与应用研究，理论与实践相结合，有助于推动国内期货及衍生品市场发展。

北京物资学院是国内首家创办期货专业的高校，为期货行业培养、输送了大量优秀期货专业人才，被誉为期货界"黄埔军校"。《中国期货热点问题研究》是北京物资学院期货创新项目成果，是在2016年出版6部期货系列教材之后，发布的又一个期货及衍生品学术研究成果。该项目得到了学校领导、科研处及经济学院的鼎力支持。

本书结合供给侧改革背景，对国内期货市场发展现状、期货品种供给、不同交割制度交割效率、电解铝行业、期货公司套利交易保证金比率及金融科技信息系统安全问题、螺纹钢期货价格发现功能、钢铁企业套期保值、沪深300股指期货及股指期权套期保值、中国铁矿石期货国际定价权影响力、外汇风险对冲最优时点选择十一个专题进行了深入研究，有很高的学术价值，与供给侧改革下期货市场、期货行业、电解铝行业、钢铁行业、股票市场等结合紧密，对相关行业发展、企业经营及风险管理有很强的参考价值。适合于高校师生、证券期货从业人员、现货经营企业及市场投资者参考。

没有学校领导、科研处及经济学院的鼎力支持，就不会有本书的出版，在此对本书出版给予支持的各位领导表示衷心感谢。

尤其要感谢那些在各专题的研究、起草和修订过程中花费大量时间和精力的教师、校外专家及在校研究生。他们是：

专题一：中国期货市场发展概览，马刚博士，王一博（研究生）；

专题二：电解铝行业现状及发展研究，冯玉成副教授，师富广（投资经理）；

专题三：供给侧改革与期货品种供给研究，冯玉成副教授，王一博（研究生）；

专题四：供给侧改革下螺纹钢期货价格发现功能实证研究，冯玉成副教授，吴洋洋（研究生）；

专题五：去产能背景下钢铁企业套期保值研究，单磊副教授，靳晓坤（投资经理）；

专题六：沪深300股指期货及股指期权套期保值比较研究，冯玉成副教授，薛小帆（研究生）；

专题七：基于Copula函数风险控制的期货套利交易保证金比率研究，赵成珍博士；

专题八：中国铁矿石期货国际定价权影响力研究，单磊副教授，李罡（研究生），薛辰（投资经理）；

专题九：外汇波动、风险对冲与最优时点选择研究，赵成珍博士；

专题十：不同交割制度对我国期货市场交割效率的影响研究，朱才斌副教授，徐蓝（投资经理）；

专题十一：期货业务金融科技信息系统安全问题研究，许可副教授，俞琛研究员，张文友（研究生）。

冯玉成

2019.5

目 录 》》》

中国期货市场发展概览

马 刚 王一博

一、中国期货市场运行情况

截至 2018 年底，国内上市期货期权品种 61 个，其中商品期货 51 个，金融期货 6 个，商品期权 3 个，金融期权 1 个，覆盖了农产品、金属、能源、化工等国民经济主要领域。期货品种体系日渐丰富，市场规模稳步扩大，规则体系不断完善，价格和合约的连续性持续改善，市场投资者结构进一步优化。

期货市场整体运行质量和效率不断提高，价格发现和风险管理的基础功能得到发挥，在优化资源配置、促进产业升级、提升经济运行效率、维护国家经济金融安全等方面发挥着越来越重要的作用。

资产管理和风险管理等创新业务探索取得初步成效，场外衍生品业务平稳起步。期货公司业务模式日趋多元，行业集中度合理提高，一批综合实力、创新意识、风控水平较强的期货公司脱颖而出，成为行业创新发展领头羊，在促进期货市场功能发挥、服务供给侧结构性改革和脱贫攻坚战略等方面发挥了积极作用。

原油、铁矿石、PTA 期货成功引入境外投资者交易，中国期货市场国际定价影响力逐步提升。《外商投资期货公司管理办法》落地实施，期货业对外开放的大门进一步打开。

期货市场国际化程度不断深化，在资本市场扩大对外开放进程中发挥积极作用。期货公司"走出去"也取得了很大成绩，有公司成为伦敦金属交易所的圈内会员，还有公司成为芝加哥商业交易所的活跃清算会员。一些较为成熟的品种，如铜、铁矿石、PTA 等期货价格已经成为国内外贸易的重要定价参考。

（一）期货市场成交概况

1. 我国期货市场历年成交情况

经过 20 多年的探索发展，我国期货市场由无序走向成熟，市场交易量迅速增长，交易规模日益扩大。统计数据显示，我国期货市场成交额从 1993 年的

0.55万亿元到2018年的210.82万亿元，增长380.78倍。我国期货市场成交额的最大值在2015年，为554.23万亿元。近六年我国期货市场成交额的最小值在2017年，为187.90万亿元。我国期货成交量从1993年的890.69万手增长到2018年的30.29亿手，增长了339.07倍（见图1、图2）。

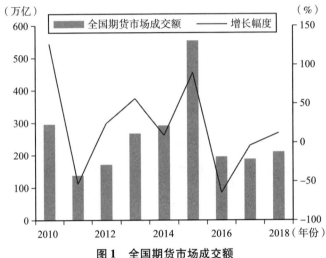

图1　全国期货市场成交额

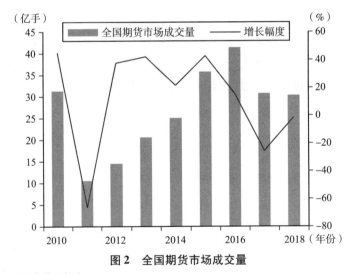

图2　全国期货市场成交量

资料来源：中国期货业协会。

2. 我国商品期货市场成交情况

如图3、图4所示，我国商品期货市场成交额和成交量总体上呈逐年递增态势。

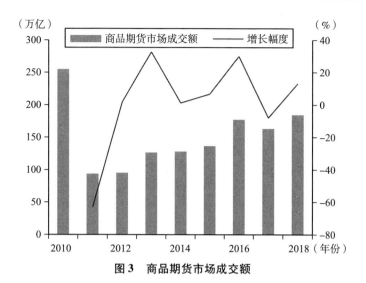

图 3　商品期货市场成交额

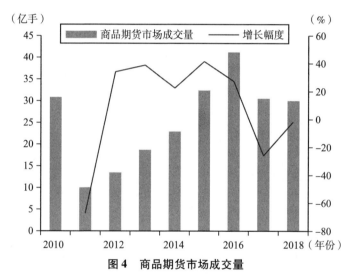

图 4　商品期货市场成交量

资料来源：中国期货业协会。

（1）2017 年我国商品期货成交情况。2017 年，商品期货成交 30.51 亿手，成交金额为 163.31 万亿元，分别占全国市场总成交量和总成交金额的 99.2% 和 86.91%，同比分别下降 25.92% 和 7.95%。螺纹钢品种全年成交 24.27 万亿元，占全市场交易金额的 12.92%，主力连续合约期价累计涨幅超过 30%，为 2017 年最强势期货品种；铁矿石全年成交金额达 17.08 万亿元、天然橡胶成交 13.75 万亿元、沪铜成交 13.39 万亿元，沪锌成交金额同样在 10 万亿元以上。

按商品大类来看，在主要能源化工期货品种中，2017 年聚氯乙烯的成交量同比大幅上升 246.89%；纤维板、焦煤和甲醇的成交量有所增加；动力煤、聚乙烯、玻璃、石油沥青、燃料油、聚丙烯和胶合板的成交量下降幅度超过30%。

在主要金属类品种方面，2017年硅铁、锰硅、铅和热轧卷板的成交量大幅上升，同比增长率分别为2368.32%、1726.35%、174.25%和138.28%；线材、铝和锌的成交量同比上升均超过25%；铁矿石、螺纹钢、铜和镍的成交量有所回落；锡、白银和黄金的成交量下降幅度超过30%。

在主要农产品类品种方面，2017年黄大豆二号的成交量同比大幅上升2220.12%；鸡蛋的成交量增长超过60%；菜籽油、天然橡胶、黄大豆一号、粳稻、强麦和玉米淀粉的成交量有所下降；晚籼稻、豆油、白糖、早籼稻、棕榈油、普麦、豆粕、菜籽粕、一号棉和油菜籽的成交量下降幅度超过30%（见表1、表2）。

表1　　　　　　　2017年成交量排名前十的商品期货品种成交情况　　　单位：亿手、%

品种名称	螺纹钢	铁矿石	豆粕	PTA	甲醇	玉米	热轧卷板	石油沥青	锌	天然橡胶
2017年成交量	7.02	3.29	1.63	1.40	1.37	1.27	1.03	0.97	0.91	0.89
同比增减	-24.85	-3.95	-58.12	-18.68	0.20	4.05	138.28	-47.84	2.97	2.90
成交量占全国份额	22.82	10.69	5.29	4.56	4.45	4.14	3.35	3.17	2.97	2.90

表2　　　　　　　2017年成交额排名前十的商品期货品种成交情况　　　单位：万亿、%

品种名称	螺纹钢	铁矿石	天然橡胶	铜	锌	焦炭	镍	黄金	铝	豆粕
2017年成交额	24.27	17.08	13.75	13.39	10.70	7.73	6.50	5.42	4.93	4.59
同比增减	11.40	17.97	11.23	-3.60	69.92	37.18	-16.12	-41.99	78.83	-58.97
成交额占全国份额	12.92	9.09	7.32	7.12	5.70	4.11	3.46	2.88	2.62	2.44

资料来源：中国期货业协会。

（2）2018年我国商品期货成交情况。2018年商品期货成交量30.02亿手，占总成交量的99.10%，成交额184.70万亿元，占总成交额的87.61%。2018年，国内期货市场的成交额分别超过2017年和2016年水平。其中，原油期货3月下旬上市以来累计成交额占全国期货市场总成交额的6.04%，是今年国内期市成交额增长的主要贡献者。成交额增长的原因主要在于能源板块和软商品板块，同比增长分别为272%和26%。另外，饲料养殖板块和有色金属板块也有小幅增长，金融期货板块成交的增长也有贡献。

2018年黑色产业链与有色金属成交额合计基本上占到全市场成交总额的46.5%，其中螺纹钢、焦炭、铁矿石和铜依然是国内热门品种，镍期货也吸引了大量资金参与。原油品种的上市为能源化工类别增添了生力军，苹果期货在农产品板块中异军突起（见表3、表4）。

表3　　　　　2018 年成交量排名前十的商品期货品种成交情况　　　单位：亿手、%

品种名称	螺纹钢	豆粕	铁矿石	PTA	甲醇	镍	菜籽粕	苹果	锌	热轧卷板
2018 年成交量	5.31	2.38	2.36	1.71	1.64	1.15	1.04	1.00	0.92	0.87
同比增减	-24.36	46.22	-28.06	21.69	19.63	54.84	30.88	12490.03	0.98	-15.82
成交量占全国份额	17.53	7.86	7.81	5.64	5.41	3.79	3.45	3.30	3.05	2.87

表4　　　　　2018 年成交额排名前十的商品期货品种成交情况　　　单位：万亿、%

品种名称	螺纹钢	焦炭	铜	原油	镍	铁矿石	锌	苹果	天然橡胶	豆粕
2018 年成交额	20.17	14.97	12.98	12.74	11.97	11.53	10.41	9.40	7.36	7.35
同比增减	-16.89	93.64	-3.07	—	84.06	-32.50	-2.72	14669.17	-46.46	60.29
成交额占全国份额	9.57	7.10	6.16	6.04	5.68	5.47	4.94	4.46	3.49	3.49

资料来源：中国期货业协会。

3. 我国金融期货市场成交情况

如图5、图6所示，我国金融期货交易额和成交量在2015年前呈现逐年稳步递增态势，在2015年达到极值，2015年金融期货市场成交额417.76万亿元，同比增长154.7%，成交量3.41亿手，同比增长56.66%。在2015年6～8月股市的大级别急速下跌使股指期货陷入舆论漩涡。为抑制过度投机、加强异常交易监管，监管层从2015年8月开始逐步加大对股指期货的管控，至9月初出台最严管控措施：单合约单日开仓10手、非套保交易保证金提至40%、平今仓手续费提高100倍。管控措施实施后，三大股指期货交易量大幅萎缩并一直维持低量水平，导致2016年我国金融期货市场交易额为18.22万亿元，同比减少95.64%，成交量为0.18亿手，同比减少94.62%。

中国股指期货在严重受限的状态下运行了将近一年半的时间，直到2017年2月才迎来第一次"松绑"，之后在2017年9月迎来第二次"松绑"。2018年12月3日迎来第三次"松绑"，这一次政策调整力度超前两次，一是将沪深300、上证50股指期货交易保证金标准统一调整为10%，中证500股指期货交易保证金标准统一调整为15%；二是将股指期货日内过度交易行为的监管标准调整为单个合约50手；三是将股指期货平今仓交易手续费标准调整为成交金额的万分之4.6，这也意味着股指期货正在逐步全方位"松绑"。此次"松绑"以来，尽管交易量出现了相对大的上涨，但是从交易额来看，跟2015年股指期货被限制交易之前相差甚远（见表5）。

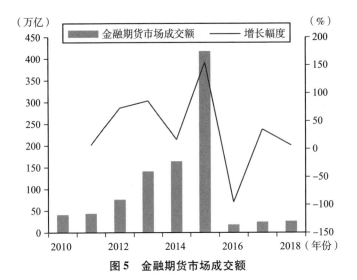

图5　金融期货市场成交额

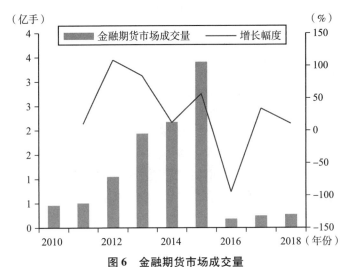

图6　金融期货市场成交量

资料来源：中国期货业协会。

表5　　　　　　　　2017年、2018年我国金融期货市场成交情况

品种名称	10年期国债期货	2年期国债期货	5年期国债期货	沪深300股指期货	上证50股指期货	中证500股指期货
2017年成交量（万手）	1194.90	—	282.13	410.11	244.36	328.09
同比增减（%）	93.45	—	2.33	−2.95	50.43	−7.63
成交量占全国份额（%）	0.39	—	0.09	0.13	0.08	0.11
2017年成交额（亿元）	113330.91	—	27519.29	45092.91	19004.17	40974.73

续表

品种名称	10 年期国债期货	2 年期国债期货	5 年期国债期货	沪深 300 股指期货	上证 50 股指期货	中证 500 股指期货
同比增减（%）	84.97	—	-0.80	12.33	81.47	-3.73
成交额占全国份额（%）	6.03	—	1.46	2.40	1.01	2.18
2018 年成交量（万手）	898.87	3.41	184.29	748.68	451.73	434.02
同比增减（%）	-24.77	—	-34.68	82.56	84.86	32.29
成交量占全国份额（%）	4.04	0.03	0.85	3.71	1.67	2.08
2018 年成交额（亿元）	85175.79	678.35	17965.14	78277.77	35243.28	43882.65
同比增减（%）	-24.84	—	-34.72	73.59	85.45	7.10
成交额占全国份额（%）	4.04	0.03	0.85	3.71	1.67	2.08

资料来源：中国期货业协会。

（二）期货交易所成交和期货品种供给状况

中国期货交易所在市场规模、产品创新、法规制度等多个方面取得了很大的成就。如图7～图9所示，我国各商品期货交易所成交量和成交额总体上均呈现良好的上涨态势。根据美国期货业协会的统计，2017 年，上海期货交易所、大连商品交易所、郑州商品交易所在全球按交易量排名分别列第 9 名、第 10 名、

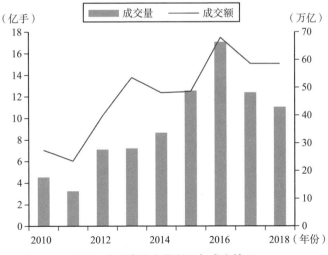

图7　大连商品交易所历年成交情况

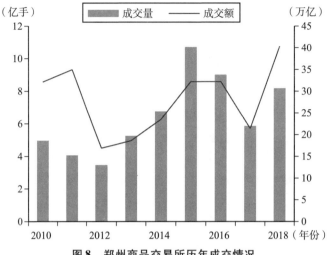

图 8　郑州商品交易所历年成交情况

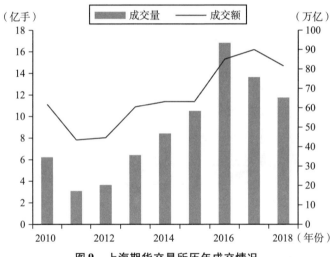

图 9　上海期货交易所历年成交情况

第 13 名。中国金融期货交易所在 2010～2015 年成交量和成交额快速增长，但是由于 2015 年 9 月国家出台了严格的管控措施，导致 2016～2018 年成交量和成交额锐减（见图 10）。

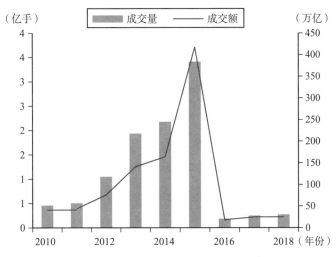

图 10   中国金融期货交易所历年成交情况

资料来源：中国期货业协会。

截至 2018 年底，我国四个期货交易所和上海证券交易所共上市期货期权品种 61 个，其期货品种体系日渐丰富（见表 6）。

表 6   期货交易所期货品种供给情况

交易所名称	品种数量	交易品种
大连商品交易所	18	黄大豆一号、黄大豆二号、胶合板、玉米、玉米淀粉、乙二醇、纤维板、铁矿石、焦炭、鸡蛋、焦煤、聚乙烯、豆粕、豆粕期权、棕榈油、聚丙烯、聚氯乙烯、豆油
郑州商品交易所	19	棉花、棉纱、早籼稻、甲醇、菜籽油、油菜籽、菜籽粕、白糖、白糖期权、PTA、普麦、强麦、玻璃、动力煤、粳稻、晚籼稻、硅铁、锰硅、苹果
上海期货交易所	17	铜、铜期权、铝、锌、铅、锡、镍、黄金、白银、天然橡胶、纸浆、燃料油、石油沥青、螺纹钢、线材、热轧卷板、原油
中国金融期货交易所	6	2 年期国债期货、5 年期国债期货、10 年期国债期货、沪深 300 股指期货、上证 50 股指期货、中证 500 股指期货
上海证券交易所	1	上证 50 ETF 期权

1. 2017 年交易所成交和期货品种供给情况

从国内四家交易所累计成交情况来看，上期所累计成交额为 89.93 万亿元，占全国市场的 47.86%，同比增长 5.83%。上海期货交易所的螺纹钢、天然橡胶、沪铜、沪锌、沪镍、沪金成交金额均超过 5 万亿元。

郑商所累计成交额为 21.37 万亿元，占全国市场的 11.37%，同比下降 31.14%。郑州商品交易所方面，白糖、PTA、甲醇三个期货品种 2017 年成交金额均在 3.6 万亿元以上。

大商所累计成交额为 52.01 万亿元，占全国市场的 27.68%，同比下降 15.31%；成交额前两名为黑色系的铁矿石和焦炭，二者累计成交额占大商所成交总额的比重接近五成，其后为豆粕、棕榈油及豆油期货，成交额均在 3.5 万亿元以上。

中国金融期货交易所累计成交额为 24.59 万亿元，占全国市场的 13.09%，同比增长 34.98%；成交量为 0.25 亿手，同比增长 34.14%。10 年期国债期货成交额占比最大，占中金所成交总额的 46%，其后为沪深 300 期指及中证 500 期指。

2017 年是中国商品期货期权的元年，豆粕、白糖两个期货期权品种先后在大商所、郑商所上市。其中，豆粕期货期权自 3 月 31 日起上市交易，2017 年成交量为 363.57 万手，成交金额为 23.89 亿元。白糖期货期权自 4 月 19 日起上市交易，2017 年成交量为 149.24 万手，成交金额为 14.36 亿元。

在期货品种创新方面，2017 年 8 月 18 日、12 月 22 日，棉纱期货和苹果期货在郑州商品交易所先后挂牌交易。截至 2017 年底，我国已上市期货和期货期权品种 57 个，基本覆盖了农产品、金属、能源、化工、金融等国民经济主要领域。

2. 2018 年交易所成交和期货品种供给情况

从国内四家交易所累计成交情况来看，上海期货交易所累计成交量约为 11.75 亿手，累计成交额约为 81.54 万亿元，同比分别下降 13.84% 和 9.33%，分别占全国市场的 38.81% 和 38.68%。螺纹钢期货的成交量和成交额大幅下降是主要原因。上海国际能源中心累计成交量约为 2650.9 万手，累计成交额约为 12.74 万亿元，分别占全国市场的 0.88% 和 6.04%。

郑州商品交易所累计成交量约为 8.18 亿手，累计成交额约为 38.22 万亿元，同比分别增长 39.55% 和 78.88%，分别占全国市场的 27.00% 和 18.13%。其中苹果、PTA、甲醇、棉花等品种的成交量和成交额均大幅增长。

大连商品交易所累计成交量约为 9.82 亿手，累计成交额约为 52.19 万亿元，同比分别下降 10.84% 和增长 0.36%，分别占全国市场的 32.42% 和 24.76%。

中国金融期货交易所累计成交量为 2.72 亿手，累计成交额为 26.12 万亿元，同比分别增长 10.63% 和 6.22%，分别占全国市场的 0.90% 和 12.39%。

在期货品种创新方面，承载着多方期待的原油期货，在经历多年等待之后，终于在 2018 年 3 月 26 日登陆上海国际能源交易中心。这不仅是我国能源领域的重磅新品种，也是国内第一个引入境外交易者的国际化期货品种。除原油期货外，商品期货也迎来了两个新品种。11 月 27 日，纸浆期货在上海期货交易所正式挂牌交易。12 月 10 日，乙二醇期货在大连商品交易所挂牌上市。金融期货也有新成员加入。8 月 17 日，2 年期国债期货合约开始在中国金融期货交易所上市交易。与此同时，老品种也有了新变化，期货品种走向国际的脚步正在加速。在原油期货向境外投资者打开大门的基础上，铁矿石期货、PTA 期货都在 2018 年顺利迎来国际化，目前平稳运行。

2018 年，上证 50ETF 期权市场成熟度不断提高，引来众多机构和个人投资者的关注和参与。2018 年 10 月，上证 50ETF 成交量不断扩大。10 月 17 日，期权成交量达到 293.11 万手；10 月 19 日成交量首次突破 300 万手，达到 332.6 万手，创历史新高；10 月 22 日，成交量再次刷新纪录，达到 373 万手，其中认购期权成交量为 232.8 万手，这也是认购期权成交量首次突破 200 万手的规模。

在商品期权方面，豆粕、白糖期货期权市场活跃程度不断上升，成交持仓稳步增加，市场规模不断扩大。2018 年 9 月 21 日，上海期货交易所推出铜期货期权，在上市的几个月以来，其市场活跃程度也在稳步上升。豆粕期权日均成交量为 10.5 万手，日均持仓量为 46 万手；白糖期权日均成交量为 3.8 万手，日均持仓量为 23.3 万手；铜期权日均成交量达到 2.9 万手，日均持仓量达到 3.5 万手。总体来看，期权市场成交和持仓快速增长，市场规模逐步扩大，未来将在期货及衍生品市场中扮演更亮眼的角色。

二、国内期货公司概况

（一）期货公司基本状况

如图 11 所示，我国期货公司数量整体呈下降趋势，但期货公司营业部数量呈现稳健上升态势。截至 2018 年末，我国期货公司共计 149 家，连续三年保持不变。期货公司营业部数量为 1850 家，较 2017 年的 1831 家上升 1.04%。如图 12 所示，我国期货公司净资产和净利润总体呈上升态势。

图 11　期货公司家数

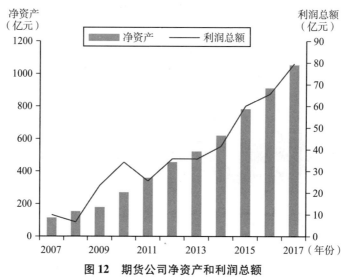

图 12　期货公司净资产和利润总额

资料来源：Wind 资讯。

期货公司中，开展资产管理业务的 125 家，设立境外分支机构超过 20 家。在 149 家期货公司中，完成股份制改造的 30 家，其中在香港上市 2 家，在新三板上市 16 家，有 3 家在主板市场 IPO 排队等待审批核准。

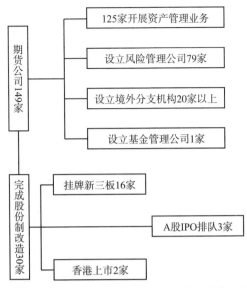

图13　国内期货公司创新业务与股份制统计示意

经期货公司自评、中国证监会派出机构初审、期货公司分类监管评审委员会复核和评审等程序，2018年公布分类评价结果如表7所示，37家期货公司获得A类及以上评级，与去年持平，其中19家获得AA类评级，较去年减少3家；B类及以上期货公司94家，去年为100家，同比减少6家；C类及以上期货公司为16家，较去年增加8家；D类期货公司2家，较去年减少2家。

具体来看，获评AA级的22家期货公司中，半数以上为券商系期货公司。这些公司为永安期货、华泰期货、中信期货、国泰君安、银河期货、光大期货、海通期货、广发期货、鲁证期货、申银万国、上海东证、浙商期货、国投安信、方正中期、中信建投、浙商期货、国信期货、长江期货。

表7　　　　　　　　　　　期货公司分类评价结果

分类评价结果	2016年		2017年		2018年	
	公司数量（家）	占比（％）	公司数量（家）	占比（％）	公司数量（家）	占比（％）
A类AA级	10	6.71	22	14.77	19	12.93
A类A级	20	13.42	15	10.07	18	12.24
B类BBB级	54	36.24	42	28.19	41	27.89
B类BB级	24	16.11	33	22.15	20	13.61
B类B级	24	16.11	25	16.78	31	21.09

续表

分类评价结果	2016 年		2017 年		2018 年	
	公司数量（家）	占比（%）	公司数量（家）	占比（%）	公司数量（家）	占比（%）
C 类 CCC 级	14	9.40	7	4.7	11	7.48
C 类 CC 级	1	0.67	1	0.67	5	3.40
C 类 C 级	0	0.00	0	0	0	0.00
D 类	2	1.34	4	2.68	2	1.36

资料来源：Wind 资讯。

如图 14 所示，在 149 家期货公司中，注册资本金额超过 10 亿元的有 12 家，注册资本金额为 5 亿~10 亿元的有 32 家，注册资本金额为 3 亿~5 亿元的有 23 家，注册资本金额为 0.5 亿~3 亿元的有 77 家，注册资本金额低于 0.5 亿元的有 6 家。

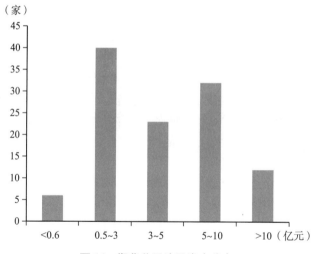

图 14　期货公司注册资本分布

资料来源：Wind 资讯。

如图 15 所示，期货公司就职从业人数近六年先降后升，2016 年期货公司就职从业人员数量最少为 28574 人，截至 2018 年三季度末，在中国期货业协会注册的期货从业人员总数为 59042 人，较 2008 年末的 11989 人增加了 47053 人，增幅为 392.47%。其中，期货公司就职从业人员数量为 30783 人，占比 52.14%；证券公司就职从业人员数量为 28259 人，占比 47.86%。基于中国期货业协会信息公示资料统计，截至 2017 年 12 月 31 日，全国 149 家期货公司共计有从业人员 29966 人。中信期货从业人数最多，累计达 909 人；永安期货次之，共计有 838 人。其后是华泰期货和南华期货，二者的从业人员总数均在 700 人以上。除此之外，银河期货居于第五，累计有 697 人。弘业期货、方正中期期货、海通期货、光大期货从业人员总数均在 500 人以上（见表 8）。

图 15　期货公司就职从业人员数量

资料来源：中国期货业协会。

表 8　　　　　　　　　　2018 年国内期货公司简要情况

公司名	证监会评级	成立日期	注册地	注册资本（万元）	从业人员数量	营业部数量	风险管理子公司
招金期货有限公司	B	1993/4/9	淄博	10500	113	6	——
中银国际期货有限责任公司	A	2008/1/21	海口	35000	98	3	——
混沌天成期货股份有限公司	BB	1995/1/3	深圳	81000	161	5	混沌天成资本管理有限公司
宏源期货有限公司	A	1995/5/2	北京	55000	284	18	宏源恒利（上海）实业有限公司
弘业期货股份有限公司	A	1995/7/31	南京	90700	674	45	弘业资本管理有限公司
迈科期货股份有限公司	BBB	1993/12/20	西安	32800	232	10	迈科资源管理（上海）有限公司

续表

公司名	证监会评级	成立日期	注册地	注册资本（万元）	从业人员数量	营业部数量	风险管理子公司
中大期货有限公司	BBB	1993/9/18	杭州	36000	359	34	浙江中大资本管理有限公司
江西瑞奇期货经纪有限公司	BB	1993/4/10	南昌	6418	141	17	—
铜冠金源期货有限公司	BBB	1992/5/28	上海	10000	97	5	—
国金期货有限责任公司	BB	1993/7/28	成都	15000	122	4	—
国海良时期货有限公司	A	1996/5/22	杭州	50000	318	29	国海良时资本管理有限公司
黑龙江时代期货经纪有限公司	B	2009/2/23	哈尔滨	3000	21	1	—
和合期货有限公司	D	1993/4/22	太原	3000	52	11	和合资源管理（上海）有限公司
云晨期货有限责任公司	B	2002/3/7	昆明	11000	70	5	上海滇晟商贸有限公司
新疆天利期货经纪有限公司	B	1994/10/28	乌鲁木齐	3000	49	2	—
金石期货有限公司	BB	1995/3/31	乌鲁木齐	12000	139	11	—
东海期货有限责任公司	A	1993/4/18	常州	50000	340	30	东海资本管理有限公司
福能期货股份有限公司	BBB	1995/5/18	福州	30000	221	16	—
晟鑫期货经纪有限公司	B	1995/11/22	阳泉	9000	110	6	—
国信期货有限责任公司	AA	1995/5/4	上海	60000	274	17	—
和融期货有限责任公司	B	2001/4/24	天津	8500	44	0	—

续表

公司名	证监会评级	成立日期	注册地	注册资本（万元）	从业人员数量	营业部数量	风险管理子公司
海证期货有限公司	B	1995/12/14	上海	16000	108	5	—
华龙期货股份有限公司	BBB	1992/11/12	兰州	50000	102	4	华龙新瑞资本管理有限公司
光大期货有限公司	AA	1993/4/8	上海	100000	447	28	光大光子投资管理有限公司
财达期货有限公司	B	1996/3/1	天津	10000	76	5	财达投资（天津）有限公司
海通期货股份有限公司	AA	1993/3/18	上海	130000	669	47	上海海通资源管理有限公司
首创京都期货有限公司	BB	1993/3/6	北京	10000	41	0	—
华创期货有限责任公司	BBB	1995/8/23	重庆	10000	76	2	—
中电投先融期货股份有限公司	CC	1995/8/23	重庆	101000	220	11	中电投先融（天津）风险管理有限公司
河北恒银期货经纪有限公司	B	1995/9/21	石家庄	5800	108	6	—
红塔期货有限责任公司	BBB	1993/4/13	昆明	10100	101	9	—
上海东方财富期货有限公司	BB	1995/5/15	上海	8000	81	6	—
申银万国期货有限公司	AA	1993/1/7	上海	77600	391	21	申银万国智富投资有限公司
新晟期货有限公司	B	1996/1/18	广州	12000	126	9	—
格林大华期货有限公司	A	1993/2/28	北京	58018	453	27	格林大华资本管理有限公司
天风期货股份有限公司	BB	1996/3/29	上海	31440	225	5	—

续表

公司名	证监会评级	成立日期	注册地	注册资本（万元）	从业人员数量	营业部数量	风险管理子公司
道通期货经纪有限公司	BB	2003/9/8	南京	15000	101	6	—
中财期货有限公司	BBB	1995/2/25	上海	19000	217	25	—
金信期货有限公司	CCC	1995/10/23	长沙	14200	107	7	—
上海东方期货经纪有限责任公司	B	1993/4/14	上海	3000	39	0	—
摩根大通期货有限公司	BB	1996/5/27	中山	46000	23	1	—
长江期货股份有限公司	A	1996/7/24	武汉	58784	341	25	长江产业金融服务（武汉）有限公司
山西三立期货经纪有限公司	B	1993/12/20	太原	3500	71	2	—
长城期货股份有限公司	CCC	1996/4/10	广州	6500	108	6	—
第一创业期货有限责任公司	B	1993/3/31	北京	12000	43	0	—
九州期货有限公司	BBB	1993/4/18	北京	5500	53	1	—
华闻期货有限公司	BB	1995/7/31	上海	30000	88	3	上海华闻金融信息服务有限公司
东吴期货有限公司	BBB	1993/3/18	上海	50000	207	14	上海东吴玖盈投资管理有限公司
大连良运期货经纪有限公司	B	1996/3/21	大连	10000	84	2	—
大越期货股份有限公司	BBB	1995/9/14	绍兴	12000	151	11	—
银河期货有限公司	AA	2006/12/25	北京	120000	688	32	银河德睿资本管理有限公司
国都期货有限公司	B	1992/9/24	北京	20000	114	2	—
中粮期货有限公司	AA	1996/3/1	北京	84620	292	14	中粮祈德丰（北京）商贸有限公司

续表

公司名	证监会评级	成立日期	注册地	注册资本（万元）	从业人员数量	营业部数量	风险管理子公司
国贸期货有限公司	CC	1996/6/6	厦门	53000	275	12	国贸启润资本管理有限公司
深圳瑞龙期货有限公司	CCC	1993/3/26	深圳	13000	69	5	—
创元期货股份有限公司	BBB	1995/2/25	苏州	26000	159	13	—
五矿经易期货有限公司	A	1993/4/21	深圳	120000	190	22	五矿产业金融服务（深圳）有限公司
中融汇信期货有限公司	CCC	1995/12/14	上海	60000	77	4	汇信融植资本管理有限公司
国投安信期货有限公司	AA	1993/4/23	上海	108600	184	13	国投中谷（上海）投资有限公司
长安期货有限公司	BBB	1993/4/6	西安	20000	97	10	—
信达期货有限公司	A	1995/10/5	杭州	50000	282	17	—
美尔雅期货有限公司	BBB	1995/5/15	武汉	5990	290	24	—
江海汇鑫期货有限公司	B	1995/5/2	沈阳	10000	109	6	—
瑞达期货股份有限公司	A	1993/3/24	厦门	40000	442	41	瑞达新控资本管理有限公司
华泰期货有限公司	AA	1995/7/10	广州	100900	512	42	华泰长城资本管理有限公司
德盛期货有限公司	B	2005/8/1	长沙	10000	217	10	—
华金期货有限公司	BB	1995/6/26	天津	60000	48	2	—
广发期货有限公司	AA	1993/3/23	广州	110000	409	30	广发商贸有限公司
前海期货有限公司	CCC	1995/7/7	南通	10000	79	14	—
中金期货有限公司	A	2004/7/22	西宁	20000	40	1	—
金瑞期货股份有限公司	A	1994/2/22	深圳	61224	336	21	金瑞前海资本管理（深圳）有限公司

续表

公司名	证监会评级	成立日期	注册地	注册资本（万元）	从业人员数量	营业部数量	风险管理子公司
民生期货有限公司	B	1996/1/29	北京	10000	153	15	—
招商期货有限公司	AA	1993/1/4	深圳	63000	139	4	招证资本投资有限公司
新湖期货有限公司	A	1995/10/23	上海	22500	454	25	上海新湖瑞丰金融服务有限公司
南证期货有限责任公司	B	1995/5/18	南京	12575	142	9	—
锦泰期货有限公司	BBB	1995/9/28	南京	30000	246	12	江苏锦盈资本管理有限公司
浙商期货有限公司	AA	1995/9/7	杭州	50000	396	24	浙江浙期实业有限公司
华联期货有限公司	BB	1993/4/10	东莞	10000	124	8	—
国联期货股份有限公司	BBB	1993/4/30	无锡	45000	285	25	国联汇富资本管理有限公司
兴业期货有限公司	BB	1993/3/22	宁波	10000	85	16	—
上海东证期货有限公司	AA	1995/12/8	上海	50000	339	24	东证润和资本管理有限公司
建信期货有限责任公司	A	1993/4/26	上海	43606	186	9	建信商贸有限责任公司
华安期货有限责任公司	BBB	1995/5/15	合肥	20000	193	14	—
一德期货有限公司	A	1995/7/10	天津	16500	266	10	—
东航期货有限责任公司	A	1995/2/11	上海	45000	84	0	—
盛达期货有限公司	B	2003/7/7	杭州	10000	52	3	—
南华期货股份有限公司	AA	1996/5/28	杭州	51000	962	39	浙江南华资本管理有限公司
兴证期货有限公司	A	1995/12/14	福州	33000	331	17	—
华融期货有限责任公司	B	1993/9/22	海口	32000	81	5	融鲲（上海）企业管理有限公司

续表

公司名	证监会评级	成立日期	注册地	注册资本（万元）	从业人员数量	营业部数量	风险管理子公司
国元期货有限公司	BBB	1996/4/17	北京	60000	164	13	国元投资管理（上海）有限公司
金鹏期货经纪有限公司	BBB	1991/5/15	北京	10090	99	8	—
华信期货股份有限公司	CC	1993/4/8	郑州	50600	331	32	上海华信物产有限责任公司
山金期货有限公司	BB	1992/11/24	天津	10000	90	4	—
天富期货有限公司	CCC	2003/4/30	长春	15000	90	4	—
中国国际期货股份有限公司	A	1992/12/28	北京	100000	458	25	中期国际风险管理有限公司
乾坤期货有限公司	B	1993/11/5	深圳	15000	27	0	—
通惠期货有限公司	B	1998/10/30	上海	12500	36	0	—
中天期货有限责任公司	B	1993/12/31	北京	10600	100	6	—
中信期货有限公司	AA	2008/3/4	深圳	160479	824	64	中信中证资本管理有限公司
金元期货股份有限公司	BBB	1991/12/3	海口	15000	103	8	—
华鑫期货有限公司	B	1992/12/23	上海	20000	104	2	—
鑫鼎盛期货有限公司	CCC	1995/10/4	福州	8000	70	4	—
大通期货经纪有限公司	D	1994/5/28	哈尔滨	4000	39	1	—
中航期货有限公司	BB	1993/4/7	深圳	28000	132	7	—
华西期货有限责任公司	BBB	1993/3/20	成都	30000	115	10	华期创一成都投资有限公司
宝城期货有限责任公司	BBB	1993/4/30	杭州	30000	291	15	宝城物华有限公司
国盛期货有限责任公司	B	1995/7/10	鞍山	5261	35	4	—

续表

公司名	证监会评级	成立日期	注册地	注册资本（万元）	从业人员数量	营业部数量	风险管理子公司
永安期货股份有限公司	AA	1992/9/7	杭州	131000	1004	41	浙江永安资本管理有限公司
江苏东华期货有限公司	CCC	1993/5/27	南京	5000	109	6	—
中辉期货有限公司	BBB	1993/12/4	上海	14300	262	24	—
鲁证期货股份有限公司	AA	2012/12/10	济南	100190	525	29	鲁证经贸有限公司
倍特期货有限公司	BBB	1993/2/8	成都	20000	206	13	—
国泰君安期货有限公司	AA	2000/4/6	上海	70000	363	15	国泰君安风险管理有限公司
渤海期货股份有限公司	BBB	1996/1/12	上海	50000	211	15	渤海融盛资本管理有限公司
平安期货有限公司	BBB	1996/4/10	深圳	30000	50	1	平安商贸有限公司
大有期货有限公司	BBB	2002/7/28	长沙	15000	202	12	上海夯石商贸有限公司
安信期货有限责任公司	A	2007/10/31	北京	28600	136	0	—
中钢期货有限公司	BBB	1995/12/8	北京	28000	105	9	—
深圳金汇期货经纪有限公司	B	1993/3/19	深圳	16000	66	4	中金岭南经贸（深圳）有限公司
中原期货股份有限公司	BBB	1993/4/18	郑州	33000	158	7	豫新投资管理（上海）有限公司
浙江新世纪期货有限公司	BB	1993/9/18	杭州	15000	166	19	—
徽商期货有限责任公司	A	1996/2/18	合肥	10000	308	28	—
新纪元期货股份有限公司	BBB	1995/3/15	徐州	10800	139	13	—
津投期货经纪有限公司	B	2004/5/31	天津	8500	67	2	—

续表

公司名	证监会评级	成立日期	注册地	注册资本（万元）	从业人员数量	营业部数量	风险管理子公司
英大期货有限公司	BBB	1996/4/17	北京	50000	201	8	—
方正中期期货有限公司	AA	2005/8/9	北京	34000	588	31	上海际丰投资管理有限责任公司
北京首创期货有限责任公司	BBB	1995/7/25	北京	20000	244	22	—
中信建投期货有限公司	AA	1993/3/16	重庆	39000	364	23	上海方顿投资管理有限公司
西南期货有限公司	BBB	1995/6/26	重庆	50000	71	4	—
天鸿期货经纪有限公司	B	1996/6/13	上海	9000	63	3	—
中投天琪期货有限公司	BBB	2009/11/12	深圳	30000	193	9	深圳前海中投天琪资本管理有限公司
瑞银期货有限责任公司	B	1995/7/10	上海	12000	22	0	—
广州期货股份有限公司	BBB	2003/8/22	广州	55000	270	17	广期资本管理（深圳）有限公司
神华期货有限公司	CCC	1995/1/6	深圳	5000	94	6	—
上海大陆期货有限公司	CCC	1993/4/21	上海	15000	138	12	—
国富期货有限公司	BB	1993/12/16	大连	6500	35	2	—
广州金控期货有限公司	BBB	2003/6/13	广州	80000	92	12	—
海航期货股份有限公司	BBB	1993/2/22	深圳	50000	142	12	睦盛投资管理（上海）有限公司
中州期货有限公司	B	1995/9/21	烟台	10000	132	12	—
上海中期期货股份有限公司	BBB	1995/9/19	上海	60000	286	14	上期资本管理有限公司
东方汇金期货有限公司	CCC	2004/12/28	长春	13000	140	7	—

续表

公司名	证监会评级	成立日期	注册地	注册资本（万元）	从业人员数量	营业部数量	风险管理子公司
上海东亚期货有限公司	CC	1993/4/17	上海	10000	69	2	—
冠通期货股份有限公司	BB	1996/1/16	北京	10000	162	14	—
东兴期货有限责任公司	BBB	1995/10/23	上海	31800	100	5	上海伴兴实业发展有限公司
安粮期货股份有限公司	BB	1996/7/9	合肥	50000	180	8	金财汇顶投资有限公司
恒泰期货股份有限公司	CCC	1992/12/20	上海	10000	63	1	—
上海浙石期货经纪有限公司	BB	1995/5/19	上海	20000	47	2	—
西部期货有限公司	BBB	1993/3/29	西安	30000	114	8	—
大地期货有限公司	BBB	1995/9/5	杭州	24000	195	12	浙江济海贸易发展有限公司
中衍期货有限公司	CC	1996/3/29	北京	13500	132	2	中衍期（天津）企业管理咨询有限公司

资料来源：Wind 资讯。

（二）期货公司经营情况

1. 期货公司财务状况

截至 2018 年 6 月底，根据 Wind 资讯数据，统计了国内 69 期货公司的主要财务数据，其净资产合计 788.12 亿元，净利润合计 33.35 亿元，净资本合计为 84.27 亿元，净资产回报率为 4.23%。其中，67 家披露了净利润数据，净利润高于 2 亿元的公司 2 家，净利润为 1 亿~2 亿元的公司 5 家，净利润为 0.5 亿~1 亿元的公司 12 家，净利润低于 0.5 亿元的公司 48 家。具体见图 16~图 19、表 9。

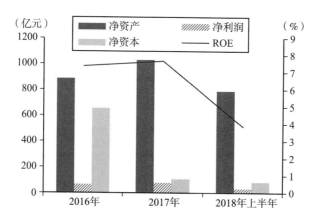

图 16　期货公司主要财务数据

注：ROE 参考右侧坐标轴。

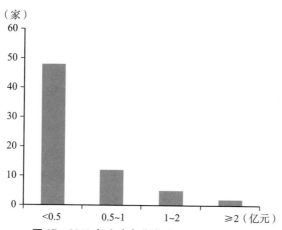

图 17　2018 年上半年期货公司净利润分布

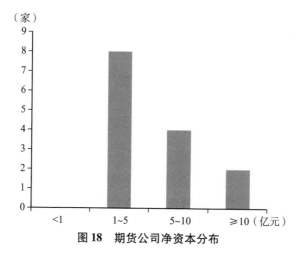

图 18　期货公司净资本分布

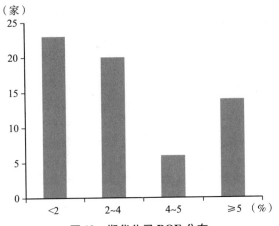

（家）

图 19   期货公司 ROE 分布

资料来源：Wind 资讯。

表 9			2018 年期货公司主要财务数据					单位：万元、%	
公司名	客户权益	手续费收入	净利润	净资产	净资本	净资产回报率 ROE	权益转化率	收入利润率	报告期
上海中期期货股份有限公司	94286	—	5893	94286	73156	6.25	0	—	2018/6/30
国都期货有限公司	—	1533	254	20199	—	1.26	—	16.58	2018/6/30
上海大陆期货有限公司	—	—	458	22795	—	2.01	—	—	2018/6/30
西部期货有限公司	—	2154	−615	31434	—	−1.96	—	−28.54	2018/6/30
建信期货有限责任公司	—	—	1600	67100	—	2.38	—	—	2018/6/30
国泰君安期货有限公司	—	21755	35700	919600	—	3.88	—	164.1	2018/6/30
上海东证期货有限公司	—	11863	3569	266266	—	1.34	—	30.08	2018/6/30
天富期货有限公司	—	—	43	10957	—	0.39	—	—	2018/6/30

续表

公司名	客户权益	手续费收入	净利润	净资产	净资本	净资产回报率ROE	权益转化率	收入利润率	报告期
格林大华期货有限公司	—	4298	8593	106615	—	8.06	—	199.92	2018/6/30
摩根大通期货有限公司	—	—	2641	51809	—	5.1	—	—	2018/6/30
浙商期货有限公司	—	7242	5275	154213	—	3.42	—	72.84	2018/6/30
海通期货股份有限公司	264083	—	17047	264083	105794	6.46	0	—	2018/6/30
华西期货有限责任公司	—	4395	1640	77915	—	2.1	—	37.32	2018/6/30
招商期货有限公司	—	18647	7390	137426	—	5.38	—	39.63	2018/6/30
深圳金汇期货经纪有限公司	—	—	304	38638	—	0.79	—	—	2018/6/30
中航期货有限公司	—	—	727	44032	—	1.65	—	—	2018/6/30
方正中期期货有限公司	—	12454	5032	115925	—	4.34	—	40.4	2018/6/30
申银万国期货有限公司	—	—	11548	227720	—	5.07	—	—	2018/6/30
金信期货有限公司	—	—	−285	12107	—	−2.35	—	—	2018/4/30
金元期货股份有限公司	28301	—	495	28301	23221	1.75	0	—	2018/6/30
海航期货股份有限公司	54382	—	343	54382	45538	0.63	0	—	2018/6/30
创元期货股份有限公司	39856	—	1678	39856	24554	4.21	0	—	2018/9/30

续表

公司名	客户权益	手续费收入	净利润	净资产	净资本	净资产回报率ROE	权益转化率	收入利润率	报告期
华鑫期货有限公司	—	3637	1279	—	—	—	—	35.16	2018/6/30
银河期货有限公司	—	—	13200	198700	—	6.64	—	—	2018/6/30
中电投先融期货股份有限公司	154044	—	4571	154044	52983	2.97	0	—	2018/6/30
中大期货有限公司	—	—	911	68045	—	1.34	—	—	2018/6/30
中信期货有限公司	—	46425	18464	387108	—	4.77	—	39.77	2018/6/30
国金期货有限责任公司	—	2485	1467	26400	—	5.56	—	59.03	2018/6/30
第一创业期货有限责任公司	—	—	315	14709	—	2.14	—	—	2018/6/30
中粮期货有限公司	272900	—	9800	272900	—	3.59	0	—	2018/6/30
倍特期货有限公司	—	2077	562	42883	—	1.31	—	27.07	2018/6/30
长江期货股份有限公司	92947	—	8134	91732	72426	8.87	0	—	2018/9/30
华创期货有限责任公司	—	—	663	15322	—	4.33	—	—	2018/6/30
江西瑞奇期货经纪有限公司	—	—	-292	39326	—	-0.74	—	—	2018/6/30
国元期货有限公司	—	3834	856	70106	—	1.22	—	22.32	2018/6/30
华龙期货股份有限公司	62172	—	1664	62172	46266	2.68	0	—	2018/9/30

续表

公司名	客户权益	手续费收入	净利润	净资产	净资本	净资产回报率 ROE	权益转化率	收入利润率	报告期
中信建投期货有限公司	—	—	7148	122683	—	5.83	—	—	2018/6/30
天风期货股份有限公司	53926	—	221	53926	30844	0.41	0	—	2018/6/30
永安期货股份有限公司	654387	—	76812	611464	195521	12.56	0	—	2018/9/30
华安期货有限责任公司	—	7798	2202	42673	—	5.16	—	28.24	2018/6/30
东吴期货有限公司	—	5714	960	64902	—	1.48	—	16.79	2018/6/30
国贸期货有限公司	—	—	655	74695	—	0.88	—	—	2018/6/30
美尔雅期货有限公司	—	—	1338	38885	—	3.44	—	—	2018/6/30
华联期货有限公司	—	—	1285	33520	—	3.83	—	—	2018/6/30
宝城期货有限责任公司	—	4796	737	43832	—	1.68	—	15.36	2018/6/30
渤海期货股份有限公司	64039	—	4349	64039	34812	6.79	0	—	2018/6/30
华泰期货有限公司	—	11609	10036	256588	—	3.91	—	86.45	2018/6/30
弘业期货股份有限公司	—	—	3831	160355	—	2.39	—	—	2018/6/30
中银国际期货有限责任公司	—	—	1831	46796	—	3.91	—	—	2018/6/30
兴业期货有限公司	—	—	434	—	—	—	—	—	2018/6/30

续表

公司名	客户权益	手续费收入	净利润	净资产	净资本	净资产回报率ROE	权益转化率	收入利润率	报告期
国投安信期货有限公司	—	10410	—	—	—	—	—	0	2018/6/30
西南期货有限公司	—	1756	916	54244	—	1.69	—	52.16	2018/6/30
中国国际期货股份有限公司	—	—	5322	142346	—	3.74	—	—	2018/6/30
混沌天成期货股份有限公司	111084	—	681	108651	68372	0.63	0	—	2018/6/30
东兴期货有限责任公司	—	2811	2495	63062	—	3.96	—	88.76	2018/6/30
大地期货有限公司	—	—	2012	—	—	—	—	—	2018/6/30
五矿经易期货有限公司	—	—	6905	775620	—	0.89	—	—	2018/6/30
迈科期货股份有限公司	69668	—	2005	69668	45490	2.88	0	—	2018/6/30
南证期货有限责任公司	—	—	385	23119	—	1.67	—	—	2018/6/30
光大期货有限公司	—	12740	8939	195400	—	4.57	—	70.17	2018/6/30
国信期货有限责任公司	—	7303	—	—	—	—	—	0	2018/6/30
东海期货有限责任公司	—	9049	2418	63426	—	3.81	—	26.72	2018/6/30
兴证期货有限公司	—	6094	4960	99001	—	5.01	—	81.39	2018/6/30
华闻期货有限公司	—	—	366	34274	—	1.07	—	—	2018/6/30

续表

公司名	客户权益	手续费收入	净利润	净资产	净资本	净资产回报率ROE	权益转化率	收入利润率	报告期
安粮期货股份有限公司	—	—	1365	63039	—	2.17	—	—	2018/6/30
广发期货有限公司	—	15223	6925	206126	—	3.36	—	45.49	2018/6/30
首创京都期货有限公司	—	781	−191	—	—	—	—	−24.49	2018/6/30
宏源期货有限公司	—	—	4860	113901	—	4.27	—	—	2018/6/30
大越期货股份有限公司	25853	—	323	25853	23684	1.25	0	—	2018/6/30

资料来源：Wind 资讯。

2. 经纪业务

2017 年全国期货公司经纪业务收入 138.09 亿元，同比增长 5.52%，占营业收入总额的 50.26%。

（1）代理交易规模。

2017 年期货公司代理交易额 187.90 万亿元，代理交易总量 30.76 亿手，分别同比下降 3.95% 和 25.66%。期货公司期权代理交易额 174.47 亿元，代理交易总量 0.3 亿手。期货公司股票代理交易额 11.13 亿元，代理交易总量 1.28 亿手，如图 20 所示。

2018 年期货公司代理交易额 210.82 万亿元，代理交易量 30.29 亿手，分别同比上升 12.2% 和下降 1.53%（见图 20）。

2017 年期货代理交易额排名前 20 名的期货公司代理交易额合计 101.3 万亿元，占全部代理交易额的 53.91%；排名前 60 的期货公司代理交易额合计 159.26 万亿元，占全部代理交易额的 84.76%。

2017 年期货公司佣金率继续保持回升态势，为万分之 0.367（同比口径），是近八年的最高值（见图 21）。

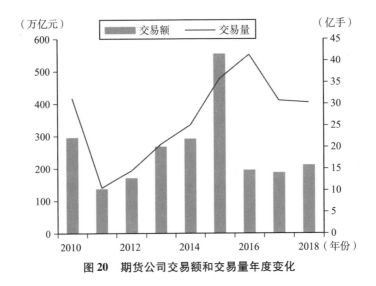

图 20 期货公司交易额和交易量年度变化

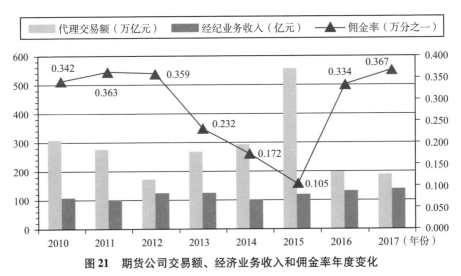

图 21 期货公司交易额、经济业务收入和佣金率年度变化

（2）客户权益（客户保证金）。

如图 22 所示，我国期货公司客户权益整体呈现良好上升态势。2017 年客户权益前 20 名的公司合计 2259.15 亿元，占全部份额的 56.25%，前 60 名的公司合计 3434.17 亿元，占全部份额的 85.51%。在客户权益平均值 26.95 亿元以上公司有 41 家，平均值以下的有 108 家。其中，客户权益 50 亿以上的公司有 21 家。

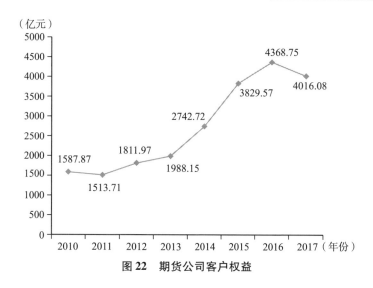

图 22 期货公司客户权益

3. 投资咨询业务

如表 10 所示,近五年来,我国期货公司投资咨询业务实现收入的期货公司家数不断增加,主要是收入规模 500 万元以上和 10 万元以下的期货公司数量增加明显。

截至 2017 年末,有 114 家期货公司获得投资咨询业务资格。其中,有 65 家期货公司该项业务实现收入,共计 1.67 亿元,同比下降 33.2%,占营业收入比重由 2016 年的 1.04% 下降为 0.61%。其中,该项业务收入超 1000 万元的公司有 6 家。

表 10   历年期货投资咨询业务收入情况

收入规模	2013 年	2014 年	2015 年	2016 年	2017 年
1000 万元及以上	1	3	4	7	6
500 万~1000 万元	3	0	4	4	5
100 万~500 万元	8	15	15	15	8
50 万~100 万元	6	5	9	10	11
10 万~50 万元	16	12	14	14	12
10 万元以下	13	10	10	14	23
实现收入家数共计	47	45	56	64	65

资料来源:期货业协会。

4. 资产管理业务

如表 11 所示,近五年来资产管理业务实现收入的期货公司家数增幅明显。

截至 2017 年底，有 129 家期货公司获得资产管理业务资格。其中，有 107 家期货公司该项业务实现收入，共计 5.57 亿元，同比增长 2.58%，占营业收入比重由 2016 年的 2.26% 下降为 2.03%。其中，该项业务收入超过 1000 万元的公司有 16 家。截至 2018 年 10 月底，仍有 129 家期货公司具备开展资产管理业务的资格，备案产品数量 2146 只，产品规模 1580.98 亿元。

表 11   历年期货公司资产管理业务收入情况

收入规模	2013 年	2014 年	2015 年	2016 年	2017 年
1000 万元及以上	1	3	9	15	16
500 万~1000 万元	3	1	5	5	21
100 万~500 万元	8	13	20	50	34
50 万~100 万元	6	3	13	9	11
10 万~50 万元	16	0	12	17	15
10 万元以下	13	14	25	6	10
实现收入家数共计	47	34	84	102	107

资料来源：期货业协会。

5. 风险管理业务

截至 2017 年底，70 家风险管理公司资产总额达 266.73 亿元，同比增长 20%；净资产总额达 135.60 亿元，同比增长 57%；注册资本总额 141.90 亿元，同比增长 43%；实收资本总额 128.44 亿元，同比增长 49%；全年业务收入总额 843.92 亿元，同比增长 74%；全年净利润总额 9 亿元，同比增长 6.75 倍，共有 50 家风险管理公司实现盈利，共计盈利 9.66 亿元，同比增长了 2 倍。

2017 年共有 54 家风险管理公司参与了期货市场交易，较 2016 年同期增加 8 家，全年期货交易（含特法账户）成交量 2605.01 万手，成交额 11029.82 亿元，同比上升 2.56 倍；交割量 20.4 万手，交割额 121.44 亿元，同比增加 19.72 倍。共有 32 家公司参与了交易所场内期权交易，较 2016 年增加 16 家。场内期权交易量 249.16 万张，交易额总计 1.13 亿元，同比增加 3.04 倍。共有 11 家公司作为做市场参与场内豆粕和白糖期权交易。截至 2017 年 12 月，累计成交量达到 388 万手，成交金额 30.55 亿元。

截至 2018 年 10 月底，全行业风险管理子公司共计 79 家，总资产 348.4 亿元，2018 年前十个月实现业务收入 844.35 亿元，同比增长 31.32%（见表 12）。

表 12　　　　　　　　　　期货公司风险管理业务开展情况

年份	项目	仓单购销	仓单反售/回购	合作套保协议	场外期权交易
2015	公司数量	31 家	22 家	20 家	16 家
	金额/交易数目	1305.53 亿元	28.26 亿元	126 笔	405 笔
2016	公司数量	34 家	11 家	24 家	27 家
	金额/交易数目	1340.25 亿元	35.84 亿元	284 笔	1349 笔
2017	公司数量	54 家	17 家	30 家	42 家
	金额/交易数目	1767.72	93.65 亿元	194 笔	12079 笔

三、中国期货市场服务实体经济情况

（一）服务实体经济总体概况

中国期货市场在服务实体经济、大力支持供给侧结构性改革、助力"三农"发展和扶贫攻坚等国家重大战略中发挥了巨大的作用。

1. 产品创新取得突破性进展

（1）场内商品期权正式推出

2017 年 3 月 31 日，国内首只场内商品期权产品——豆粕期权在大连商品交易所上市挂牌交易；4 月 19 日，白糖期权正式在郑商所挂牌交易。商品期权的推出，进一步丰富了我国期货市场交易方式，对于市场风险管理具有重要意义。有助于完善期货市场价格发现功能，将为相关产业链、各类企业、机构提供灵活的避险工具，为期货服务三农和其他实体经济注入新动力。有助于推动期货公司业务的创新发展，持续拓展期货市场服务实体经济的能力，标志着商品期权时代正式开启。

从目前的交易规模来看，国内商品期权市场较成熟市场仍有差距，但是任何新生事物的发展都需要一个过程。随着市场的不断成熟，期权工具将在促进期货及衍生品市场功能发挥、服务实体经济方面发挥更积极的作用。2017 年，豆粕期权和白糖期权上市以来，经历了上市挂牌、交易、结算、非主力月份合约到期、主力月份合约到期等一系列完整的业务情景，交易、行权、结算业务运转正常，软硬件已经得到较为全面的检验，经过全市场的努力，实现了平稳运行的目标，为下一步期权市场的发展打下了良好基础。

（2）期货品种创新进程明显加快

2018 年国内期货市场共推出四个期货品种和一个期货期权品种，品种创新有序推进，丰富了我国期货市场品种体系。

3 月 26 日，原油期货登陆上海国际能源交易中心。

8 月 17 日，2 年期国债期货合约开始在中国金融期货交易所上市交易。

9 月 21 日，上海期货交易所推出铜期货期权。

11 月 27 日，纸浆期货在上海期货交易所正式挂牌交易。

12 月 10 日，乙二醇期货在大连商品交易所挂牌上市。

2. "保险＋期货"试点稳步扩大

在"保险＋期货"模式中，一是利用期货市场的价格发现功能，把期货价格作为保险产品的目标价格和理赔依据；二是利用期货市场的套期保值功能，为投保的种植、养殖产品分散价格下跌风险。具体而言，就是保险公司基于期货市场上相应的农产品期货价格开发农产品价格保险；农户或合作社等涉农主体通过购买保险公司的农产品价格保险规避价格下跌风险；保险公司通过购买期货公司风险管理公司的场外期权产品，进行再保险，以对冲农产品价格下降可能带来的赔付风险；期货公司风险管理公司通过期货市场进行相应的风险对冲操作，进一步分散风险。"保险＋期货"最终实现为农户保驾护航。

自 2015 年至今，"保险＋期货"试点已经相对成熟，精准扶贫助力现代农业效果显著。大连商品交易所、郑州商品交易所、上海期货交易所和多家期货经营机构积极落实中央一号文件要求，稳步扩大"保险＋期货"试点。2017 年，大连商品交易所联合 25 家期货公司、8 家保险公司，开展了 32 个"保险＋期货"试点项目，支持资金近 7000 万元，涉及现货规模超过 75 万吨；上海期货交易所正式启动天然橡胶"保险＋期货"精准扶贫工作，批准 23 个试点项目，挂钩橡胶现货 3.6 万吨，给胶农提供价格托底，保障割胶收益；郑州商品交易所在棉花、白糖等品种上积极推进"保险＋期货"精准扶贫试点工作。交易所支持的"保险＋期货"试点品种包括玉米、大豆、棉花、白糖和天然橡胶，试点省份涵盖黑龙江、新疆、云南等 12 个省（市、自治区），覆盖近 40 个国家级贫困县，试点项目达 75 个，惠及 11.86 万户农户和 211 个合作社，覆盖面积262.70 万亩，共涉及现货规模 88.55 万吨，各交易所支持资金额达 1.11 亿元。试点项目数量和支持金额较 2016 年均有大幅提高，试点模式引入价格险、收入险等，服务方式不断创新，为服务"三农"发展提供了有力的资本市场支持。

2018 年，国内期货公司与多家保险公司合作，围绕大豆、玉米、鸡蛋、白糖、棉花、苹果、天然橡胶等农产品开展了上百个试点项目，覆盖农业种植面积数百万亩。大连商品交易所在 2018 年推出涵盖"保险＋期货"、场外期权、基差贸易等多种形式在内的"农民收入保障计划"，共支持开展 99 个试点项目。上海期货交易所 2018 年拿出专项资金 7200 万元，支持开展 32 个天然橡胶"保险＋期货"试点项目。郑州商品交易所 2018 年支持开展 40 个"保险＋期货"试点项目，除棉花和白糖外，将苹果品种也纳入试点范围，"保险＋期货"正助力农村

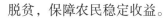

脱贫，保障农民稳定收益。

3. 期交所着力发展大宗商品交易业务

从交易所层面来看，在研发新品种的同时，对交易过程的优化也是重要工作内容之一。2018年，期货交易所开始发力推动大宗交易业务。

2018年5月28日，上海期货交易所搭建的上期标准仓单交易平台正式上线，这也是我国第一个标准仓单交易平台。标准仓单的上线，可以促进市场化的地区升贴水、品牌升贴水和等级升贴水的形成，使实体企业期待的"天天交易、日日交割"的模式成为现实，有助于降低实体企业相关成本，促进我国实现供给侧结构性改革的根本目标。

2018年12月19日，大连商品交易所上线商品互换业务，为金融机构、实体企业的商品场外衍生品业务提供交易登记和结算等综合服务。商品互换业务也是衍生工具的一种，作为期货业务的延伸和补充，交易所为商品互换业务提供金融基础设施服务，对期货交易效率的提升大有助益。

（二）期货市场服务供给侧结构性改革情况

供给侧结构性改革聚焦"三去一降一补"五大任务，是一项任务繁重的系统工程。推动供给侧结构性改革关键是要遵循市场规律，善用市场机制解决问题。期货交易所通过完善各项市场制度设计，发挥了对资源配置的引导作用，不断提高期货价格信号传递和引导生产的水平，增强了实体企业的风险管理能力，积极助力供给侧结构性改革。

1. 修改合约规则，做精做细现有品种

上海期货交易所升级线材交割品级，助力供给侧结构性改革。近年来，我国钢铁和建筑行业快速发展，推动线材标准稳步提升。为更好地服务实体经济，交易所对线材期货合约按照最新国家标准的要求及时修订了相关规则，修订内容主要有三点：一是由于线材新国标 GB/T 1499.1–2017 于2018年9月1日正式实施，将线材期货合约中的交割品级进行了调整，并相应调整线材合约附件及交割细则的相关内容。二是将组成每一仓单的线材的生产日期由"应当不超过连续两日"修订为"应当不超过连续十日"，适当延长线材的生产日期间隔，有助于降低交割的成本，进而提高期货市场和现货市场的良性互动。三是将天津地区线材期货交割贴水由130元/吨降至0元/吨，华北地区是我国最大的钢铁产地和第二大线材消费地，取消华北地区线材期货贴水，可以促进华北地区钢铁产业链上相关企业使用线材期货工具规避价格风险。线材期货合约在修改完成后于2018年10月16日在上海期货交易所重新挂牌上市交易。

大连商品交易所铁矿石指标优化调整，树立行业标杆。多年来，我国进口铁矿石品质堪忧，对我国环境产生不良影响。交易所提高了铁矿石交割标准，缩小硫、砷等有害元素的允许范围，引导现货市场进口品种更高的铁矿石，提高了钢铁原材料品质。交易所同时要求调整焦煤质量指标，体现优质焦煤价值。

2. 推进交割业务创新，助力供给侧改革目标实现

大连商品交易所于 2015 年发布实施了 PVC 交割注册品牌制度，仅允许产量高、质量好和市场认可度高的主流品牌进入交割，鼓励优质生产企业做大做强，提高供给端产品质量。从效果上看，近两年 PVC 行业产能过剩得到明显缓解，行业平均开工率由 2015 年以前的 60% 左右提升至 2017 年的 76%，13 家注册品牌企业平均开工率更是维持在 98% 左右，企业效益明显提升，供给结构有效改善，超过半数的注册品牌企业积极参与期货套期保值，这些企业在现货市场份额占到 42% 左右，在行业中起到了很好的示范作用。

3. 发挥期货市场价格发现功能，优化资源配置，解决供给低效的问题

期货品种在优化市场资源配置方面发挥了积极作用。通过期货市场的价格发现功能，为行业提供了有效定价，降低了企业个体搜索价格等信息的成本，避免了资源的浪费，提高了经济运行的效率，从而优化了经济资源的配置。国内期现价格和国内外期货价格均呈高度正相关关系，期货价格能够合理、客观、有效的反映现货市场供需关系的变化，套期保值的功能和效率得到进一步的体现和发挥，越来越多的企业参考期货价格签订现货合同。

四、中国期货市场对外开放情况

2018 年是中国期货市场的"国际化"元年，原油、铁矿石、PTA 期货国际化相继顺利起航，《外商投资期货公司管理办法》落地实施。在改革开放 40 周年之际，中国期货行业拉开全面对外开放的大幕。

（一）期货品种的国际化

2018 年 3 月 26 日，原油期货登陆上海国际能源交易中心。这不仅是我国能源领域的重磅新品种，也是国内第一个引入境外交易者的国际化期货品种，对期货市场的意义不言而喻。上市以来，原油期货交易运转情况良好，原油期货日均成交量已达到单边 15 万手，持仓达到平均 3 万手以上，交易规模占全球第三位。

5 月 4 日，铁矿石期货正式引入境外交易者。11 月 30 日，PTA 期货成功引入境外交易者。与原油期货不同，铁矿石期货、PTA 期货均是已经运行多年的成熟品种，成交规模大、市场认可度高、有着相当的产业影响力。这两个品种引入境外交易者是在保持原有合约、基础制度、核心技术系统、核心清算和风控模式不变的情况下，采用人民币计价和结算，境外交易者通过境内期货公司参与交易。

（二）期货业开放政策落地

2018 年 8 月 24 日，证监会发布《外商投资期货公司管理办法》，从当日起，符合条件的境外机构可向证监会提出申请，持有期货公司股比不超过 51%，3 年后股比不受限制。

目前国内仅有银河期货、摩根大通期货两家合资期货公司。其中，银河期货的外资股东是苏格兰皇家银行，持股比例为 16.68%；摩根大通期货的外资股东是摩根大通，持股比例为 49%。外商投资期货公司股比限制放宽政策落地后，未来外商控股期货公司有望实现零的突破。中国期货市场对外开放提速，增强了对外资的吸引力，预计会有更多外商寻求与国内期货公司合作。

外商进入中国期货市场会对国内衍生品服务商带来一定冲击。由于市场发展路径不同，外商对衍生品应用比较熟练，中资期货公司以后可能要面临真刀真枪的竞争。另外，外商投资期货公司有望引入境外股东先进经营理念、风控技术、产品体系、信息系统等，将进一步改善服务，提升管理水平。国内期货公司可借鉴外商成熟的管理经验，推动转型升级、跨界融合。外部竞争会成为国内期货公司转型升级的动力，也为国内期货公司转型提供了空间。"引资""引智"协同并进，我国期货行业国际化之路会越走越远。

证监会副主席方星海在 2018 年 12 月 1 日出席第 14 届中国（深圳）国际期货大会时也特别提到，要持续推进期货市场国际化建设。下一步我们将继续深耕现有国际化品种，优化交易制度，重视国际规则研究，进一步提高规则的适用性和科学性，提升境外投资者参与度，促进原油、铁矿石、PTA 等已有国际化品种的功能发挥，要增加对外开放品种供给，积极推进 20 号胶期货上市，加快黄大豆 1 号、2 号等品种的国际化。要持续推进期货行业对外开放，积极做好外资投资国内期货公司的各项准备。

五、2018 年期货市场新政策

（一）资管新规实施，期货资管发展未来可期

2018 年 10 月 22 日，证监会发布实施《证券期货经营机构私募资产管理业务管理办法》及《证券期货经营机构私募资产管理计划运作管理规定》（以下统称资管新规）。

资管新规的发布实施对期货资管有着非常重大的影响，决定了期货资管日后的发展方向。其中，期货经营机构私募资管业务将有两方面的重要变化：一方面，期货公司与证券公司、基金管理公司及其子公司等证券期货经营机构私募资

管业务监管规则得到统一，消除了监管套利，促进了期货公司与其他经营机构的公平竞争；另一方面，期货资管队伍资质要求进一步提高，商品及金融衍生品产品定义更加复杂，产品设立门槛越来越高，期货资管监管越来越精准。

短期来看，资管新规会对期货资管总体发展带来一定影响。目前期货资管面临最大的困难是产品发售问题，通道业务如果受到大幅影响，期货资管将丧失银行、代销机构等重要的资金来源。另外，资管新规中的一些规定对目前业务量急剧萎缩的期货资管来说存在一定难度。不过，从长期来看，未来期货资管要回归本源、回归主业，将实现以自主管理带动财富管理，寻找并展现期货资管的独有优势。经过三四年的发展，期货公司自身涌现出很多优秀的资管产品和基金管理人，同时也结合期货行业本身的价格发现和期现结合特点，衍生出很多创新性资管产品。未来，随着市场结构的不断升级，以及市场参与者的分工细化，资管业务回归自主管理是大势所趋。

（二）股指期货正常化稳步推进

12 月 2 日，中国金融期货交易所宣布对股指期货交易进行调整，交易保证金、平仓手续费和日内交易限制均有所放宽，这意味着股指期货交易常态化又向前迈出坚实一步。股指期货在 2017 年曾迎来两度调整，尽管 2018 年只有一次调整，但本次优化力度却超出了市场的预期。在业内人士看来，股指期货正常化明年有望继续推进，预计会延续小步快走的基调。

具体来看，沪深 300、上证 50 股指期货交易保证金标准统一调整为 10%，中证 500 股指期货交易保证金标准统一调整为 15%，较原标准直接减半；平仓交易手续费标准调整为成交金额的万分之 4.6，下调 1/3；日内过度交易行为的监管标准，从非套保开仓单个品种 20 手调整到单个合约 50 手，合并计算非套保开仓限额等于放大了 10 倍。

另外，随着 A 股相继纳入 MSCI 指数和富时罗素指数，未来 A 股对外开放程度进一步提升，股指期货恢复常态化交易有助于吸引更多国际资金和长线资金进入股市，符合我国金融市场对外开放战略部署。

六、期货投教工作稳步推进，高校专业人才培养卓见成效

2018 年，期货投资者教育工作继续稳步推进。

一方面，中国期货业协会在线上引进了纽约金融商学院、欧洲期货交易所的精品课程体系，打造出我国期货及衍生品行业最权威、最完善的网络学习平台。目前，该平台共涉及期货基础知识、法规与职业道德等 10 大系列 183 类课程，每年平台的课程学习时数逾 30 万课时。

另一方面，中国期货业协会线下还通过专项资金积极展开高端人才培训、期现结合培训、期权投资策略培训、高管培训、营业部经理轮训等项目，均取得了不错的成效。目前，全国共拥有 29 家证券期货投资者教育基地，第三批投教基地的申请工作也在积极展开。

与此同时，高校期货人才培养也卓有成效。各大期交所联合地方期货业协会、高校的合作培养项目均取得了不错进展。以大连商品交易所为例，2018 年，大连商品交易所从教材编制、课程内容完善、推动多方合作和产学研相结合等方面进行积极探索，深入推进校企合作办学项目的实施。全年交易所联合期货公司及地方协会在 44 所高校开展了 49 个高校期货人才培育项目，不断夯实行业人才发展基础。

此外，由中国金融期货交易所和中国期货业协会联合举办第六届"中金所杯"全国大学生金融及衍生品知识竞赛，大赛吸引了国内外参赛高校 1100 余所，参赛人数超过 3 万人。郑州商品交易所和中国期货业协会共同举办了首届"郑商所杯"大学生模拟交易大赛，并联合期货公司走进高校开展相关主题活动，进行投资者教育宣传辅导。活动期间共有 297 所高校成为大赛合作单位，举办投资者教育进校园活动 167 场，参赛学生 11202 人。

一系列的投资者教育和人才培养活动有助于培养出符合市场需求的复合型、创新型及国际化高端专业人才。

参考文献

［1］李正强. 期货市场服务供给侧改革［J］. 中国金融，2017（04）：55 - 57.

［2］赵继光. 中国期货市场的功能研究［D］. 吉林大学，2007.

［3］中国证券监督管理委员会，中国期货业协会.2017 年中国期货市场年鉴［M］. 北京：中国财政经济出版社，2018.

［4］中国证券监督管理委员会，中国期货业协会.2016 年中国期货市场年鉴［M］. 北京：中国财政经济出版社，2017.

［5］中国证券监督管理委员会，中国期货业协会.2015 年中国期货市场年鉴［M］. 北京：中国财政经济出版社，2016.

［6］中国证券监督管理委员会，中国期货业协会.2014 年中国期货市场年鉴［M］. 北京：中国财政经济出版社，2015.

［7］段亚东. 供给侧改革背景下钢铁行业在期货市场套期保值问题研究［J］. 市场论坛，2018（05）：56 - 58.

［8］李铄. 供给侧改革与产业结构调整［J］. 统计与决策，2017（08）：121 - 125.

［9］胡俞越，张慧. 中国商品期货市场服务实体经济运行评估报告（2016）［J］. 商业经济研究，2017（10）：159 - 163.

［10］姜洋. 让期货市场更好地服务实体经济［J］. 中国金融，2014（10）：9 - 11.

电解铝行业现状及发展研究

冯玉成　师富广

一、引言

（一）研究背景及意义

1. 研究背景

自 2015 年底"三去一降一补"的供给侧改革以来，电解铝行业被定性为产能过剩行业，同钢铁、煤炭等行业一样，开始了轰轰烈烈的关停潮。但是电解铝的关停潮比其他行业来得要晚，2017 年 4 月底对新疆违规产能的限制和停产标志着这次电解铝行业去产能的开始，主要是通过两大手段限制电解铝产能：一方面，通过行政指标限制产能总数，严格按照工信部公示的指标定性违规产能，制止无指标在产、在建产能，遏制住电解铝产能快速投产的趋势；另一方面，根据区域性的环境承载能力和天气状况，采取季节性的错峰生产和应急减排、停产事宜，临时性地减少电解铝产量。

2017~2018 年电解铝价格和铝行业上市公司股价并不像其他供给侧改革的行业一样——价格保持高位震荡，而是短期冲高后一路向下。主要原因在于以下几点：首先，电解铝限制的产能更多的是限制住了大量在建产能和新投产不久的产能，缓解了严重过剩的局面，给予总产能一个指标"天花板"，未来几年甚至更长时间产能总量将会被限制在一个区间之内，因此，短期内的见效相比其他行业较慢；其次，铝锭消费地库存迅速积累至历史新高，不仅在于关停电解槽时将电解槽内的大量铝液抽出铸锭①，而且短期内基于预期暴涨的价格严重抑制了下游的消费，造成一种产能越关产量越多的错觉；最后，仍然有合规产能保持投产，产能保持稳定增加。

但是，从另外一个角度考虑，国内供给侧改革在电解铝行业也是一次比较成

---

① 电解槽内的铝液相当于 20 天左右的产量，因此大量关停会导致铸锭量短期内迅速累库。

功的改革，限制住了产能的野蛮增长，促使了行业的一次技术升级，高成本区域向低成本区域转移，老旧电解槽向高效率的大型槽子更新换代。

同时，2015 年及之前几年全球电解铝行业的一次高成本区域产能的出清，伴随着欧美经济的逐步复苏，海外的铝价也连续三年持续上涨，海外电解铝和氧化铝行业也享受了持续的高利润。

2018 年以来，海外多起黑天鹅事件促使铝价呈现出短期内大幅的波动。贸易战的打响，钢铝关税的收取，终究使得有金融属性的铝价难以上涨，绝对值高的库存量也是压制铝价的重要因素。成本抬升对铝的影响极其有限，铝本身的供需情况使得国内电解铝价格短期内难以出现大涨的可能性，价格短期内会受到贸易战的影响和需求的影响震荡，冶炼企业在这种情况下会持续的亏损，直到产能顺利出清。

当前，整个铝行业面临着国外利润好于国内、上游利润好于下游的情况。不过后期随着利润自发对行业的影响以及政策对上游影响的放缓，这种情况或将改变：首先，国内外部分电解铝企业在持续亏损的情况下，高成本产能逐渐出清，新投产和复产产能缓慢投产，隐形库存持续去化，通过市场手段自发修正行业供给端；其次，氧化铝产能将会过剩，内地氧化铝厂逐步淘汰整合，无自采矿的氧化铝厂逐步出清，氧化铝价格随矿石价格波动而波动，氧化铝价格将会以中国山西河南地区的现金成本为底线；再次，海外铝土矿用量逐步增大，沿海氧化铝厂成本趋于稳定；最后，产业集中度将会在这几年进一步集中，产业链条越完整、上游资源把控力度越强的企业将会活下去。

2. 研究意义

对铝行业的研究主要在于通过对国内外、上下游的剖析，了解当前行业现状，分析深层次的逻辑，从而给行业内企业把握行业当前所处周期位置、未来发展方向提供建议，也为投资者把握投资节奏提供建议。

（二）研究方法

本文主要通过数据分析和政策分析两种方法进行研究，通过对行业数据的分析，厘清楚当前海内外铝行业发展环境、电解铝上下游供需情况，预测后续供需平衡，对电解铝行业和铝价进行简单的预测；通过对政策的分析，对后期铝行业将会面临的变化和风险进行分析，并提出相应的对策。

（三）研究思路与总体框架

对电解铝行业的研究将会按照产业链的顺序，从矿石、氧化铝、电解铝、铝终端消费来展开，每一个环节都会通过分析供需、海内外两个方面去预计未来。

矿石部分主要分析当前矿石的基本情况和当前的主要矛盾：海外矿石保持宽

松，国内山西河南矿区保持紧张，由于工艺的问题，海外的矿石并不能完全替代国产矿，而且该区域氧化铝产能约占全国的45%，导致氧化铝高成本区域占比较大。

氧化铝部分主要分析氧化铝的供需情况，为何电解铝全国持续亏损的前提下氧化铝还能保持盈利，氧化铝海外持续去库存，但是预计2019年将会迎来拐点。

电解铝部分主要分析供需情况和未来的需求演进，当前电解铝供需两弱，未来的价格将会由需求主导，产能天花板的前提下，长期向好。

终端需求将会从两个角度进行分析，一是从宏观整体的经济指标进行预测；二是分拆各项细分需求，主要分析建筑、汽车等细分行业。

（四）研究特色与创新

文章通过庞大的数据支持，由微观到宏观，论证严谨，通过对行业上下游产业链的分析和多角度的论证，预测未来行业的发展路径，为行业内企业和投资者提供投资逻辑。

二、铝行业概述

（一）电解铝产业链分析

电解铝行业产业链条较长，不仅成本构成多样，而且需求也较为分散，具体情况见图1。

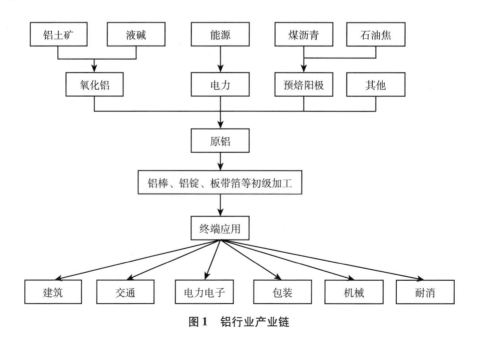

图1　铝行业产业链

1. 电解铝原料及成本构成

电解铝原料主要包括三大部分：氧化铝、电力、预焙阳极、其他。

氧化铝：氧化铝大约占电解铝成本40%左右，目前世界氧化铝主要采取拜耳法生产，通过铝土矿在碱环境下溶出、焙烧进行生产。

电力：电力成本占电解铝成本的约30%，目前国内多数电解铝厂仍以自备火电厂为主，海外的电解铝厂以水电、天然气、原油等其他能源为主，因此铝价和国内动力煤的价格也是息息相关的。

预焙阳极：碳阳极在电解铝成本中占比约10%，价格的波动对铝价影响有限，受环保秋冬季限产影响，阳极长期开工率较低，但是本身属于过剩产业，因此基本以成本定价。

2. 电解铝下游需求分析

铝终端消费结构见图2。

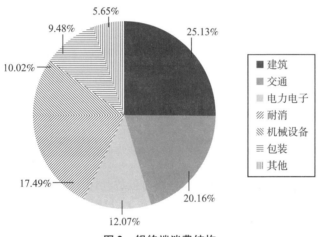

图2　铝终端消费结构

电解铝行业的下游终端消费较为分散，受到某一行业景气或萧条的影响较小，但是与整个宏观经济的走向保持一致（见图2）。

（二）电解铝行业特征分析

金属铝是地壳中仅次于氧、硅的第三大物质，也是人类能够冶炼使用的金属里面仅次于钢铁的第二大品种，但是市场对于铝的关注度却远远低于其他期货品种，铝的价格波动相对其他有色金属品种，波动较小，这主要是由铝自身的特性决定的。

1. 门槛较高，进入和退出均比较困难，供需均较为稳定

据核算，一台电解槽投资成本400万~500万元，而且电解铝厂的投产不仅

仅要考虑固定资产投资，而且还要考虑电力来源，自建机组发电或者是购买网电，以及其他原料的采购是否方便，所以说电解铝的进入门槛相当高，不仅关系资源区位因素，还需要考虑能源、消费地等其他因素。

此外，不仅电解槽开启成本较高，而且关停电解槽的代价也同样不小，不仅容易减少电解槽的使用寿命，而且还需要处理大量的电解槽废渣，以及重新启动电解槽的成本，堪比新建一座电解槽。因此，一旦电解铝厂投产，如果不是遇到行政手段要求减产或者持续亏现金流之外，很难主动停产，最多检修减少产量。

电解铝的供应端比较透明，供应稳定，同样，铝的需求应用也较为稳定，每年保持稳定增长，原因在于"东边不亮西边亮"需求分散，即使某一行业不景气，也会被其他行业所弥补。所以电解铝的供需很难出现短期的大幅失衡，从而电解铝的价格弹性较小，在期货市场的影响力远远低于其在生活中的影响。

2. 金融属性较强

金融属性强是整个有色金属行业的一个特性，有色金属的金融属性主要在于其全球性的流动性充裕、以美元定价和美元指数走势息息相关、具有一定的价值、有一定投资保值的功能，在经济周期的不同阶段，投资者会通过投机性的储备或者抛售有色金属来获得收益，这一点在铜上非常明显，铝上的效应也存在，因为在经济向好的时候，有色金属的需求总体是增加的。

3. 政策属性较强，市场出清较为困难

2017～2018 年以来，电解铝行业受到供给侧改革的影响，短期内获得了较高的行业利润，但是在新投产能预期较大的情况下，很快陷入了亏损，为何电解铝产能出清较为困难呢？

首先，电解铝行业可以化解电力机组过剩的问题，因此会受到电力大省的欢迎和支持。据云南省发改委统计，2016 年弃水电量 315 亿千瓦时，2017 年弃水电量约 287 亿千瓦时，云南目前在电解铝产能过剩的情况下，仍然在大力地引进电解铝企业，通过一个行业解决另外一个行业的过剩。云南省当前的优惠政策是：

自带产能指标入滇企业享受"优价满发"政策十年；

电解铝前 5 年：享受每千瓦时 0.25 元的专项优惠电价；

电解铝第 6～10 年：在 0.25 元/度基础上每年增加 1.2 分，第十年到 0.3 元；

铝材深加工：享受 0.20 元/千瓦时的专项优惠电价。

目前河南神火、四川其亚在云南自带指标建设的水电铝材一体化项目已享受该政策，并和地方政府、电网公司、发电企业签署了相关协议。而同期全国平均铝企用电价格据百川资讯统计，2018 年 11 月是 0.31 元/千瓦时。

同样，山西省是煤炭大省，但是火电使用小时数也是远远的偏低，而且山西铝土矿资源丰富，当前山西省政府及各地市也在大力争取政策支持，发展煤电铝材一体化。所以，电解铝行业为何近几年全行业无法大幅盈利的原因也在于此。

三、国产矿石供应紧张，何时缓解成为市场关注热点

当前在宏观经济悲观的情绪下，下游的利润率先被挤压，然后通过向上游挤压，促使行业内部利润的平衡，但是今年铝行业向上游挤压利润并不顺畅，冶炼端持续亏损，根据百川资讯统计，全国电解铝加权平均利润亏损近千元①，主要在于国产矿今年一整年都处于紧张的缘故，做空产业链利润的资金积压在电解铝冶炼环节。因此国产矿石何时价格回落也是当前的一个矛盾点。

（一）海外铝土矿情况

1. 铝土矿储量庞大，海外矿山供应宽松

全球铝矾土分为一水硬铝石、一水软铝石以及三水软铝石，三水软铝石主要分布在赤道附近，澳大利亚、几内亚、巴西、越南、牙买加、印度、圭亚那、苏里南、委内瑞拉、匈牙利、印度尼西亚、美国、加纳、塞拉利昂等国家；一水硬铝石主要分布在中国、越南、希腊、土耳其、法国、黑山；一水软铝石主要分布在澳大利亚、几内亚、牙买加、希腊、苏里南、匈牙利、法国。

2. 中国进口量逐步增加，主要来源于几内亚的增量

2016～2018 年 10 月中国铝土矿进口量情况见图 3。

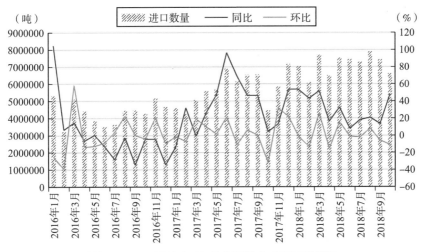

图 3　2016～2018 年 10 月中国铝土矿进口量情况

资料来源：我的有色网。

---

① 具体数据参考图 19 电解铝成本利润走势图。

中国进口铝矾土主要来自几内亚、澳大利亚、印度尼西亚、马来西亚、印度以及巴西等地，近两年几内亚进口量一直增长，并超过澳大利亚占据进口量第一位置。其余进口来源国主要是澳大利亚、印度尼西亚、巴西和马来西亚。2018年以来，由于山西、河南等地区矿山开采受限，该地区对一水高温矿进口需求增加，通过对来自希腊、黑山、土耳其等国家的高品位一水硬铝石的进口，配比国内的较低品味的矿石进行使用（见图4）。

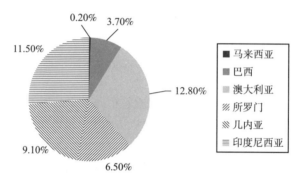

图4　中国近两年铝土矿进口来源国情况

资料来源：我的有色网。

由于海外矿山供应充足，进口矿价格上半年大多维持稳定，部分国家由于海运费上调、竞争激烈和雨季停产原因价格有所变化，但是整体来看，波动范围不大（见图5、图6）。

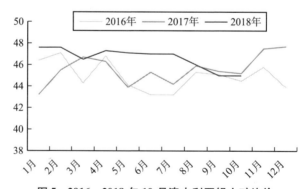

图5　2016～2018年10月澳大利亚铝土矿均价

资料来源：我的有色网。

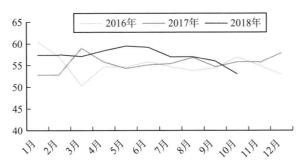

图 6　2016～2018 年 10 月几内亚铝土矿均价

资料来源：我的有色网。

（二）国内铝土矿情况

1. 国内矿石基本情况概述

截止到 2017 年底，中国已查明铝土矿资源储量 51 亿吨，其中山西 15 亿吨、河南 11 亿吨、贵州 10 亿吨、广西 10 亿吨、重庆 1.3 亿吨、云南 1.1 亿吨。基础储量 10 亿吨，可预测资源量 130 亿吨，表明我国待开发储量潜力巨大。

国内矿山主要集中在两大区域，山西河南两省和西南地区，目前西南地区的铝土矿供应较为稳定，受当地政策影响，矿石不允许外运，因此西南地区的矿石对山西河南地区的短缺补充作用有限。而山西河南地区 2018 年以来受多种因素干扰，供应严重不足，不仅少量采用南方的矿石，而且适量使用进口矿石进行弥补，但是整体上替代作用有限，因此年内几乎每当该地区出现亏损，就开始弹性生产，减少供应，支撑价格。

2. 2018 年全年受政策影响，矿石价格较高

2017 年下半年因山西河南环保检查，铝土矿价格曾快速上涨，但伴随运动式检查结束，矿石价格随即回落，但是 2018 年 3 月下旬开始，山西地区开展了一轮又一轮的矿山治理运动，尤其是自从 8 月下旬环保组再次入驻之后，大量主力矿山被关停，中间破碎厂被关停，氧化铝企业面临无矿可用的困境，矿石价格站上历史新高。

自从今年 6 月份开始第一轮环保专项督查以来，矿石主产区之一的河南省便遭遇了严厉的打击，河南地区破碎厂几乎全部关停。由于河南省矿石多为低品矿，相邻的山西省矿石铝硅比略高，河南省氧化铝企业可以采购山西的矿石和贵州的矿石进行配矿使用，甚至中铝公司的生产线也在进行低温溶出生产线的升级改造，可以部分使用进口矿（三水软铝石），所以整体看影响有限。但是自从 8 月初，山西省基于河南的经验教训提前进行矿山整治，使得山西地区的矿石供应开始紧张，尤其是 8 月下旬环保组正式入驻以后，更是雪上加霜。

山西河南地区的矿山问题并非短期内可以解决的问题，该地区中小矿山众多，盗采严重，且多为露天矿山，在扬尘和后续填埋和恢复绿化上的措施远远达不到标准，矿石露天堆放，破碎厂露天作业或者简易工棚无法达到效果。目前在严打情况下，大量的盗采矿被关停，有手续的矿山也因为环保不达标被关停。

3. 因生产工艺和政策因素，南矿北运困难，进口矿难以大量使用

中国的铝土矿主要分布在山西河南贵州广西四省，以一水硬铝石为主，山西河南和云桂黔地区基本相互独立，很少有跨界运输，仅有部分高品质矿石为了配矿，提高河南地区矿石的铝硅比进行南矿北运，但是在数量上难成规模，更主要的原因在于贵州政府严禁矿石外运，外运多为违规的行为。今年在南北价差的刺激下，部分矿石被违规运到了河南山西等地填补当地的亏缺。

内陆地区的氧化铝企业就近取材，以一水硬铝石为原料，而进口矿多为三水软铝石，主要供山东省内的氧化铝企业和部分非矿石产区的企业使用，两者主要的区别在于溶出工艺的不同，目前经过改造，通过后加矿技术可以实现20%左右的进口矿的替代。但是该工艺至少需要一个月以上的时间和投入，目前部分企业在初始的破碎环节掺入进口矿使用，但是使用量极有限。虽说后期可以改造使用进口矿，但是在短期内难以大量解决。

（三）内外矿石博弈，氧化铝厂用脚投票

国产矿山逐步复工，预计2019年一季度末价格开始回落。2018年10月份之后，合规矿山和破碎厂逐步复产，但是为了弥补前期短缺导致的低库存和冬储需求，氧化铝厂保持对矿石的大量采购，因此目前价格仍然处于高位。后期春节期间开采预计将会减少，因此真正的价格下跌预计在2019年的两会之后。由于目前合规矿山环保设备逐步完善，露天矿山比重逐步减少，未来国产矿的价格将会逐步回落至令内陆氧化铝厂成本可以同沿海氧化铝厂竞争的地步。

随着国内资金在海外投资矿山的节奏加快，未来进口矿石的供应会逐步增加并过剩，急切地推动着沿海氧化铝厂的建设，而当前内陆氧化铝企业部分通过购买进口矿更多的目的在于打压国产矿价格，实际使用较少，主要通过后加矿技术进行添加，少量通过掺杂在原矿中进行使用。

但是，山西河南地区的自采矿大约40%，例如中国铝业2015～2017年自采矿占比分别为55%、47%及47%，自采矿可以按照挖矿成本进行核算，远低于市场价，因此在内陆有自采矿的氧化铝企业将会获得超额收益，没有内陆自备矿的企业将会是利润下跌时的第一个缓冲垫。因此，内陆企业通过进口海外矿石，在沿海建立氧化铝厂也是一个趋势，在行业不景气的阶段，掌握上游矿山，严控生产成本是非常关键的。

四、氧化铝未来将转向过剩，以海德鲁复产为时间节点

（一）氧化铝供需情况

1. 国内氧化铝新建产能节奏放缓，但开工率位于高位，远超电解铝需求

国内氧化铝同电解铝一样，经过 2016～2017 年高速增长之后，于 2019 年产能扩张趋势放缓，但是目前氧化铝建成产能 8400 万吨，对应电解铝 4375 万吨的产能，据百川资讯统计，2018 年 11 月全国电解铝运行产能 3650 万吨左右，远远多于电解铝实际的年产能，合理开工率为 83%，而当前开工率为 91.25%，因此，预计未来氧化铝进入累库阶段（见图 7）。

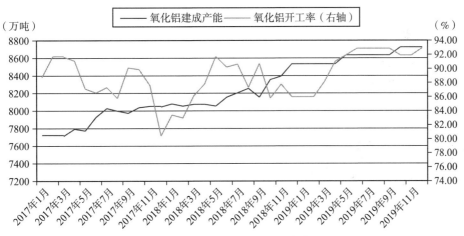

图 7　氧化铝开工率与建成产能

资料来源：我的有色网。

2. 去库存周期截止，伴随新投产和复产，2019 年将会产生过剩

2018 年全年氧化铝基本上呈现了去库存的情况，主要在于 2018 年新投产能释放较慢，在产产能突发事件较多，且年中多次处于亏损状态进行弹性生产，导致了全年氧化铝在供应上显示短缺去库的态势（见图 8）。

但是 2019 年，伴随电解铝投产节奏放缓，氧化铝复产和新投产能的进一步释放，预计全年将会保持宽松状态，如果山西河南地区持续亏损，那么弹性生产的可能性会增加，供应量将会减少，倒逼氧化铝供需保持平衡（见图 9）。

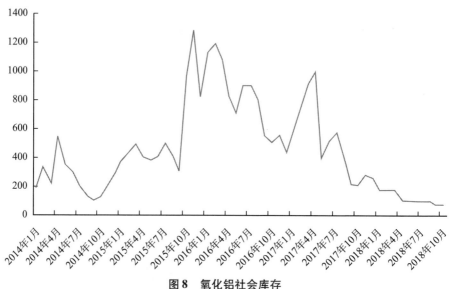

图 8　氧化铝社会库存

资料来源：我的有色网。

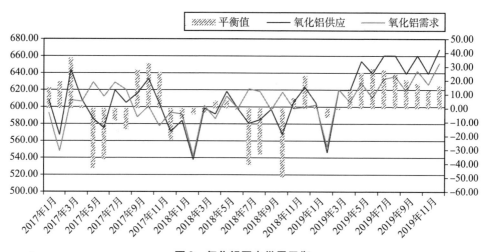

图 9　氧化铝国内供需平衡

资料来源：百川资讯。

正如上文分析，按照当前氧化铝的开工率，产量将远远高于电解铝的需求，未来氧化铝进入累库阶段，国产氧化铝将会进入过剩的状态。

3. 海外事件频繁发生，国产氧化铝进口转出口

由于电解铝产能的迅速发展，我国氧化铝行业近几年一直是进口补充国内需求，但由于今年海外突发事件（海德鲁减产 320 万吨产能、俄铝被制裁事件、美铝罢工事件等）导致的海外氧化铝短缺的预期爆发，海外氧化铝价格迅速拉升，内外价差放大，国产氧化铝出现了出口利润，导致国内氧化铝的需求被放大，由净进口国转为净出口国，截至2018年10月，一共出口了99.92万吨氧化铝，而2017年全年一共出口了5.7万吨（见图11）。

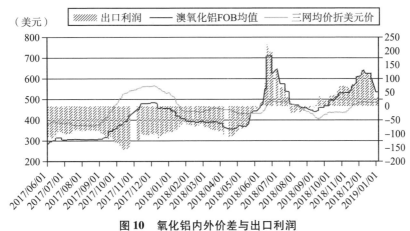

图10　氧化铝内外价差与出口利润

资料来源：百川资讯。

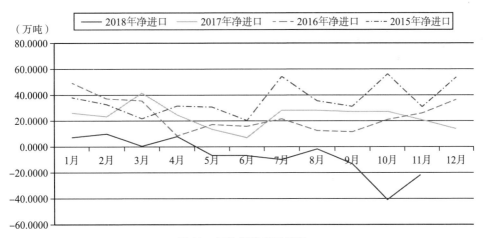

图11　氧化铝进出口情况

资料来源：中国海关。

但是持续的高利润会刺激海外氧化铝厂的复产和新投产，抑制电解铝需求。俄铝受制裁的截止时间一直被推迟，未来很大概率会被解除制裁，海德鲁的减产预计最早2019年二季度末结束，美铝罢工影响有限，因此黑天鹅事件只是影响一时，后期产量将会逐步恢复，内外价差恢复理性。

（二）氧化铝未来新投产能较多，未来氧化铝开工率会逐步下滑

1. 国内氧化铝新投产能较多，多半投产进度不及预期

如表 1 所示，2019 年仍有约 780 万吨产能在建设之中，而当前有规划的产能更是多达数千万吨，更多的集中在沿海地区。所以未来氧化铝的产能将会远远超过有了产能天花板的电解铝的需求，氧化铝处于过剩状态。

表 1 　　　　　　　　　　　氧化铝新投产产能情况

省份	2018 年氧化铝新增产能进度	合计
山西	山西信发化工有限公司	100
山西	孝义市田园化工有限公司	40
山西	孝义市泰兴铝镁有限公司	40
山西	山西华庆铝业有限公司	45
山西	东方希望晋中化工有限公司	100
合计		325
省份	2019 年氧化铝新增产能进度	合计
山西	山西同德铝业有限公司	100
山西	山西其亚铝业有限公司	120
山西	山西复晟铝业	90
贵州	国电投遵义务正道项目	100
贵州	广铝	70
广西	田东锦鑫化工	120
广西	靖西天桂铝业有限公司	80
山东	魏桥	100
合计		780

资料来源：阿拉丁、百川资讯、AZchina。

2. 海外氧化铝厂逐步复产和新投产，未来同样过剩

海外项目 2018 年外界干扰较多，促使氧化铝厂处于较高的利润，但是后期随着新建产能和复产项目的开启，海外供应将会增加，但是伴随海外电解铝的复产，供需缺口并不会太大（见表 2）。

表2   2019 年海外新增/复产产能   单位：万吨

新增		
Al Taweelah	Emirates Global Aluminium	200
Alpart	Jiuquan Iron & Steel Group	65
复产		
Friguia	UC Rusal	40
Alunorte	Alunorte	320
检修恢复		
Burnside	Almatis	8.2
Gramercy	DADA Holdings	7.2
Alumar	Alumar	14.5
Clarendon	Jamalco	34.9
Ewarton	UC Rusal	4
Ras Al Khair	Ma'aden Bauxite & Alumina Co	4.9
Worsley	Worsley Alumina	8.6
Kwinana	AWAC	4
Pinjarra	AWAC	26.5
逐步达产		
Lanjigarh	Vedanta	109.2
Utkal	Hindalco	3
Total		900

资料来源：Wood Mackenzie。

3. 未来全球氧化铝整体将会过剩

根据国外数据，氧化铝已经经历了持续两年多的去库存和市场化去产能，电解铝厂可用天数也大幅下降，根据 Wood Mackenzie 统计，氧化铝紧张程度预计持续到 2019 年的二季度，主要是以海德鲁的复产为指向标。

由于氧化铝行业持续的高利润，中国的沿海地区和世界其他矿区正在积极地筹备氧化铝厂的建设，未来氧化铝行业的过剩主要体现在开工率下降上面。具体情况见图12、图13。

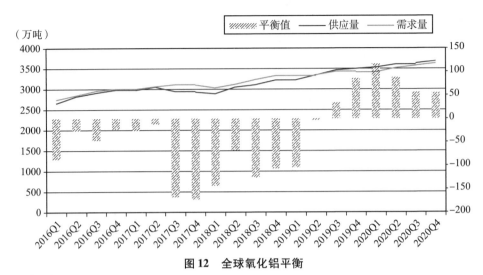

图 12 全球氧化铝平衡

资料来源：Wood Mackenzie。

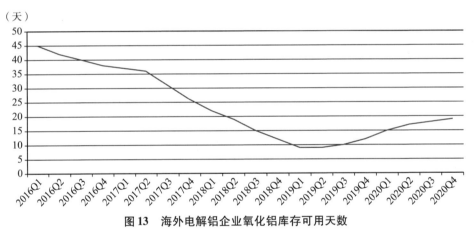

图 13 海外电解铝企业氧化铝库存可用天数

资料来源：Wood Mackenzie。

4. 氧化铝生产弹性较大，减产、复产、超产之间转换较快，未来开工率将会持续低位

（1）氧化铝企业的停产、弹性生产、复产、超产之间变动根据利润自发调节。

氧化铝虽然被归类于有色金属行业，但是从生产属性上更偏向于化工行业。氧化铝生产线停复产相对于电解铝较为容易，而且成本也低，因此氧化铝企业的停产、弹性生产、复产、超产之间很容易转换。伴随氧化铝利润的变动和未来的预期，氧化铝企业自动调节。

氧化铝价格弹性也非常大，因为供需一般较为稳定，60%左右的氧化铝属于自备氧化铝，供应自家电解铝厂，剩余的部分有70%以上签订年长单，以三网均价和期货合约的18.5%为结算价格，目前三网均价还是占主要部分。但是决定价格的反而是市场上的很小的这一部分，百分之十几的产量决定了氧化铝的价格，因此这部分量的边际影响使得氧化铝的价格周期性明显，伴随着弹性生产、复产、超产自动调节价格。

国内氧化铝高成本区间主要是河南和山西，其他如山东地区以进口矿石为原料、广西贵州矿石价格多为自采矿，也相对稳定，因此价格对产量的调节作用主要是山西河南地区。当价格低于山西河南地区氧化铝生产成本的时候，该地区将会率先进行弹性生产或者减产，而当价格高于该地区成本时，该地区就有复产的动力，当利润达到两三百甚至更多时，就存在超产情况，正常超产最高达到规划产能的20%。

全国氧化铝加权三网均价①与主产区的成本相比，全国氧化铝自2016年底以来基本处于盈利状态，仅山西和河南两地经常会触及成本区间而造成减产，原因在于该区域矿石受环保影响，价格较高，而该区域氧化铝产能较大，弹性生产会导致全国氧化铝短缺，因此其他区域长期保持利润的格局短期内不会改变，除非海外氧化铝产能恢复生产，或者沿海氧化铝产能投入生产，对内陆的产能进行倒逼转移。

（2）秋冬环保限产，影响预计有限。

2017～2018年秋冬采暖季，"2+26+3"城市氧化铝和电解铝规定限产30%，其中氧化铝按照生产线计，限产30%。实际上减产并没有达到预想的数量，各地政策也略有变动。实际上山东地区减产150万吨左右，河南地区减产叠加天然气不足被动停产约400万吨。

而2018～2019年采暖季限产，范围扩大，不仅包含"2+26"城市，更是涉及汾渭平原11城，涉及氧化铝产能区域扩大，但是根据目前来看，各个地级市以完成指标为准，以限产对冲采暖的污染为原则，严禁一刀切！所以，污染程度更高的焦化、小发电机组受到的影响更大，氧化铝和电解铝很大可能受到地方政府的政策倾斜而得到豁免。

（3）氧化铝沿海化是个大趋势，内陆产能与沿海产能重新寻求平衡点。

如上文所述，内陆矿山未来环保严查会是常态，而且多年的开采使目前矿石品位也逐年下降，如果内陆的氧化铝厂保持较高的开工率，那么对矿石的需求就不会减弱，而且进口矿石运输到内陆的成本较高，最终生产成本将会居高不下，相比沿海的氧化铝厂毫无优势。沿海地区的氧化铝企业持续保持利润，极大地刺

---

① 三网均价主要是百川资讯、阿拉丁中营网、安泰科三网，由于氧化铝除自备外，以长单为主，参考三网均价的产量占非自备的70%以上。

激了新投产能的进度，未来内陆地区的产能必将逐渐被淘汰。

综上所述，未来氧化铝将会在 2019 年二季度转向过剩累库阶段，未来氧化铝将会保持低开工率来保证利润，高成本区域逐步向沿海区域转移，内陆经过重组整合，拥有矿山优势的氧化铝厂将会生存，未来氧化铝成本曲线将会变得平缓。

五、电解铝边际不断好转，但库存出清前难反转

（一）冶炼环节持续亏损，高成本区间减产，新投产节奏放缓，边际逐步好转

电解铝经营情况见图 14、图 15。

如图 14 所示，电解铝自 2017 年底以来，持续处于亏损状态。不仅在于持续的高库存，而是对新增产能不断增加的恐惧和未来宏观经济不景气的悲观情绪导致，目前全行业近 70% 的产能处于亏损状态。

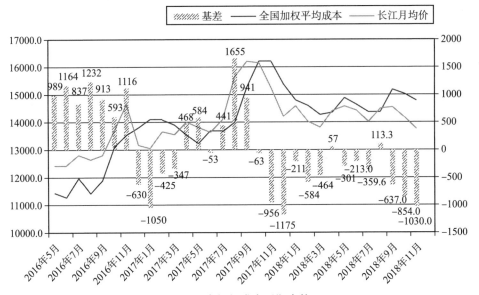

图 14　电解铝成本利润走势

资料来源：百川资讯。

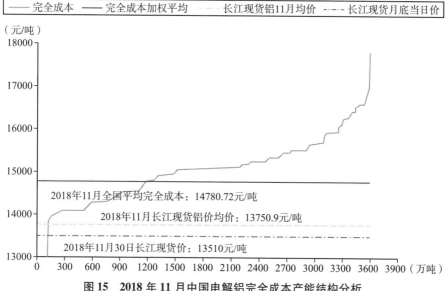

图15 2018年11月中国电解铝完全成本产能结构分析

资料来源：百川资讯。

1. 持续亏损使得产能不断出清，新投产能放缓节奏，持续去库，边际改善

据百川统计，截至2018年12月13日，全年合计减产271.6万吨，而同期新投产能217.95万吨，待投产183.5万吨，在建111.25万吨。也就意味着不考虑时间节点，目前减产产能已超过了新增产能，而且预计明年的新增产能也会被限制在不足300万吨，当然，如果铝价持续低迷，这300万吨在建或待投产能的投产时间将会是一个未知数（见图16、表3、表4）。

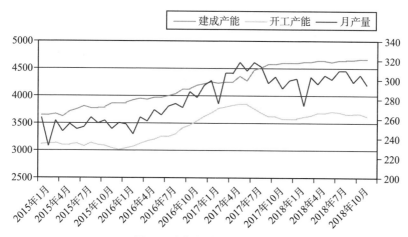

图16 电解铝产能产量走势

资料来源：百川资讯。

表3　　　　　　　　　　　　　　电解铝减产情况

省份	企业	总产能	原运行产能	现运行产能	已减产	减产时间
贵州	中国铝业股份有限公司贵州分公司	15	15	0	15	2018年1月
内蒙古	霍煤集团通顺铝业股份有限公司	17.6	11.5	11.5	0	2018年待定
陕西	陕西铜川铝业有限公司	22	22	0	22	2018年6月
新疆	新疆东方希望有色金属有限公司	160	95	80	15	2018年7月
河南	河南神火（集团）有限公司	80	33	21	12	2018年7月
甘肃	甘肃连城铝业有限公司	54	54	14	40	2018年7月
山东	邹平铝业有限公司	14	6	0	6	2018年8月
山西	山西兆丰铝电有限责任公司	22.5	17	13	4	2018年8月
河南	河南中孚实业股份有限公司	45	40	30	10	2018年9月
河南	林州市林丰铝电有限责任公司	24	23	0	23	2018年9月
甘肃	甘肃中瑞铝业有限公司	10	10	0	10	2018年9月
河南	登电集团铝合金有限公司	7.8	7.8	6	1.8	2018年9月
河南	河南永登铝业有限公司（阳城）分公司	4	4	3.5	0.5	2018年9月
甘肃	甘肃东兴铝业有限公司嘉峪关分公司	135	132	124	8	2018年10月
甘肃	甘肃东兴铝业有限公司陇西分公司	37	33	23	10	2018年10月
山西	太原东铝铝材有限公司	10	8.5	0	8.5	2018年10月
青海	青海西部水电有限公司	45	45	35	10	2018年11月
青海	青海鑫恒铝业有限公司	24	14	0	14	2018年11月
山东	山东华宇铝电有限公司	20	18	13	5	2018年11月
山东	山东魏桥铝电有限公司	922.6	646	598	48	2018年11月
新疆	新疆天龙矿业股份有限公司	24.5	24.5	20	4.5	2018年11月
山西	山西华圣铝业有限公司	22	22	20	2	2018年11月
山西	山西晋能集团朔州能源铝硅合金有限公司	6.5	6.5	5	1.5	2018年12月
四川	四川广元启明星铝业有限责任公司	12	9.6	6	3.6	2018年12月
重庆	重庆国丰实业有限公司	8	7.6	6.4	1.2	2018年12月
总计					275.6	

资料来源：百川资讯。

表4   电解铝新投产情况

省份	企业	新产能	新产能已投产	待开工新产能	始投产时间
甘肃	甘肃中瑞铝业有限公司	10	10	0	2018年5月
广西	广西苏源投资股份有限公司	0	0	0	2018年9月
广西	广西德保百矿铝业有限公司	12.5	12.5	0	2018年4月
广西	广西田林百矿铝业有限公司	10	10	0	2018年4月
内蒙古	内蒙古创源金属有限公司	45	12	33	2018年1月
广西	广西来宾银海铝业有限公司	16.7	16.7	0	2018年4月
内蒙古	包头市蒙泰铝材有限公司	25	25	0	2018年2月
贵州	贵州华仁新材料有限公司	20	20	0	2018年1月
贵州	贵州兴仁登高新材料有限公司	12.5	11	1.5	2018年5月
广西	广西华磊新材料有限公司	20	20	0	2018年1月
山西	山西中铝华润有限公司	12.5	10	2.5	2018年5月
云南	鹤庆溢鑫铝业有限公司	15	0	15	2018年待定
云南	云南云铝海鑫铝业有限公司	10	10	0	2018年7月
内蒙古	包头市新恒丰能源有限公司	20	20	0	2018年8月
内蒙古	内蒙古华云新材料有限公司	12	12	0	2018年8月
内蒙古	内蒙古锦联铝材有限公司	20	0	20	2018年待定
山东	魏桥铝电（集团）	61	0	61	2018年待定
山东	山东信源铝业有限公司	15	0	15	2018年待定
广西	广西隆林百矿铝业有限公司	0	0	0	2019年待定
陕西	陕西美鑫产业投资有限公司	30	0.5	29.5	2018年待定
新疆	新疆嘉润资源控股有限公司	0	0	0	2018年待定
贵州	兴仁县登高铝业有限公司	6	0	6	2018年待定
辽宁	营口鑫泰铝业有限公司	32.25	32.25	0	2018年9月
	总计	405.45	221.95	183.5	

资料来源：百川资讯。

由于电解铝高成本产能出清，置换产能先停产而尚未投产的影响，2018年产量与2017年基本持平，而在需求稳定增加的前提下，2018年保持持续去库存状态（见图17、图18）。

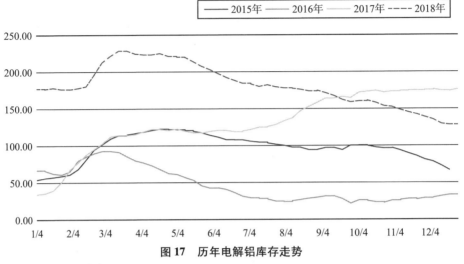

图 17　历年电解铝库存走势

资料来源：上海有色网。

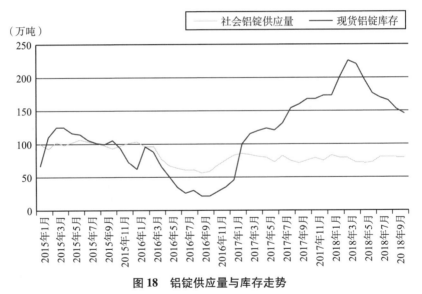

图 18　铝锭供应量与库存走势

资料来源：我的有色网。

当前情况下，国内由于铝价低迷带来的边际逐渐改善，亏损带来的市场化去产能效果逐步展现，未来铝价的博弈将会围绕成本是否进一步塌陷和需求是否稳定增长或崩塌而带动，因此后期的矛盾还需要更多地关注宏观经济走势和政策刺激情况。

2. 后期对成本的博弈同样决定了铝价的方向

铝价大概领先成本两个月，向上游要利润，进而共振下跌，2018 年下半年以来，上游国产矿石开采主产区受到环保政策和扫黑除恶整治，供应紧张，价格高企，成本居高不下，因此山西河南地区的氧化铝企业容易到成本下端，从而弹性生产，进而对电解铝的价格支撑比较强硬。当前在预期后续矿石供应恢复、价格下跌的前提下，继续打压铝价，后期的矛盾在于，如果成本端保持稳定，那么铝价会在去库存的同时弱反弹，如果成本伴随塌陷，那么铝价或许会进一步下跌。

（1）氧化铝价格下跌促使电解铝成本下移。但是考虑到矿石的因素和前文的论述，未来氧化铝价格将会震荡下跌，难以出现暴跌的情况。

（2）煤电的价格或将下移，但自备电基金的收取将促使低洼成本区域抬平。

据国家能源局统计，2019 年动力煤年产能达到供给侧改革之前的产能，并且以优质产能为主，目前下游电厂和主要港口库存均处于高位，未来煤炭价格或许会下一个台阶。吨铝消耗 5500 大卡的煤炭约 5 吨，因此煤炭价格下跌每 100 元将带来 500 元成本的塌陷。自备电基金的收取使得新疆、山东等依靠自备电厂享受的低电解铝成本的情况将成为历史。

3. 自备电缴纳基金，预计吨铝成本增加最高 700 多元，成本曲线平坦化

2018 年 3 月份，中央发布《燃煤自备电厂规范建设和运行专项治理方案》（征求意见稿），再次将自备电厂推向了风口浪尖。本次征求意见稿措辞强烈，整顿力度较大，严厉程度空前，对电解铝行业影响意义深远，大大提高了电解铝的电力成本，区域之间的成本优势被抹平（见表 5）。

表 5   自备电文件

时间	涉及自备电文件
2015/3/15	中发〔2015〕9 号 - 中共中央 国务院《关于进一步深化电力体制改革的若干意见》
2015/11/26	发改经体〔2015〕2752 - 国家发展改革委 国家能源局《关于印发电力体制改革配套文件的通知》
2015/11/26	发改经体〔2015〕2752 -《关于加强和规范燃煤自备电厂监督管理的指导意见》
2017/7/26	发改能源（2017）1404 号 - 国家发展改革委、国家能源局等 16 部门《关于推进供给侧结构性改革防范化解煤电产能过剩风险的意见》
2017/9/26	国家发展和改革委员会、国务院国有资产监督管理委员会、国家能源局联合印发《2017 年分省煤电停建和缓建项目名单的通知》
2018/3/22	《燃煤自备电厂规范建设和运行专项治理方案》（征求意见稿）

资料来源：各部委。

据阿拉丁统计，目前国内自备电厂情况见表6。

表6 自备电影响产能情况

地区	运行总产能	自备电运行产能	网电运行产能	孤网运行产能
宁夏	132	67.9	64.1	
青海	247	0	247	
河南	231	173.97	57.03	
云南	154	0	154	
贵州	104	0	104	
山东	907	907	0	646
广西	140	52	88	
山西	94	47.7	46.3	
甘肃	276	128.44	147.56	88.44
内蒙古	423.7	303.55	120.15	
四川	57	0	57	
陕西	80	62	18	
湖北	11	5	6	5
湖南	0	0	0	
辽宁	43	0	43	
新疆	643.5	619.5	24	196
福建	14	0	14	
重庆	54	44	10	
合计	3611.2	2411.06	1200.14	935.44

资料来源：阿拉丁。

根据阿拉丁统计，本次自备电厂基金征缴影响各省电力成本见表7。

表7 自备电影响成本情况

地区	政府性基金及附加（分）	涉及电解铝成本（元）
内蒙古东部	4.43	604.695
河南	3.914	534.261
山东	5.04	687.96

地区	政府性基金及附加（分）	涉及电解铝成本（元）
新疆	2.1	286.65
广西	4.37	596.505
山西	5.37	733.005

资料来源：阿拉丁。

即使征收自备电基金，影响的主要是低洼成本区域，高成本区域的影响较小，因为第一梯队减产的一般是高成本区域，因此自备电基金的征收对电解铝供需的影响暂时较小。

（二）海外复产节奏慢，高成本区间仍有减产动机，隐形库存继续出清，供需情况好于国内

1. 海外复产节奏慢

2019～2020年，预计海外电解铝新投产及复产约300万吨，但是根据历史经验，海外电解铝投产进度偏慢，预计2019～2021年年均投产100万吨左右。

表8 海外电解铝复产与新投产情况

铝厂		所属国家	年产能	备注
巴林铝业	Alba	中东	50	预计2019年二季度投产
韦丹塔	Vedanta	印度	60	预计2019年二季度投产
伊朗南方铝业/中国中色	南方铝厂	伊朗	30	预计2019年四季度投产
小计			140	
世纪铝业	Hawesville	美国	15	预计2019年初恢复满产
美铝	Wenatchee	美国	18	预计2019年复产
美铝	Alumar	巴西	45	预计2019年复产
美铝	Mt. Holly	美国	14	预计2019年复产
海德鲁	Husnes	挪威	9	预计2019年恢复至满产
海德鲁	Albras	巴西	23	预计2019年复产
力拓	Soharalumi	中东	14	预计2019年复产
美铝	Portovesme	意大利	15	预计2019年复产
俄铝	Bemo	俄罗斯	19	预计2019年复产
小计			172	

资料来源：Wood Mackenzie。

2. 高成本区域有减产可能性

据 Wood Mackenzie 统计，海外边际铝厂亏损较大，虽氧化铝价格下跌仍有减产风险，见图19、表9。

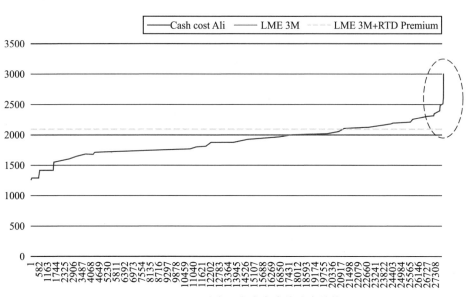

图19 LME 四季度现金成本产能分布结构

资料来源：Wood Mackenzie。

表9　　　　　LME 末端高成本产能汇总（2200～2600 美元成本冶炼厂）　　　单位：千吨

海外高成本边际产能（末端10%）	
Hoyanger	63
Husnes	93
Sundsvall	124
Slatina	212
Mostar	110
St Jean	137
Essen	160
Neuss	160
Voerde	95

续表

海外高成本边际产能（末端10%）	
Podgorica	40
Delfzijl	48
ZiarnadHronom	174
Aviles	59
La Coruna	57
Nag Hammadi	286
合计	1818

资料来源：Wood Mackenzie。

　　海外铝成本曲线的末端较陡峭，边际产能成本在2200～2600美元之间，如果氧化铝未来跌至350美金，这部分边际产能的平均现金成本在2200美金附近，在成本曲线末端的海外冶炼产能已开始出现减产或部分停产，主要集中在欧洲，欧洲边际铝厂产能跟国内相比较小，发生减产或者关停的难度也相对较小。

3. 海外2019年电解铝仍有望继续去库存，拐点在2020年

　　据Wood Mackenzie统计，全球电解铝2019年仍然较为乐观，预计2019年继续去库存150万吨左右，拐点将在2020年一季度出现，但是如果预期2020年一季度拐点出现，那么价格或许会提前进入下跌通道（见图20、图21）。

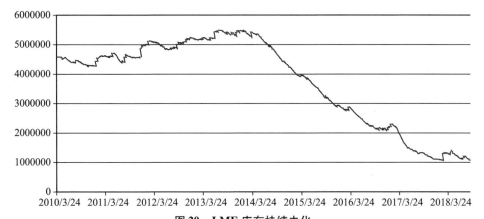

图20　LME库存持续去化

资料来源：Wind。

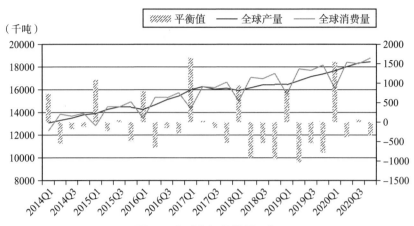

图 21　全球电解铝供需平衡

资料来源：Wood Mackenzie。

（三）产能获得天花板，价格由需求主导

根据阿拉丁统计，目前政策要求待置换的指标 2018 年底未置换则自动作废，因此在未来几年待投产的产能基本已经有了一个上限（见表 10）：

表 10　　　　　　　　中国电解铝产能上限测算　　　　　　　　单位：万吨

中国电解铝产能上限测算	产能
2018 年 7 月电解铝总产能（A）	4350.9
违规产能（B）	380
截至 7 月底总指标量（C）	548.16
已置换指标且投产（D）	172.5
广西 + 云南 + 内蒙古合规新增余量	238
中国电解铝产能上限（A − B − D + C + E）	4584.56

资料来源：阿拉丁。

如图 22 所示，未来产能天花板大概在 4500 万吨左右，而近几年以来，中国电解铝的开工率一直在 90% 以内，因此我们预计未来电解铝行业也不可能满产运行，我们假设按照目前最乐观的 90% 的运行产能合计，那么运行产能天花板在 4050 万吨左右，而截至 2018 年 12 月 1 日，中国电解铝运行产能为 3650 万吨左右，那么也就意味着未来增长的空间大约还有 400 万吨左右，而 400 万吨相对

于当前 3650 万吨的运行基数，大概还有 10% 的增速。但是，在当前铝价低迷的情况下，我们预计这 400 万吨增量将会在 3 年内投完，那么意味着年均增量 130 万吨，增速 3.6% 左右。因此对于未来整个行业的新投产速度而言，并非想象中的那么悲观。

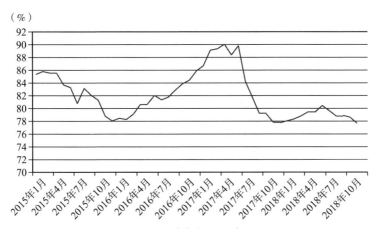

图 22　电解铝开工率

资料来源：百川资讯。

　　根据预测，明年电解铝在悲观的情绪下，预计仍能保持 3.5% 以上的增速，增量在 130 万吨左右，因此，2019 年国内电解铝基本保持平衡。如果消费表现较好，那么将会进一步去库存，因此对未来铝行业整体并不是很悲观，但是需要时间消化掉当前的库存，等待消费端。

　　综上所述，未来电解铝海外强于国内，整体呈继续去库存的状态，但是在库存绝对值较高和中美贸易战、欧美经济陷入衰退的预期阴影下，未来铝价难以大幅上涨，或许会进一步下跌后实现产能更深层次的出清。

（四）国内电解铝需求增速下滑，但仍然保持正增长

1. 从整个宏观经济角度看，未来铝消费增速下滑

　　相对而言，铝的消费是很分散的，与经济增长保持着较高的联动性。因此，我们根据全球 GDP 增速的角度对电解铝需求进行分析。IMF 预计 2019 年全球经济增速从 2018 年的 3.73% 降低为 3.65%，其中发达经济体从 2.36% 降低为 2.13%，新兴经济体增速稳定在 4.68%（见图 23）。

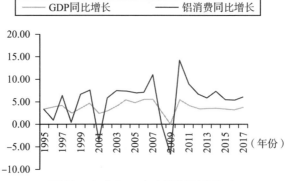

图 23 全球 GDP 与电解铝需求关系

资料来源：中信期货。

国内方面，2018 年整个宏观经济下行压力逐季显现。2018 年前三季度国内生产总值分别为 6.8%、6.7%、6.5%。整体来看，社会融资增速下滑，信贷扩张较弱，国内企业融资难、经营困难等问题层出不穷，尽管政策层希望资金流向实体，但是在社会对未来较差预期的情况下，自发的宽货币、紧信用，实体经济较为困难，尤其是供给侧改革带来的原料端和能源价格较高，导致了工业成本增加明显。预计 2019 年 GDP 增速仍然具有下滑压力，但根据历史情况而言，电解铝消费即使在最悲观的 2008 年仍然是增加的，但是尽管如此，价格仍然跌破全行业现金成本，因此，未来或许会呈现供需两弱的局面，很可能价格将会由需求主导（见图 24）。

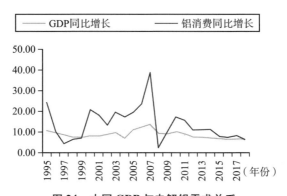

图 24 中国 GDP 与电解铝需求关系

资料来源：中信期货。

此外，我国外部贸易环境也延续承压态势，中美贸易摩擦变数较大。如果美方对价值 2000 亿美元中国进口商品关税税率提升至 25%，对剩余的 2670 亿美元进口商品加税，预计将对中美双方产生较大负面冲击。但从长期来看，2000 亿关税的压力，这方面可以通过全球货物流转和一价定律的影响进行消化（见图 25 ~ 图 27）。

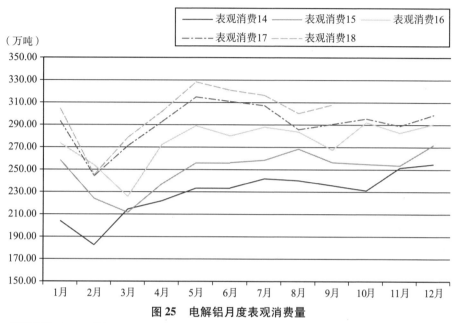

图 25 电解铝月度表观消费量

资料来源：SMM 百川。

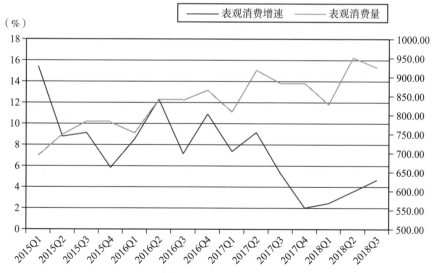

图 26 电解铝季度表观消费量及增速

资料来源：SMM 百川。

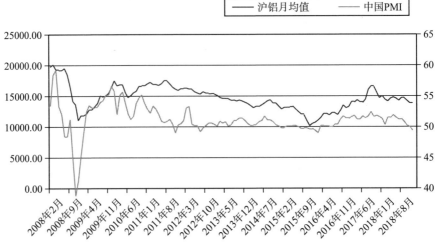

图 27　中国 PMI 与 LME 铝价关系

资料来源：Wind。

2. 从各个行业来看，未来电解铝消费增速维持在 3.5% 以上

（1）房地产方面。房地产开发投资额同比增速继续回落，新开工面积同比增速继续扩大，房屋竣工面积同比降幅小幅收窄。为加快资金回笼，房地产开发商开工意愿增强，同时受土地购置费增速回落影响，房地产开发投资额增速小幅回落。商品房销售面积同比增幅继续收窄，9 月开始单月同比由增转降。

房地产用铝主要是在铝合金门窗、装饰材料等方面，房地产销售情况是反映地产板块铝消费的先行指标。但是房地产用铝相对于地产销售和完工存在一个 9 ~ 18 个月的滞后期，2017 年销售增量导致 2018 ~ 2019 年新开工面积及施工面积增速较快，对 2019 年铝消费形成支撑，但是 2018 年销售的减量将为更长周期的铝消费增长拉动做减法。因此我们预计 2019 年地产用铝并不太悲观，保持零增长的可能性较大。

（2）汽车方面。产销增速表现出快速衰退的态势，中国汽车工业协会统计数据显示，2018 年 10 月，汽车产销同比均下降，延续了 7 月以来的低迷走势，当月产销量分别完成 233.4 万辆和 238 万辆，比上年同期分别下降 10.1% 和 11.7%；2018 年 1 ~ 10 月，汽车产销分别完 2282.6 万辆和 2287.1 万辆，比上年同期分别下降 0.4% 和 0.1%。汽车行业的不景气，一方面与目前紧张的贸易环境中美国对中国出口商品加征关税导致的消费者信心受挫有关；另一方面由于居民负债率增加、消费意愿下降使得汽车需求下滑；2019 年汽车预计零增长甚至小幅负增长。

（3）家电方面。国家统计局数据显示，截至 2018 年 10 月，国内空调、家用电冰箱、家用洗衣机产量累计同比增长分别为10.6%、2.2%、0.4%。家电产量数据较为平稳，对铝的消费拉动影响也较为稳定。截至2018年10月，社会消费品零售总额累计同比增长9.2%，自2013年以来维持稳定增长，依然处于扩张区间，预计将促进家电领域铝消费的稳定增长。

（4）电力板块，输变电高压线路为2019年用铝提供增量。截至2018年8月，国内电源和电网基本建设投资累计同比分别下滑10.9%和13.7%，叠加光伏补贴取消，2018年电力及光伏板块用铝增速下降。2018年9月7日，国家能源局核准5条特高压直流线路和7条特高压交流线路建设项目，预计今明两年施工建设，为2019年铝消费提供增量。

根据库存与产量数据，2018年表观消费量约在5.3%左右，而2018年产量增速几乎为0，即使预计2019年宏观经济转弱，国内需求考虑到建筑、汽车、家电、电力电子、耐消等各自的增速后，仍然预计增速3.5%左右。

3. 海外持续缺口，出口保持旺盛

2017年受供给侧改革影响，国产电解铝竟一度出现进口利润，如图28显示，但是由于铝锭进口存在16%的增值税，铝锭出口存在15%的出口关税，长期以来，内外很难直接进出口进行套利，只有在极端的行情下，盘面或许会出现套利机会。但是正是由于国内与国外的基本面的不同，内外比值或者是进出口的利润会持续较长的时间，比如2017年下半年以来，中国电解铝库存历史新高，国内过剩压力较大，但是海外隐形库存持续出清，外强内弱的局面下，变相出口就会增加。

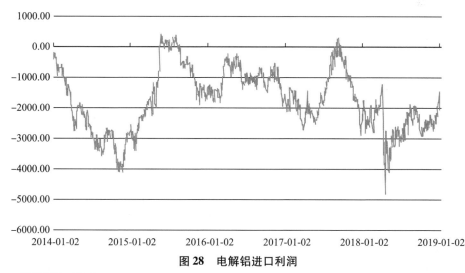

图28 电解铝进口利润

资料来源：Wind。

如图 29 和图 30 所示，外强内弱的情况下，沪伦比比值处于低位，出口利润相比较高，通过可以出口退税的铝相关产品出口可以获得出口利润。由于铝板带出口享受 13% 的出口退税，那么通过连铸连轧的简单加工，变相出口后替代铝锭进行重熔使用。

如图 31 所示，2017 年底以来，中国铝加工品出口数据每月均保持较高水平，其中主要是由于铝板带箔的增量予以支撑。

因此，在海外继续去库存的前提下，国产铝可以通过部分出口消化国内库存，经过本轮的周期性下跌，铝厂将会迎来新的一轮高利润期。

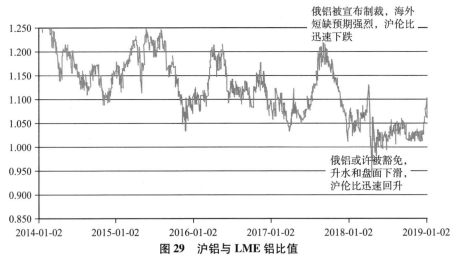

图 29　沪铝与 LME 铝比值

资料来源：Wind。

图 30　重熔铸轧卷出口利润

资料来源：Wind。

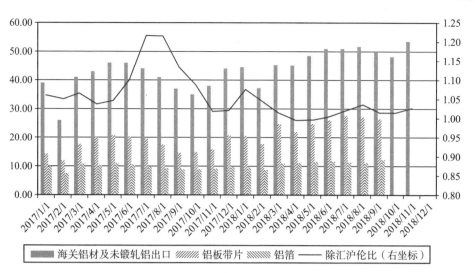

图 31　铝产品出口情况

资料来源：中国海关。

六、欧美经济或迎来拐点，有色金属需求承压

（一）中美贸易战如果升级，那么下游消费短期内将受到打击

美国先后对华铝型材、铝箔、铝板带等产品发起双反制裁，中国对美出口显著下降。中国提出针对美国 232 钢铁及铝反制措施，对进口自美国的废铝加征 25% 的关税，中国废铝进口量显著下降，中美由钢铁及铝产能过剩问题演变为全面贸易战。

根据海关统计，2017 年出口初级铝产品约 475 万吨，其中对美出口约 67.2 万吨，占比 14.16%，而此前型材和铝箔被征收双反关税，因此对美出口恐怕遭到严重打击。

但更多的白色家电、汽车整车等终端消费品的影响要远大于初级铝加工品，而这部分主要包含在第二轮 2000 亿美元的关税之中，因此，如果届时未能谈妥，2000 亿美元的商品征收 25% 的关税，那么铝的需求将会短期内受到打压，直到新的消费地或者替代市场出现。

自从 500 亿关税提出并真正实施以来，有色金属开启下跌模式，当 7 月 6 日再次提出 2000 亿的关税时，情绪悲观至极点，有色市场暴跌。

因为有色冶炼生产的特殊性，供给价格弹性较小，产量稳定，需求随宏观环境波动起伏，如果关税一旦实施，则下游终端产品的需求将会大量减少，继而传导至中间品、初级品、上游原铝，价格率先反映了出来。

由于直接涉铝的出口产品主要集中在 232 调查（一开始的钢铝两品种的调查和 25% 和 10% 的关税），500 亿的目录里面涉铝较少，2000 亿关税更多的涉及下游终端产品，如白色家电、铝制轮毂等品种，所以供需情况在数据上向上游传导还需要时间。

（二）欧美经济承压，全球经济存在较大的风险

从图 32 我们可以看出，LME 铝价同欧美地区的 PMI 几乎共振，本轮欧洲经济的复苏伴随中国的供给侧改革，促使有色金属铝的价格上涨，但是目前欧洲经济几乎见顶，PMI 也即将跌破 50 荣枯线，美国 2018 年 12 月的 ISM 制造业指数 54.1，报本轮经济复苏以来的最低点，拐点较为明显，考虑到金融属性，未来铝价可能继续承压。

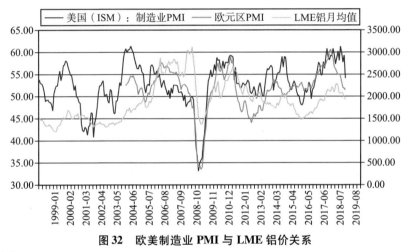

图 32　欧美制造业 PMI 与 LME 铝价关系

资料来源：Wind。

两个因素让我们怀疑美国经济增长即将见顶。其一，美国失业率达 3.8%，创近 50 年新低。历史上看每一次失业率的低点就对应着经济的高点。全社会接近充分就业，自然也意味着经济继续扩张乏力。其二，长短期的利差在缩窄，利差倒挂往往是美国经济见顶的标志，表明市场对长期经济缺乏信心，但是这个指标领先 8 ~ 20 个月，但是可以预计美国经济增长较 2018 年略微放缓。

因此，海外经济 2019 年或许会逐步迈入衰退，伴随美国加息"收割全世界羊毛"，新兴经济体经济承压，未来 2019 ~ 2020 年或许会有一轮明显的下跌趋势。

七、结论

通过对铝行业的分析我们得到下面的结论：

未来电解铝尽管产业基本面的边际持续向好，库存持续减少，但是在海外宏观经济转向、国内经济下行的大环境下，悲观的预期使得对后期的需求并不乐观，原铝价格依然承压，后期市场或许会通过价格的下跌和冶炼端持续的亏损促使行业加速出清，为下一轮次的上涨周期做好铺垫；也可能通过时间换空间，逐步消化库存后价格上涨，利润改善。

　　电解铝冶炼端当前供需两弱。高成本区域逐步亏损减产，新投产能节奏放缓，未来在产能天花板的限制下，供给端的增速被限制；而海内外隐形库存持续消化，需求稳定增加，从当前的供需状况而言，边际在逐步改善。电解铝企业向低成本区域转移，未来矿—氧化铝—电解铝—下游加工一体化将会是一个大的趋势，产业集中度将会进一步提升，在行业不景气的周期环节，获取上游廉价矿石、降低成本才是企业发展当前阶段的重点。

　　氧化铝高成本区域较大，不同地区的利润差别较大，吸引沿海项目不断投产。目前产业链基于做空产业链利润的逻辑不断向上游打压利润，但是由于环保限制国产矿石开采和内陆氧化铝企业的工艺问题，海外矿石无法缓解当前的矛盾，因此利润的传导并不顺畅，上游的供需成了继续下跌和反弹的支撑点。

　　氧化铝行业将会进入过剩时期，未来内陆氧化铝厂将会进入新的淘汰整合期，高成本企业和没有自采矿的企业将会被淘汰，未来氧化铝企业会在政治博弈和成本导向的前提下向海外或者国内沿海转移，氧化铝企业生产弹性较大，价格短期内将会以山西河南地区的成本为底线，长期海内外价格将会趋于一致。

　　海外铝土矿供应充足，国产矿石受环保、矿山治理等因素的影响逐渐减弱，未来内陆矿石价格逐渐回落至合理的价位，使得内陆氧化铝企业的成本与沿海氧化铝企业成本保持一致，或者在面向内陆电解铝企业时具有价格优势，未来进口矿石使用量占比会不断上升，随着竞争的激烈，未来海外矿石将会过剩，价格承压。

供给侧改革与期货品种供给研究

冯玉成　王一博

一、引言

（一）研究背景及意义

改革开放以来，随着市场化改革的不断深入和对外开放程度的逐步扩大，中国经济经历了长期、稳定、健康的发展，进入中等收入国家行列。但是，伴随着贸易保护主义抬头、"中等收入陷阱"风险逐渐累积、人口红利相对衰减等一系列原因的综合影响，自 2010 年以来，中国经济增长动能不足，增速高位持续下滑。供给侧、需求侧结构性问题严重，供给侧适应性差，需求侧管理效应递减，产品供需错配问题突出，大量中低端产品严重过剩，而满足消费者高端化、个性化、多样化消费的中高端产品不足，供求结构呈现"供给不足与供给过剩并存""需求下降与需求外移并存"特征。2015 年 11 月 10 日，国家主席习近平在中央财经领导小组第 11 次会议上首次提出"供给侧改革"方略，即"在适度扩大总需求的同时，着力加强供给侧结构性改革，着力提高供给体系质量和效率，增强经济持续增长动力"。

十九大报告指出："我国经济已由高速增长阶段转向高质量发展阶段，正处在转变发展方式、优化经济结构、转换增长动力的攻关期，建设现代化经济体系是跨越关口的迫切要求和我国发展的战略目标。""要深化金融体制改革，增强金融服务实体经济能力"。在 2018 年 7 月 31 日中央政治局会议上，习总书记强调要通过机制和体制创新，提高金融服务实体经济的能力和意愿。资本市场是现代市场经济体系最活跃的组成部分，具有引导资源合理流动、有效管控风险、激发企业家精神、鼓励创新创业等特殊优势，在我国供给侧改革中有"牵一发动全身"的重要作用。

期货市场是资本市场的有机组成部分，其价格发现和风险管理功能对转变经济发展方式、优化经济结构、转换增长动力具有重要作用。现代意义上的期货市场自 1848 年诞生至今已有近 170 年的发展历史，其价格发现与套期保值两个基本功能得到有效发挥，满足了各类企业乃至政府机构不断增长的风险管理需求，成为当今国际主流的价格风险管理工具。以期货、期权、互换为主要内容的旨在管理价格波动风险的衍生品市场也日益得到快速发展。我国期货市场经过 20 多年的努力，国内商品期货市场取得了较快发展，期货市场功能开始显现，为宏观决策部门预言预判经济形势、微观企业进行风险管理提供了有力支持。但不管与供给侧结构性改革蕴藏的企业巨大风险管理需求相比，还是与欧美成熟市场以及一些新兴市场相比，我国期货市场在市场品种与功能发挥方面还有不少差距。

期货品种供给是期货市场的发展基础，其品种供给的广度、深度体现期货市场服务实体经济的能力。期货品种设置应与经济风险管理需求相适应、与当前金融市场发展相匹配。构建多样化、竞争力强、结构合理、开放性的期货品种供给体系，是优化我国资源配置、服务经济社会发展、有效支持供给侧结构性改革的战略选择。为了能更好地服务于供给侧改革，期货品种供给、优化、监管的指导思想与基本思路需要进行战略性调整。

（1）期货市场品种丰富程度与期货市场服务供给侧改革、实体经济的发展有着直接关系。在供给侧改革背景下，产业结构的升级和经济结构的优化需要有与之对应的期货品种提供定价服务和风险管理，需要研究期货品种供给与经济发展的一般规律，研究和评价期货品种供给与优化对供给侧改革的影响。

（2）我国期货市场近些年虽然发展迅速，但较国外成熟期货市场仍处于弱势地位，期货品种供给体系急需改进。加强对期货品种上市、退市与转板制度的研究和场内市场、场外市场、现货市场品种体系的研究，有助于构建我国多层次期货市场体系，使不同层次市场良性互动、期货市场更加贴合实体经济、期货品种供给能更好地为我国供给侧结构性改革服务。

（3）农业供给侧改革、工业品供给侧改革是大宗商品期货品种集中领域，也是供给侧改革的主战场，两者在供给侧改革中面临不同问题，诸如：工业品去产能、产业结构优化、升级、农业种植结构调整、精准扶贫等，针对现存主要问题，需要在期货品种供给、有效服务方式等方面进行研究，提供建设性对策建议。

在经济新常态背景下，随着供给侧改革深化，如何根据转变发展方式、优化经济结构、转换增长动力的现实需要，从建设现代化经济体系，形成全国统一、开放的、有一定国际影响力的大宗商品市场出发，正确认识并更好地发挥期货市场的功能，丰富和优化期货品种供给，建设我国多层次期货市场品种体系，通过改革发展期货市场、完善市场在资源配置中起决定性作用的体制机制，提高资源配置效率，服务于供给侧结构性改革和经济发展实践值得从理论和实践层面进行更深入的研究和探讨。

（二）国内外相关文献综述

1. 关于供给侧结构性改革研究的文献

20世纪70年代，随着供给经济学逐渐发展完善，美国、英国等西方国家采纳供给学派的经济主张用于解决国内严重的经济"滞胀"难题，与此同时，分别形成了以私有化为核心的撒切尔主义和以减税为核心的里根经济学。

李停（2015）认为，我国经济发展在前一阶段强调需求对经济拉动的短期影响但目前需求侧发展已是后续动能不足，凸显我国经济发展不平衡。在经济新常态背景下，我国供需必须回到平衡状态下，供给侧改革有助于我国经济结构转型，积极应对经济特殊时期，有助于我国实现经济发展的再平衡。胡鞍钢等（2016）认为中国的供给侧改革应是含有本国特色的宏观调控，务必立足于中国相关政策，积极做好相应的措施。

2. 有关期货市场改革创新的文献

郭树清（2011）提出要加速场外市场统一监管的建设进程，稳步推动期货、期权、场外金融衍生品市场的发展，评估柜台交易的可行性。宋琳、房珊珊（2012）认为应引入做市商制度、放宽我国期货市场准入限制等。阮近（2013）提出了一系列对于期货市场的政策建议，主要包括：应逐步完善期货品种上市体系、加速期货品种创新进程、积极引导现货市场建设、继续推动市场化改革、增强期货公司国际竞争力、在期货交易所管理上引入竞争机制等。汤云龙、常飞（2014）认为我国目前期货品种上市制度联合审批制效率低下，期货品种数量难以满足实体经济多样化需求，应借鉴成熟期货市场经验构建符合市场规律的期货品种上市制度。与此同时，我国缺乏退市制度，交易所存在一些"僵尸品种"，无法有效使其退出市场，"僵尸品种"降低了市场效率同时占用了市场资源。借鉴多层次资本市场改革经验，近些年，伴随着新三板和创业板的推出，转板制度成为多层次市场制度和市场体系的关注点（刘燊，2011；侯东德、李俏丽，2013；钱康宁和蒋健蓉，2013），在构建我国多层次期货市场可以考虑引入转板制度。

3. 关于期货市场服务供给侧结构性改革的文献

徐细勇、刘薇（2016）对钢铁企业的套期保值进行研究，指出钢铁企业的效益近几年很不好，企业如何在艰难的环境中生存并做好供给侧改革的准备，由于钢铁厂所使用的原材料都是活跃的交易品种，因此企业在有效控制风险的前提下通过期货市场进行套期保值就非常必要。对于钢铁企业而言，原材料的套期保值可以有效控制企业生产成本；卢大印（2016）认为期货市场天然的功能就是风险管理和定价，在经济运行环境中发挥了很重要的作用，期货市场发挥了一个很重要的定价和引导整个市场的产量转型的过程，在供给侧转型当中，在定价方面发挥了很重要的功能；常清（2016）指出期货市场是实体经济的一部分，实体经济并不单是实体企业，实体企业有生产、有流通，还得有分配。其中，期货市场在流通和分配的环节起了重大的作用，要想做大做强实体经济，必须要做强期货市场，期货市场对于从宏观决策到微观决策提供了最准确的信号；俞秀（2017）对钢铁、贸易的去产能分析研究指出，钢铁企业产能过大，供需失衡，价格下跌，企业普遍亏损，出口的难度加剧，生产技术落后、环境成本大都是钢铁企业发展的难处，同时，如企业参与期货市场进行实物交割，则需要对企业所生产产品质量有更明确的标准，根据标准合约中的实物交割标准对企业产品质量进行检验，提高了企业产品质量；由于期货市场参与者众多，且透明度高，信息也更为完全，因此企业通过期货交易可以对实际的现货产品的供需情况产生基本预期，利于企业做出正确的决策。

4. 文献述评

国内外的学者在供给侧改革理论与实践、期货市场功能以及期货市场服务供给侧改革方面已经有了大量较为深入的研究，但从期货品种供给与供给侧改革角度的研究很少，缺乏商品期货品种供给与经济发展或供给侧改革规律的系统性分析和论述。这些方面是期货市场服务供给侧改革的战略或宏观层次的问题，对期货市场发展以及更好服务供给侧改革有重大价值。

（三）研究方法与达到目标

1. 研究方法

（1）文献分析法。本课题通过对已有的供给侧理论与实践、期货市场功能、期货市场服务供给侧改革研究等文献进行梳理和归纳，根据研究的深化和现实发展的需求，总结现有文献存在的不足，以此为切入点展开对本课题的研究。

（2）功能分析法。通过功能分析法，厘清供给侧改革的原因、实质、目标和任务，针对供给侧改革中面临的问题，探讨有效发挥期货市场功能服务供给侧改革的路径和模式。

（3）对比分析法。本课题将对国内外供给侧改革的理论与实践、境内外商品期货品种供给以及境内外期货市场服务实体经济方式等多个方面进行横向或纵向对比，寻找共同规律以及差异，以提供充足依据。

（4）个案研究法。通过期货市场服务供给侧改革的典型案例分析，形成具有普遍意义的期货市场服务供给侧改革的政策建议。

2. 本课题难点及达到的目标

（1）研究商品期货市场（品种供给）与农业供给侧改革、工业品供给侧改革内在逻辑关系，探讨优化、创新期货市场服务供给侧改革和实体经济的模式、途径。

（2）分析供给侧改革对期货品种供给的需求规律，研究期货品种供给与经济发展的一般规律，建立衡量期货品种服务实体经济效果的评价体系。

（3）通过分析美国期货市场品种供给发展过程与经济发展关系和国内期货品种供给及服务经济现状进行横向和纵向对比，寻找共同规律以及差异，提升我国期货品种服务供给侧改革效率。

（4）通过引入转板制度连接我国场内市场、场外市场和现货市场，改进我国期货品种供给体系，提高我国期货品种创新能力和创新质量，使期货品种供给更好地为供给侧改革服务。

（四）研究思路与总体框架

本课题将研究和梳理国内外有关供给侧改革的理论和实践，着力分析期货市场与供给侧改革的结合点，以发挥市场在资源配置中决定性作用为切入点，以期指导和完善大宗商品市场建设，从供给侧改革出发研究供给侧改革对期货品种供给的需求规律，研究期货品种供给与经济发展的一般规律，建立衡量期货品种服务实体经济效果的评价标准并为改进期货品种体系提出方案。

第一部分引言阐述了研究的背景和意义，并通过文献分析法对本课题研究现状进行梳理和归纳。

第二部分主要概述了我国供给侧改革背景、我国在经济新常态下存在的供需问题和结构性问题，并就改革内容和改革目的进行了说明。

第三部分主要论述了供给侧改革与期货品种供给的关系，主要围绕四点进行论述：一是期货品种供给对构建和完善现代市场体系具有引领作用；二是期货品种有效供给有助于管理好价格波动风险，提高要素配置效率；三是期货品种供给助推产业国际化进程；四是期货品种供给有助于提高企业对上下游价格的预见性，增强企业国际竞争优势。

第四部分主要是说明国内期货品种供给现状与存在问题。我国商品期货品种供给现已具备服务实体经济的基础和条件，已初步形成覆盖农产品、金属、能源化工及金融板块的期货品种体系，其价格发现和套期保值功能也得到了较好的发挥，且部分品种初步实现国际化。但期货品种服务供给侧改革仍存在一些问题，主要包括期货品种结构和交易方式单一、部分期货品种深度不够、生产主体参与不足等。

第五部分是中美期货品种供给制度比较。美国期货品种的覆盖面和深度都很好地满足了本国经济发展的需求，对我国期货品种的建设具有很强的借鉴意义，本部分主要分析美国的多层次期货市场、期货的监管制度，对比分析中美期货品种上市制度、退市制度和国际化程度，以期为我国期货品种体系的改进提供一些经验借鉴。

第六部分主要回顾与分析了国外期货品种供给发展过程与经济发展的关系。发现主要有五点：一是期货品种供给提升国家经济开放程度。二是完善金融期货品种供给有助于完善金融市场体系，有助于使本国成为世界性金融和经济中心。三是基于本国经济结构构建期货品种覆盖范围来满足国民经济发展的多样化需求，通过对历史数据进行分析发现，发达国家期货品种创新和本国各行业国民经济比重相对应，期货品种供给与相关产业对国民经济重要性相对应。四是期货品种创新应与本国产业结构相符，使其有助于相关产业转型升级。五是期货品种多元化增强其服务实体经济的效果。

　　第七部分是期货品种供给服务供给侧改革效果的评估，是本课题的核心章节。本章在分类评估期货市场服务国家供给测改革和本国实体经济发展的效果时，主要围绕四点展开：一是期货品种的贸易定价功能；二是期货品种形成时间序列价格指导资源配置的功能；三是满足企业多样化风险管理需求的功能；四是促进企业转型升级和可持续发展的功能。本部分首先分类评估当前期货品种供给对农业、有色和黑色产业、能源化工行业发展的影响。然后系统论述了期货品种供给服务供给侧改革的效果，包括：带动产业结构转型升级、降低企业负债成本、化解系统性风险、改善货币政策传导效率、期货品种国际化可以提升中国企业在全球产业链中的地位等观点。

　　第八部分是供给侧改革背景下我国期货品种供给体系的改进。通过前文的分析并结合国外经验，对我国期货品种供给体系进行改进，使其更好地服务于供给侧改革。改进的方案一是构建符合我国国情的期货品种供给体系，通过改革上市制度，新增退市制度，引入转板制度，使我国场内市场、场外市场和现货市场有效连通，提高我国期货品种创新能力和创新质量。二是改革创新我国场内市场，推进期货品种上市制度的注册制改革，加快期货、期权品种的创新速度和期货市场国际化进程。三是完善我国期货品种的有效监管，加速期货法的推出、完善政府监管，增强行业和交易所的自律管理，场内场外协同监管。

　　第九部分是综述本课题的研究成果。

（五）研究特色与创新

1. 研究特色

　　国内外学者关于期货市场发展与供给侧改革有机结合的理论研究十分欠缺，缺乏深入透彻、有说服力的发展期货市场的理论；对于商品期货品种供给与经济发展或供给侧改革的统一规律，现有的研究非常少。这些方面是期货市场服务供给侧改革的战略或宏观层次的问题，对期货市场更好服务供给侧改革价值巨大。课题还为改进我国期货品种供给体系提出具体可行方案，提出通过引入退市、转板制度来构建我国多层次期货市场体系，提升期货品种创新的效率和质量。

2. 创新之处

（1）研究视角较为新颖，通过分析美国与我国期货市场品种供给发展过程与经济发展关系，研究商品期货品种供给与经济发展或供给侧改革之间的规律。

（2）分析供给侧改革对期货品种供给的需求规律，研究期货品种供给与经济发展的一般规律，建立衡量期货品种服务实体经济效果的评价体系。

（3）为改进我国供给体系提出具体方案：一是通过增加退市制度、引入转板制度来有效连接场内市场、场外市场和现货市场，构建多层次期货市场体系。二是对期货品种上市制度进行注册制改革。通过以上两点提升我国期货品种供给效率和服务供给侧改革的能力。

二、我国供给侧结构性改革

（一）我国经济需要供给侧结构性改革

近几年面对投资持续下降和过剩产能突出状况，我国经济对消费增长给予厚望。消费的稳中偏降格局使宏观经济总需求一直处于疲软状态，最终导致 GDP 增长的疲软。我国曾经依靠需求刺激，率先走出 2008 年的危机冲击，但随后需求管理走到了尽头。由于相当长时间采取凯恩斯式刺激政策来拉动增长，这种原有的增长模式和政策调控手段已经难以为继。

凯恩斯主义主张发行国债，加强国家干预，以政府为主体进行投资。凯恩斯短期分析框架为 Y（社会总产出）= C（消费）+ I（投资）+ G（政府购买）+ NX（净出口），由于有效需求不足，实际的社会总产出（Y）可能会低于潜在的社会总产出（Y^*）。因此，政府可以通过调节有效需求进而使实际的社会总产出达到潜在的社会产出水平。

1. 投资方面

以往长时期支撑中国经济高速增长的基础设施，由于地方政府杠杆不断加大，已经很难继续扩大投资；近几年的房地产投资虽然在一定程度上维持了对经济增长的贡献度，但代价却是房价高企，固定资产泡沫进一步加剧，经济运行成本太高，社会阶层进一步分化。所以，在全社会去杠杆的大势之下，经济增长的动力不能再依靠加大投资了。

2. 消费方面

近几年国民消费增长迅猛，内需不断扩大，在 2016 年消费对经济增长的拉动首次超过投资。然而消费的增长必须要有收入不断增长作支撑，此外我国消费结构问题很多，仍须优化升级，尤其是资产泡沫严重，在一定程度上抑制了消费增长。所以在短期内，消费增长无法弥补投资下降带来的缺口。

3. 出口方面

在出口高速增长、国内要素成本和汇率持续上升的大环境下，国际经济形势不确定性加大，贸易保护主义和民粹主义抬头，加之中美贸易战等因素，近几年出口在我国经济增长的贡献度中很难保持 2001 年加入世贸组织之后十几年的高位贡献。

4. 财政政策方面

在基础设施建设与房地产的双重推动下，近几年地方政府债务杠杆居高不下，同时，财政政策已经在一定程度上造成的"挤出效应"，严重影响了社会经济的可持续创造力与私人投资活力，因此宽松的财政政策难以继续创造经济推动力。

5. 货币政策方面

我国目前实际上已经部分性跌入流动性陷阱，即无论投入再多流动性，都不会或者很难进入实体经济，而只会在金融系统和房地产空转，除了推高资产泡沫，已经无法起到刺激经济发展的政策目标。

综上所述，推动经济的"三驾马车"和两大政策工具已经无法继续推动我国经济，以需求侧为主的管理所取得的效益日益萎缩，同时为此付出的代价日益明显，所以从供给侧的视角把握经济势在必行。

（二）供给侧结构性改革全面发力

1. 供给侧结构性改革的要义

供给侧结构性改革 = 供给侧 + 结构性 + 改革，其中"供给侧"由生产要素、生产者和产业三个逐次递进的层次构成，形成我国经济增长的供给体系。"结构性"归根结底是指生产要素、生产者、产业的最优配置比例的探索，寻找经济增长高质量高效率的组合模式。"改革"是指体制问题的纠正与改善，经济发展中存在的不平衡、不充分问题，归根结底都是体制问题。过去若干年的增长模式，为了政绩，忽略经济发展质量与效益，单纯追求 GDP 这一数值，导致了经济结构的严重失衡，一方面煤炭、钢铁、铁矿石、石油、化工、建材等行业的过度投资，导致严重产能过剩；另一方面某些行业短板突出无法满足需求。整个社会制度性交易成本畸高，税费负担重，资产泡沫进一步推高了实体经济运行成本，资金、土地、劳动力等要素在诸多干扰下未能实现市场配置，存在大量错配现象，整体效率低下。财政、税收和经济管理体制存在诸多弊端，营商环境需要不断改善。

2. 供给侧结构性改革现状

近几年的供给侧改革已经取得了一些阶段性成效，"三去一降一补"获得了一些初步成果，表现在退出了一定数量以钢铁和煤炭为代表的落后产能，严控风险去杠杆取得一定进展，房地产库存消化显著等。然而，在充分肯定所取得的成绩同时，也不能忽视这一阶段改革中暴露出的问题，这也是下一阶段深化改革中应着力修正和避免的误区。简单的说，现阶段供给侧改革在一些地区去产能的过程中，暴露出没有遵从市场规律，简单地一刀切，为了去产能而去产能，导致一些有发展活力的中小企业被错杀，本应优胜劣汰，最后结果却成了逆向选择的优汰劣胜。主要原因：

一是地方政府出于维稳、保护地方国企、减少失业、规避风险等目的，片面地从地方利益和自身免责出发，把淘汰落后产能简单地等同于通过削减民营经济来保护国有企业，造成一定程度上的国进民退。

二是一些金融机构在严监管前提下，出于规避风险和"不出错"的考虑，消极经营，削减对中小企业的融资头寸。同时一些本应支持中小企业发展和创新融资的途径如创业板、新三板也由于种种原因陷于沉寂。总之，严监管没有错，却由于一些客观和主观原因，使得中小企业由于资金短缺进一步陷入困难境地。

三是在决定淘汰标准时仅仅考虑技术水平是否先进等因素，其实在现代企业管理模式下，治理结构和管理水平已经上升到和技术水平同等的地位，因此，在判断何为落后产能的时候，应该综合考虑技术和管理因素。

三、期货品种供给与供给侧改革的关系

推进供给侧结构性改革、提高微观主体盈利能力进而提高资源配置的效率，实质和基础就是发挥市场在资源配置中的决定性作用，一个关键因素就是要注重发挥商品期货市场价格发现与风险管理的作用。因此期货品种供给与供给侧改革存在如下关系。

（一）期货品种供给对构建和完善现代市场体系具有引领作用

纵观历史，市场经济是现代化不可逾越的发展阶段。商品市场、资本市场是现代市场体系的核心，现代市场经济只有借助于完善的市场体系，才能有效配置资源。以期货品种供给为基础的期货市场作为一种市场化工具和手段，对构建和完善现代市场体系具有引领作用。其原因在于，在市场经济条件下，期货市场的价格发现、套期保值和风险管理功能可以影响、主导现货价格、现货市场，有助于形成全国性乃至全球性统一的大市场。从价格发现看，价格调节供需关系，供需引导资源配置，从这个意义上说，价格对于优化资源配置具有决定性作用。与现货市场相比，期货市场发现的远期价格具有连续性、前瞻性和权威性，能够比较真实地反映商品和金融资产未来价格变动趋势，对优化资源配置可以发挥重要

作用。期货市场具有集中、公开、透明的交易机制，通过连续不断报价和良好的流动性，为市场经济活动提供透明、连续和即时传播的价格信息，方便了国民经济活动的方方面面。市场经济国家的经济史证明，期货品种供给在大到国家宏观调控，中到产业调结构、转方式，小到企业和个人财务管理等层面都发挥着作用，不仅被参与者高度重视，也被未参与交易的其他主体利用，具有广泛的社会效益。各类期货品种的价格对人们的生产、贸易、财富管理活动具有很强的引领作用。

由于期货市场所具有的这种功能，期货品种已经成为国际主流的指导和管理经济生活的工具，利用期货市场来管理经济风险、指导生产经营。期货品种供给的萌芽、产生和发展始终与实体经济紧密相连，根源于实体经济，又服务于实体经济，对构建和完善现代市场体系具有引领作用。

（二）期货品种有效供给有助于管理好价格波动风险，提高要素配置效率

在一个开放的、充满竞争的市场经济体中，微观企业、行业组织乃至政府机构不可能持续影响大宗商品价格波动方向和幅度。能否管理好价格波动的风险已经成为国家经济安全、行业稳定、微观企业能否实现持续稳健经营进而影响资源配置效率的关键因素。

交易者可以通过对期货品种的预买和预卖来获得未来市场价格信号，从而减少现货交易过程中的风险，期货品种是实体企业在期货市场和现货市场进行套期保值来规避风险的有效工具。随着经济规模的不断增长，世界期货市场上的大宗商品合约数量日益扩大。据美国期货业协会（FIA）统计，目前全球51家期货交易所集团上市的商品期货合约共计达2714个，其覆盖的大宗商品包括农牧产品、能源化工、更广范围的金属以及农牧产品价格指数等。期货品种供给增加，为更多的产业和品种提供了价格发现与套期保值基本功能，并日益被广泛接受，越来越多的企业利用衍生品市场管理价格波动风险，满足了各类企业乃至政府机构不断增长的风险管理需求，价格风险及社会资源在市场主体、产业和国家间实现优化配置。

（三）期货品种供给助推产业国际化进程

期货价格是全球贸易中所普遍接受的基准价格，具有较大市场规模、市场份额足够大、开放程度高的期货品种通常具有较高的国际定价权。例如原油的定价基准为纽约商业交易所的原油期货价格、农产品定价基准为芝加哥期货交易所的农产品期货价格。

期货市场作为国际贸易中的通用"语言"，它所形成的价格体系和规则标准，境内外市场各方都认可，在定价、谈判、贸易等过程中，可以有效降低冲突，是

企业融入全球贸易体系、深度参与国际分工协作的重要依托，更是相关产业国际化进程的"助推器"。

以有色金属行业为例，经过多年的探索和实践，通过利用期货市场价格，我国有色行业实现了从一个封闭落后的产业，向高度市场化、国际化产业的转变，形成了一套成熟的、以价格为导向的经营管理模式。期货市场价格体系已经成为有色企业跨境原料采购定价、成品销售、企业并购、对外投资与企业管理的重要依据，在稳定产业链、降低企业管理成本、增强经济效益方面效果显著。尤其是，近年来随着我国有色金属期货市场国际影响力的增强，上海价格与伦敦价格成为国际市场最重要的两个参考价，上海价格显著提升了中国有色金属产业国际采购谈判的议价能力，增强了国际并购和矿权买卖中价格评估的合理性，有效维护了中国企业的合理利益，在帮助有色金属产业扩大国际化经营规模、提升国际经营效益上作用明显。

（四）期货品种供给有助于提高企业对上下游价格的预见性，增强企业国际竞争优势

期货品种供给可以帮助企业在国际竞争环境下，优化经营决策、有效管理风险、保障经营利润，有助于企业做大做强、能显著提升企业国际竞争力。

以 PTA 期货为例。作为我国独有的期货品种，PTA 期货的上市提供了及时、有效的价格信号，提升了国内现货市场的透明度和上下游产业链信息的传导效率，能指导企业快速有效地针对市场供需变化，及时调整采购和销售策略，从而在经营决策上比国际同行更有预见性，在风险管理上更有主动性，为企业扩大经营规模，抢占市场份额提供了保障，提升了我国 PTA 和聚酯企业在国际竞争中的优势地位。2006 年 PTA 期货上市以来，中国 PTA 产量占全球的比重从 20% 提升到 2018 年的 50% 以上。目前我国 PTA 期货价格已经逐渐成为全球聚酯行业的价格风向标，行业整体盈利水平位于世界前列。

四、国内期货品种供给现状与存在问题

（一）商品期货品种供给已具备服务实体经济的基础和条件

1. 初具较为完备的覆盖农产品、金属、能源化工及金融板块的期货品种体系

国内期货品种供给在短短二十多年的时间里取得了长足进步，上市品种基本覆盖了农产品、金属、能源、化工、金融等国民经济的主要领域，包括期货与期权、场内与场外、境内与境外在内的衍生品市场体系已初步构建，市场承载力已较为可观。目前，我国上市期货期权品种 61 个，其中商品期货 51 个、金融期货

6 个、商品期权 3 个、金融期权 1 个，覆盖了农产品、金属、能源、化工等国民经济主要产业领域。近年来，期货品种创新有序推进，风险管理工具进一步丰富。市场规模稳步扩大，规则体系不断完善，价格和合约的连续性持续改善，市场投资者结构进一步优化，期货市场整体运行质量和效率不断提高，价格发现和风险管理的基础功能得到发挥，在优化资源配置、促进产业升级、提升经济运行效率、维护国家经济金融安全等方面发挥了巨大的作用。

2. 商品期货成交量跃居世界前列

如图 1 所示，根据中国期货业协会最新数据表明，中国期货市场交易规模总体呈上升态势。2018 年全国期货市场成交量为 20.29 万亿手，成交额为 210.82 万亿元，同比分别下降 1.54% 和增长 12.20%。据美国期货业协会（FIA）公布数据显示，中国商品期货成交量连续 9 年居世界前列，我国的豆粕、橡胶、铁矿石、螺纹钢等期货品种成交量世界领先。

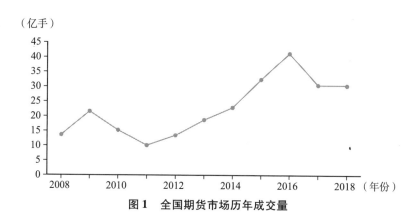

图 1　全国期货市场历年成交量

3. 期货品种功能发挥凸显

我国期货市场在实现连续十多年平稳运行的基础上，其价格发现和套期保值功能也得到了较好的发挥，在众多商品领域，期货品种在稳健企业经营、改善产业链运行机制、服务国家产业政策和宏观经济管理等方面的积极作用逐步显现。

铜、铁矿石、PTA 等期货价格已经成为国内外贸易的重要定价参考。上期所铜期货价格与国内现货价格以及外盘期铜价格相关系数均在 95% 以上，期现货、内外盘之间整体联动紧密；PTA 期货作为全球首个聚酯产业链期货品种，PTA 期货价格与上游 PX 现货价格的相关性达到 0.8，与下游涤纶长丝和短纤价格的相关性达到 0.9；大商所铁矿石期货价格与现货价格、普氏指数、新加坡掉期价格的相关系数分别达到 87%、95%、96%，与现货、境外市场联动性强。

目前，近半数期货品种的套保效率高于 80%（其中 14 个品种套保效率超过 95%），近半数的期货品种法人客户持仓占比高于 50%（其中 5 个品种占比超过

70%），"风险意识""风险管理理念""国际视野""全球化思维"逐步内化为越来越多市场宏观和微观经济主体的自觉行为，助推实体行业企业健步走向全球成为"与狼共舞"的新时代"弄潮健将"。

4. 期货品种初步实现国际化

我国期货品种对外开放进程加快。铁矿石、原油、PTA 期货相继成功引入境外投资者交易，中国期货市场国际定价影响力逐步提升，《外商投资期货公司管理办法》落地实施，期货业对外开放的大门进一步打开，期货市场国际化程度不断深化，在资本市场扩大对外开放进程中发挥积极作用。

（二）期货品种供给服务供给侧改革存在的问题

1. 期货品种宽度不够、结构和交易方式单一，市场服务功能有待提高

我国期货市场品种结构和交易方式较为单一，期货品种数量较少，而且大部分期货品种没有对应的期权品种，交易方式缺乏层次，反观美国，仅芝加哥商品交易所就为 1500 多个品种进行结算。场内期货市场是场外衍生品的基础，期货品种供给宽度不够使得期货品种供给难以满足供给侧改革过程中实体企业多样化和个性化的需求。造成期货品种数量和结构较为单一，很大程度上是上市制度问题，审批制降低了期货交易所创新主体的地位和期货品种的创新效率。因此，期货品种上市制度改革势在必行，应适时将创新端口下移，将品种、交易方式创新权力归还给交易所，才能提升期货品种创新能力，增强期货市场服务功能。

2. 期货品种深度不够，阻碍产业客户参与期货市场

我国很多期货品种流动性不足，期货市场的深度远远不够，期货市场只有具备一定的流动性，期货价格才能保持连续性和真实性，大型产业客户才能进入期货市场进行套期保值，否则会造成市场秩序紊乱。期货品种深度不足阻碍期货品种服务供给侧改革。

3. 近月合约不活跃，合约月份不连续

我国目前多数期货品种存在近月合约不活跃、活跃合约不连续的问题。我国农产品和部分工业品期货品种活跃月份在 1 月、5 月和 9 月三个月份上，而且在临近交割月份基本处于不活跃状态，价格不连续。这对连续生产经营企业开展套期保值操作带来较大的风险和交易成本，特别是对一些上下游企业直接利用期货价格进行基差交易带来较大障碍。同时导致产业客户无法利用近月合约对冲风险，只能选用远期合约进行替代。合约不连续导致期货品种供给与实体企业生产周期不匹配，难以激发产业客户参与期货市场的热情。

分析来看，活跃合约不连续，主要源于近月合约不连续，原因在于期现市场衔接不顺畅，在于交易所为降低市场风险而采用了严格的风险管理制度，主要包括：限仓制度、梯度保证金制度等，使投资者倾向于中远期合约。

4. 生产主体参与不足

我国期货市场参与主体呈现"三多三少"局面，个人多法人少、贸易商多加工商少、民营多国有少。国内微观企业和农业生产者对期货市场的认识和运用还很不够，需要加大市场培育。

（1）国有企业参与期货市场受体制机制限制。国企参与期货市场积极性不高很大程度上是因为国企现行的考核机制。套期保值是在期货和现货之间建立一种对冲机制，以使实体企业的价格风险降到最低限度。然而对于国有企业来说，企业参与套保过程中如果出现亏损，会处罚相关人员；如果不参加套期保值，出现亏损时，责任可以归纳为经济形势不好。这样的考核机制不利于国企参与期货市场。

（2）农业生产主体期货市场参与度低。限制农业主体参与期货市场主要有两方面原因：一方面，参与成本过高。对很多农业市场主体和农民而言，期货市场进入的门槛较高，过高的成本让农业生产者望而却步。另一方面，对期货市场认识不足。国内的大部分农业生产者属于风险规避型决策者，文化程度参差不齐，对专业化程度较高的期货市场理解不到位，种植决策很少能参考远期期货价格信息。

5. 期货品种国际定价权的缺失

目前石油、农产品的定价权在美国，金属的定价权在英国，中国虽然是大宗商品的消费大国，但大多数主要大宗商品的定价权却不在我国，不利于我国的国际贸易与经济发展。要分享大宗商品的国际定价权，必须加强现货建设，发展本国期货市场，加大期货品种对境外投资者的开放力度，使中国期货市场在国际上具有一定的地位，发挥其影响力。

五、中美期货品种供给模式比较

美国作为成熟期货市场的代表，期货品种体系的建设较为完善，期货品种数量远高于我国。美国期货品种的覆盖面和深度都很好地满足了本国经济发展的需求，对我国期货品种的建设具有很强的借鉴意义，本章主要分析美国的多层次期货市场、期货的监管制度，对比分析中美的期货品种上市制度、退市制度和国际化程度，以期为我国期货品种体系改进提供一些经验借鉴。

（一）美国多层次期货市场品种体系

美国期货交易所发展至今，其期货品种已经基本覆盖了各行各业，种类纷繁复杂。美国期货市场以满足不同投资者投资需求为目的，充分反映了市场主体对期货品种的需求意愿，利用其超强的创新能力，不断推出适合发展的新期货品种。美国期货市场已经发展到较为成熟的阶段，投资主体以机构投资者为主，期货新品种的开发多以市场需求为出发点，以机构投资者和交易所为导向，以市场发展状况为依托，最终论证推出新品种，所以，这样的新品种顺应了市场，满足大多数投资者的口味，生命力超强。

由图 2 可以看出，美国各层次市场之间联系比较紧密，尤其是《多德弗兰克法案》，作为 20 世纪 30 年代以来美国一项最全面的金融监管改革法案，对标准化程度高的场外合约规定必须在场内集中清算，这一规定使得场内外市场更加一体化，体系进一步完善。

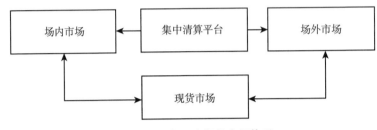

图 2   美国多层次期货市场体系

1. 场内市场

经历了超过 170 年的发展，以美国为代表的发达国家已经建立了成熟的期货交易市场。期货产品类型涵盖农产品期货、金属期货、能源期货、利率期货、外汇期货等多个板块，据 CME 统计，目前存续的期货和期权交易品种接近 2000 种，其中能源期货品种超过 1300 种。

金融期货成交量规模远超商品期货。虽然金融期货较商品期货推出较晚，且商品期货的品种远超过金融期货，但是从近年来的成交情况来看，以股指、股票、利率为代表的金融期货成交量占比超过 80%，农产品、金属等商品期货成交量占比不足 20%，金融期货成为期货市场的主力，其中股指期货和股票期货成交量最高，合计占比超过 50%。

2. 场外市场

场外市场也称柜台交易市场，和场内市场不同的是场外市场并非集中交易，交易双方可对交易场合、规则进行协商，最终达成交易。美国的场外市场经过上百年的时间逐渐形成、完善和成熟，期货交易已经以场外市场为主。美国场外衍生品市场的组织方式一般采取做市商制，市场以机构投资者为主，投资者与场外市场经营机构进行协商议价，直接进行交易。

截至 2018 年末全球主要交易市场中，场内市场和场外市场的名义本金之比大约为 1∶8，其中场外市场以利率类产品为主，占比约为 77%，外汇类产品次之，占比约为 15%，其他类产品占比不足 10%。

从 20 世纪 80 年代开始设立利率互换以及期权、信用与能源衍生品等，这些产品的创新是适应市场的需求，由市场投资者、交易所和期货公司共同发起创设的。因此，美国期货市场之所以能够引领全球期货市场，就是因为美国场内外交易市场市场化的上市、退市制度（见表1）。

表1 美国场内和场外交易制度对比

项目	场内市场	场外市场
交易机制	集中交易（集中竞价、电子撮合）	非集中交易（做市交易、询价报价等）
市场主体	个人、机构	机构
产品特性	标准化、流动性和透明度高	非标准化、流动性和透明度低

3. 现货市场

美国作为全球最大的农业生产国和工业生产国，实体经济体量巨大，因此发达的大宗商品市场为市场的投资者提供了广阔的投资工具与充足的投资品种，对场内市场的发展起到了重要的支撑和引导作用。

（二）美国期货市场的监管

美国监管模式的特点是由联邦期货交易委员会（简称 CFTC）、全国期货协会（简称 NFA）和期货交易所共同进行监管，他们相辅相成、相互制约、共同构造了严格而有效的三级监管体系（见图3）。

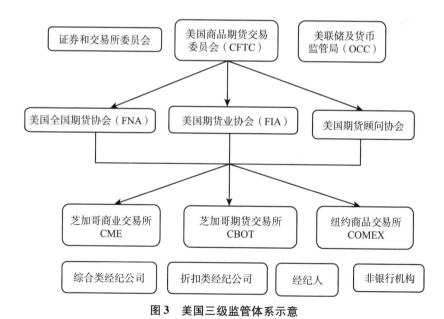

图3　美国三级监管体系示意

（三）美国与我国期货品种上市、退市制度对比分析

1. 上市制度对比分析

美国期货品种上市制度包括：交易所自我认证制度和请求 CFTC 提前批准制度。其优点：（1）两种上市制度本质上属于注册制，注册制是将新品种上市权利赋予交易所，力避"看得见的手"过多干预市场，满足经济地区性、个性化的需求，有利于促进区域经济发展，形成区域定价基准，提高交易所竞争力使期货市场更加市场化，有市场需求的品种会快速成长，没有需求的品种则会慢慢消失。（2）注册制引入了竞争概念，交易所之间会有竞争，期货公司之间也会有竞争，推动各主体加大创新力度，有利于期货行业更好发展。（3）注册制有利于提高监管效率与新产品上市效率。当期货品种上市的时候，只要向监管部门提交符合核心原则的产品设计材料，交易所便可自我许可新产品上市，在材料齐全的前提下，目前最快仅需一天便可使新产品上市挂牌。同时对期货品种的监管权下放给交易所，这样很大程度上简化了监管流程，提高了监管效率（见表2）。

表2 　　　　　　　　　　　我国与美国期货品种上市制度比较

国家	上市制度
美国	交易所自我认证
	请求 CFTC 提前批准
中国	联合审批制

我国期货品种上市采用联合审批制度。这种制度的缺点：（1）期货品种在上市过程中行政力量强势，市场力量缺失。期货合约本质上说是在市场经济中市场行为选择的结果，是将实体经济的交易行为合约化。然而，在我国的联合审批制下，期货交易所将期货品种上市过程脱离市场依托，淹没期货品种自身的优势，将其作为一种行政资源去协调。忽略了市场真正所需的期货品种，一味将期货品种推上市场便万事大吉，造成了期货品种"管生不管养"的现象。（2）联合审批制下，期货品种要想上市需要期货品种监督管理机构、国务院等各级部门联合审批，这样造成品种上市周期过长，上市效率低下。目前我国期货市场投资主体还是以中小投资者为主，说明我国当前的期货品种还无法满足大多产业客户的需求，因此加快期货品种上市制度改革，丰富市场品种种类以满足市场需求是今后相当长一段时间的工作重点。（3）联合审批制使上市的期货品种缺乏竞争力。纵观国外成熟的期货市场，一个在全球资源配置与资产定价中有定价权的价格基准都是在竞争的土壤中不断成长，优胜劣汰，最终成熟。在我国各期货品种分别分

布在不同的交易所，每个品种在各大期货交易所都是相对垄断的，同时各交易所之间由于品种不重叠，逐渐丧失了优化已上市期货品种的创新力度，大大削弱了期货品种的竞争力，降低了创设符合我国市场需要的并且具有国际影响力的期货品种的可能性。

2. 退市制度对比分析

美国期货品种退市制度是注册制。其优点：（1）任何期货品种的"去"与"留"完全是由市场决定的，对于不符合市场需求的期货品种能够被坚决的退出交易市场。（2）在注册制下无须繁杂的审批手续，只要上报齐全的材料，交易所便可自行决定"僵尸品种"或零成交量的品种是否退出市场，提高了市场运行效率。（3）期货品种退市手续的大大简化，加快了期货品种的流通，这样交易所便能够不断创设出更具竞争力的品种，撤掉"僵尸品种"，提高交易所的竞争力（见表3）。

表3   我国与美国期货品种退市制度比较

国家	退市制度
美国	注册制
中国	行政审批

由于我国期货品种上市是联合审批制，每个期货品种上市需要经过期货监督管理机构、国务院等层层审批，同时期货交易所也需要进行大量的行政协调工作，同时我国期货交易所的上市品种就目前来看本来数量有限，所以期货交易所从情感上十分珍惜已经上市的品种，试图通过不断地修改僵尸期货品种合约包括标的和合约大小，来保住自己的"孩子"不被退市。我国的退市审批制度除了不具有像美国那样退市注册制的优势外，还无法实现市场优化资源配置的作用，进而阻碍期货市场服务实体经济的功能。

一个良性的市场，只有进出顺畅，才能保持活跃和吸引力，才能在国际市场中保持竞争力。我国期货市场的退市制度应该向国际成熟期货市场的注册制不断改进，并建立期货交易所期货品种的标准，例如成交指标界限，对于不符合标准的品种退出期货市场，并为退市品种探寻新的出路。

（四）中美期货品种的国际化程度及国际定价权比较

期货市场的国际竞争不仅表现高质量的多元产品的供给、完善的期货市场法规体系的建设、投资者结构的国际化程度上，更重要的是对期货品种国际定价权掌控上。对期货品种定价权的掌握对一国的经济发展大有裨益，一方面大宗国际商品，例如石油、铜、大豆处于基础性地位，这些商品是利用期货市场进行贸易定价的，所以期货交易情况决定着基本食物、能源和原材料的成本，从而影响下游商品价格，最终影响国民经济；另一方面国际定价权对维护国家金融安全及大宗商品交易风险规避有非常重要的作用，而目前大宗商品仍以美元定价，"汇率因素"使得期货交易风险又多了一层。

美国期货品种国际化程度较深，且在很多主要大宗商品上拥有国际定价权，我国 2018 年将原油、铁矿石、PTA 三个期货品种对外资开放，引入境外交易者，国际化进程明显加快推进，但国际化进程才刚刚开始。

1. 经验借鉴：石油美元体系的形成

从历史经验来看，一国的货币国际化必然要先掌握大宗商品定价权与结算功能，就拿产生于 20 世纪 70 年代的"石油美元"来说，当时以沙特为首的石油输出国组织和美国达成了一个协议，石油出口国在出售石油时只收美元，且石油定价时也只用美元定价，而不是用其他货币再通过汇率折算成美元。这样，世界上其他国家需要购买石油时只能先通过出口商品获取美元（或是借美元），然后将美元储备起来，需要进口石油时用美元来支付。而以沙特为首的石油出口国，将出售石油获得的美元，部分用来进口商品，其他的就储备或投资到美国（投资美国股市、国债、楼市等）。石油是现代工业社会的基础性原料，其广泛性不言而喻，为了满足本国对石油的进口需求，各国本能地将美元作为国家储备货币。由于美元的广泛使用，美元计价也从原油不断地纵向横向扩展，从上下游相关行业扩展到横向多个行业，最终延伸到全球金融市场，甚至影响各国的基准汇率，成为世界货币。

总结"石油美元"体系的前世今生，我们可以看到美元从一国政府的信用货币逐步成为国际金融市场的基准货币主要经历了三个阶段：第一阶段，诞生与兴起时期。在国际关系和地区局势发生变化的背景下，美元作为大宗商品贸易的计价单位与结算货币，凭借基础性工业原材料——石油在国际贸易中打响；第二阶段，市场化与金融化时期。随着美国西得克萨斯轻质原油（WTI）标准期货合约在纽约商业交易所上市，石油与粮食、外汇、贵金属等其他商品一道，正式成为获准进行期货交易的大宗商品之一，即成为一种重要的金融产品，进而成为各国储备货币；第三阶段，快速发展时期。由单纯的石油结算货币，扩展到上下游各行业产品结算货币，又横向向各行业延伸，甚至成为全球金融市场的基础货币。通过"石油美元"体系，不但让美国主动放弃了日益衰落的"布雷顿森林体系"和"黄金美元"，选择了与世界上最重要的商品——石油挂钩，使美元保持其活力。更是将美元推向了国际市场基准货币这一新台阶。

2. 我国目前国际化进程

期货市场是商品、信息、资金高度流动的市场，就国外成熟的市场来看，期货市场本身具有国际化属性，国际上的大宗商品和货币价格已经逐渐抛弃生产定价，而以期货市场作为定价参考。作为全球第二大经济体，我国的很多基础性原材料和农产品的进出口量都连续多年位于全球前列。而期货市场的国际化进程能够更好地发挥期货市场服务实体经济的功能，为企业提供避险工具。因此，只有期货市场加快国际化步伐，才能提高期货价格的全球代表性，才能更好地发挥我们作为全球最大的进口国对大宗商品国际价格的影响力。在国际贸易定价体系包括对原油、有色金属、大豆、棉花等大宗商品的定价中占得一席之地。

在原油期货向境外投资者打开大门的基础上，铁矿石期货、PTA 期货都在 2018 年顺利迎来国际化，目前运行平稳。

当前铁矿石国际贸易通行的报价方式为指数报价，但是普氏指数和 TSI 指数均以美元定价，在这种局势下，我国要想争夺铁矿石定价话语权就必须让自己的期货品种走出国门，走向世界。目前我国的铁矿石进口量已经高达 10 亿吨，全球贸易量占比接近 70%，在 2018 年铁矿石期货国际化的方案中，铁矿石期货采用以人民币计价、外币充抵保证金、保税交割、境外客户和机构通过境内会员入市等一系列措施，打破了在境外产业客户无法参与到我国铁矿石期货市场的现状。同时，铁矿石期货以人民币计价的方式也逐渐进入到国际贸易体系，这将为进一步促进人民币国际化和提升我国在国际铁矿石定价体系的话语权。

作为具有重大战略价值的大宗商品，我国原油期货上市对我国衍生品市场以及在整个金融市场都有重要的意义，是大宗商品期货对外开放的先行者。原油期货具有天然的国际化属性，是"大宗商品之王"，与铁矿石一样作为基础性的工业原料，对国民经济的覆盖性很强。因此，我国将铁矿石和原油期货作为大宗商品期货国际化的先驱，具有重要的战略意义，为今后人民币的计价、结算、定价功能延伸到全球商品市场做好铺垫，进而推动人民币国际化进程。

六、国外期货品种供给发展过程与经济发展经验借鉴

服务产业、服务国民经济是期货市场的根本目标，这决定了期货品种供给需要适应产业转型与发展的具体要求，立足产业价值链和实体经济结构进行品种创新。本章主要分析美国、英国、新加坡等较为成熟期货市场期货品种供给发展过程与经济发展的成功经验。

（一）期货品种国际化提升国家经济开放程度

期货品种国际化是一国经济实力的象征，不仅有利于整合国际资源和提升大宗商品的国际定价话语权，还有利于推动本国经济的持续增长。期货市场对国际贸易、国际金融、国际经济信息传播都有着重大而深远的影响。由于期货品种对市场价格的重要影响以及其价格避险机制，全球期货市场迅速发展，实体企业利

用期货市场转移经营风险的意愿越发强烈，积极参与国际期货品种。

在国际市场上，国际化程度高的期货品种有助于提升国家经济的开放程度，其效果在美国、英国等成熟期货市场上得到了充分的体现。随着期货市场国际化程度日益加深，美国、英国主导了全球的交易系统，全球大量的投资资本涌入其期货市场，提升了国家资本账户的流动，促进了本国与其他国家的经济联系。我国期货品种供给体系应该在期货市场立法、运行交易机制、期货市场组织架构等方面不断改革创新与国际标准靠拢，与此同时加大期货品种的开放程度，鼓励期货公司经营国际业务。

（二）金融期货品种供给完善金融市场体系，推动其成为世界性经济与金融中心

金融期货品种是通过服务资本市场进而服务实体经济的，是通过提升资本市场运行效率，完善价格运行机制，提高资本市场透明度，增强资本市场的安全性，管理企业利率和汇率风险为服务实体经济提供稳定的金融环境等方面来达到服务实体经济的目的。回顾分析全球金融市场发展经验，金融期货品种的产生和发展，开辟了新的融资渠道和投资途径、优化资本配置、提升本国金融市场的国际竞争力、有助于本国成为全球金融与经济中心。

以美国为例，1971 年，以美元与黄金脱钩，布雷顿森林体系解体为标志，西方主要国家进入浮动汇率时代。在汇率大幅波动的背景下，美国为维护美元的霸权地位和满足实体企业国际贸易对汇率风险管理的需要，于 1972 年 5 月在 CME 推出了 7 种外汇期货合约，开启了金融期货品种发展的新时代。随后，CME 陆续推出利率期货、股指期货等金融期货品种，使金融市场体系和投资工具得到不断完善，完善的期货品种供给体系让美国成为世界性经济与金融中心。英国政府通过采取一系列措施，从立法促进、政府推动，使英国国际金融期货期权交易所成为世界上最重要的金融期货市场之一。新加坡在推出日经指数后，又推出恒生指数期货和台湾指数期货，使其成为区域性有竞争力的金融中心。随着现代金融市场功能的进一步发挥，期货市场在现代金融市场中的地位进一步得到加强。期货品种供给的发展，完善了现代金融市场的组织体系，提供了防范金融风险的市场工具，促进了一个国家或地区金融市场国际竞争力的提高。

（三）基于经济结构拓宽期货品种覆盖面满足了国民经济发展的新需求

1. 期货品种创新与国民经济各行业比重相适应

如图 4 所示，在 1960～1984 年，美国第二产业与第一产业的比值总体上呈现明显的上升态势，即工业在国民经济中的比重较农业显著上升。1960 年开始，

工业产值占比在美国经济发展中的比重开始逐年递升，农业产值占比则逐年递减，美国工业生产年均增长率增速快速增长，20世纪50年代为4%，60年代达5%，1965年时高达9.9%。与此同时，美国工业品期货品种数量和期货品种成交量在美国商品期货中的占比也大幅上升。60年代，商品期货新品种中工业品期货品种占比14%；70年代，工业品在上市新期货品种中占比攀升至47%；80年代新上市商品期货中工业品占比超过75%。工业品期货品种成交量占比在此期间也大幅上升，由1960年的仅7%增长至1985年的40%以上（见表4）。

图4　美国第二产业与第一产业的比值

表4　　　　　　　　农产品与工业品新品种上市数量比较

项目 年份	数量		占比（%）	
	农产品	工业品	农产品	工业品
1960～1969	45	7	85	13
1970～1979	29	26	53	47
1980～1985	6	19	24	76

进一步看，美国第三产业产出值也快速增长，1980年时服务业在美国国民经济比重已达65%，推动美国交易所在金融期货领域开始创新，在经过将近20年的时间里发展成为以与第三产业占国民经济比重相适应的金融期货品种为主，工业、农业期货品种次之的期货品种供给体系。

2. 期货品种创新与部分产业的相对重要性相适应

美国在19世纪末期进行工业化改革，但由于随后发生了世界大战、经济危机，美国重化工行业发展缓慢。战后，美国重点发展重化工行业，经过产业转型升级，产业结构逐步均衡。为了将期货品种供给与产业结构的相对重要性相适应，美国在这一阶段上市了知识和资金含量相对较高的基础原材料产业相关品种，主要是工业金属品种和化工类品种。这些期货品种的成交量占比也显著提升，由 1960 年的不足 1% 到 1975 年的超过 10%。

随着工业化进程的不断加深，机械化设施在农林领域广泛应用，居民城镇化引起国内消费增长，畜牧业、林业规模化发展，居民对于畜牧业、林业产品的需求不断上升。例如美国本土居民对于蛋白质需求的迅速增长，人均年度肉类消费量由 1951 年的 160 磅增长至 1960 年的接近 200 磅；又例如基建和房地产的旺盛需求使 1965~1970 年间木材产量增幅高达 20%。畜牧业、林业相关期货品种的推出分别适应了国内粮食消费结构的变化和住宅市场的阶段性需求增长，改变了原有以玉米、大豆、小麦等谷类作物为主的农产品期货格局。

（四）上市与产业结构相符期货品种，助力相关产业转型发展

在期货市场发展较成熟的国家，上市品种的结构与产业结构相符，从低端向高端过渡，这是期货市场发展成熟国家的共同规律。期货品种与产业结构保持一致是期货市场持续发展的活力源泉，依产业发展需要和产业结构部署期货市场发展战略是从宏观上把握期货市场发展方向的必然选择。

以农产品为例，从最初耐储存谷物期货逐渐扩展到对仓储和运输要求较高的肉类、奶类、畜产品类等品种，对于难以上市的品种，则运用商品价格指数方式开发成期货产品，丰富了期货市场交易品种。工业方面，第三次科技革命助推了美国、英国等西方发达国家产业结构转型，诞生了一系列新工艺、新产品。1960~1980 年能源相关行业进入快速发展阶段，推动了交易所上市能源相关期货品种。1980 年初，首先上市了取暖油期货，后续逐渐推出汽油、原油、天然气等与能源相关品种，完善了石油产业链的期货品种供给，而且成交量在商品期货中占比较大。

上市与产业结构相符的期货品种同时使期货品种供给覆盖产业链可以为实体企业提供转移风险的工具，助力相关企业转型升级。

（五）品种多元化提高了期货市场服务实体经济的能力

期货品种是期货市场服务实体经济的主要抓手和基础，合约种类越丰富，服务实体经济的能力就越强。各个行业的风险组成了市场经济的整体风险，期货品种供给就是为不同行业提供相应的风险管理工具。在我国供给侧改革背景下，需要覆盖各主要产业链的期货品种来分散和转移风险。开展基于产业链的品种创新，由此不可避免会在行业、产业服务方面形成交叉，导致交易所品种的多元化；反过来，品种的多元化又提高了交易所服务实体经济的能力，为交易所营造了更好的品种创新环境，形成良性循环。

七、期货品种供给服务供给侧改革效果的评估

本章在分类评估期货市场服务国家供给测改革和本国实体经济发展的效果时，主要围绕四点：一是期货品种的贸易定价功能；二是期货品种形成时间序列价格指导资源配置的功能；三是满足企业多样化风险管理需求的功能；四是促进企业转型升级和可持续发展的功能。本部分首先分类评估当前期货品种供给对农业、有色和黑色产业、能源化工行业发展的影响。然后系统论述了期货品种供给服务供给侧改革的效果，包括：带动产业结构转型升级、降低企业负债成本、化解系统性风险、改善货币政策传导效率、期货品种国际化可以提升中国企业在全球产业链中的地位等观点。

（一）农产品期货对农业供给侧改革发展的影响

我国农产品期货上市较早，上市品种不断丰富，部分品种按照成交量已排在世界前列，豆油、豆粕、棉花、白糖、玉米等期货品种服务"三农"与实体企业的功能不断凸显。

1. 引导种植结构调整，推动产业结构升级

期货品种形成的期货价格能够反映整个市场的供给和需求的变化，而且较为敏感和权威。期货品种能够通过价格发现功能预测一年以后的价格，而农产品现货市场只能反映当前的价格。因此，农业生产主体可以运用期货价格制定或者调整种植结构、灵活选择售粮时间，从而提高土地资源的利用效率和经济收益，提升农民的销售收益和土地产出效益。

农产品现货市场存在优质农产品和一般农产品价格相差过小，难以获得权威价格信息，难以体现优质优价的原则。而农产品期货与现货相比价格公开、透明，能更好地向农业生产主体展现优质优价的原则，促进农业生产结构转型升级，引领农民生产优质农产品。

2. "订单 + 期货""保险 + 期货"助农民稳收增收

目前，不少农业贸易商、深加工企业和经营农资产品的企业都在积极探索全面管理经营风险，"订单 + 期货"是企业与农户在产品种植前以期货价格为基准签订订单，农民通过订单规避农作物价格下跌的风险，稳定了农户的收入和心理预期，企业通过订单农业锁定自身资源的同时，通过对应的期货品种进行套期保值的方式转移订单带来的风险。订单农业还给农业生产者保留了二次分配的权利，当农作物的价格显著上涨给企业提供较大利润时，企业会分配一些利润给农业生产主体。

"保险 + 期货"的原理是首先合作社或种植大户向保险公司购买保险，接下

来保险公司购买期货公司场外看跌期权产品。最后期货公司通过参与场内期货市场，从而进行风险转移。"保险 + 期货"模式的推出保障了农民种粮的收益，有利于农民扩大种植规模，实现规模经济效应，使农民利益得到全方位保障。"保险 + 期货"模式显著提高国家财政补贴效率，有利于农产品价格补贴的实施，根据财政部统计，在实施"保险 + 期货"以前，国家给予农产品种植储方面的财政补贴，农民仅能获得大概 14%。但是若采用"保险 + 期货"的方式，补贴转化率会显著提升，再配合相关保险公司的灾害险，农民的利益将得到全方位保障。

3. 点价贸易提升贸易效率

国内油脂行业广泛采用点价贸易。点价贸易在国内油脂油料行业广泛推行，极大地提升了我国期货衍生品在实体经济的应用性，油脂油料的点价贸易先后经历了外资公司、南方企业，最后在东北、华北地区广泛推行。在 2006 年，一些外商合资企业，如嘉吉、路易达孚公司等首先将点价模式在油脂油料的售卖中应用推广，并取得丰硕的成果，初步得到市场的认可；2008 年后，点价贸易开始在南方一些有期货投资意识的民营企业中试点；之后到 2010 年，国有油脂企业九三企业充分吸取国内外点价贸易经验，将油脂油料的收购与成品售卖各经营环节与点价贸易相结合，做到了产业链点价贸易创新，最终取得了不错的成绩，就这样点价贸易开始推向全国。

点价交易提升行业定价效率。点价交易以公允的期货价格作为基准，将现货价格磋商转变为升贴水报价，极大便利了贸易流程。

（二）工业品期货对相关产业发展的影响

我国有色金属期货上市较早，发展相对来说较为成熟，黑色金属期货上市较晚，发展相对滞后。各期货品种的属性不同，在国家发展与人民生活中所占的地位不同，因而对实体产业的服务能力也不尽相同，最终导致各产业发展程度有所不同。有色金属期货上市较黑色金属期货早，发展完善，因此有色金属产业竞争力和成熟度强于黑色金属产业。

1. 期货市场促进有色金属产业形成公开透明的市场化定价体系

上海期货交易所有色金属期货价格已经覆盖了整个现货产业链的上下游，实现了有色金属上下游价格联动，使得有色金属上游原材料价格与终端消费价格联动调整，推动市场供需关系渐趋合理，有色期货已经成为生产、贸易、流通的市场定价基础。上期所根据企业需求提供不同时间段的期货均价，包括周、月、季以及年均价，以至于越来越多的现货企业根据需求采用不同的均价作为长期合同和现货交易的价格基准。

2. 期货市场定价体系贯穿产业链，促进产业可持续发展

产业的健康持续发展需要在产业链上下游之间寻找各方利益的平衡点，价格是产业链上下游之间的利益纽带。产业链各经营主体可以充分利用期货工具与利益相关者通过多种方式建立长期商业合作关系，签订长期合同。如果有一方出现价格风险，就可以利用期货市场对冲价格风险，这样就能避免价格联动，殃及整个产业链。例如，中国铝业在氧化铝销售合同中做了规定，以客户购买时上期所上个月结算均价一定的百分比作价，为鼓励与客户建立长期稳定合作关系，规定客户购买合同期限越长，价格优惠就越大，这种定价模式对现货企业降低不断调整价格变化带来的经营成本，实现稳定经营极为重要。

3. 期货品种供给有助于我国掌握铁矿石定价权

铁矿石是钢材的主要原材料，而钢材是国家的基础性原料，产业链延伸的深度和广度使得钢铁已经成为我国的战略性品种。我国作为铁矿石最大的进口国，对外依存度高达60%，如果铁矿石价格不稳定，必然会殃及我国钢铁产业，甚至蔓延到国民生活的方方面面。如今铁矿石期货的推出和铁矿石国际化的顺利进行不但为钢铁完善了钢铁产业链全产业链期货品种，为各企业提供套期保值工具，而且提升了我国铁矿石的国际定价权。

（三）能源化工期货对能化产业发展的影响

我国能源化工期货品种上市较晚，上市品种较少，功能发挥受到制约，与国外成熟市场完善的能源品种体系相比，存在巨大差距。

1. 服务实体经济能力不断加强

我国能源化工期货品种尚不健全，如天然气等关键品种缺失，但部分能源化工期货功能显现。我国率先推出的PTA期货、石油沥青、玻璃期货发展到现在，已经成为交易活跃、成交额相对较大的品种，这些品种在为实体经济服务的过程中提供贸易定价基准、规避产业风险，正不断发挥着巨大的作用。

2. 原油期货成功推出

原油不仅是原油，还是"大宗商品之王"。原油是现代工业的血液。从农产品、工业品到股市、债市、汇市，原油的影响无处不在。我国是世界第二大石油消费国和最大的石油净进口国。2018年我国原油期货成功上市，不仅可以帮助实体企业有效应对国际油价的大幅波动，而且能够在一定程度上消除我国原油进口的成本风险，争夺国际原油定价权。

3. 塑料期货品牌交割助力供给侧改革

2009年5月25日，PVC期货在大商所挂牌，PVC是我国重要的有机合成材料，产品广泛应用于工业、建筑和农业等领域。近几年来，由于PVC长期持续增长，造成市场供过于求，产能过剩问题突出，使行业平均利润率长期低水平运行。同时PVC名牌特性鲜明，这也在一定程度上影响期货品种成交活跃度与到期交割积极性。PVC行业经过多年的发展，2017年，国内PVC产能前十名企业，年产能合计 826 万吨，占全国总量的 36.67%，行业集中度提升，产品质量和技术标准也有很大的提升。为促进期货市场更好地服务实体经济，大商所推出交割注册品牌制度，只有经交易所认可的品牌才能够进行交割，适应了集中化、品牌化的市场发展趋势，同时也给 PVC 期货重新注入了活力。在供给侧结构性改革的大背景下，塑料期货品牌交割制度设置准入门槛，确保主流品牌交割，仓单灵活转换，节约了卖方客户的质检时间和费用，简化交割流程，品牌交割风控成本低，便于业务管理。自实施以来，市场各方给予高度认可，期货市场参与度明显回升。

（四）期货品种供给带动产业结构转型升级，降低产业负债成本

1. 提升全行业产品质量和标准化程度

我国期货交易所对期货品种交割物的标准制定严苛，不仅提升了国内产品质量，鼓励各行业重视提供优质产品的积极性，而且为行业发展提供了标准，推动技术进步和产品升级换代。一般来说交易所规定的交割标准在业内认可度高。在严格的交割标准下，我国的期货交割品种不断走出国门，国外甚至发达国家得到认可。截至 2016 年 6 月，我国企业在伦敦注册有色金属品牌达 94 个。

2. 降低上下游企业经营成本

期货交易所通过不断新设交割仓库，将全国产业客户联系在一起，为产业客户提供充足的原材料保障，提高企业品种交割的灵活性，减少货物在交割过程中的曲折无效运输，有助于降低上下游企业的经营成本，提升期货市场服务现货市场和产业客户的力度，促进地方产业发展。例如 2013 年，上期所增设铜期货华南交割仓库就是鲜明的例子。

3. 降低产业的负债成本

期货品种依托其自身优势，可作为套期保值和避险工具，中小企业利用期货衍生工具先将经营风险对冲，降低生产要素波动，再去借贷，这样各信贷机构的放贷意愿明显增强。改变了信贷机构对中小企业"惜贷"的行为模式，降低企业流动性风险和产业的负债成本。

（五）化解系统性风险、改善货币政策的传导效率

1. 期货品种供给有助于化解系统性风险，维护国民经济稳定运行

当前世界经济面临深刻调整，贸易保护主义抬头，这对大宗商品的供需价格、库存、流向等都产生了一定影响。我国是大宗商品进口大国，稳定的进口价格和货源对于国家经济安全至关重要。期货品种通过发挥风险管理功能，在稳定大宗商品供应、维护国家经济稳定运行方面发挥了积极作用。

期货品种供给对于化解系统性经济风险起到了至关重要的作用，实体企业积

极利用期货品种进行套期保值的行业均未出现普遍破产等系统性风险。例如2008年全球性经济危机导致农产品价格暴跌，大豆暴跌30%，但是因为大豆贸易商和油厂积极利用期货市场进行风险管理，参与期货市场实体企业占比90%以上，大豆套保比例接近75%，使得2008年整个行业损失仅为2004年时的25%，大豆压榨企业利用期货市场有效应对系统性经济风险。

2. 改善货币政策传导效率

商品期货市场可以降低实体企业的营运现金流波动性，促进实体企业平稳运营。整个有色金属行业积极利用期货市场进行风险管理，采矿冶炼企业和贸易企业期货市场参与率接近100%，加工企业期货市场参与度超过3/4。在较长时间来看，相比化工行业，黑色金属行业、有色行业盈利稳定性最好。

金融期货提高了金融资产的替代性和流动性，使货币政策的传导更加全面、快速和便利；同时，延缓了货币政策对市场主体的不利冲击。有较好流动性的国债期货和利率期货有利于提高货币政策传导的速度和效果。自2018年上市2年期国债期货之后，已经上市2年、5年、10年期国债期货3个品种，对提供利率风险对冲工具、提升国债市场的流动性、健全国债收益率曲线起到了积极的作用。国债期货能够有效平抑国债现货市场价格的波动，这对保证国债利率基准化过程中的稳定性具有重要作用。

（六）期货品种国际化以提升中国企业在全球产业链中的地位

期货品种国际化促进企业更广泛深入地参与全球分工，提升中国产业在全球价值链中的地位。

1. 原油和铁矿石期货国际化的影响

原油期货在服务实体经济方面已经初步发挥了成效。从价格发现功能来说，原油期货不是简单地跟随布伦特原油和WTI原油，而是能够有效反映中国对于原油的供需情况，尤其是原油期货上市首日，联合石化与国际石油公司荷兰皇家壳牌的交易部门签署协议，按上期能源原油期货合约价格为基准购买中东原油，这标志着中国的企业可以根据INE原油期货的价格来指导生产和经营；从风险管理功能上来说，许多产业链上的企业已经参与到了原油期货中，并利用原油期货进行风险管理操作。原油期货已逐步成为中国原油产业链相关企业规避风险管理的有效工具。

铁矿石近年来受国际贸易环境变化、国内钢铁行业供给侧结构性改革推进等影响，铁矿石现货价格波动剧烈。境外的矿山、钢厂和贸易商等产业企业对中国高流动性的铁矿石期货具有强烈的参与和避险需求。大连商品期货交易所铁矿石的国际化之路始于2013年，大连商品交易所上市铁矿石期货；2014年着手铁矿石国际化的工作；2015年初步确立国际化方案和总体推进原则；2018年3月27

日发布铁矿石期货引入境外交易者相关规则，5月4日正式实施引入境外交易者业务。铁矿石国际化业务实施以来，已有51家境外客户参与铁矿石期货交易。此外，26家境外经纪机构通过境内期货公司完成了33组委托业务备案，为更多境外客户提供服务，境外客户遍布新加坡、日本、英国等地。根据数据显示，铁矿石期货国际化后，市场流动性和市场结构结合较好，保持稳健发展。

铁矿石期货国际化程度的进一步深化，有助于促进国际贸易定价机制优化完善，更好地发挥铁矿石期货的价格发现功能；提供更好的风险对冲工具，帮助国外企业平抑价格波动风险；提升国内期货价格海外影响力，推动国际铁矿石贸易采取基差定价；落实我国资本市场对外开放战略，助推建设有国际竞争力的中国资本市场。

2. 期货品种供给对有色金属企业国际经营与贸易影响

期货品种价格已经成为有色企业跨境原料采购定价、成品销售、企业并购、对外投资与企业管理的重要依据，在稳定产业链、降低企业管理成本、增强经济效益方面效果显著。尤其是，近年来随着我国有色金属期货市场国际影响力的增强，上海价格与伦敦价格成为国际市场最重要的两个参考价，上海价格显著提升了中国有色金属产业国际采购谈判的议价能力，增强了国际并购和矿权买卖中价格评估的合理性，有效维护了中国企业的合理利益，在帮助有色金属产业扩大国际化经营规模、提升国际经营效益上作用明显。

在最近几年的一系列并购事件中，例如中国铝业收购秘鲁铜矿、中国五矿收购澳大利亚第三矿业公司等，正是我国期货工具的科学运用，利用期货市场价格，对收购对象进行合理估值，减少谈判双方定价分歧，并利用期货套期保值工具规避风险，才成功实现了海外收购，顺利实现了资源扩张，有效提升了在全球产业链中的地位。

3. 期货品种国际化对化工企业国际贸易的影响

PTA上下游产品的进出口贸易国家和地区与"一带一路"沿线国家和地区高度契合。以2017年下游聚酯长丝出口为例，在"一带一路"沿线国家中，土耳其出口29.0万吨，占比14.2%；埃及22.1万吨，占10.8%；越南17.3万吨，占8.5%；巴基斯坦13.0万吨，占6.4%。来自土耳其、埃及等"一带一路"沿线国家的客户希望提前锁定未来半年交货的价格，国内相关企业则可以利用PTA期货锁定70%的原料成本。

目前，我国是世界第一大轮胎制造国、20号胶第一大进口国和消费国。数据表明，2016年我国进口20号胶约327万吨，其中来自泰国、印度尼西亚和马来西亚等"一带一路"沿线国家的进口量约占我国20号胶总进口量的82%，同时也约占上述国家总出口量的57%。开发20号胶期货是上期所服务"一带一路"倡议的有力举措，有利于构建全球天然橡胶市场的定价体系。

随着我国天然橡胶产业链企业"走出去",其拥有的海外橡胶资源也在不断增长。据估计,目前我国橡胶产业链企业在海外实际控制的天然橡胶资源是国内资源量的2.5倍。在此情况下,20号胶作为相关生产企业在海外生产、使用的主要品种,其面临的价格风险敞口与经营风险与日俱增。有数据显示,2010~2017年,20号胶最高价达38205元/吨,最低价为6686元/吨,年均波幅高达53%。面对如此剧烈的价格波动,开发20号胶期货可以为"走出去"的橡胶产业链企业提供价格风险管理工具,帮助企业锁定成本、守住利润,助力我国天然橡胶产业迈进世界一流水平。

4. 期货品种国际化对农业国际贸易的作用

我国是农产品进口大国,稳定的进口价格和货源对于国家经济安全至关重要。期货品种供给通过发挥风险管理功能,在稳定大宗商品供应、维护国家经济稳定运行方面发挥了积极作用。以大豆为例,2017年我国共进口大豆9500多万吨,国产大豆仅1500万吨,进口依存度很高。粮油安全关系国计民生。过去十几年,我国期货市场已经构建起较为完整的油脂油料品种体系,超过90%的大中型大豆加工厂参与豆粕和豆油期货市场交易,现货套保比例平均达到70%,期货市场已经成为油脂行业的价格中心和风险管理中心。2018年,贸易保护主义加剧,大豆进口成本明显上升。我国大豆产业及时调整采购节奏,延长采购期限,大量转向采购南美大豆,同时在大连豆粕和豆油期货上进行套保,锁定了远期压榨利润。在价格波动加剧和货源受限的不利情况下,保障了国内粮油市场的稳定供应,也为下游饲料和养殖行业提供了稳定的原料来源,保证了肉禽蛋等副食供应安全。

八、供给侧改革背景下我国期货品种供给体系的改进

我国期货市场发展到现在已经涵盖了商品期货、金融期货等全方位多行业品种体系,市场成交额与成交量不断扩大,逐渐跻身全球最大商品期货市场。虽然近几年我国期货行业成绩斐然,但是整个期货市场体系暴露出来的问题也不少,因此还有很大的改进空间。我国期货市场品种上市采用联合审批制,层层审批,效率低下,同时缺乏合理的退市制度。各期货交易所费心费力将期货品种挂牌上市,但对于目前期货市场上存在的较高比例的"僵尸品种"却是极力维护,不断修改期货合约与标的也不肯将其退市,导致这些"僵尸品种"投机成分过高,并没有起到服务实体经济的作用。此外我国期货市场与现货市场的联动性缺乏有效性,暂时无法为实体经济提供准确的定价参照。基于上述这些问题最根本的原因是我国期货市场制度本身不完善,期货市场的市场经济功能的发挥受限。因此,我们有必要构建符合我国实际情况的多层次期货市场体系,来更好地服务供给侧

改革。

经过对美国多层次期货市场经验的借鉴，并结合我国期货市场现状，可以在我国期货体系引入转板制度，对我国多层次期货市场体系的建设提出整体构想（见图5）：

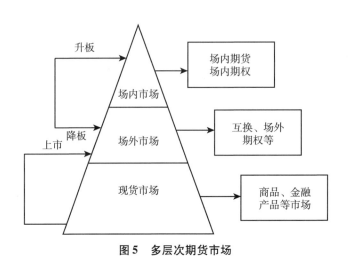

图5　多层次期货市场

如图5所示，将我国的多层次期货市场分为三个层次，现货市场作为基础市场，场内外市场都是以现货市场为依托，场外市场作为中间层级，场内市场是最高层级。各个市场内部独立开发创设新产品，三个层次的市场在完善的期货品种上市、退市、转板制度下实现有序流动，使得整个期货市场运行效率得以提高，优化资源配置。

构建多层次期货市场体系，还需要在以下市场、制度及监管等方面进一步完善。

（一）改进场内市场

1. 推进商品期货品种上市，提升产业服务能力

（1）改革目前实行的期货品种上市制度联合审批制向注册制不断推进，注重期货品种的上市效率和质量，从市场需求出发创设品种，依托目前我国的经济结构拓宽期货品种覆盖面，并从产业链上下游出发，推出全产业链期货品种，为产业客户提供丰富的避险工具，服务相关产业的供给侧改革顺利进行。

（2）针对复杂多变的金融市场，基础期货品种已经无法满足市场需求，因此我国期货市场应该将商品指数及衍生品的研发工作作为今后的重点，创新指数化投资工具，满足不同投资者需求。

（3）探索迷你合约、区域合约的可行性，丰富合约类型，为不同的投资者提

供多样化的投资工具与风险管理手段。

2. 不断推进金融期货品种上市，尤其在外汇期货品种研发上加大投入

（1）明确以期货促改革，积极促进外汇期货市场深化改革，加快推出人民币外汇期货、美元兑欧元、美元兑日元等交叉汇率期货的上市，服务人民币国际化和汇率改革的顺利进行。

（2）为丰富和完善我国金融市场风险识别和检测体系，继续推动波动率指数及其衍生品。

（3）在确保股指期货市场平稳发展的同时兼顾套期保值功能的发挥，可适时恢复常态监管，下调股票市场异常波动时采取的保证金和手续费规定。

3. 稳步推进期货品种国际化进程

（1）在目前上市的较为成熟的期货品种上继续开展引入境外产业投资者和机构投资者参与境内期货交易试点，实现试点品种资本项目的人民币可自由兑换。同时拓宽期货保税交割品种、扩大试点区域，做到期货品种逐步、分品种国际化。

（2）在《期货法》框架内考虑市场开放带来的参与主体安全保障、市场互联互通、跨境监管协助等问题。

4. 加速期权品种的创新步伐与政府扶持力度

截至 2018 年 9 月，我国期权品种只有四个：上证 50ETF 期权、豆粕期权、白糖期权、铜期权，期权品种稀缺，对期权市场的投资者而言可选择范围小，无法开展风险规避和套期保值。我国绝大多数的农业生产主体由于缺乏运用金融工具规避风险的意识与能力，同时期货市场的进入门槛较高，导致农产品期货参与度不足。再加上期货交易本身具有的高风险与我国农业市场主体与农民对风险厌恶严重相悖，使得大多数的农业生产者对期货市场望而却步。而买入期权最大的优势就是风险固定，收益无限，农民参与期权市场买入期权最大的损失就是缴纳的权利金，因此，农产品期权是农产品生产供给侧改革规避风险的最佳选择。

任何制度改革都是有风险的，农产品供给侧改革也不例外。就拿玉米来说，玉米临时收储实现市场化放开收购后，对玉米的生产者来说风险增加，但是农产品价格的市场化改革又是供给侧改革必经之路。目前我国对农业生产者的实行直接补贴，但是从国外经验来看，例如期权交易比较发达的发展中国家巴西并不是对农民进行直接补贴，而是充分利用期权优势，在对农民损失补贴后又承担期权费为农民规避农业生产风险。我国也可以充分利用金融市场衍生工具为实体农业进行服务，引导农业生产者有用金融工具规避风险的意识，使我国金融市场逐渐向成熟发展。

5. 引入竞争机制

目前我国商品期货交易所一共有三家，每个交易所的上市品种不交叉，例如螺纹钢期货只能在上海期货交易所上市，这就造成了各期货交易所之间在争夺新品上市的过程进行竞争，而对于各品种设计是否符合市场需求，以及上市之后的维护全然不顾，形成单个品种在某交易所的垄断局面，而不是基于市场规律的合理竞争。从美国等成熟的金融市场来看，各交易所之间期货品种交叉重叠，同一品种在不同交易所都可以交易，这样各大交易所之间竞争机制得到充分发挥，为了自身的发展不得不继续完善已上市的品种，对于那些"僵尸品种"及时清理或者改造，最终让期货交易所发挥其应有的作用，更好地服务实体经济。

（二）规范场外市场

OTC 市场的重要性不言而喻，当前我国管理层已经充分认识到场外市场的重要性，所以对于规范场外市场可以引入以下制度。

1. 引入做市商制度

做市商制是交易者制度报价的一种，能够为场外交易市场提供流动性与交易的积极性，平抑市场投机成分，我国目前主要的交易方式是集合竞价方式，由买卖方各自提交买卖委托，经过交易中心对委托价格汇总撮合后完成交易。可以以集合竞价为主，做市商制为辅，针对我国目前成交额与成交量低迷的期货品种，可以利用做市商制，将场外市场风险通过场内市场进行对冲。

2. 建立集中清算制度

经历了 2008 年的金融危机后，各国普遍意识到场外市场系统性风险巨大，如果没有应该或减轻系统性风险发生几率的制度，一旦系统性风险发生，将会瞬间传染到社会各层。危机之后各国纷纷对场外市场监管制度进行改革。我国可以借鉴美国在 2010 年颁布实施《多德弗兰克法案》，该法案实施主要为了最大化促进场外市场标准化、集中清算、集中保管数据及增强市场透明度，这样便能够使监管部门和市场主体将风险扼杀在摇篮里。我国可以为标准化程度高的期货品种建立集中清算平台，也就是将场外品种在场内清算，但是对某些个性化很强的品种则无法在场内清算，进行风险评估。

（三）现货市场的供给侧改革与发展

现货市场作为期货市场的基础，其改革与发展对期货市场有极大的促进作用，同时期货市场的价格发现与套期保值功能也为现货市场提供定价参照与避险工具。当前我国各产业都在供给侧改革的浪潮中洗礼，对于制造业来说更加需要大宗商品定价与采购平台支撑。因此推动现货市场建设对社会经济建设有重要的支撑与引领作用。

1. 大宗商品的供给侧改革

供给侧改革的主要任务"三去一降一补"实质上是相互关联、相互牵掣，有着内在联系，牵一发而动全身，而大宗商品则是"三去一降一补"当头炮。因为去产能主要对象是重工业，包括钢铁、煤炭、水泥、玻璃、石油、石化、铁矿石、有色金属八大行业，这都属于大宗商品范畴。由于国内经历了一轮又一轮的产能扩张，钢铁、石化、有色、建材等行业产能都达到或超过上限，绝对过剩和周期性过剩同时显现，相关行业和产品萎靡萧条。而"去库存"关键是指去房地产库存，这也与其上游建材类大宗商品密切相关。同时还应该看到，由于我国供给结构与需求结构不匹配，在产业链的各个环节都积压了大量产品、半成品，这些库存也是导致高成本、高杠杆的主要原因，并且占据用于创新的资源，也是去库存的要点，其原料也多来自大宗商品。因此可以说，大宗商品与"三去一降一补"皆相关，应是关注的重点。

2. 大宗市场在"三去一降一补"上大有可为

大宗市场把制造商、消费者、金融机构、贸易机构、物流配送机构、技术服务机构、设计机构置于一个平台，有效地解决产业链各环节之间的信息不对称问题，在"三去一降一补"方面具有特殊的优势。

企业在大宗商品交易平台上开展业务，不仅可以降低搜寻成本、签约成本和履约成本，也可以借助大宗市场分散在各地的交割库，就近实现物流和仓储，降低了物流成本，提高了流通效率，而且可以根据客户需求，制订合理的生产和销售计划，优化产品开发、制造和库存，经营更加有的放矢。

不同机构以大宗市场为平台，形成集聚效应、规模效应后，整个产业链得到整合、重构、优化，竞争力得以提升。

大宗市场对促进产业结构转型升级具有重要意义。首先，大宗市场充分竞争的环境可以形成真实反映供求的合理价格，引导企业根据需求合理安排生产，起到有效配置资源的作用，从而促进创新，淘汰落后产能和生产方式。其次，大宗市场在更广的范围上建立集群平台，实现更专业的分工协作，不仅提高了效率，而且通过上、中、下游相互依存和互动作用，放大单个企业的创新效果，提升行业整体竞争力。最后，叠加在大宗商品交易商品上的金融、信息等服务，可以降低产业链上相关企业的融资成本和运营成本，使之有能力进行科技创新。

3. 发展规范大宗市场

我国大宗市场组织化程度较低，创新能力不足，国际影响力有限，而且鱼龙混杂、良莠不齐，距离我国供给侧改革对其提出的要求尚有差距。要高度关注大宗市场的作用，制定全国性的大宗市场发展规划，推进大宗市场向规模化、优质化、国际化方向发展。规范的大宗商品市场能帮助现货生产企业和贸易企业降低成本，提高商品流通的效率。为了更好地发挥大宗商品市场的优势，首先要利用市场因素来制定和完善目前市场所需的产品技术标准与产品体系，鼓励有知识、有理性头脑的投资者积极参与大宗市场；要建立健全监管体制、机制。一个市场的良性健康发展离不开监管体系的制约，我国应该尽快出台规章制度，明确大宗市场监管主体，建立协调机制与国家地方等部门上下多层次的市场监管体系。同时根据不同产品进行分类监管，形成规范有序的市场环境，激发市场活力；要促进大宗市场提档升级。创新商业模式，形成与实体交易互动发展的服务形式，向定价中心、信息中心、结算中心与物流配送中心的现代大宗商品商务平台转化。鼓励金融机构加大对商品现货交易市场兼并重组的金融支持力度，支持商业银行扩大对兼并重组市场的综合授信额度。税务部门要落实好对电子商务、现代物流等相关税收优惠政策。

4. 继续引导农业生产者合理利用期货市场

继续加强对农业生产者的利用金融工具规避风险的意识，加强培训。期货交易所应该定期组织活动，对农业生产者进行期货知识宣讲，积极引导农业生产者包括农业合作社、家庭农场等参与到期货市场当中来。对于资金雄厚的种植大户，可以鼓励其直接进行期货操作规避风险，而对于小农小户，可以引导其和专业期货机构合作，将风险转移出去来规避风险。

（四）推动交易所体制改革，打造创新型交易服务平台

应着力把提升交易所核心竞争力摆在发展期货品种供给的核心位置。一是我国现有期货交易所除中金所为公司制外，其余三家均是会员制交易所，应进一步研究交易所的公司化经营，逐步完善治理结构，创新经营理念，转变经营方式，着力消除不利于激发积极要素的体制障碍，在时机成熟时，可探索交易所改制上市。二是研究探索交易所跨界并购战略和交易所集团化发展策略。三是下放部分证监会权利，加强交易所自律管理。

（五）改进期货品种上市制度

一个国家期货品种的上市制度的设立是考虑多种因素后的结果。我国要想改进目前的上市联合审批制，必须结合我国社会主义国家的国情、历史文化、法律法规、经济发展水平等因素。综合前面美国成熟的市场经验，我国可以采取注册制和审批制相结合的期货品种上市双制度。这样的制度理论上不仅可以创设符合市场需求的期货品种，而且激发期货交易所的创新动力，有利于多层次的期货市场体系的建设。

1. 注册制

对于一般的注册制来说，以美国为例，美国商品期货委员会一般参照两个标准决定期货品种是否上市挂牌：第一是期货品种上市交易不损害公众利益；第二期货品种上市的目的是为企业套期保值或价格发现。注册制将期货新品种上市权力下放，由期货交易所直接决定品种是否上市，不仅提高市场效率而且激发了品种创新。

我国应该结合注册制的优点，按照市场化的思路提出符合我国国情的期货品种上市注册制。例如交易所可以根据市场需求与我国经济发展状况，开发适当的期货品种，并制定合理的期货合约与风险控制制度，对于拟上市的新品种按照证监会的要求提交齐全的材料，并接受各大交易所的互相监督，待证监会接到材料审核无异议 10 个工作日后申请即生效。但由于我国现阶段期货市场不成熟，交易所自我约束机制欠缺，所以针对现阶段的市场情况更适合从法律上完善期货品种的上市。

2. 审批制

审批制度，对品种上市有个充分的评估过程，对交易所结合现货市场实际科学设计合约要素有一定的促进作用。但审批制不仅效率低下，同时由于利益原因，对上市一些关乎实体企业风险管理需求较大的品种带来一定障碍。

3. 注册制与审批制下期货品种上市运行制度

（1）注册制。

针对我国具体情况，可以将注册制应用在一般的期货品种，排除决定国计民生的期货品种例如原油期货、铁矿石期货等。新品种上市可以在主板市场试运行，具体时长由交易所决定，如果运行状况满足预期，交易额、交易量满足交易所设定的条件，则可以进入场内交易挂牌，如果运行结果不尽人意，没有满足交易所预设最低限额，则将新品种退出主板市场，进入场外市场等待交割或者对冲。

（2）审批制。

对审批制而言，主要是针对关乎国家安全、国计民生的期货品种，例如上文提到的原油、铁矿石期货等。新品种上市之前要经历充分的评估过程以及审批手续，之后在主板市场上试运行一段时间，假定以 24 个月为例，具体时间由交易所决定，如果运行状况良好，满足交易所预期最低限额，则可以向证监会申请，进入场内市场挂牌交易；如果运行结果不尽人意，没有满足交易所预设最低限额，则经证监会批准，退出主板市场，进入场外市场等待交割或者对冲。

（六）构建合理的期货品种退市、转板制度

在我国的期货市场中，缺乏有效的退市转板制度，依旧通过强制退市来清理"僵尸品种"，由于我国期货市场机制设计缺陷，造成了期货市场基本功能的发挥受阻，资源有效配置无法实现。因此有必要为期货市场构建有效的退市、转板制度。

转板制度有助于保持各个板块市场的独特性，发挥各个市场的功能，维持各个层次的收益风险统一化，实现多元化交互式发展，形成强流通性的多层次资本市场体系。

为了更加有效发挥期货市场价格发现和套期保值的经济功能，以及其他助力产业实体的功能，我国现行的期货市场有必要进行分层规划，适应目前经济发展

需求。首先可以将期货市场分为期货场内市场、期货场外市场、上市试运行板块和退市试运行板块，形成多层次的期货市场运行体系。

期货市场的交易制度目前有三种交易模式：撮合成交方式、纯粹做市商模式以及混合型做市商模式。期货场内市场可以按原来成熟的思路依旧采取撮合成交的方式。对于纯粹的做市商模式，是成熟发达的期货市场普遍采取的一种模式，由于我国期货市场还欠成熟，应当先将混合做市商模式应用到上市试运行板块、退市试运行板块和场外市场，这样可以在期货市场尚未达到成熟的情况下结合做市商制保障期货市场稳定、为市场提供流动性和个性化产品服务的优势，使期货市场最大程度实现市场化、开放化（见图6）。

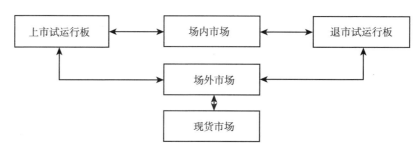

图6　期货品种的上市、退市、转板示意

1. 注册制下期货品种的上市、退市、转板流程

在注册制下，期货新品种上市可以在试运行板块试运行满12个月，具体时长由交易所决定，如果运行状况满足预期，交易额、交易量满足交易所设定的条件，则可以进入场内交易挂牌，如果运行结果不尽人意，没有满足交易所预设最低限额，则将新品种退出主板市场，进入场外市场，并报证监会备案。

如果交易所认为期货品种不再符合场内交易标准，该品种应该首先移交试运行板块进行整改，如果整改后经过12个月的试运行达到交易所的最低标准，则可继续回到场内市场；若依旧未达到最低标准，应当由交易所安排进入退市程序，并报证监会备案。

2. 审批制下期货品种的上市、退市、转板流程

对审批制而言，主要是针对关乎国家安全、国计民生的期货品种，新品种上市之前要经历充分的评估过程以及审批手续，审批制下上市试运行与退市试运行应设定为24个月，上市、退市、转板应该由中国证监会审核批准。

（七）完善我国期货品种有效监管的建议

我国期货市场法律建设滞后于市场的发展，期货市场建设之初便着手推动期货立法，但如今证券、保险、基金、信托等领域均已有相关法律，唯有"期货法"至今仍未推出。这需要学术界、法律实务界以及期货市场的专家共同推动，进一步提升我国期货市场的法治化建设水平。我国期货市场实行三级监管模式：中国证监会行政监管，期货业协会与期货交易所的自律监管，但是中国证监会的行政监管具有绝对权威，行业自律监管没有发挥应有的作用。

1. 与国际市场接轨的"期货法"亟待推出

我国期货市场正处于国际化的进程中，历史上形成的阶段性办法，不再适宜扩张到其他衍生品，否则期货市场国际化进程会受到阻碍。金融基础设施与交易平台不能简单等同，不能因为交易所是交易平台，就直接把交易所认定为金融基础设施，应当捍卫交易所作为交易平台的功能。同时，我国期货市场存在很多本土化规则，不足以支撑我国期货市场国际化。因此，应尽早出台能覆盖场内及场外衍生品领域、与国际通行规则相适应的"期货法"。这需要学术界、法律实务界以及期货市场的专家共同推动，进一步提升我国期货市场的法治化建设水平。

2. 完善政府监管

中国证监会及其分支机构（负责各地方的期货市场管理工作）是期货市场的管理核心。证监会内部专门设有期货监管部，该部门是中国证监会对期货市场进行监督管理的职能部门。根据期货市场的在各地区的成熟状况，在相对发达的市场设立特派员办事处，加强监督管理。但是这种监管模式的弊端是权力过于集中在证监会，导致其他监管层监管消极，不符合市场发展需求。随着市场的逐渐完善，证监会应该将权力下放，放松对市场监管，充分发展行业自律与监管并存的模式。

3. 增强行业自律管理

期货业协会是我国期货市场五位一体监管模式的一个重要组成部分，能够对协会会员的违法行为做出及时有效的反应，减少不必要的行政监管，增加实质性处罚。应该充分发挥期货业协会的监管作用，利用行业自律约束协会会员的违法行为，是建立完善成熟的期货市场的必经之路。

4. 增强交易所自律管理

基于我国特殊的国情，为促进多层次期货市场的完善和健康发展，应当深度学习美国等发达国家成熟的市场经验，经验表明一个运行流畅的市场不是监管管出来的，而是完全遵照市场自身规律去运行的。我国的期货交易所的高管人员任命是由证监会决定的，过多的行政干预使得任何指令都无法迅速做出反应并及时执行。因此国家应该在证监会监管与交易所自律之间寻找平衡点，分一部分权力给交易所，这是建设符合社会主义经济市场的监管体系的内在要求。

5. 场内场外协同监管

除了完善场内市场监管，还要同场外市场协同监管，只有进行"场内、场外两手抓"才能避免投机分子钻法律的空子在现货和期货之间进行炒作，逃避有效监管。因此各部委之间权力分明、同心协力，将监管覆盖每一个死角，同时要避免交叉监管。

6. 金融与科技深度融合

期货市场要加快大数据、人工智能等金融科技应用探索，加快研究金融科技监管，适应未来期货行业的发展变化。

九、总结

推进供给侧结构性改革、提高微观主体盈利能力进而提高资源配置的效率，一个关键因素就是要注重发挥期货品种价格发现与风险管理的作用。

本课题首先在第三部分围绕四点论述期货品种供给与供给侧改革的关系，一是期货品种供给对构建和完善现代市场体系具有引领作用；二是期货品种供给有助于管理好价格波动风险，提高要素配置效率；三是期货品种供给助推产业国际化进程；四是期货品种供给有助于提高企业对上下游价格的预见性，增强企业国际竞争优势。第四部分综述国内期货品种供给现状与存在问题，第五部分对比分析了中美期货品种供给制度，以期为中国期货品种改进吸收国际成功经验。

接下来第六部分回顾与分析了国外成熟期货市场期货品种供给发展过程与经济发展之间的关系，得出五点宝贵经验：一是期货品种国际化有助于提升国家经济开放程度；二是金融期货品种供给完善金融市场体系，推动其成为世界性经济与金融中心；三是基于经济结构，拓宽期货品种覆盖面，满足了国民经济发展的新需求；四是上市与产业结构相符期货品种，助力相关产业转型发展；五是品种多元化提高了期货市场服务实体经济的能力。

经过前文理论研究、相关市场及先进经验借鉴，在第七部分构建期货品种供给服务供给侧改革效果的评估方法。评估主要围绕四个方面：一是贸易定价功能；二是形成时间序列价格合理配置资源的功能；三是为企业提供有效的风险管理的功能；四是促进企业可持续发展和提升企业竞争力的功能。本部分首先将商品期货市场分为三大类进行评估：农产品期货、工业品期货和能源化工期货，分别分析了当前期货品种供给对农业、有色和黑色产业、能源化工行业发展的影响。然后系统地论述了期货品种供给服务供给侧改革的效果，包括：带动产业结构转型升级、降低企业负债成本、化解系统性风险、改善货币政策传导效率、期货品种国际化可以提升中国企业在全球产业链中的地位等观点。第八部分是供给侧改革背景下我国期货品种供给体系的改进。通过前文的分析并结合国外经验，对我国期货品种供给体系进行改进，使其更好地服务于供给侧改革。改进的方案一是构建符合我国国情的期货品种供给体系，通过改革上市制度，新增退市制度，引入转板制度，使我国场内市场、场外市场和现货市场有效连通，提高我国期货品种创新能力和创新质量。二是改革创新我国场内市场，推进期货品种上市制度的注册制改革，加快期货、期权品种的创新速度和期货市场国际化进程。三是完善我国期货品种的有效监管，加速期货法的推出、完善政府监管，增强行业和交易所的自律管理，场内场外协同监管。

参考文献

［1］牛占华．加快推进事业单位改革［J］.中国机构改革与管理，2018（05）：13－15.

［2］姜洋．让期货市场更好地服务实体经济［J］.中国金融，2014（10）：9－11.

［3］李正强．期货市场服务供给侧改革［J］.中国金融，2017（04）：55－57.

［4］王燕青，张秀青，冯凯慧，武拉平．供给侧结构性改革背景下期货市场服务"三农"的探析［J］.农业展望，2016，12（08）：19－23.

［5］大商所《我国铁矿石定价中心问题研究》课题组．铁矿石期货对外开放将加速人民币国际化的进程［J］.价格理论与实践，2018（02）：19－21.

［6］赵继光．中国期货市场的功能研究［D］.吉林大学，2007.

［7］郑赜瑜，王锟，谢亚．美国期货品种创新与产业转型镜鉴——兼论期货交易所交易品种的多元化［J］.证券市场导报，2014（04）：53－58.

［8］期待玉米场内期权　降低农业一体化成本［J］.黑龙江粮食，2018（06）：32.

［9］宋晓巍，马险峰．加快期货市场改革开放服务实体经济发展［J］.证券市场导报，2017（01）：12－17.

［10］陈奎．构建我国多层次期货市场体系研究［D］.贵州财经大学，2016.

［11］国务院办公厅关于促进内贸流通健康发展的若干意见［J］.全国商情（经济理论研究），2014（20）：10－11.

［12］胡俞越，张慧．中国商品期货市场服务实体经济运行评估报告（2016）［J］.商业经济研究，2017（10）：159－163.

［13］宁丹虹．中国产业结构调整的影响因素分析——基于37个细分行业的实证研究［J］.经济学报，2017，4（03）：145－160.

［14］塑料期货品牌交割深层次服务供给侧改革［J］.橡塑技术与装备，2016，42（14）：100.

［15］蔡向辉．多层次风险管理市场制度优势探析——ICE的成功基因［J］.证券市场导报，2014（01）：12－18.

［16］卢少云，孙珠峰．美国供给侧改革理论与实践分析［J］.太原理工大学学报（社会科学版），2017，35（01）：61－66.

［17］马险峰，李杰，姚远．美国期货市场产品创新研究——以CME期货产品创新理念、上市程序和监管环境为例［J］.中国市场，2013（35）：39－45.

［18］姚远，冉鹏．商品场外衍生品市场发展的国际比较和借鉴［J］.中国财政，2014（18）：71－72.

［19］郭文伟，刘英迪，袁媛，张思敏．大宗商品期货价格极端波动风险与演化模式研

究——基于供给侧结构性改革视角 [J]. 统计与信息论坛，2018，33（11）：78 – 89.

［20］段亚东. 供给侧改革背景下钢铁行业在期货市场套期保值问题研究 [J]. 市场论坛，2018（05）：56 – 58.

［21］黄运成，王海东. 推进期货品种上市的注册制改革 [J]. 中国金融，2014（10）：14 – 17.

［22］邢全伟. 中国期货市场发展的历史阶段和向成熟状态的嬗变 [J]. 中国经济史研究，2018（02）：146 – 159.

［23］李铄. 供给侧改革与产业结构调整 [J]. 统计与决策，2017（08）：121 – 125.

［24］王燕青，武拉平. 国外农产品期货市场发展及在农业发展中的应用 [J]. 世界农业，2017（05）：4 – 12.

［25］王学勤，吴前煜. 从自律走向法律：美国期货市场监管 160 年管窥 [J]. 证券市场导报，2009（10）：20 – 26.

［26］Kyle，A. A.，Theory of Futures Market Manipulations. The Industry Organization of Futures Markets. Lexington，Mass. 1984.

［27］Wiley. 2003 Carpenter，Alex. The International Financial Futures and Options Markets，Wood head – Faulkner，1991.

［28］Andreas Charitou，Christodoulos Louca and Nikos Vafeas，Boards，Ownership Structure and Involuntary Delisting from the New York Stock Exchange [J]. Journal of Accounting and Public Policy，2007（26）.

供给侧改革下螺纹钢期货价格
发现功能实证研究

冯玉成 吴洋洋

一、引言

（一）研究背景及现实意义

1. 研究背景

钢铁被广泛应用于生产和生活的各个领域，钢铁工业是国民经济的基础和重要支柱产业，中国既是世界上最大的钢铁生产国和消费国，又是钢材进口和出口的大国，钢铁产业对经济持续、稳定发展及国际贸易影响深远。伴随我国经济总量增加，生产技术进步，产业转型升级，我国制造业以及基建行业的钢材需求不断增加，对钢材种类以及钢材质量需求不断提升。近年来因经济增速下滑、产能过剩、国际贸易摩擦及供给侧改革等因素影响，钢材价格波动剧烈，给国内为数众多的钢材生产、流通、消费企业带来巨大压力，同时也影响到了与钢铁产业密切相关的采矿业、能源工业、房地产等产业的发展。

2008 年金融危机席卷全球，为了应对全球金融危机，国家安排了约 4 万亿元投资进一步扩大内需、促进经济平稳较快增长，钢材需求和供给同步上升，大小钢铁企业扩大产能，增加产出，国内钢铁产量一路走高，因行业集中度低，钢铁企业产品参差不齐，质量高低不一，供给端产品市场混乱，市场无序竞争，导致 2010 年后钢材价格一路走低（见图 1）。钢铁企业是高负债的重资产企业，企业杠杆高，2014 年国内钢铁消费量开始出现下滑，钢铁产能过剩问题逐渐爆发，钢铁企业出现严重亏损，经营风险不断增加。根据中国钢铁业协会数据显示，2015 年会员钢企全年亏损 645.34 亿元，亏损比例为 50.5%，亏损企业钢材产量占会员企业钢材总产量的 46.91%。2015 年 11 月中央财经领导小组第十一次会议提出供给侧结构性改革政策，去产能、去库存、去杠杆、降成本、补短板成为供给侧结构性改革的重点任务。在系列去产能政策出台后，大量存在多余产能的钢铁企业被关闭；地条钢被依法取缔；环保限产政策也使得许多钢铁企业限产停产，在供给侧政策预期以及实际产能下降后，2015 年底钢材价格开始止跌回升，且仅用了一年多的时间就恢复到 2011 年的水平，期间价格增长迅速，高位震荡，波动剧烈。

图 1　钢材价格指数

从期货市场上来看，我国螺纹钢期货自上市以来，就成为交易最活跃的明星品种，与现货市场一样，在经历了持续下跌之后迎来了一波牛市行情（见图 2），由于供给侧结构性改革力度与效果远远超出市场预期，市场多空博弈激烈，热钱频繁进出，投机现象尤为严重，螺纹钢期货价格大起大落。数据显示，2014～2017 年，螺纹钢期货全年累计成交量占全国期货市场份额分别达到 16.29%、15.12%、22.09%、22.82%；2017 年 8 月 11 日，螺纹钢期货成交 1073 万手，交易额达到 4174.85 亿元。当天成交量已经超过当年上半年全国的螺纹钢产量。现货市场上，钢材实际产量并没有因为去产能出现大幅度的减少，反而是略微增加；2014～2016 年消费量没有明显增长，分别为 7.11 亿吨、7.01 亿吨、7.10 亿吨，从订单量反映的需求端看，也没有发生明显变化，现货市场的供求并没有出现预期中的供不应求现象。从期货市场反映的价格变化看，期货价格已经充分反映了供给侧改革对钢铁企业、现货供求变化的预期，甚至对供给侧改革政策效果存在过度反应。在供给侧改革政策预期下，对于期货价格引导作用是否得到有效发挥，市场存在一定分歧，理论上需要进一步的验证。

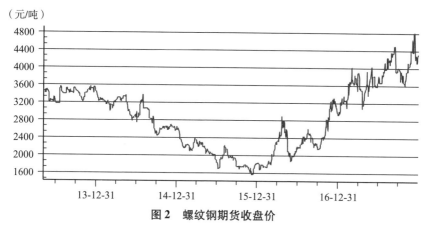

图2　螺纹钢期货收盘价

2. 研究意义

2015 年底起始的供给侧改革前后，国家宏观调控政策、经济增长方式、钢铁行业产业政策、钢铁企业盈利能力、钢材供求等一系列因素都发生了重大变化，期现货价格因影响因素的变化呈现了较大级别的趋势性波动，价格波动风险呈现出不同特征，钢铁企业、贸易商、消费企业以及其他各类投资者参与投资期货的程度、方式也因此出现较大的变化。

供给侧结构性改革后，我国螺纹钢期货市场与现货市场波动剧烈，对螺纹钢期货价格发现功能研究，有助于研判我国钢铁行业的发展、市场供求以及供给侧改革政策执行情况，对钢铁企业、贸易商、消费者以及各类投资者在指导生产经营、管理价格风险、进行投资更有效发挥作用；同时有助于提高我国钢材期货在国际上市场定价的话语权，增强我国在钢铁行业的竞争力，由钢铁大国向钢铁强国转变。

鉴于供给侧改革前后，期现货市场走势出现转折，且大幅波动，供给侧改革作为市场的外部因素，对市场形成强烈冲击，期现价格对此呈现不同反应，从理论角度看，需要对这种期现价格变化特征进行深入研究。

螺纹钢期货自上市以来，在经历了供给侧改革后，期货价格完成了包括比较长时段的大幅下跌和大幅攀升的完整周期，这种情况下对期现价格关系、价格发现功能进行研究，样本数据更完整，结论更具有说服力。

中国地域辽阔，行政、行业管制体制仍在一定程度上阻碍钢材全国统一市场的形成，不同地区期现货价格关系存在差异，尤其是不同地区受供给侧改革影响程度不同，研究供给侧改革前后，不同地区期现货价格关系的变化特征对供给侧改革执行及期现货市场发展都有极大价值。

（二）国内外相关文献综述

1. 关于期货价格形成理论的文献

关于期货价格形成的理论，目前公认的有持有成本理论与升贴水理论。持有成本理论认为在完全有效的市场和无套利机会的条件下，期货理论上的价格应等于该商品的现货价格与持有该商品的储存、运输等成本之和；在持有成本理论之后出现了升贴水理论，升贴水理论表明期货的价格等于交割日现货的价格加上预期以外的收益。

（1）持有成本理论。在期货市场刚兴起的时候，为了解决远期商品定价问题，产生了持有成本理论，但持有成本理论成立的前提条件很严格，即在完全有效市场的条件下，现货价格加上持有该商品到期日所付出的持仓成本等于该商品期货的理论价格，如果出现期货价格始终高于现货价格与储存成本之和的情况，并且在到期日不发生期货价格与现货价回归到相同的情况，则会出现通过期现套利的方式来获取无风险收益的机会，并且理论上获利的程度是无限大的。传统的持有成本理论围绕的是持有某种商品的成本为核心展开，然后通过交割的方式使期货价格与现货价格产生联系，这也是比较直观地将期货价格的形成过程阐述的透彻的理论。

期货市场虽说会引导现货市场，但是二者并不是总是保持一致，期货价格有时会高于现货价格，有时也会低于现货价格，之前的持有成本理论无法继续阐明期货价格形成的方式，以此为基础，Kaldor 等巧妙地提出了负持有成本的概念，传统的持有成本理论认为持有成本一定是正的，而负持有成本的提出则改变了这一设定，对之前的持有成本理论进行了改进，成功地解释了当期货价格低于现货价格时，期货价格与现货价格之间的关系，当市场上出现期货价格与现货价格不相等时，并且这种期现价差一直持续到交割日，那么就会有投资者进行期现套利，从而获取到额外的收益，这部分的收益可以看做是持有该商品的成本，只是这个成本是负值，是带来收益的成本。持有成本理论的核心在于将期货价格与现货价格之间建立了关系，但该理论的假定条件是完全有效的市场和无额外收益，但现实不存在这样的市场，此外，期货价格常低于现货价格的现象也没有得到合理解释。

（2）正常升贴水理论。凯恩斯（Keynes，1930）提出了期货价格的正常贴水理论，在期货市场中，期货价格与现货价格不会始终保持一致，二者之间总会产生价差，如果期货价格小于现货价格，则称是期货贴水现货。但这种贴水现象不会始终保持下去，会在临近合约交割的时候，以期货价格的上升或是现货价格的下跌这两种方式使得期货价格与现货价格回归一致。如果商品的期货价格大于现货价格，这种现象被称为期货升水，这种升水现象也不是一直持续的，在临近期货合约交割的时候，同样会以期货价格的下降或是现货价格上升这两种方式出现，使得最终期货价格与现货价格回归一致。

对于期货价格形成的探究中，凯恩斯认为期货市场上的空头套期保值者常因为担心未来现货价格下跌从而对自己造成损失，所以在期货市场进行卖出合约来规避风险，期货市场是零和博弈的市场，风险是不会消失，只会在投资者之间来回转移，套期保值者要想转移风险，就必须要其他投资者入场去承担风险，而投机者进入市场的唯一目的是通过价差来获取利润，如果要想使得投机者进场来承担风险，那么套期保值者必须给于投机者能获取额外收益的机会，这个额外收益就是期货价格与最后交割日预期的现货价格之间的差额。

库特纳（Cootner，1960）认为期货市场上的套期保值者不仅只有空头，还会有多头套期保值者，多头的套期保值是因为担心未来商品价格上的上涨会增加自己的生产成本而到期货市场进行买进的方式进行套期保值。同样的多头套期保值者也是需要市场的投机者来承担价格风险，如果多头套期保值者想与投机者成交，也必须给与投机者一个未来可以获取超额收益的机会。

2. 关于期货价格发现能力的文献

国外期货市场形成较早，发展时间较长，因此，国外学者对于期货市场价格发现的研究已经形成了相对完善的理论体系。在期货价格发现能力上，安东尼奥（Antoniou，1994）通过对大量商品的期货价格与现货价格研究后发现这些商品的期货价格与现货之间是长期协整的，约翰森（Johansen，1990）为了研究期货市场价格发现功能的有效程度，创新地采用了协整检验方法来进行探究，结果发现大部分商品期货价格都可以引导现货价格，贝斯勒和科维（Bessler & Covey，1991）同时运用协整检验与格兰杰因果检验两种方法去探究期货价格发现能力。拉尔森（Larson，2000）通过芝加哥商品交易所的玉米期货进行研究，发现不同时期的同品种的商品，其期货价格之间是不存在相互影响的关系的，市场是及时有效的；国内学者中，张辉、黄运成通过对我国铜期货的研究后发现，期货市场的价格发现功能发挥程度不是很明显，受外国期货市场影响较大。葛永波认为通过对期货价格的变动的无偏估计研究可以用来探究考察期货价格发现功能。张屹山、方毅等在对我国大豆、小麦等品种的研究后发现，我国农产品期货的价格发现功能得到了有效的发挥。

3. 关于期货市场与现货市场关系的文献

在期货市场与现货市场之间关系的研究中，莱克斯（Lai K. S.，2010）等通过使用协整的方法来检验期货价格与现货价格的关系。马利亚里斯和乌鲁蒂亚（Malliaris & Urrutia，1996）通过对美国的大豆、小麦等农产品等期货价格研究后发现，大部分农产品的期货价格和现货价格是协整的，长期来看是存在均衡关系。哈斯布鲁克（Hasbrouck，1995）在研究美国历史上小麦与玉米期货价格后发现，农产品期货的价格变化是受到一定的随机事件影响，不是完全可预测的。国内学者研究中，华仁海（2005）通过对我国铝、橡胶期货研究后发现，期货价格与现货价格长期的变化趋势是一致的，期货价格与现货价格的变化是相互影响的，同时二者之间存在引导关系，主要是期货价格始终引导着现货价格的变化，现货价格引导期货价格的效果较弱，期货市场价格发现功能基本得到发挥。刘晓星（2006）利用向量自回归模型这一计量方法，对我国铜、橡胶与大豆的期货价格与现货价格进行探究。研究结果表明这些品种的期货价格与现货价格个之间存在双向引导关系，但不同品种的引导程度是存在差别的，总体来说，期货市场的引导作用是大于现货市场的。

4. 关于国际期货与国内期货关系的文献

目前学术研究中大多数都是研究本国的期货价格与现货价格关系，对于国际间期货相关品种研究较少，杰弗里布斯和塞廷吉内尔（Geoffrey Booth & Cetin Ciner，1997）通过对日本与美国的玉米期货价格研究发现，日本的玉米期货价格是随着美国玉米期货价格的变化而变化，且变化的相关程度较高，而日本玉米期货价格的变化对美国玉米期货价格的变化基本没有影响，是处于被引导地位的。哈茂伊（Hamao Y.，1990）通过对纽约燃油期货与伦敦石油期货合约研究发现，纽约燃油期货引导着伦敦石油期货，在信息传递中纽约燃油期货处于主导地位。布斯和布罗肯曼瑟（Booth & BrockmanheTse，1997）通过研究加拿大与美国的小麦期货价格发现，美国的小麦期货价格也是引导着加拿大小麦期货价格的变化的，对加拿大的小麦期货价格存在较强的引导关系。霍尔德塔尔（Holderetal，2002）运用了 VAR 模型分析美国与日本的大豆和玉米期货价格发现，美国的大豆和玉米期货价格变化会在很大程度上引导着日本大豆和玉米期货价格变化。国内期货与国际期货关系研究方面，祝合良（2007）运用 ADF 单位根检验等计量方法对国内大豆、小麦和铜期货与现货价格进行分析发现，我国的铜与大豆期货价格变化受外国期货市场的影响较大，而小麦期货价格却没有影响。以上文献从不同程度上指出了在国际期货市场上，某些交易所的期货价格会引导着其他国家的相同或相似品种的期货价格，而我国期货市场的影响力在国际市场上较小，处于被引导地位。

5. 文献评述

从以上研究视角和观点可以看出，在期货价格发现能力、期货市场与现货市场关系、国际期货与国内期货研究关系上，国内外学者分别进行了丰富的研究，现有的成果为本文提供了坚实的研究基础，但仍有如下三个问题有待讨论和完善。

首先，之前学者所做研究与检验多以农产品以及有色金属期货产品为主，对螺纹钢研究较少，螺纹钢期货是国内期货市场交易最活跃，也是交易量最大的一个品种，而国外对螺纹钢期货的研究较少，对国内与国外的螺纹钢期货市场关系研究更少。

其次，国内已有的对螺纹钢期货市场的研究多为早期数据，而螺纹钢期现货价格在 2010~2015 年的这段时间是不断下跌的，期间对螺纹钢期货价格与现货价格关系以及探究螺纹钢期货价格发现能力的研究缺少了螺纹钢现货价格上涨这种情况，所以只在现货价格下跌这种情况下研究是片面的。此外，即使有少数研究数据是覆盖到供给侧结构性改革之后的，但他们研究都是在时间跨度上做一个整体研究，没有将其分为供给侧结构性改革前与后分开进行数据处理，没有直观性对比。

再其次，在影响价格因素的分析中，以往的文献在考虑供求关系时，往往都是从实际终端的需求去考虑，而在需求端往往都是由于数据不好统计，得到的都是大概的估计值，样本的代表性不强，也没有具体的代替指标或是方法，因而供需的影响因素分析不是具有说服性。

最后，在以往政策建议上考虑的主体只包括钢铁企业、期货投资者以及政府，而螺纹钢从生产到销售还会涉及国外原材料供应商以及国内的现货贸易商，这些因素都会引起期货价格以及现货价格波动，影响期货价格发现的能力。

基于此，本文采用实证研究探寻国内螺纹钢期货价格发现能力，在时间上分为供给侧结构性改革前与后，在数据上会选取包含供给侧结构性改革前后的数据，重点研究供给侧结构性改革后的期货价格发现能力，在地区上选取华北、华东、华南和东北四个区域，涉及石家庄、天津、上海、南京、广州、福州、沈阳和哈尔滨八个城市螺纹钢现货价格作为依据，然后根据结论提出进一步的政策建议，完善我国螺纹钢期货市场，使得螺纹钢期货价格发现能力能够得到充分有效的发挥，从而更好地指导现货价格。

（三）研究方法与目标

1. 研究方法

（1）文献研究法。对已有的关于期货价格发现以及期货市场与现货市场关系的文献进行梳理和归纳，根据研究的深化和现实发展的需要，总结现有文献的不足，以此为切入点展开本文的研究。

（2）实证研究法。本文采用 ADF 单位根检验、协整检验、向量自回归模型、格兰杰检验、脉冲响应函数与方差分解等实证研究方法，验证螺纹钢期货价格与现货价格在供给侧改革前后以及不同地区价格发现功能变化特征。

（3）对比分析法。本文对比分析境内外钢材期货市场发展特征、供给侧改革前后期现货市场变化以及期现价格关系变化特征，通过对比分析发现供给侧改革对期现市场、价格发现功能的影响。

2. 目标

供给侧结构性改革对钢铁行业、螺纹钢期现货市场带来巨大影响，本文基于供给侧结构性改革背景，对比分析供给侧改革前后钢材期现货市场变化及原因、境内外钢材期货市场发展与特征，阐述价格发现机制以及分析期现货价格的影响因素，实证对比供给侧结构性改革前后两个时间段螺纹钢期货与不同地区的现货价格关系，最后得出供给侧结构性改革后我国螺纹钢现货市场与期货市场有效性提升效果、不同地区期现价格发现功能差异的结论，并针对研究结论提出相对应的政策建议。

（四）研究思路与框架

1. 研究思路

本文以国内外学者对期货市场价格发现功能的研究为基础，总结借鉴其理论与方法，展开供给侧改革背景下期现价格发现功能的研究。定性、对比分析供给侧结构性改革前后我国钢材期现货市场的变化及其原因、境内外钢材期货市场发展和特征。探寻螺纹钢期货价格的影响因素变化以及期货价格与现货价格价格发现机制以铺垫之后的实证研究。然后着重对供给侧结构性改革前后螺纹钢期货市场价格发现功能实证研究，并根据其结果评价我国螺纹钢期货与现货市场在供给侧结构性改革前后的发展状况。最后，根据实证结果得出研究结论，并据此为螺纹钢期货与现货市场的稳定健康发展提出相关建议。

2. 框架

第一部分：引言。主要介绍本文研究背景及意义、文献综述、研究方法与达成目标、研究思路与框架、研究特色与创新。

第二部分：供给侧结构性改革与钢材市场。主要分析我国钢材期货与现货市场在供给侧结构性改革前后基本特征、供给侧改革带来的变化以及引起变化的原因。

第三部分：期货市场价格发现机制分析。阐述价格发现形成机制，重点分析期货价格与现货价格的短期波动性与长期协同性机理。

第四部分：国内外钢材期货发展与价格影响因素分析。主要介绍国外螺纹钢期货市场的发展与特征，我国螺纹钢市场的发展现状以及影响螺纹钢价格的相关因素分析。

第五部分：我国螺纹钢期货市场价格发现实证研究。首先介绍实证研究所运用的各种方法，接着选择供给侧改革前后螺纹钢期货与不同地区现货价格样本数据，通过系列实证研究方法进行实证研究。

第六部分：结论与建议。对实证结果进行总结，并根据分析结果提出相应的建议。

第七部分：总结与展望。总结本文所做工作，指出不足之处，并对今后研究进行展望。

（五）研究特色与创新

以往的实证研究的数据选取大多截至 2015 年左右，而且没有考虑外部因素强烈冲击时的情况。而 2015 年之前也就是供给侧结构性改革以及一系列对钢铁市场利好的消息出来之前，价格虽有波动，但波动幅度以及交易的活跃程度远没有 2016 年之后剧烈，所以将数据分为两个时间段分别进行分析，从 2009 年 3 月 30 日~2015 年 12 月 31 日为第一段，然后从 2016 年 1 月~2018 年 9 月 30 日为第二段。着重检验第二个时间段，与之前进行对比，以此探究在外部冲击因素较大的情况下，螺纹钢期货价格与现货价格关系，螺纹钢期货价格的发现作用的有效性程度大小。十九大再次提出要继续加大供给侧结构性改革力度，通过上面的研究可以预测未来一段时间螺纹钢期货价格与现货价格变化方向以及波动幅度。

在分析螺纹钢价格影响因素时，没有采用传统的对各行业对螺纹钢的需求进行统计，而是用货币这一显性指标去代表需求，并且进行相关性检验，得出货币 M1、螺纹钢期货价格及现货价格具有高度相关性。

在政策建议上考虑到现货贸易商这一主体，钢材市场中，现货贸易商会根据市场的行情进行囤货，然后在期货市场继续推高价格，以此带动现货价格上涨谋取暴利，所以期货市场能否合理发挥作用，与现货贸易商也有很大关系。此外，国际市场的因素也考虑在内，钢铁的生产原料铁矿石多来自进口，国际市场的价格变动也会引起国内的价格变动，以往的研究以及对策中没有涉及国际市场因素。

从研究角度上分地区进行研究，通过对国内螺纹钢期货市场和华北、华东、华南和东北四个区域涉及石家庄、天津、上海、南京、广州、福州、沈阳和哈尔滨八个城市以及全国螺纹钢现货平均价格现货市场分析，从而探究在供给侧结构性改革及相关政策实施的不同地区，螺纹钢期货价格发现功能的有效性。

二、供给侧结构性改革与钢材市场

（一）供给侧结构性改革推动钢材市场发展

从 2015 年底开始，以去产能、去库存、去杠杆、降成本、补短板为重点的供给侧结构性改革，经中央经济工作会议定调后，正式拉开大幕。2016 年 2 月份，国务院发布《关于钢铁行业化解过剩产能实现脱困发展的意见》6 号文，明确 5 年时间化解钢铁过剩产能 1 亿~1.5 亿吨。随后与化解过剩产能相关的奖补资金、财税支持、职工安置在内的八项配套政策以及整体实施方案全部出台，钢铁行业去产能进入全面执行期。国务院启动去产能督查、环保督查、经济大督查、"地条钢"督查等多次督查，促进化解过剩产能和取缔"地条钢"的有效推进。

2016 年钢铁业实现化解过剩产能 6500 万吨，远超年初制定的去产能目标 4500 万吨。2017 年，钢铁去产能目标是化解 5000 万吨粗钢产能，在 6 月 30 日全面取缔"地条钢"；截至 5 月底，全国已压减粗钢产能 4239 万吨，完成年度目标任务 84.8%，产能利用率超过 80%，钢铁产能严重过剩的状况基本得到了化解，同时优化了钢铁行业产业结构，特别是建筑钢材的产能结构，助力钢铁行业转型升级。钢铁行业逐渐走出低迷，内生动力有效增强，一些积极变化正在显现。

1. 供给侧结构性改革前的钢材市场

在实施供给侧改革之前的数年里，钢铁行业严重供大于求，无序竞争突出，市场价格持续下行，行业企业大面积亏损。

（1）产能严重过剩。国际金融危机爆发以来，世界经济复苏乏力，影响世界经济发展的不确定和不稳定因素持续增加，全球供需关系发生了重大变化，产能过剩成为全球性问题，钢铁行业尤为突出。在钢材市场上，产能严重过剩，需求的不足导致产能利用率处于不合理区间，从图3看出，钢铁行业产能利用率2007～2011年保持在80%左右，总体上处于合理水平。但2012年之后产能利用率明显下降，产能过剩矛盾突出。2012～2015年产能利用率分别为72%、72%、70.92%和66.97%。考虑到产能统计不完全，实际产能利用率可能还要更低一些。按照欧美国家产能利用率衡量标准，产能利用率在79%～83%比较合理，产能利用率低于75%即为严重过剩。大量闲置产能的存在导致资源的浪费，钢材价格持续下跌，企业生产经营困难，行业整体效益大幅下滑。

图3 粗钢产能利用率

（2）高额负债率。"高杠杆"是钢铁行业另一突出的问题。2000年以后，中国钢铁行业资产负债率逐步上升，平均资产负债率从2001年的50.7%上升到2016年的69.60%（见图4）。为对冲2008年美国金融危机的宏观利空影响，我国2009年执行4万亿元基建刺激政策，造成钢铁行业大幅举债增加产能，资产负债率由2009年8月的63.46%，增加到2013年4月68.46%的峰值水平。2015年末，总资产负债率为66.70%，一部分企业达到了100%以上。2016年，中钢协会员企业平均资产负债率为69.6%，高过规模以上工业企业平均水平13.8个百分点，其中，资产负债率超过 90% 的会员钢企有 11 家，钢产量占比 3.7%；负债率 80%～90% 的为 14 家，产量占比 12.07%，而负债率在 50% 以下的大都是规模较小的企业。

我国钢铁企业的资产负债率远超国外同等规模企业水平。2016 年，安赛乐米塔尔公司资产负债率为 56.98%，浦项为 42.53%，新日铁住金为 52.57%，日本 JFE 为 55.79%，美国纽柯为 45.78%。相比之下，中国特大型企业负债率均较高。宝武集团负债率最低为 52.28%，其余 5 家 2000 万吨以上企业平均负债率为 73.46%。

2016 年中钢协会员企业财务费用为 891 亿元，吨钢财务费用超过了 140 元，比金融危机前吨钢增加近 100 元财务费用，占到了三项费用的 35%。钢铁企业的"高杠杆"让企业背负巨大的财务负担，是供给侧改革前造成国内多数钢企亏损的主要原因之一，严重影响了行业健康发展。

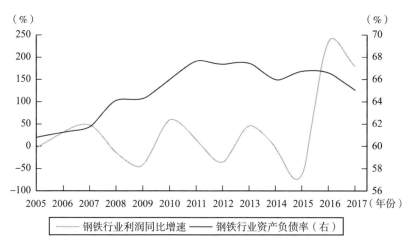

图 4　钢铁行业盈利及负债率

（3）低价格低盈利。金融危机以来受宏观经济下行以及产业结构升级调整的影响，下游的机械制造、家电以及建筑等行业持续萎靡，导致对钢材的需求下滑，产量的持续增加导致行业出现严重的供过于求的局面，截止到 2015 年底，中国钢铁行业呈现出价格持续下跌、行业整体巨亏、裁员破产的局面，无序竞争突出，价格战频发，钢材价格自 2011 年 4 季度以来一路下跌，屡创新低。钢铁协会钢材综合价格指数已从 2011 年 4 季度末的高点跌至 2015 年 1 月末的 77.13，跌幅超过 40%，吨钢材累计降价已达 2100 元。2015 年 12 月份国内钢铁行业 PMI 指数仅为 40.6%，处在 50% 的荣枯线以下。钢铁行业的利润率仅为 0.81%，在我国制造业行业中处于末位。

在低价格、低盈利甚至是负盈利的情形下，大量钢企裁员降薪，企业无资金投入新技术新产品的研发，在基础材料的研发上始终与发达国家有着很大差距，我国一直处于钢材市场中的低端钢材的生产，这一类钢材的生产替代性强，竞争力不足，对于有竞争力的、不可替代的高端钢材研发进展缓慢，导致一种恶性循环，使得钢铁行业一直处于低价亏损的局面中。

2. 供给侧结构性改革后的钢材市场

供给侧改革推行以来，中国钢铁行业逐渐走出低迷，内生动力有效增强，改革成效显著，一些积极变化正在体现。

（1）现货市场。

第一，供需矛盾改善。以去产能为核心的钢铁行业供给侧改革明显提升了产能利用率。2015 年我国钢铁行业产能利用率为 66.99%，2016 年全国共去除粗钢产能 6500 万吨，产能利用率达到 70.6%；到 2017 年 5 月，全国共去除粗钢产能 4239 万吨，产能利用率已经超过 80%，产能利用率基本上回到了合理区间。

清除地条钢有效改善了供给端结构。截至 2017 年 6 月末，全国 27 个省取缔、关停地条钢生产企业 600 多家，涉及产能约 1.2 亿吨，折合粗钢产量 7000 万吨左右，占全国产量的 9% 左右，地条钢全面清除，使得市场需求全部转向正规的钢材产品，解决了长久以来"劣币驱逐良币"的现象，使得市场上的钢材品质得到提升，有效改善了供给结构。

此外，截止到 2018 年 6 月，我国钢材库存保持着较低水平，粗钢产量连续增加，扣除库存后的粗钢消费量同比大幅走高，市场钢材资源仍出现紧缺的情况，这在一定程度上反映出市场初步改变了钢铁行业供给大于需求的矛盾。

第二，降成本升价格。随着钢铁行业供给侧结构性改革和去产能不断推进，产业结构优化，低端产品退出以及需求上升，钢铁行业所采取的措施积极成效逐步显现，钢铁行业经营环境有了很大的改善，钢铁企业逐步扭亏为盈。

供给侧改革以来，钢铁企业在降本、减员、管理各方面采取了措施，降本增效的成果比较明显。钢铁主业人员人均产钢量从 2014 年的 495.41 吨/人提高到 2016 年的 551.98 吨/人，吨钢三项费用降低。打击"地条钢"行动清理出的废钢流向正规企业，增加废钢用量进一步降本增效。此外，落后产能的退出使得钢材价格一路上涨，为企业带来真正的经济效益。在实施供给侧结构性改革政策后，重点大中型企业改变了 2015 年之前一直持续的亏损境况，利润同比大幅增长。据中国钢铁工业协会统计数据，2016 年 1～12 月份，重点大中型钢铁企业实现利润 303.78 亿元，同比 2015 年亏损 645.34 亿元，2016 年钢铁行业整体实现扭亏为盈；截止到 2017 年 1～4 月份，重点大中型钢铁企业累计实现利润总额 329.1 亿元，超过 2016 年全年利润总和。

（2）期货市场。期货市场作为大宗商品市场以及金融市场的重要组成部分，其价格发现和风险管理功能可以为企业提供经营参考和避险工具，有效帮助提升市场资源配置效率、促进产业升级等，政府也可依据期货价格信号评估供给侧结构性改革政策推进执行效果、提高政策施行的针对性，更好地为去产能、去库存、去杠杆、降库存、补短板五大任务提供深层次的服务。

供给侧结构性改革实施后，随着对现货预期的转好，期货市场迎来了一波牛市，价格一路走高，同时波动性也增加，投资者对政策过度预期导致螺纹钢基差波幅以及波动频率加大；钢铁生产企业、贸易商、消费者因钢材期现货价格波动加剧，经营风险加大，对期货市场增强决策的预见性和科学性以及在提升企业抗风险能力上有了更加清晰的认识，有更多企业跃跃欲试参与到期货市场中来。另外，螺纹钢期货的强势表现带动了焦炭、铁矿石等其他期货品种的走强，烘托了供给侧改革气氛，同时改变了市场对现货供求预期，调节了现货供求关系。

（二）期货市场与现货市场变化原因分析

供给侧结构性改革后钢材现货市场及期货市场均出现了积极变化，分析其原因可以归纳为两点：第一是政府、企业的执行力变强了；第二是市场变得更加有效。

1. 执行能力变强

政府作为市场的监管者，为经济健康良好的发展制定一系列措施。在"三去一降一补"的总体方针下，政府在各个领域都出台了一系列的具体措施，在钢铁行业中，一系列的去产能环保政策、法律法规陆续出台，同时政府的执法力度、执法效率、处罚力度也在提高，这些都保障了钢铁行业在供给侧结构性改革后稳步向健康良好的方向发展。

企业作为生产者，在政府针对性地制定了一系列的政策后，企业的执行力度也明显增强，特别是在目前我国经济发展形势下，传统不变革的企业已经很难生存下去，钢铁行业在政府部门强力的监管下，在落实一系列发展政策时显得更加积极有效。

2. 市场有效性的提高

产能结构性过剩是中国目前发展面临的主要问题之一，而产生问题的主要原因就是市场有效性较低，包括生产要素传递效率不高、信息不对称。信息的不对称等问题制约着资源的分配效率，生产者与消费者信息不对称、政府与企业信息的不对称等都造成了消费者的需求没有得到满足，生产者的产品销售不理想。供给侧结构性改革是通过优化发展环境，提高市场有效性来促进生产要素、信息高效流动。

供给侧结构改革解决了钢铁行业一系列信息不对称问题，低端产能的清除，很大程度改善了供需矛盾问题，政府、企业信息及时发布使得市场的有效性得到提高，从而带动了企业更好的发展。

三、期货市场价格发现机制分析

价格发现功能是指通过公开、公正、高效、竞争的期货交易运行机制形成具有真实性、预测性、连续性和权威性的期货价格的过程。期货价格可以反映市场参与者对商品价格未来走势的预期。由市场来制定价格是市场经济的核心，也就是说，在市场经济条件下，市场要对资源配置起决定作用，即主要通过市场化手段形成的价格来实现资源配置，有效的价格形成机制是实现资源优化配置的前提和保障，期货市场由于其形成价格的过程公开、公正、高效、透明，因此，其所形成的价格具有权威性，而价格发现也成为期货市场的主要经济功能之一。

价格发现功能主要通过期货和现货价格的关系来表现。短期来看，可用期货和现货价格的相关系数来衡量；长期来讲，主要是期货价格和现货价格的协整关系以及期货价格和现货价格的相互引导关系。

（一）期货价格与现货价格短期波动性

期货市场衍生于现货市场，影响两个市场价格的主要因素基本相同，期货市场价格和现货市场价格之间互为作用、互为影响。在短期内，期货价格对影响市场价格的信息反应更敏感，比现货价格具有领先性；期货价格集中在交易所连续竞价形成，时刻都在变化，以日内价格波动为例，螺纹钢期货价格波动性远远高于现货价格；期货价格是全国统一，信息完全充分，而现货价格存在地区差异、运输成本差异，以及信息的不完全充分，所以现货价格的变化是滞后的，此外，现货是与终端消费对接，这些原因都造成现货价格波动幅较小。

图 5 表明短期内，期货价格与现货价格不同步或是背离是可能的，在日内交易中，现货商由于协议、政策等原因短期内价格会保持不变或者与期货价格出现相反走势现象，并且波动幅度远小于期货市场价格，这些都是只是暂时的现象，当信息充分被获取后，期货与现货价格最终会趋于协同。

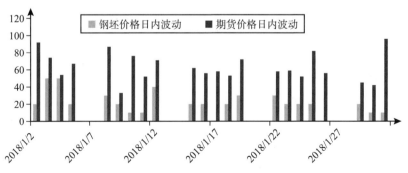

图 5　钢坯价格日内波动与螺纹期货价格日内波动

（二）期货价格与现货价格长期趋同性

期货价格与现货价格的趋同性是投资者以及套期保值者参与交易的基础，期货价格与现货价格会存在一定的基差，基差会围绕一定范围上下波动，不会无限扩大，因为期货以现货为基础，期货引导现货，图6表明二者在长期内是具有趋同性的，即使短期内二者发生相互背离，也会在某个时间内修复回归正常水平。

现货市场上的供需关系、产业周期等因素影响着现货价格，而期货市场上的投资则会预期未来很长一段时间的现货行情，并且在期货价格上表现出来。现货市场交易的是当下的价格，而期货则是对未来某个时间段的价格进行博弈，未来的价格博弈并不是随机博弈，而是对未来现货市场的充分分析后得出的，还是以现货为基础的，这就会使期货与现货在长期内产生趋同性。期货市场的两大功能价格发现与套期保值都以现货与现货价格趋同性为基础。短期内由于各种干扰因素使得期货与现货价格产生背离，那么市场的参与者也会相互参考期货现货价格，从而向着修复基差的方向去交易，如果长期内二者不具有趋同性，那么就会存在套利空间，会使得套期保值与投机的基础消失。

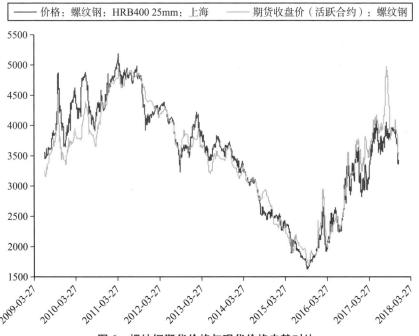

图6　螺纹钢期货价格与现货价格走势对比

四、国内外钢材期货发展与价格影响因素分析

（一）国外钢材期货市场

1. 国外钢材期货市场发展

相较于农产品、有色金属、能源等期货品种，钢材期货上市时间较晚，基本上都是在 21 世纪才推出的，具有钢材期货品种的国家和交易所数量也相对有限。境外钢材期货包括：英国的钢坯期货、日本的废钢期货、印度的板材、方坯期货以及迪拜的螺纹钢期货。

（1）伦敦交易所钢坯期货。英国伦敦金属交易所在对钢材期货研究多年后，于 2008 年 4 月 28 日正式在场内进行交易 LME 钢坯期货，第一个交割日是 2008 年 7 月 28 日。LME 钢坯期货分为地中海合约和远东合约两种，相应合约在各自地区的指定交割仓库交割。钢坯期货的成交量相对于其他在 LME 交易的金属来说比较小，无法与铜、锌等成熟品种相比，其在国际上的影响力也相对有限。

（2）日本废钢期货。日本中部商品交易所（C－COM）率先在日本推出钢材期货，并且成为目前日本唯一上市钢材期货的交易所。2003 年开始，面对不断上涨的原材料价格，降低生产企业的成本，确保原料供给稳定，企业能够正常生产，2005 年 10 月 11 日，废钢期货在 C－COM 正式上市交易，成为全球第一个废钢铁期货合约。日本之所以推出废钢期货而不是其他品种期货是因为日本的钢材品种的丰富，层次多样，很难形成统一标准推出钢材期货，而废钢在日本供应较少，标准制定起来相对简单。虽然废钢期货推出时，市场参与者投入了比较大的热情，但是随着时间的推移，成交量逐渐萎缩，直至最后无人问津，2009 年 10 月日本中部商品交易所正式宣布日本废钢期货退市，从而结束了日本钢铁期货的发展历程。

（3）印度 MCX 的板材。印度多种商品交易所于 2004 年 3 月推出了钢条期货合约和钢板期货合约。这是发展中国家推出的第一份钢材期货的合约。2005 年 12 月，印度国家商品及衍生品交易所又推出了低碳钢坯期货合约。虽然印度钢材期货合约品种较多，但是成交量以及成交金额都很低，活跃程度以及市场参与度不高，目前只有钢条期货保持着一定的成交量，成交较为活跃，钢条期货在印度受到市场的认同和欢迎。

2. 国外钢材期货市场的主要特征

纵观境外目前的钢材期货市场，总体来说成交都不活跃，不能和历史较长、

交易成熟的品种相提并论。没有一个具有权威的钢材交易市场和交易价格，这和钢材本身地域性强、品种规格繁多、相对保存成本较高有关。

在钢材期现货价格关系上，钢材期货价格引导能力却远不如现货价格，原因在于发达国家的经济繁荣，市场的有效性要高于发展中国家，发达国家在经历经济高速发展阶段后，将经济增长点转向了资本与知识为主导的产业，对基础的制造行业所需的原料生产降低；国外钢铁工业一直在通过并购等方式进行结构调整，重组的结果使钢铁工业出现地理位置相对集中、生产规模更大的公司，因钢铁产业高度集中，若干大钢厂完全可以决定钢价；国外少数钢铁企业不仅垄断了生产，还垄断了流通，价格基本上是按成本加利润来决定，流通较多采用订购和送货上门的方式，如热轧卷主要用于汽车行业，钢材生产商与汽车生产商之间一般直接签订合同，属于典型的方式，中间基本没有流通商参与，价格决定权由生产商控制。

西方发达国家已进入后工业化阶段，已过了钢材消费高峰期，对钢材的消费增速趋缓甚至减弱；发达国家建筑钢材产品更新换代，缺乏线材、螺纹钢等对应大宗商品，这些因素弱化了钢材期货品种的需求。

（二）我国螺纹钢期货市场

自上海期货交易所推出螺纹钢期货以来，已经成为我国期货市场交易最为活跃、沉淀资金最多的品种。国内许多钢铁企业以及钢贸商、消费企业都积极参与到交易中来，不论是投机还是套期保值，我国的螺纹钢期货市场一直发挥着积极稳定的作用，现货商时刻关注着期货市场的变化，期货价格影响着现货价格走势，对企业风险管理以及对我国钢铁产业在国际上的话语权提升有很大帮助。目前，我国的螺纹钢期货已经成为世界上成交量第二大的衍生品。并且市场的参与者专业化程度越来越高，政府部门的监管手段越来越多，力度也越来越大，企业与消费者在期货市场上进行风险规避的意识也越来越强，这些都使得我国螺纹钢期货市场越来越成熟。

（三）螺纹钢期货价格影响因素的分析

作为发展中的大国、全球第二大经济体，基础设施建设以及房地产建设使得钢材成为国民经济发展中不可或缺的部分，钢材拥有庞大的上下游产业链，螺纹钢作为钢材品种中最重要的品种之一，影响其价格的因素比较复杂。总体可以分为以下几个方面：一是宏观经济环境，国家经济的发展程度直接决定货币政策，从而直接影响价格；二是生产成本，生产成本的高低决定了价格的高低；三是供求关系，价格受供需影响，需求决定价格变化方向，供给决定价格变化弹性。

1. 宏观经济环境因素

我国目前还处于工业化发展阶段，对钢材的需求量是庞大的，在宏观环境良好的情况下，对钢材的需求是逐渐增加的，纵观其他国家的发展历程，钢材的消费量与 GDP 是呈正相关的；但同时，钢铁行业又是一个周期性行业，钢材市场的发展是螺旋发展的，与国家经济发展速度有很大关系，经济的发展速度直接决定货币政策的实施，市场上货币量又影响着投资与消费，所以国家经济增长的情况会引导货币政策从而影响钢材的需求来决定价格。

2. 成本结构因素

生产螺纹钢的原料包括铁矿石、焦炭以及其他的辅料。目前我国钢铁冶炼主要是以铁矿石为基本原料，铁矿石价格的变化是影响螺纹钢生产成本的关键因素，由于国产铁矿石开采难度大，含铁量低，冶炼成本高，所以基本上都是通过进口铁矿石的方式来满足生产。而铁矿石定价权完全掌握在国外生产者手中，国内钢铁企业只是价格的被动接受者，铁矿石进口价格高低会成为左右钢价走势的重要因素。

焦炭是钢铁生产必需的还原剂、燃料和料柱骨架，是考量钢铁成本价格的第二大因素。我国是煤炭大国，焦炭的产量很高，不同的焦炭品种所带来的出铁率也是不一样的，这些与国家的环保政策密切相关，因为不同品质的焦炭所造成的污染也是不一样的。

此外，汇率的变化与海运费也是构成螺纹钢生产成本的主要因素，中国主要从巴西与澳大利亚这两个国家大量进口铁矿石，海运费的变化时刻影响着螺纹钢的生产成本，从而影响螺纹的价格。汇率的变化会使得以美元结算的铁矿石价格发生剧烈波动，从而影响铁矿石的进口价格，进一步传递到螺纹钢的生产成本上来。

3. 市场供需因素

市场的供给是容易统计得到的，只需要统计钢厂的产量即可得到供给量，而螺纹钢的需求量是很难统计的。螺纹钢在基建、房地产等行业都有大量需要，而这些需求量不容易统计得到，在市场上，供给决定弹性，需求决定方向，供给侧结构性改革之后首先影响的就是供给端，但是需求端决定价格的走向，所以需要统计需求量。

在市场中需求拉动消费，消费需要货币，所以综合一系列因素选用货币作为需求的衡量指标，货币发行量大，市场的需求就会旺盛，货币发行量少，则需求就会萎缩。在货币体系中，货币 M1 代表着企业存款的量，企业存款量在一定程度上代表着企业可投资的资金量的大小。根据达里奥的观点，$MV = PQ$，当货币的量已知，Q 代表着商品数量（钢材的产量），就可以知道价格。图 7 显示由于货币政策传导到产业需要一定时间，货币 M1 走势在时间上是领先商品价格的，领先时间的长短与市场的金融化程度相关，目前中国的货币市场大概领先 9 ~ 15 个月。所以用货币作为直接衡量宏观因素的指标是容易衡量的。

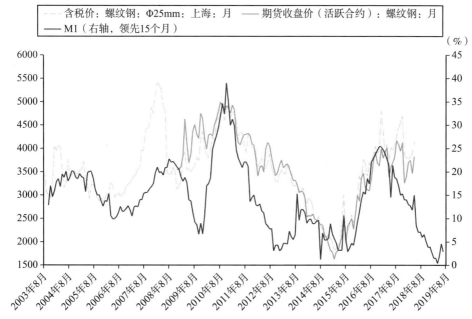

图7　货币 **M1** 量与螺纹钢期货与现货价格走势

五、我国螺纹钢期货市场价格发现实证研究

（一）采用的研究方法

1. ADF 平稳性检验

经济数据大多都是以时间为单位进行统计的，所以经济数据多为时间序列数据，而时间序列的平稳性检验是必不可少的步骤。单位根检验法是用来检验序列平稳性，即检验序列是否存在单位根，若序列不存在单位根，序列平稳。本文采用 ADF 单位根检验法对螺纹钢的期货价格与现货价格时间序列数据进行平稳性检验。假设时间序列 y_t 存在 p 阶序列相关，可以用 p 阶自回归模型来修正：

$$y_t = \alpha + \gamma_1 * y_{t-1} + \gamma_2 * y_{t-2} + \cdots + \gamma_p * y_{t-p} + u_t \tag{1}$$

然后将公式进行一阶差分后得到下面等式：

$$\Delta y_t = \alpha + \eta y_{t-1} + \sum_{i=1}^{p-1} \beta_i \Delta y_{t-i} + u_t \tag{2}$$

ADF 检验方法通过在回归方程右边加入 Y 的滞后差分项来控制高阶的序列相关，一般有以下三种形式：

$$\Delta y_t = \eta y_{t-1} + \sum_{i=1}^{p-1} \beta_i \Delta y_{t-i} + u_t \tag{3}$$

$$\Delta y_t = \alpha + \eta y_{t-1} + \sum_{i=1}^{p-1} \beta_i \Delta y_{t-i} + u_t \tag{4}$$

$$\Delta y_t = \alpha + \delta t + \eta y_{t-1} + \sum_{i=1}^{p-1} \beta_i \Delta y_{t-i} + u_t \tag{5}$$

ADF 检验主要是检验上述式子中 η 是否为 0，在检验时要验证检验量是否存在时间趋势项，要排除掉干扰检验趋势的因素，所以要进行联合检验 $\delta = \eta = 0$，检验的统计量为 Φ 若不能拒绝 $\delta = \eta = 0$，那么进一步对式（2）进行进一步检验，即判断 α 是否为 0，因此需要联合检验 $\delta = \eta = 0$，检验的统计量为 Φ_i。其中统计量 Φ_i 的表达式为：

$$\Phi_i = \frac{(RSS_R - RSS_{UR})/q}{RSS_{UR}/(N-K)} \tag{6}$$

当检验结果 Φ_i 值比临界值小，则原序列是不含有单位根，即该时间序列是平稳的，反之，则该时间序列是非平稳的。

2. 协整检验

现实生活中会有时间序列数据是不平稳的，如果直接将非平稳的时间序列数据直接进行建模，则会出现伪回归的情况，那么检验的真实性会受到影响。随着计量经济学的发展，协整检验的应用则很好地解决了这一问题。

协整检验就是为了验证变量之间是否存稳定关系。协整关系是指：两个或两个以上非平稳时间序列，存在某线性组合使得该组合是平稳的，那么这些序列存在协整关系（即长期稳定关系）。这种平稳的线性组合被称为协整方程，且可解释为变量之间的长期稳定的均衡关系。其主要检验步骤如下：

（1）如果 k 个序列 X_1，$X_2 \cdots X_k$ 都是 1 阶单整序列，则建立回归方程：

$$X_{1t} = \beta_2 X_{2t} + \beta_3 X_{3t} + \cdots + \beta_k X_{kt} + \lambda_t, \quad t = 1, 2, \cdots, T \tag{7}$$

其中，模型估计的残差为 $\hat{\lambda} = X_{1t} - \hat{\beta}_2 X_{2t} - \hat{\beta}_3 X_{3t} - \cdots - \hat{\beta}_k X_{kt}$

（2）通过判断其是否有单位根来检验残差序列是否是平稳的。

（3）如果残差序列是平稳的，那么就可以确定回归方程中的 k 个变量（X_1，X_2，$\cdots$，X_k）之间的存在协整关系，并且协整向量为（$\hat{\beta}_1$，$-\hat{\beta}_2$，$-\hat{\beta}_3$，$\cdots$，$-\hat{\beta}_k$），否则就不存在协整关系。

3. 向量自回归模型（VAR）

经济学的变量一般都是存在动态关系的，同时为了解决模型中可能出现内生变量这一问题，本文采用向量自回归模型 VAR。

向量自回归模型（VAR）模型是用来检验内生变量之间动态关系的模型，应用的范围较为广泛，是经济学中常用的模型之一。向量自回归（VAR）是建立在统计学基础上的模型，在构建向量自回归模型（VAR）时，将模型中的每一个内生变量作为模型中所有的内生变量的滞后值的函数来构造模型，向量自回归模型（VAR）是同时处理多个相关的经济学变量操作的模型之一，其方程的一般表达式为：

$$y_t = A_1 y_{t-1} + \cdots + A_r y_{1-r} + B_t x_t + \lambda_t, \quad t = 1, 2, \cdots, T \tag{8}$$

其中 y_t 是 p 维内生变量列向量，x_t 是 q 维的外生变量列向量，r 是 y 的滞后阶数，T 是时间序列的个数，$A_1, \cdots, A_r$ 和 B_t 都是待估计的系数矩阵。λ_t 是随机干扰项，由于方程的右边只有内生变量的滞后项，所以他们之间并不存在相关性，我们可以直接用普通最小二乘法对 VAR 模型进行估计，得到的估计量是一致并且有效的。

4. 格兰杰因果检验

格兰杰因果检验是为了检验一个变量的变化是否是引起另一个变量变化的原因。通常进行格兰杰因果检验的方法包含以下步骤：

第一步：检验原假设"H_0：X 不是引起 Y 变化的 Granger 原因"。然后据此建立以下两个回归模型：

无约束回归模型（u）：$Y_t = a\alpha_0 + \sum_{i=1}^{p} a_i Y_{t-i} + \sum_{i=1}^{q} b X_{t-i} + \varepsilon_t$

有约束回归模型（r）：$Y_t = a_0 + \sum_{i=1}^{p} a_i Y_{t-i} + \varepsilon_t$

其中，a_0 代表常数项；p 代表变量 Y 最大滞后期数，q 代表变量 X 的最大滞后期数，通常可以取的稍大一些；ε_t 为白噪声。

然后，用这两个回归模型的残差平方和 RSS_u 和 RSS_r 构造 F 统计量：

$$F = \frac{(RSS_u - RSS_u)/q}{RSS_u/(n-p-q-1)} \sim F(q, n-p-q-1) \tag{9}$$

其中，n 为样本容量。

检验原假设 H_0：（$\beta_1 = \beta_2 = \cdots = \beta_q = 0$）是否成立。

如果 $F \geq F_\alpha(q, n-p-q-1)$，则 β_1、β_2、$\cdots$、β_q 显著不为 0，应拒绝原假设"H_0：即变量 X 的变化不会因引起变量 Y 的变化"；反之，如果 $F < F_\alpha(q, n-p-q-1)$，则 β_1、β_2、$\cdots$、β_q 显著为 0，则不能拒绝原假设，即 X 的变化会引起 Y 的变化。同理，如果要验证变量 Y 的变化是否会引起变量 X 的变化，则反过来进行检验。

5. 脉冲响应函数

在 VAR 模型的基础上，进行脉冲响应检验，即从定性的角度分析模型受到一个内生变量的冲击时系统受到的动态影响，通过构建时间模型序列来检验一变量的变化对另一变量变化的冲击影响。

考虑含有两个变量的自回归模型 VAR（2），可以列出方程：

$$x_t = a_1 x_{t-1} + a_2 x_{t-2} + b_1 z_{t-1} + b_2 z_{t-2} + \lambda_{1t}, \quad t = 1, 2, \cdots, T \tag{10}$$

$$z_t = c_1 x_{t-1} + c_2 x_{t-2} + d_1 z_{t-1} + d_2 z_{t-2} + \lambda_{2t}, \quad t = 1, 2, \cdots, T \tag{11}$$

其中 a_t，b_t，c_t，d_t 是参数，λ_t 是随机干扰项。假设该系统从 $t=0$ 开始，作为第 0 期脉冲，然后代回到原方程表示出 $t=1$，2，3，…时的变量 x 的变化引起的 x 的脉冲响应函数，然后将 $t=1$，2，3，…代入下一个方程，求出变量 x 引起的 z 的脉冲响应函数。

6. 方差分解

与脉冲响应函数分析不同，方差分解则可以具体测算出每一个变量的变化冲击对整个系统变化的影响程度的数值，是一种定量的分析方法。在自回归模型 Var 基础上，前 k 项方差和可以写成：

$$VAR(y_t) = \sum_{i=1}^{k} \left\{ \int_{q=0}^{\infty} (a_{ij}^{(1)})2\sigma_{ij} \right\}, \quad i=1,2,\cdots,k \tag{12}$$

y_t 的方差可以分解 k 种不相关的影响，所以为了确定各个干扰项对于 y_t 的方差贡献程度有多大时，做了以下定义：

$$RVC_{i\rightarrow j}(\infty) = \frac{\sum_{q=0}^{\infty}(a_{ij}^{(1)})2}{var(y_i)}, \quad i,j=1,2,\cdots,k \tag{13}$$

上式为相对方差贡献率，其原理是通过测算第 j 个变量变化的方差对 y_t 变化的方差的贡献程度，以此来测算出第 j 个变量的变化对第 i 个变量变化的影响的具体大小。

（二）实证研究

1. 数据的来源

本文选取的螺纹钢期货价格数据与现货价格数据均来源于 wind 数据库。样本数据为每日数据，数据区间从 2009 年 3 月 30 日~2018 年 9 月 30 日，共 2315 组有效数据，数据分为供给侧结构性改革前与供给侧结构性改革后两个时间段，其中从 2009 年 3 月 30 日~2015 年 12 月 31 日为供给侧结构性改革前区间，2016 年 1 月 1 日~2018 年 9 月 30 日为供给侧结构性改革后区间。以每日螺纹钢的期货指数的收盘价为准，用 F 表示期货数据。现货数据采用石家庄、天津、上海、南京、广州、福州、沈阳、哈尔滨八个地区以及全国平均螺纹钢 HRB40020mm 现货价格，用 S 表示现货价格，从 S1~S9 分别表示广州、福州、南京、上海、天津、石家庄、哈尔滨、沈阳、全国的现货价格。

2. 数据的处理与分析

首先对 F 和 S 分别取对数处理，得到新的数列 LNF 和 LNS，分别对数列 LNF 和 LNS 进行供给侧结构性改革前与供给侧结构性改革后两者相关性分析，得出期货与现货价格的相关性，如图 8、图 9 所示：

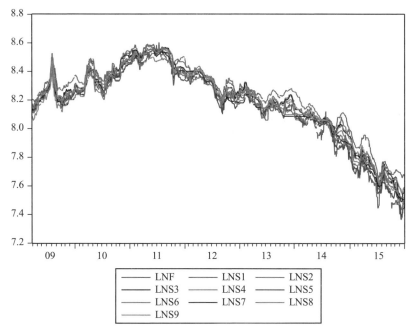

图 8　供给侧结构性改革前螺纹钢期货与现货价格相关走势

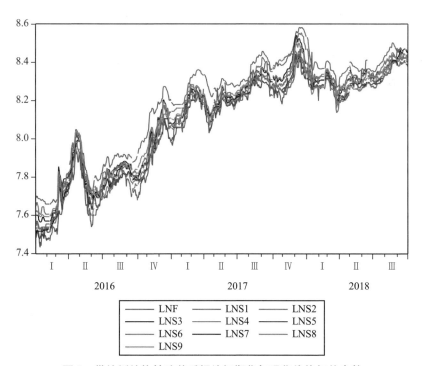

图 9　供给侧结构性改革后螺纹钢期货与现货价格相关走势

　　从图 8 与图 9 中可以看出，除了极个别的点以外，螺纹钢的期货价格与现货价格走势基本一致，从而推断出螺纹钢期货价格与现货价格两者之间存在相关性。通过 Eviews 检验得出期货与现货之间相关程度系数最低达到 0.98，充分说明期货与现货之间具有高度相关性，从而可以得出螺纹钢期货价格与现货价格不论在供给侧结构性改革前还是改革后，二者之间的联动性都很强。

　　3. ADF 单位根检验

　　在对 LNF 与 LNS 之间的相关性检验完成后，即可对 LNF 与 LNS 进行平稳性检验，只有确保时间序列是平稳的，才能确保构建的模型不会出现伪回归现象。常用的检验方法是 ADF 检验（见表 1、表 2）。

表 1　　　　　　供给侧结构性改革前期货价格与现货价格的 ADF 检验结果

Series	Prob.	Lag	Max Lag
LNF	0.9718	0	22
LNS1	0.9939	2	24
LNS2	0.9966	1	24
LNS3	0.9726	5	24
LNS4	0.9881	1	24
LNS5	0.9951	1	24
LNS6	0.9954	2	24
LNS7	0.9991	2	24
LNS8	0.9983	3	24
LNS9	0.9964	1	24

表 2　　　　　　供给侧结构性改革后期货价格与现货价格的 ADF 检验结果

Series	Prob.	Lag	Max Lag
LNF	0.4263	0	19
LNS1	0.4642	1	19
LNS2	0.5578	1	19
LNS3	0.4588	2	19
LNS4	0.5046	1	19
LNS5	0.3530	1	19
LNS6	0.3560	1	19
LNS7	0.3197	1	19

续表

Series	Prob.	Lag	Max Lag
LNS8	0.3451	1	19
LNS9	0.3593	3	19

从表 2 可以看出 p 值都大于 0.05，即接受原假设存在单位根，所以 LNF 与 LNS 是不平稳的，即都是存在单位根的，因此我们需要对 LNF 与 LNS 进行一阶差分，记做 D（LNF）与 D（LNS），再进行检验，结果如表 3、表 4 所示：

表 3　　　供给侧结构性改革前期货价格与现货价格一阶差分 ADF 检验结果

Series	Prob.	Lag	Max Lag
D(LNF)	0	0	22
D(LNS1)	0	1	24
D(LNS2)	0	0	24
D(LNS3)	0	4	24
D(LNS4)	0	0	24
D(LNS5)	0	0	24
D(LNS6)	0	1	24
D(LNS7)	0	1	24
D(LNS8)	0	2	24
D(LNS9)	0	0	24

表 4　　　供给侧结构性改革后期货价格与现货价格一阶差分 ADF 检验结果

Series	Prob.	Lag	Max Lag
D（LNF）	0	0	19
D（LNS1）	0	0	19
D（LNS2）	0	0	19
D（LNS3）	0	1	19
D（LNS4）	0	0	19
D（LNS5）	0	0	19
D（LNS6）	0	0	19
D（LNS7）	0	0	19
D（LNS8）	0	0	19
D（LNS9）	0	2	19

从表3、表4中可以看出，经过一阶差分后，p值都小于0.05，拒绝原假设。LNF与LNS的一阶差分序列都是平稳的，即都不存在单位根。

4. 期货价格与现货价格 VAR 模型

滞后项的确定。要得到螺纹钢期货价格与现货价格的 Var 模型，必须首先确定模型的滞后阶数：

$$LNF_t = \alpha_0 + \alpha_1 LNF_t + \alpha_2 LNF_{t-1} + \cdots + \alpha_k LNS_t + \alpha_{k+1} LNS_{t-1} + \cdots + \lambda_t$$

$$LNS_t = \alpha_0 + \alpha_1 LNS_t + \alpha_2 LNS_{t-1} + \cdots + \alpha_k LNF_t + \alpha_{k+1} LNF_{t-1} + \cdots + \lambda_t$$

通过 SC 数值最小的原则来确定滞后阶数。我们首先对数列 LNF 和 LNS 进行不同阶数的自回归，可以得到如下的 SC 指数（见表5、表6）：

表5 供给侧结构性改革前 VAR 滞后阶数确定

	LNF 与 LNS1	LNF 与 LNS2	LNF 与 LNS3	LNF 与 LNS4
X（-1）	-12.92611	-12.39897	-12.92931	-12.99510
X（-2）	-13.02482	-12.45961*	-13.12769*	-13.31429*
X（-3）	-13.03203*	-12.45291	-13.11584	-13.30698
X（-4）	-13.01977	-12.43744	-13.10134	-13.29370
X（-5）	-13.00542	-12.42828	-13.09095	-13.28128
X（-6）	-12.99573	-12.41777	-13.08767	-13.27191
X（-7）	-12.98208	-12.40101	-13.07133	-13.25611
X（-8）	-12.96408	-12.38377	-13.05440	-13.24011

	LNF 与 NS5	LNF 与 LNS6	LNF 与 LNS7	LNF 与 LNS8	LNF 与 LNS9
X（-1）	-12.36827	-12.42826	-13.53080	-13.40768	-13.58457
X（-2）	-12.47257*	-12.49252*	-13.74836	-13.58901*	-14.10312
X（-3）	-12.45899	-12.48952	-13.75919*	-13.58294	-14.10848*
X（-4）	-12.44807	-12.48138	-13.74343	-13.57830	-14.09436
X（-5）	-12.43264	-12.46941	-13.72783	-13.56340	-14.08131
X（-6）	-12.41987	-12.45647	-13.72249	-13.55155	-14.06772
X（-7）	-12.40358	-12.44354	-13.70529	-13.53599	-14.05127
X（-8）	-12.38749	-12.42630	-13.69530	-13.51875	-14.03467

注：＊为该标准下选择的阶数。

由表5可知，根据 SC 值确定的最大滞后期为3、2、2、2、2、2、3、2、3，由此可以确定 VAR 模型为 VAR（3）、VAR（2）、VAR（2）、VAR（2）、VAR（2）、VAR（2）、VAR（3）、VAR（2）、VAR（3）。

表6 供给侧结构性改革后 VAR 滞后阶数确定

	LNF 与 LNS1	LNF 与 LNS2	LNF 与 LNS3	LNF 与 LNS4
X (−1)	−10.6322	−10.26255	−10.29728	−10.22058
X (−2)	−10.87344*	−10.33848*	−10.49153*	−10.32326*
X (−3)	−10.83912	−10.30434	−10.46346	−10.29124
X (−4)	−10.81516	−10.27094	−10.43103	−10.26644
X (−5)	−10.78829	−10.24155	−10.40963	−10.23666
X (−6)	−10.7501	−10.20614	−10.37305	−10.20381
X (−7)	−10.72697	−10.1895	−10.3483	−10.17279
X (−8)	−10.68952	−10.16176	−10.31797	−10.13978

	LNF 与 LNS5	LNF 与 LNS6	LNF 与 LNS7	LNF 与 LNS8	LNF 与 LNS9
X (−1)	−10.05394	−10.116	−10.94742	−10.85625	−10.81128
X (−2)	−10.11856*	−10.13008*	−11.23689*	−11.10919*	−11.11840*
X (−3)	−10.08701	−10.1035	−11.20379	−11.07298	−11.09827
X (−4)	−10.05834	−10.0743	−11.16991	−11.03471	−11.08881
X (−5)	−10.02728	−10.0468	−11.15225	−11.01119	−11.05525
X (−6)	−10.00003	−10.0144	−11.12409	−10.98389	−11.02059
X (−7)	−9.973111	−9.98621	−11.09552	−10.95189	−11.00116
X (−8)	−9.948396	−9.95601	−11.05857	−10.91455	−10.96679

注：* 为该标准下选择的阶数。

由表5与表6可知，根据 SC 值确定的最大滞后期为2、2、2、2、2、2、2、2、2，由此可以确定 VAR 模型为 VAR（2）、VAR（2）、VAR（2）、VAR（2）、VAR（2）、VAR（2）、VAR（2）、VAR（2）、VAR（2）。

5. Johansen 协整检验

由上可知，LNF 与 LNS 不是平稳的时间序列数据，但是经过一阶差分后 LNF 与 LNS 是平稳的，所以可以对 LNF 与 LNS 进行协整检验，从而检验 LNF 与 LNS 之间是否存在长期均衡的关系。

通过前面得到的 VAR 自回归模型后，我们可以以此为基础进行协整检验，在 Eviews 中计算得到以下结果（见表7、表8）：

表7   供给侧结构性改革前基于 VAR 模型的协整检验

		Eigenvalue	Trace Statistic	Critical Value	Max – Eigen Statistic	Critical Value
LNF 与 LNS1	None*	0.021363	35.75153	15.49471	35.35032	14.2646
	Atmost1	0.000245	0.401212	3.841466	0.401212	3.841466
LNF 与 LNS2	None*	0.021388	36.42843	15.49471	35.43472	14.2646
	Atmost1	0.000606	0.993705	3.841466	0.993705	3.841466
LNF 与 LNS3	None*	0.032607	55.2155	15.49471	55.2155	15.49471
	Atmost1	0.000538	0.882039	3.841466	0.882039	3.841466
LNF 与 LNS4	None*	0.031335	52.4127	15.49471	52.18002	14.2646
	Atmost1	0.000142	0.232685	3.841466	0.232685	3.841466
LNF 与 LNS5	None*	0.030667	51.90625	15.49471	51.05009	14.2646
	Atmost1	0.000522	0.856162	3.841466	0.856162	3.841466
LNF 与 LNS6	None*	0.029299	50.03622	15.49471	48.73806	14.2646
	Atmost1	0.000792	1.298165	3.841466	1.298165	3.841466
LNF 与 LNS7	None*	0.027008	45.20378	15.49471	44.8201	14.2646
	Atmost1	0.000234	0.383683	3.841466	0.383683	3.841466
LNF 与 LNS8	None*	0.030945	52.48448	15.49471	51.52011	14.2646
	Atmost1	0.000588	0.964367	3.841466	0.964367	3.841466
LNF 与 LNS9	None*	0.030727	51.65312	15.49471	50.96462	14.2646
	Atmost1	0.000422	0.688498	3.841466	0.688498	3.841466

注：＊为该标准下选择的阶数。

表8   供给侧结构性改革后基于 VAR 模型的协整检验

		Eigenvalue	Trace Statistic	Critical Value	Max – Eigen Statistic	Critical Value
LNF 与 LNS1	None*	0.033389	25.64485	15.49471	22.6169	14.2646
	Atmost1	0.004536	3.027952	3.841466	3.027952	3.841466
LNF 与 LNS2	None*	0.030562	23.3194	15.49471	20.67181	14.2646
	Atmost1	0.003967	2.647592	3.841466	2.647592	3.841466
LNF 与 LNS3	None*	0.063277	46.47149	15.49471	43.53462	14.2646
	Atmost1	0.0044	2.936861	3.841466	2.936861	3.841466
LNF 与 LNS4	None*	0.060619	44.50262	15.49471	41.64799	14.2646
	Atmost1	0.004277	2.854626	3.841466	2.854626	3.841466

续表

		Eigenvalue	Trace Statistic	Critical Value	Max – Eigen Statistic	Critical Value
LNF 与 LNS5	None*	0.064774	47.97513	15.49471	44.60008	14.2646
	Atmost1	0.005055	3.375048	3.841466	3.375048	3.841466
LNF 与 LNS6	None*	0.062128	46.3689	15.49471	42.71834	14.2646
	Atmost1	0.005466	3.650561	3.841466	3.650561	3.841466
LNF 与 LNS7	None*	0.069145	50.71296	15.49471	47.71994	14.2646
	Atmost1	0.004484	2.993015	3.841466	2.993015	3.841466
LNF 与 LNS8	None*	0.07817	56.9487	15.49471	54.12699	14.2646
	Atmost1	0.004234	2.821711	3.841466	2.821711	3.841466
LNF 与 LNS9	None*	0.062893	46.56216	15.49471	43.26171	14.2646
	Atmost1	0.004943	3.300451	3.841466	3.300451	3.841466

注：* 为该标准下选择的阶数。

从表 7 与表 8 可以看出，在显著性水平 5% 的假设条件下，不论是迹统计量（Trace）还是最大特征值统计量都大于临界值，所以可以得出 LNF 与 LNS 之间存在长期均衡的协整关系，即螺纹钢期货价格与现货价格之间不论是在供给侧结构性改革前还是供给侧结构性改革后都存在着长期均衡关系。

6. 格兰杰因果检验

通过协整检验之后，仅能判断螺纹钢期货价格 LNF 与现货价格 LNS 之间存在着引导关系，但是不能判断是 LNF 引导 LNS，还是 LNS 引导 LNF，或者是二者相互引导，所以为进一步探究 LNF 与 LNS 之间的引导关系是双向引导还是单向引导，接下来要对螺纹钢期货价格 LNF 与现货价格 LNS 进行格兰杰因果关系检验从而进行判定（见表 9、表 10）。

表 9　　　　　供给侧结构性改革前 LNF 与 LNS 之间格兰杰因果检验结果

	零假设	卡方统计量	检验 p 值	结论
华南地区	LNF 不是 LNS1 的 Granger 原因	64.22687	0.00000	因果关系成立
	LNS1 不是 LNF 的 Granger 原因	51.90058	0.00000	因果关系成立
	LNF 不是 LNS2 的 Granger 原因	6.069204	0.01380	因果关系成立
	LNS2 不是 LNF 的 Granger 原因	24.37756	0.00000	因果关系成立

续表

	零假设	卡方统计量	检验 p 值	结论
华东地区	LNF 不是 LNS3 的 Granger 原因	5.481192	0.01920	因果关系成立
	LNS3 不是 LNF 的 Granger 原因	26.36226	0.00000	因果关系成立
	LNF 不是 LNS4 的 Granger 原因	3.605071	0.05760	因果关系不成立
	LNS4 不是 LNF 的 Granger 原因	30.19832	0.00000	因果关系成立
华北地区	LNF 不是 LNS5 的 Granger 原因	5.347707	0.02070	因果关系成立
	LNS5 不是 LNF 的 Granger 原因	48.26956	0.00000	因果关系成立
	LNF 不是 LNS6 的 Granger 原因	12.90708	0.00030	因果关系成立
	LNS6 不是 LNF 的 Granger 原因	35.04803	0.00000	因果关系成立
东北地区	LNF 不是 LNS7 的 Granger 原因	60.12857	0.00000	因果关系成立
	LNS7 不是 LNF 的 Granger 原因	33.93631	0.00000	因果关系成立
	LNF 不是 LNS8 的 Granger 原因	82.70024	0.00000	因果关系成立
	LNS8 不是 LNF 的 Granger 原因	5.332437	0.02090	因果关系成立
全国	LNF 不是 LNS9 的 Granger 原因	75.9719	0.00000	因果关系成立
	LNS9 不是 LNF 的 Granger 原因	73.48513	0.00000	因果关系成立

表 10　供给侧结构性改革后 LNF 与 LNS 之间格兰杰因果检验结果

	零假设	卡方统计量	检验 p 值	结论
华南地区	LNF 不是 LNS1 的 Granger 原因	33.70534	0.00000	因果关系成立
	LNS1 不是 LNF 的 Granger 原因	0.46244	0.49650	因果关系不成立
	LNF 不是 LNS2 的 Granger 原因	46.11555	0.00000	因果关系成立
	LNS2 不是 LNF 的 Granger 原因	2.510551	0.11310	因果关系不成立
华东地区	LNF 不是 LNS3 的 Granger 原因	6.549368	0.01050	因果关系成立
	LNS3 不是 LNF 的 Granger 原因	68.87302	0.00000	因果关系成立
	LNF 不是 LNS4 的 Granger 原因	4.628577	0.03140	因果关系成立
	LNS4 不是 LNF 的 Granger 原因	80.39066	0.00000	因果关系成立
华北地区	LNF 不是 LNS5 的 Granger 原因	57.59326	0.00000	因果关系成立
	LNS5 不是 LNF 的 Granger 原因	0.165312	0.00000	因果关系不成立
	LNF 不是 LNS6 的 Granger 原因	59.73889	0.68430	因果关系成立
	LNS6 不是 LNF 的 Granger 原因	0.553883	0.00000	因果关系不成立

续表

	零假设	卡方统计量	检验 p 值	结论
东北地区	LNF 不是 LNS7 的 Granger 原因	6.808463	0.00910	因果关系成立
	LNS7 不是 LNF 的 Granger 原因	22.78797	0.00000	因果关系成立
	LNF 不是 LNS8 的 Granger 原因	9.520641	0.00200	因果关系成立
	LNS8 不是 LNF 的 Granger 原因	20.39686	0.00000	因果关系成立
全国	LNF 不是 LNS9 的 Granger 原因	34.25094	0.00000	因果关系成立
	LNS9 不是 LNF 的 Granger 原因	0.429996	0.51200	因果关系不成立

表 9 与表 10 表明：在供给侧结构性改革前我国螺纹钢期货市场价格 LNF 与华北地区、华南地区和东北地区的现货市场价格 LNS 的引导关系是双向的，即互为引导，并且现货市场价格 LNS 对期货市场价格 LNF 的引导关系更为明显。华东地区期货价格与南京的现货价格也存在双向引导关系，而上海地区则是现货价格引导期货价格，全国的螺纹钢平均价格也是存在双向引导关系。

在供给侧结构性改革后，华南地区、华北地区以及全国螺纹钢平均期货价格引导现货价格。华东地区与东北地区则是期货价格与现货价存在双向引导关系。

7. 脉冲响应函数

根据上述检验分析，我们得出螺纹钢期货市场和现货市场之间的相互引导关系，但是无法衡量供给侧结构性改革前后期货市场对现货市场引导变化程度如何，期货价格与现货价格的变化对另一变量的变化的冲击程度。因此，接下来通过构造脉冲响应函数从定性的角度去检验期货市场价格和现货市场价格变动之间的动态关系，来探究供给侧结构性改革前后螺纹钢期货价格对现货价格的引导程度的变化（见图 10、图 11）。

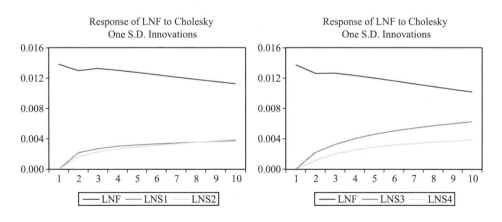

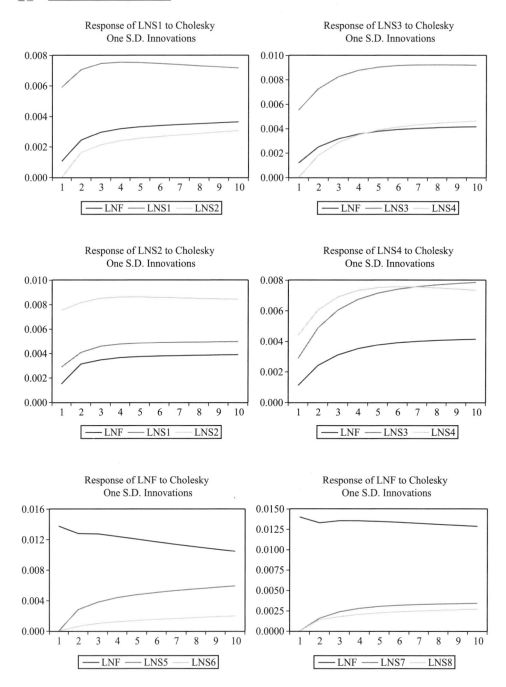

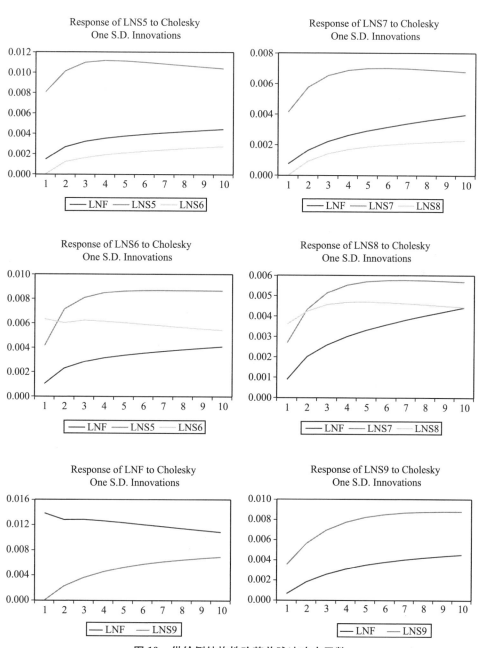

图10 供给侧结构性改革前脉冲响应函数

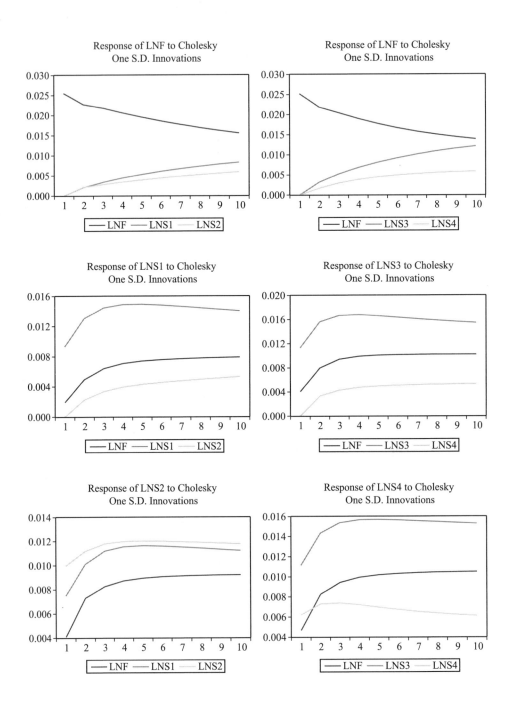

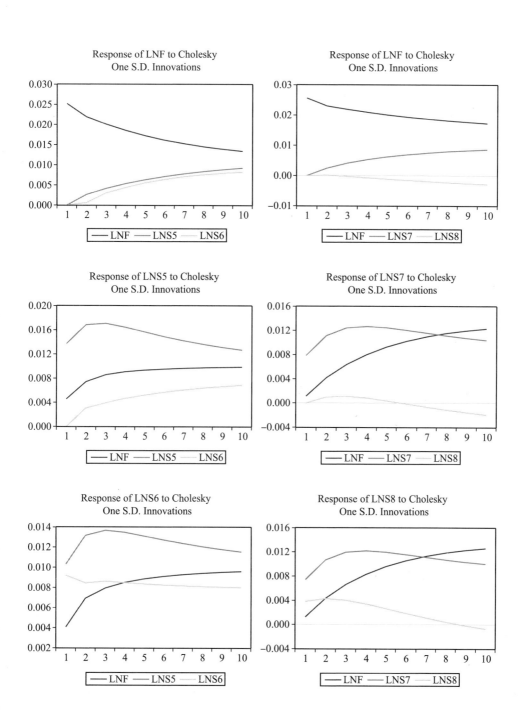

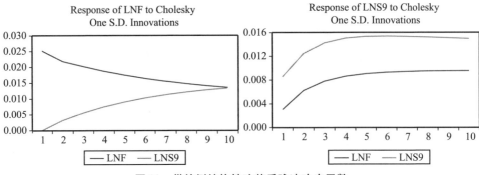

图 11　供给侧结构性改革后脉冲响应函数

　　图 10 反映出供给侧结构性改革前，期货对现货的冲击一直在上升，在最开始的脉冲函数为 0.06%；现货对期货的冲击也一直在上升。图 11 在供给侧结构性改革之后，期货对现货的冲击影响趋于稳定，并在最开始的脉冲响应函数为 0.36%，冲击影响大于供给侧结构性改革之前，现货对期货的冲击力度一直上升。并且在供给侧结构性改革后，不论是期货对现货的冲击力度，还是现货对期货的冲击力度都大于供给侧结构性改革前，说明供给侧结构性改革后期货与现货波动性也在增加。

8. 方差分解

　　脉冲响应函数从定性的角度上反映了期货与现货直接对于彼此滞后量变化的影响，而方差分解则从定量角度具体分析了各个滞后项变化对两种价格变化的冲击（见表 11 ~ 表 20）。

表 11　　　　　　　　　　方差分解（供给侧结构性改革前）　　　　　　　单位：%

滞后期	期货价格方差分解			现货价格方差分解			
	LNF 价格冲击	LNS1 价格冲击	LNS2 价格冲击	LNF 价格冲击	LNS1 价格冲击	LNF 价格冲击	LNS2 价格冲击
1	100.00000	0.000000	0.000000	3.09685	96.90315	3.362199	84.27928
2	97.99678	1.283465	0.719751	7.533482	89.63777	7.55388	76.88709
3	96.44774	2.148931	1.403334	9.741927	85.82835	9.091039	73.62835
4	95.18027	2.826328	1.993403	11.05031	83.45196	9.99014	71.75428
5	94.10974	3.369785	2.520471	11.95645	81.75385	10.57045	70.53426
6	93.15253	3.834973	3.012493	12.65167	80.41303	10.98835	69.65527
7	92.26038	4.252559	3.487061	13.2249	79.27701	11.31302	68.97227

续表

滞后期	期货价格方差分解			现货价格方差分解			
	LNF 价格冲击	LNS1 价格冲击	LNS2 价格冲击	LNF 价格冲击	LNS1 价格冲击	LNF 价格冲击	LNS2 价格冲击
8	91. 40534	4. 640315	3. 954347	13. 72082	78. 26797	11. 58004	68. 4108
9	90. 57129	5. 00861	4. 420096	14. 16381	77. 34324	11. 80901	67. 92967
10	89. 74887	5. 363663	4. 887466	14. 56806	76. 47803	12. 01147	67. 50459

表 12　　　　　　　　　　方差分解（供给侧结构性改革前）　　　　　　单位：%

滞后期	期货价格方差分解			现货价格方差分解			
	LNF 价格冲击	LNS3 价格冲击	LNS4 价格冲击	LNF 价格冲击	LNS3 价格冲击	LNF 价格冲击	LNS4 价格冲击
1	100. 00000	0. 000000	0. 000000	4. 466559	95. 53344	4. 229179	67. 04378
2	98. 26199	1. 36202	0. 375988	8. 163337	88. 36634	7. 408406	58. 86783
3	96. 09911	2. 898262	1. 002625	9. 810534	83. 82911	8. 840091	54. 82711
4	93. 88071	4. 462007	1. 65728	10. 75935	80. 8356	9. 682167	52. 35619
5	91. 75382	5. 965689	2. 28049	11. 37293	78. 74799	10. 24192	50. 62976
6	89. 73915	7. 400187	2. 860667	11. 80625	77. 20507	10. 64807	49. 30963
7	87. 82583	8. 77283	3. 401344	12. 13297	76. 00609	10. 96232	48. 23444
8	85. 99688	10. 09379	3. 909334	12. 39202	75. 03456	11. 21765	47. 31873
9	84. 2373	11. 37163	4. 391066	12. 60557	74. 21995	11. 433	46. 51362
10	82. 53579	12. 61252	4. 851684	12. 78701	73. 51786	11. 61993	45. 78942

表 13　　　　　　　　　　方差分解（供给侧结构性改革前）　　　　　　单位：%

滞后期	期货价格方差分解			现货价格方差分解			
	LNF 价格冲击	LNS5 价格冲击	LNS6 价格冲击	LNF 价格冲击	LNS5 价格冲击	LNF 价格冲击	LNS6 价格冲击
1	100. 0000	0. 000000	0. 000000	3. 163680	96. 83632	1. 800758	68. 71498
2	97. 66622	2. 224390	0. 109387	5. 221950	93. 93497	4. 197724	50. 57674
3	95. 53445	4. 201985	0. 263565	6. 317709	92. 36093	5. 457502	43. 78342
4	93. 68975	5. 899237	0. 411012	7. 118089	91. 17009	6. 343752	39. 96873
5	92. 08883	7. 356850	0. 554318	7. 782201	90. 17315	7. 054956	37. 51407

滞后期	期货价格方差分解			现货价格方差分解			
	LNF 价格冲击	LNS5 价格冲击	LNS6 价格冲击	LNF 价格冲击	LNS5 价格冲击	LNF 价格冲击	LNS6 价格冲击
6	90.64912	8.655735	0.695149	8.374256	89.27909	7.674283	35.74029
7	89.31437	9.849837	0.835789	8.922754	88.44769	8.239278	34.35583
8	88.04946	10.97298	0.977559	9.441772	87.65872	8.768707	33.21431
9	86.83325	12.04560	1.121143	9.938727	86.90164	9.272572	32.23629
10	85.65320	13.08001	1.266789	10.41774	86.17068	9.756498	31.37530

表14　　　　　　　　　方差分解（供给侧结构性改革前）　　　　　单位：%

滞后期	期货价格方差分解			现货价格方差分解			
	LNF 价格冲击	LNS7 价格冲击	LNS8 价格冲击	LNF 价格冲击	LNS7 价格冲击	LNF 价格冲击	LNS8 价格冲击
1	100.0000	0.000000	0.000000	3.160697	96.83930	3.729020	61.81770
2	98.79751	0.680256	0.522233	5.973909	92.49326	7.797763	50.14718
3	97.63583	1.450594	0.913576	7.860958	89.42776	9.934867	44.76610
4	96.63920	2.114612	1.246186	9.324109	87.13708	11.56957	41.59037
5	95.82388	2.651917	1.524202	10.58797	85.26342	12.97864	39.44299
6	95.15141	3.086276	1.762309	11.74929	83.62553	14.27443	37.84066
7	94.58451	3.443862	1.971626	12.85433	82.12877	15.50613	36.55690
8	94.09444	3.745434	2.160123	13.92647	80.72160	16.69749	35.47403
9	93.66068	4.006027	2.333297	14.97790	79.37497	17.86041	34.52624
10	93.26884	4.236248	2.494913	16.01492	78.07207	19.00087	33.67457

表15　　　　　　　　　方差分解（供给侧结构性改革前）　　　　　单位：%

滞后期	期货价格方差分解		现货价格方差分解	
	LNF 价格冲击	LNS9 价格冲击	LNF 价格冲击	LNS9 价格冲击
1	100.0000	0.000000	3.291265	96.70874
2	98.57605	1.423950	7.799779	92.20022
3	96.62985	3.370151	10.05445	89.94555
4	94.58331	5.416693	11.57888	88.42112

续表

滞后期	期货价格方差分解		现货价格方差分解	
	LNF 价格冲击	LNS9 价格冲击	LNF 价格冲击	LNS9 价格冲击
5	92.61556	7.384439	12.75209	87.24791
6	90.77620	9.223798	13.72899	86.27101
7	89.06842	10.93158	14.58312	85.41688
8	87.47971	12.52029	15.35352	84.64648
9	85.99414	14.00586	16.06257	83.93743
10	84.59675	15.40325	16.72389	83.27611

表16　　　　　　　　　方差分解（供给侧结构性改革后）　　　　　　　单位：%

滞后期	期货价格方差分解			现货价格方差分解			
	LNF 价格冲击	LNS1 价格冲击	LNS2 价格冲击	LNF 价格冲击	LNS1 价格冲击	LNF 价格冲击	LNS2 价格冲击
1	100.0000	0.000000	0.000000	4.013596	95.98640	9.670610	57.72094
2	99.24345	0.366930	0.389617	9.717537	88.54128	15.42592	49.57063
3	98.33514	0.931606	0.733250	12.56770	84.48092	17.57070	46.29515
4	97.23859	1.644906	1.116504	14.22661	81.98758	18.81331	44.53800
5	96.00090	2.467086	1.532015	15.33752	80.24082	19.64141	43.48206
6	94.64849	3.373771	1.977742	16.16093	78.88880	20.25311	42.78974
7	93.20549	4.344749	2.449764	16.81720	77.76496	20.73688	42.30524
8	91.69402	5.362225	2.943751	17.36753	76.78369	21.13806	41.94834
9	90.13450	6.410262	3.455238	17.84551	75.89783	21.48191	41.67454
10	88.54536	7.474754	3.979889	18.27089	75.07985	21.78356	41.45756

表17　　　　　　　　　方差分解（供给侧结构性改革后）　　　　　　　单位：%

滞后期	期货价格方差分解			现货价格方差分解			
	LNF 价格冲击	LNS3 价格冲击	LNS4 价格冲击	LNF 价格冲击	LNS3 价格冲击	LNF 价格冲击	LNS4 价格冲击
1	100.0000	0.000000	0.000000	11.28492	88.71508	11.80942	20.87723
2	98.85015	0.900450	0.249398	17.27135	80.37960	17.61300	17.91135
3	96.88529	2.377351	0.737354	19.88587	76.68349	20.08760	16.39572

续表

滞后期	期货价格方差分解			现货价格方差分解			
	LNF 价格冲击	LNS3 价格冲击	LNS4 价格冲击	LNF 价格冲击	LNS3 价格冲击	LNF 价格冲击	LNS4 价格冲击
4	94.47862	4.201440	1.319939	21.32884	74.56606	21.58360	15.37898
5	91.81716	6.247029	1.935808	22.29510	73.11929	22.63367	14.61461
6	89.03279	8.421716	2.545492	23.01794	72.02282	23.43769	14.00617
7	86.22175	10.65305	3.125201	23.59776	71.13635	24.08635	13.50594
8	83.45368	12.88471	3.661618	24.08374	70.39012	24.62708	13.08628
9	80.77667	15.07468	4.148648	24.50272	69.74549	25.08766	12.72928
10	78.22171	17.19331	4.584987	24.87077	69.17904	25.48586	12.42242

表18　　　　　　　　　方差分解（供给侧结构性改革后）　　　　　　　　单位：%

滞后期	期货价格方差分解			现货价格方差分解			
	LNF 价格冲击	LNS5 价格冲击	LNS6 价格冲击	LNF 价格冲击	LNS5 价格冲击	LNF 价格冲击	LNS6 价格冲击
1	100.0000	0.000000	0.000000	10.00601	89.99399	7.967052	40.80560
2	99.35330	0.612873	0.033828	13.63855	84.69596	12.91891	31.17698
3	97.82412	1.558983	0.616897	15.96218	81.43289	15.47286	27.93777
4	95.78667	2.723184	1.490149	17.68026	78.79857	17.37593	26.27172
5	93.38964	4.024545	2.585818	19.10760	76.49477	18.92259	25.30566
6	90.80744	5.403991	3.788567	20.34320	74.40726	20.24571	24.68682
7	88.16216	6.815202	5.022635	21.43575	72.48961	21.40465	24.26633
8	85.54254	8.222839	6.234619	22.41203	70.71869	22.43293	23.96929
9	83.00777	9.601168	7.391061	23.28963	69.08049	23.35212	23.75440
10	80.59448	10.93249	8.473030	24.08155	67.56457	24.17777	23.59685

表19　　　　　　　　　方差分解（供给侧结构性改革后）　　　　　　　　单位：%

滞后期	期货价格方差分解			现货价格方差分解			
	LNF 价格冲击	LNS7 价格冲击	LNS8 价格冲击	LNF 价格冲击	LNS7 价格冲击	LNF 价格冲击	LNS8 价格冲击
1	100.0000	0.000000	0.000000	2.087098	97.91290	2.123421	20.65074
2	99.48433	0.513754	0.001920	9.214777	90.32293	9.217326	14.87002
3	98.62819	1.366361	0.005445	14.80208	84.65821	15.08027	11.61276

续表

滞后期	期货价格方差分解			现货价格方差分解			
	LNF 价格冲击	LNS7 价格冲击	LNS8 价格冲击	LNF 价格冲击	LNS7 价格冲击	LNF 价格冲击	LNS8 价格冲击
4	97.58935	2.383815	0.026835	19.71348	79.83408	20.32598	9.315555
5	96.45787	3.470224	0.071903	24.13535	75.52312	25.08515	7.573327
6	95.28567	4.572702	0.141630	28.11457	71.61780	29.37909	6.226497
7	94.10459	5.661068	0.234337	31.66859	68.08082	33.21178	5.188286
8	92.93522	6.717760	0.347018	34.81682	64.89225	36.59662	4.398243
9	91.79124	7.732606	0.476153	37.58667	62.03243	39.55997	3.808458
10	90.68181	8.699994	0.618200	40.01171	59.47811	42.13757	3.379296

表 20   **方差分解（供给侧结构性改革后）**   单位：%

滞后期	期货价格方差分解		现货价格方差分解	
	期货价格冲击	现货价格冲击	期货价格冲击	现货价格冲击
1	100.0000	0.000000	11.29149	88.70851
2	99.06670	0.933299	17.46458	82.53542
3	97.32190	2.678104	20.18098	79.81902
4	95.02070	4.979296	21.79838	78.20162
5	92.37633	7.623672	22.91051	77.08949
6	89.55339	10.44661	23.74528	76.25472
7	86.67494	13.32506	24.40827	75.59173
8	83.82886	16.17114	24.95508	75.04492
9	81.07455	18.92545	25.41789	74.58211
10	78.44936	21.55064	25.81682	74.18318

由表 11～表 20 可知，在螺纹钢期货市场与现货市场中，期货价格对现货价格的冲击影响始终大于现货对期货价格的冲击影响。并且在供给侧结构性改革后期货价格对现货的影响在最初阶段要远大于供给侧结构性改革前，说明供给侧结构性改革后，期货价格的对现货价格的引导有效性在增加。

（三）本章小结

本章主要是进行实证分析和阐述检验结果，实证研究表明：供给侧结构性改革以后的螺纹钢期货价格与现货价格波动性要大于供给侧结构性改革之前，同时供给侧结构性改革后的螺纹钢期货价格对现货价格的引导作用在增强，但由于地区因素差异，螺纹钢期货价格引导现货价格的有效性在不同地区存在差异。华南与华北地区在供给侧结构性改革后期货价格引导有效性明显提升，而华东与东北地区期货价格引导能力有效性提升不明显。

此外，螺纹钢期货价格对现货价格的冲击速度要大于现货价格对期货价格的冲击速度，螺纹钢期货价格对现货价格的冲击力度要大于现货价格对期货价格冲击力度。并且在供给侧结构性改革之后，期货对现货以及现货对期货在初始阶段的冲击力度要远大于供给侧结构性改革前。

六、结论与建议

（一）结论

本文以供给侧结构性改革为背景，通过对供给侧结构性改革前与改革后的期货价格与现货价格进行实证分析，探究不同地区供给侧结构性改革前后螺纹钢期货价格发现功能，并得出以下结论：

（1）供给侧结构性改革后，螺纹钢期货价格与现货价格波动性要大于供给侧结构性改革前，同时螺纹钢期货价格对现货价格的引导作用在增强，但由于地区因素差异，螺纹钢期货价格引导现货价格的有效性在不同地区发挥程度也不同。

（2）螺纹钢期货价格对现货价格的冲击速度要大于现货价格对期货价格的冲击速度，螺纹钢期货价格对现货价格的冲击力度要大于现货价格对期货价格冲击力度。并且在供给侧结构性改革之后，期货对现货以及现货对期货在初始阶段的冲击力度要远大于供给侧结构性改革前。

（3）由于经济周期、行业周期以及货币政策等影响，螺纹钢期货价格与现货价格之间的关系在供给侧结构性改革后对外部因素的反应更加敏感，在宏观经济环境利空与产业政策利多的情形下，使得螺纹钢的期货价格与现货价格的波动更加剧烈，这给期货价格与现货价格的预测增加了很大的难度。

（二）建议

根据实证分析的结果表明，供给侧结构性改革后期货市场对现货市场的引导能力在不同的地区产生不同的影响，原因有很多，包括影响期现价格因素的变化，地域的特殊性，政策的异地差异，不同地区信息的关注度等原因。

在影响期现价格的因素上，2010 年以来，我国 GDP 增速一直处于放缓状态，宏观经济渐渐步入中高速发展阶段；而在螺纹钢的成本结构方面，供给侧结构性改革前铁矿石价格完全由外国企业决定，中国钢铁企业在铁矿石定价上的话语权很低，但在供给侧结构性改革后，我国钢铁企业在铁矿石定价上的话语权得到提高，铁矿石的价格变化更加灵活，更有利于钢铁企业控制生产成本；在供需因素上，供给侧结构性改革前货币 M1 的增速从 2009 年下半年开始到 2015 年一路走低，这使得市场上可投资的货币基础在渐渐减弱，而在供给侧结构性改革后 M1 增速从 2016 年到 2017 年是逐步增加的，这使得可投资的货币基础在提高，钢材价格才会一路走高。

在地区政策以及信息的关注度上，华南与华北地区之所以在供给侧结构性改革之后期货价格发现能力效果会提升，是因为政府在华南与华北地区严厉地实行了清除违规以及低端产能的政策，同时在华北地区，环保政策一直是高压政策，使得华北地区钢铁企业生产更加规范，生产设备与工艺不断改进，增强了该地区的产品的竞争力。而在华东地区与东北地区，这些政策则相对不严厉，特别是当螺纹钢现货价格走高时，许多违规以及被清除的产能死灰复燃，用劣质品拉低了现货价格，使得价格变化波动较大。此外在期货市场的所有参与者中，包括投资者、期货公司，以及期货市场本身等的变化都引起了这些结果的发生。为了促进我国螺纹钢期货市场对现货市场的引导作用，提出以下建议：

1. 信息的高效传递

不论是期货市场还是现货市场，信息永远都伴随着交易商品的流动而传递，信息的有效程度代表着要素的使用有效程度，在供给侧结构性改革之后的期货市场的牛市就是利用信息的最好实证，由于在供给侧结构性改革初期，投资者对政策的反应很剧烈，对产量的缩减有着很大的预期，认为会供不应求，期货市场也是在这样的预期信息中开启了牛市，带动着现货价格一路上涨，随着投资者对政策信息掌握的越来越多，而后对于供求以及价格的分歧也越来越大，从而期货市场的波动性也越来越大。在大数据的背景下，可以很好地解决政府、生产者、消费者之间的信息不对称问题，螺纹钢的产地不同，价格也不相同，而螺纹钢现货价格的实时变化并不能被许多期货投资者所获取，信息的短期内不对称会造成期货与现货价格的背离，信息代表着预期，信息流动的越快越充分，资源的利用效率就越高，市场的有效性就越高，这也就符合了供给侧结构性改革的目的。

此外企业可以依行业或地区等建立数据库，让政府与消费者都能及时地了解，不论是产品还是价格等信息都能公开透明，这样政府便于管理、营造一个公平的竞争环境，消费者也可以很好地了解自己的所需要的产品，使供给与需求搭配。

2. 放宽限制，促进市场有效性

供给侧结构性改革的目的之一就是政府简政放权，给予市场更多的自主权，鼓励期货交易所大胆创新，研究更多新品种上市，这样可以避免盲目的过度投机螺纹钢，造成期货价格的波动失衡，要丰富期货交易的品种，使期货市场也能成为实体经济的"晴雨表"。

央行的货币政策直接影响市场的货币量，要保证货币政策的稳健性实施，不要出现波动较大的货币政策，保证市场的有效性。期货市场的价格发现以及套期保值两大功能要在有效的市场中才能发挥充分的效果，过度的投机行为会导致价格偏离实际情况，从而发生价格操控情况，会使市场的有效性降低，会让期货市场这两大功能丧失甚至发生反作用。期货市场的创立的目的是为现货市场服务的，一旦发生过度投机行为，价格会剧烈波动，从而导致现货价格被期货价格引导向不合理的方向，从而会使现货生产发生错乱，又会出现供求不匹配，这对供给侧结构性改革会产生负面作用。

3. 推进金融衍生品的运用

目前，我国期权市场发展缓慢，商品期权刚刚起步，品种少、市场参与度低，对比于发达国家，我国在期权等金融衍生品的发展上还落后很多，通过增加螺纹钢的商品期权供给，让期货市场参与者有更多的选择，从而促进我国钢铁行业的结构调整，促进钢铁行业的转型升级，在市场经济中保持自身的生存能力，保证钢铁价格经得起市场的竞争。此外大力推进期权市场的发展，丰富商品期权特别是尽快推出螺纹钢期权，能够让企业在经济结构调整中能够选择更多套期保值工具来规避自身的风险。期货市场的广度和深度都有一定限度，期权市场将为大量实体企业提供更广阔的对冲空间，因此，要大力发展期权市场，让企业在国内就能够使用金融衍生工具进行风险规避。

4. 监管机构

监管部门应逐步放开境外投资者进入我国期货及衍生品市场参与交易的限制，当市场上的参与者足够多时，特别是更多专业的机构投资者参与进来，市场的有效性也会随之提高，同时境外机构投资者的进入会与国内投资者竞争，从而让国内的投资者在竞争中学习，提高自己的业务能力，同时将有助于提高螺纹钢价格影响力，有助于国内期货市场参与者更加机构化、专业化，以降低市场投机性及波动。在目前的中国期货市场上，有色商品的波动性明显小于黑色品种，主要原因是因为有色品种受外盘影响较大，而黑色品种是中国期货市场独有的；此外，期货市场本就是零和博弈市场，引进更多的境外投资者也有利于将风险转移出去。

有效监管。期货市场的供给侧结构性改革重在供给，期货市场的目的是为了合理地发现价格而不是随意引导价格，监管者的监管尺度的大小则会直接影响期货市场的发展，监管过严，市场的参与者可能会变少，市场的活跃程度会降低；监管力度过松，则会出现许多违规的现象，导致期货市场被人为操控，影响价格的正常波动，从而变成了敛财的场所。因此，在当前环境下，需要更加平衡监管力度和方向。

5. 现货市场

作为螺纹钢现货交易的主要参与者，以往关注的主要是钢铁企业，而贸易商也是市场的直接参与者，贸易商承担着钢铁企业 55% 的商品销售，贸易商不论在期货市场还是现货市场都影响着价格走势，而贸易商作为市场的销售者，受到政府监管较少，时常会出现贸易商为了哄抬钢材价格而出现惜售的现象，这些都是扰乱市场正常经营秩序的行为，会干扰价格的正常波动，此外，作为社会库存的统计对象，现货商会与一些期货投资者捆绑利益，所持有的库存出现乱报、瞒报的现象，严重地影响期货投资者的判断，从而导致期货价格的不正常波动，这些都需要政府进一步加强监管，杜绝现货商与期货投资者相互勾结，为了自己的利益而扰乱市场的正常秩序，操控市场价格的现象。

6. 期货市场

对于我国期货市场而言，供给侧结构性改革带来的是新的发展机遇，我国商品交易所的期货产品的种类并不丰富，因此，中国要改变现阶段期货市场的格局，同时还需要相应法律体系的完善和长足的发展作为保障。大宗商品决定着国家的经济命脉，中国参与经济全球化的目标之一就是可以在大宗商品市场的定价上获得更多话语权。积极推进建立一个全球性的期货市场，在资本市场上吸引更多的国际投资者参与到中国的期货市场，扩大中国期货市场的影响力，这样才能让我们的期货市场健康良好的发展，让我国螺纹钢期货市场甚至是大宗商品市场能够更好地更有效地引导现货市场发展，让供给侧结构性改革更好地服务实体经济的发展。

七、总结与展望

（一）总结

1. 所做工作

本文基于供给侧结构性改革的背景下，探究螺纹钢期货市场的价格发现功能的变化，文章开始介绍了供给侧结构性改革前后我国钢材现货市场与期货市场的变化以及原因，然后探究期货价格与现货价格的影响因素，之后本文通过对供给侧结构性改革前后的两个时间段的螺纹钢期货与不同地区的现货价格做实证研究，最后得出结论，供给侧结构性改革后，我国螺纹钢现货市场与期货市场有效性整体有了提升，期货市场的价格发现作用明显提升，但是在有的地区效果不明显，最后文章根据实证结论提出一系列相对应的建议，加强供给侧结构性改革下的螺纹钢期货市场对现货市场的价格引导作用。

2. 不足之处

在本文写作中，始终把期货价格看成是市场充分交易后形成的，所做的实证分析也是建立在这样的价格基础上的，但是在实际情况中，会有大量贸易商在某些时刻惜售现货，刻意抬高现货价格，从而对期货价格产生影响，造成一定时间内期货价格失真，由于无法判断哪个时间段是受到影响，所以我在做数据处理时不能准确地将这部分期货与现货价格剔除，所以可能会对最终结果产生一定影响。

今年与明年是康波周期、朱格拉周期、房地产周期和钢铁产业周期共同下行的时间点，所以今年整年的价格数据也是具有代表性的，在宏观经济环境极端情况下，通过研究螺纹钢期货与现货价格关系，研究极端情况下价格的变化具有重要意义。但是时间原因，今年的部分价格以及明年的价格没有办法得到。

（二）展望

2019 年下半年，金融风险频发，贸易战加剧、债务违约，企业倒闭，股市下行，未来经济发展的预测变得悲观，货币政策不明朗，财政减税势在必行，这使得金融市场的风险逐渐增加，房地产企业对未来房价的悲观态度，以及政府对房地产政策调控都使得未来房地产市场不容乐观，短时间内房地产企业的赶工使得螺纹钢现货市场一片繁荣，而期货市场是对未来的预期，所以二者必然会发生激烈的博弈，在国际金融风险逐步增加的情形下，中国的金融系统性风险也在增加，供给侧结构性改革在如此严峻的国内国际形势下会受到多大影响，期货市场自身能不能抵抗住这些风险、能不能在复杂多变的经济环境中健康良好地引导现货市场发展，这些最终结果都要在未来的时间里跟踪检验。

参考文献

[1] H. Working, The Theory of Price Storage [J]. American Economic Review, 1949 (39): 1252 – 1262.

[2] Keynes M., A Treatise on Money [J]. The Applied Theory of Money, 1930 (2): 32 – 36.

[3] Cootner, P. H., Returns to Speculators: Telser vs. Keynes [J]. Journal of Political Economy, 1960 (68): 396 – 404.

[4] Antoniou A., Foster A. J., Short-term and Long-term Efficiency in Commodity Spot and Futures Markets [J]. Financial Markets, Institutions and Instruments, 1994 (3): 17 – 35.

[5] Johansen S., Juselius K., Maximum Likelihood Estimation and Inference on Cointegration-with Applications to the Demand for Money [J]. Oxford Bulletin of Economics and Statistics, 1990 (52): 169 – 210.

[6] Bessler D., Cointegration: Some Results on U. S. Cattle Prices [J]. Journal of Futures

Markets, 1991 (4): 461 – 474.

[7] Larson A. B., Measurement of A Random Process in Futures Prices [J]. Food Research Institute Studies, 1960 (3): 22 – 34.

[8] 张辉, 黄运成. 期货市场价格发现功能的阐释与案例研究 [J]. 价格理论与实践, 2006 (7): 64 – 65.

[9] 葛永波. 期货市场价格发现功能的深层次探析 [J]. 价格理论与实践, 2006 (3): 64 – 65.

[10] 张屹山, 方毅, 黄琨. 中国期货市场功能及国际影响的实证研究 [J]. 管理世界, 2006 (4): 28 – 34.

[11] Lai K. S., Lai M., A Cointegration Test for Market Efficiency [J]. Journal of Futures Markets, 2010 (5): 567 – 575.

[12] Malliaris A. G., Urrutia. J. L., Linkages between Agricul-tural Commodity Futures Contracts [J]. Futures Markets, 1996 (8): 595 – 609.

[13] Hasbrouck J., One Security Many Markets: Determining the Contributions to Price Discovery [J]. Journal of Finance, 1995 (50): 1175 – 1199.

[14] 华仁海. 现货价格和期货价格之间的动态关系: 基于上海期货交易所的经验研究 [J]. 世界经济, 2005 (8): 32 – 39.

[15] 刘晓星. 中国期货市场与现货市场之间的引导关系研究 [J]. 南方经济, 2006 (6): 38 – 47.

[16] G. Geoffrey, Booth, Cetin, Ciner, International Transmission of Information in Corn Futures Market [J]. Journal of Multinationl Financial, 1997 (7): 175 – 187.

[17] Hamao Y., Masulis R., Correlation in Price Changes and Volatility across International Stock Markets [J]. Review of Financial Studies, 1990 (3): 281 – 307.

[18] Booth G., G. Chowdhury, M., Martikainen, T & Tse Y., Intraday Volatility in International Stock Index Futures Markets: Meteor Showers or Heat Waves [J]. Management Science, 1997 (43): 1564 – 1576.

[19] Holder M., Rdpace, Mjtoma, Complements Mubsfitutes? Equivalent Futuresmarket-the case COITI and soy·bean Futures on u. s. and Japanese Exchanges [J]. Journal of Futures Markets, 2002 (22): 355 – 370.

[20] 祝合良. 中国期货市场价格发现功能的实证研究 [J]. 首都经济贸易大学学报, 2007 (2): 9 – 21.

[21] Booth G., Investigating Causal Relations by Econometric Models and Cross-spectral Methods [M]. Essays in Econometrics. Harvard University Press, 2001.

[22] Yang J., Bessler D. A., Leatham D. J., Asset Storability and Price Discovery in Commodity Futures Markets: A New Look [J]. Journal of Futures Markets, 2002 (3): 279 – 300.

[23] Morgan C. W., Futures Markets and Spot Price Volatility: A Case Study [J]. Journal of Agricultural Economics, 2010 (2): 247 – 257.

[24] Balaguer J., Ripollés J., Testing for Price Response Asymmetries in the Spanish fuel Market. New Evidence from Daily Data [J]. Energy Economics, 2012, 34 (6): 2066 – 2071.

　　[25] Parajuli R., Zhang D., Price Linkages between Spot and Futures Markets for Softwood Lumber [J]. Forest Science, 2016 (3): 12 – 34.

　　[26] Hanly J., Managing Energy Price Risk using Futures Contracts: A Comparative Analysis [J]. Energy Journal, 2017 (38): 33 – 45.

　　[27] Kasa K., Common Stochastic Trends in International Stock Markets [J]. Journal of Monetary Economics, 1992, 29 (1): 95 – 124.

　　[28] 华仁海, 陈百助. 国内、国际期货市场期货价格之间的关联研究 [J]. 经济学: 季刊, 2004, 3 (2): 727 – 742.

　　[29] 王骏, 张宗成. 基于 VAR 模型的中国农产品期货价格发现的研究 [J]. 管理学报, 2005, 2 (6): 680 – 684.

　　[30] 王群勇, 张晓峒. 原油期货市场的价格发现功能—基于信息份额模型的分析 [J]. 统计与决策, 2005, 24 (6): 77 – 79.

　　[31] 舒斌. 豆粕期货价格形成机制的实证分析及对相关产业的启示 [D]. 东华大学, 2005.

　　[32] 刘庆富, 张金清. 我国农产品期货市场的价格发现功能研究明 [J]. 产业经济研究, 2006. 1: 11 – 18.

　　[33] 陈曦. 沪铜期价影响因素的实证分析 [D]. 武汉理工大学, 2006.

　　[34] 张辉, 黄运成. 期货市场价格发现功能的阐释与案例研究 [J]. 价格理论与实践, 2006 (7): 64 – 65.

　　[35] 刘庆富, 王海民. 期货市场与现货市场之间的价格研究——中国农产品市场的经验 [J]. 财经问题研究, 2006 (4): 44 – 51.

　　[36] 李海, 马卫锋, 罗婷. 上海燃料油期货价格发现功能研究——基于 GS 模型的实证分析 [J]. 财贸研究, 2007, 18 (2): 104 – 108.

　　[37] 夏天, 冯利臣. 中国玉米期货市场的价格引导作用究竟有多大 [J]. 产业经济研究, 2007, 27 (6): 47 – 48.

　　[38] 张神勇, 徐恒磊. 铜期货价格与现货价格的关系及启示 [J]. 特区经济, 2008 (5): 110 – 111.

　　[39] 陈蓉, 郑振龙. 无偏估计、价格发现与期货市场效率——期货与现货价格关系 [J]. 系统工程理论与实践, 2008, 28 (8): 2 – 11.

　　[40] 郑振龙, 陈蓉. 美元、人民币远期汇率定价偏差信息含量研究. 厦门大学, 2008, 7 (3): 28 – 35.

　　[41] 华仁海, 卢斌, 刘庆富. 中国期铜市场的国际定价功能研究 [J]. 数量经济技术, 2008 (6): 58 – 69.

　　[42] 解晴, 梁朝晖. 中国期货市场价格发现功能实证研究 [J]. 经济研究导刊, 2009 (33): 62 – 63.

　　[43] 许旭. 中国黄金期货价格发现功能的实证研究 [D]. 青岛大学, 2009.

　　[44] 王慧琳. 我国黄金期货价格与现货价格引导关系的实证研究 [D]. 暨南大学, 2010.

　　[45] 安毅, 常清, 郑荟娟. 铁矿石指数期货与国际定价权研究 [J]. 价格理论与实践,

2010（6）：54 – 55.

［46］温宇静，吴玉霞. 我国玉米期货市场价格发现功能实证研究［J］. 价格理论与实践，2010（12）：58 – 59.

［47］扈文秀，姚小剑. 国际原油期货价格与现货价格动态关系研究——基于 WTI 原油实证检验［J］. 西安理工大学学报，2011，27（4）：491 – 495.

［48］杨晨辉，刘新梅，魏振祥. 基于 VAR 模型的我国期货市场定价效率的实证研究［J］. 数理统计与管理，2011，30（2）：330 – 338.

［49］李志慧，卢新生，雷和涛. 我国豆粕期货市场价格发现功能的实证研究［J］. 价格理论与实践，2011（7）：61 – 62.

［50］靳峰，刘卫星，刘幸光. 螺纹钢期货市场功能的实证检验［J］. 价值工程，2012，31（11）：144 – 145.

［51］刘向丽，张雨萌. 基于向量误差修正模型的股指期货价格发现功能研究［J］. 管理评论，2012（2）：7177.

［52］陈雪飞，谢高强，沈淑娟. 我国棉花期货价格发现功能研究［J］. 统计与决策，2013（20）：165 – 167.

［53］方雯，冯耕中，陆凤彬. 国内外钢材市场价格发现功能研究［J］. 系统工程理论与实践，2013.01：5059.

［54］蒋晓宇，沈瑶. 大宗商品期货市场关联性与价格发现功能研究——基于有色金属国际与国内期货价格的比较分析［J］. 价格理论与实践，2015（6）：76 – 78.

［55］徐国祥，代吉慧. 中国与国际大宗商品市场价格之间的关联性研究［J］. 统计研究，2015，32（6）：81 – 89.

［56］杜婉宁，潘焕学，李月梅. 纤维板期货价格发现功能与引导作用的实证分析［J］. 价格理论与实践，2016（5）：130 – 132.

［57］董珊珊，冯芸，杜威. 我国贵金属期货市场价格发现功能研究［J］. 价格理论与实践，2016（2）：128 – 130.

［58］倪中新，陈思祺. 我国小麦期货价格对现货市场价格的影响——基于修正小麦政策价格模型的实证研究［J］. 价格理论与实践，2017（5）：101 – 104.

去产能背景下钢铁企业套期保值研究

单　磊　靳晓坤

一、引言

（一）研究背景及意义

1. 研究背景

螺纹钢期货的价格自 2011 年 2 月 11 日达到历史最高点 5185 元/吨以后便开始了长达 5 年的单边下行，一路下跌到 2015 年 12 月 1 日 1616 元/吨的低点，跌幅达 68.83%，在此期间，我国粗钢产量却维持着快速增长的趋势，从 2011 年的 68326 万吨增加到 2015 年的 80382 万吨，增幅达 17.64%，在这种产量与价格"倒挂"的形势下，钢厂的利润也受到影响，到 2015 年底，我国钢铁行业陷入了全行业亏损的"泥潭"，根据中国钢铁业协会数据显示，2015 年会员钢企全年亏损 645.34 亿元，亏损比例为 50.5%，亏损企业钢材产量占会员企业钢材总产量的 46.91%。

2015 年底的中央工作会议提出了 2016 年的首要任务是供给侧结构性改革，而此次供给侧改革的核心目标在于"去产能"，并且决定以煤炭和钢铁行业作为本次去产能和全面整治"僵尸企业"的突破口。而从去产能的过程来看，2008 年金融危机过后，钢材需求和供给同步上升，产能过剩问题被暂时的繁荣所掩盖，2014 年国内钢铁消费量开始出现下滑，钢铁产能过剩问题逐渐爆发；2015 年全行业陷入 800 亿元的巨亏泥潭，中国钢铁产量也首次出现下滑；2016 年 2 月国务院发布《关于钢铁行业化解过剩产能实现脱困发展的意见》，明确提出 5 年内压缩粗钢产能 1 亿~1.5 亿吨，行业整合重组获得实质性进展。至此，从 2008 年开始积累的我国钢铁行业产能过剩问题开始得到关注。2016 年我国政府积极化解过剩落后产能，推进企业合并重组，超额完成年度目标任务，全年退出钢铁过剩产能超过 6500 万吨、煤炭过剩产能超过 2.9 亿吨，近三年淘汰落后炼钢炼铁产能 9000 多万吨，但是从粗钢产量来看，我国钢铁煤炭行业去产能目前还处于淘汰落后产能的起步阶段，真正意义上的"去产量"还没开始。根据中国联合钢铁网（由中国钢铁工业协会组织建立）于 2017 年初发布的一份调研报告显示，2016 年我国钢铁煤炭行业去产能的规模中，有 70% 是僵尸产能。

然而，在螺纹钢产业链产品价格长达 5 年的单边下行过程中，钢厂要么由于各种限制没有进行套期保值，要么只需要进行简单的卖出套期保值就能够规避风险并获取利润。伴随着去产能的推进，螺纹钢、铁矿石、焦炭等黑色产业链上产品的价格走势也在 2015 年底结束了长久以来的下行走势，价格开始逐步回升，进入宽幅波动的区间，这也意味着对于钢材价格的把握更加困难，单边的卖期保值不再适用于钢材市场；对于整个黑色产业链来说，去产能带来的价格上升是全产业范围的，因此随着改革的逐渐深入，钢材价格上涨的同时原材料价格也在上涨，这就要求钢厂时刻关注原材料价格波动的风险，控制成本；期货盘面利润方面，产业链产品价格的波动使得螺纹钢期货盘面利润的波动幅度更大，钢厂在生产经营过程中要及时锁定期货盘面利润，以降低生产时间差对利润波动带来的影响。

套期保值工具方面，早在 1993 年，苏州商品交易所就上市了线材期货，但是当时钢材市场需大于求，又处于钢材期货发展的初期阶段，各种制度法规不健全，导致大量投机者入市扰乱了市场，于是钢材期货交易被叫停整顿。直到 2009 年 3 月，上海期货交易所推出了以螺纹钢和线材为标的的期货合约，钢铁企业利用钢材期货套期保值对冲风险再一次成为可能，2011 年 4 月和 2013 年 10 月，焦炭期货和铁矿石期货在大连商品交易所上市，到 2014 年 3 月上海期货交易所推出热轧卷板期货合约，至此，整个黑色产业链的主要品种均在期货市场上市交易，为钢铁企业进行套期保值提供了更加灵活有效的对冲工具。随着我国期货市场的逐渐成熟，各种金融产品层出不穷，2015 年末各大期货公司纷纷推出场外期权，有效丰富了钢铁企业运用期货市场进行套期保值与风险对冲的选择，从而为钢铁企业应对去产能各个阶段的不同风险特点提供了新型有效的工具。

2. 选题意义

随着去产能在全国范围内的不断推进，螺纹钢等黑色产业链产品进入更宽幅的价格波动区间，同时也对钢铁企业套期保值提出了更高的要求，有必要对去产能背景下钢铁企业套期保值面临的新问题进行分析，从而为钢厂进行套期保值提供新思路，优化传统的套期保值策略，以适应更加复杂的经济环境。具体来说，本文的研究意义主要表现在以下几点：

（1）充分明确去产能背景下钢厂套期保值面临的新特点。2015 年底提出的供给侧结构性改革使得钢价和原材料价格结束了长期以来的单边下行开始回升，并且进入宽幅震荡的区间，在这个过程中，钢厂面临的风险点不仅仅在于销售端产品价格下滑，原材料价格上涨带来的成本升高以及生产的时滞性都将给钢厂利润带来不确定性。因此去产能提出之后对钢厂套期保值效果有显著影响的基差、期货盘面利润波动等都有了新的特点，钢厂只有明确了他们波动的新特点，才可以得到预期的套期保值效果。

（2）明确去产能背景下钢厂优化套期保值方案的必要性。现阶段，我国期货市场发展时间相对较短，钢铁企业缺乏专业的套保人才，对期货市场存在认知偏差，比如在参与套保的过程中，企业领导只能接受现货市场亏损期货市场盈利的情况，而对于现货市场盈利期货市场亏损的情况无法接受，而大多数钢材企业倾向于投机操作或者由于缺乏专业知识，经常把套保做成投机导致企业出现大面积亏损，因此钢铁企业应该建立严格的套期保值风控制度，明确利用期货套期保值进行风险规避的初衷，充分认识到自己所处环境的主要风险，并根据特定的风险点设计对应的套期保值方案，实现"去产能"背景下的企业生存发展。另外，由于 2015 年底去产能提出之后，螺纹钢等黑色产业链产品的期现货基差等影响套期保值效果的因子产生了新的波动特点，钢厂在进行套期保值过程中必须重新考虑这些因子对套期保值效果的影响，本文通过对去产能背景下钢厂发展现状的研究，明确钢厂目前所处的行业发展环境，从而得出钢厂现阶段进行套期保值以及优化现有套期保值方案的必要性。

（3）为去产能背景下钢厂套期保值提出新的风险监测指标。通过对钢厂面临去产能现状以及套期保值面临的新问题的研究，明确钢厂在去产能背景下进行套期保值需要着重注意的方面，例如，通过对螺纹钢期货盘面利润的研究，本文得出了去产能背景下螺纹钢期货盘面利润波动更大的结论，因此对钢厂及时锁定期货盘面利润提出更高的要求，因此本文建立了 GARCH - VaR 模型衡量并监测螺纹钢期货盘面利润波动的风险，从而为钢厂进行盘面利润的锁定提供风险监测指标。

（二）关于产能过剩和套期保值文献综述

1. 国外研究现状

国外学者把企业实际生产过程中生产的产量比前期计划生产的产量最低值的情况称为产能过剩，具体来说，制度经济学认为产能过剩是资产专用性学说里所说的由某一资产的专用性引起的沉没成本，产业经济学则称其为要素拥挤。克克里、保罗和斯阔尔斯（Kirkley，Paul，Squires）指出，产能利用率（CU）是能够观测到的最实际产出与产能理论产出之比，如果产能利用率的值小于 1，则出现了产能过剩。由于产能利用率能较为客观地反映行业产能过剩的状态，因此通常使用产能利用率来衡量产能过剩的情况；马尔霍特（Malhotra）、肖（Shaw）和尤瑞顿、阿劳索（Eurilton，Araujo）等研究了需求缺口与投资、通货紧缩的关系，发现需求缺口与经济周期有很强的相关程度。

相对于国内而言，国外有关套期保值的研究要早很多。20 世纪 20 年代哈罗德欧文的"欧文定律"提出了"套期保值的进行决定了商品期货市场的存在而不应是投机"的著名理论，形成了套期保值有关理论的比较早期的研究，但是并未构成套期保值体系的整体理论。直到 20 世纪 50 年代由沃克（Working），约翰逊（Johnson）和斯坦因（Stein）等学者提出了利用期货市场进行套期保值的目的不在于简单获取超额收益，而在于利用期现货市场波动的相关性在两个市场建立相反的头寸来对冲现货市场价格波动的风险，从而形成了关于传统套期保值学说最早的研究；巴利（Baillie）和莫尔斯（Mers）通过对于现货市场和期货市场的探索发现最优套期保值比率的大小与进行套保的时间有正向的相关关系，并且发现利用 GARCH 模型计算的套期保值策略可以有效优化对冲的效果；克罗纳（Kroner）指出跨品种套利相对于跨期套利这种同一标的，对交易而言更需要在进行交易模拟前分析品种间的价格关系。科波拉（Coppola, A.）研究了石油期货与现货波动之间的长期相关关系和短期价格波动来预测油价走势，发现期货市场的信息基本可以解释现货市场油价的变动，并且可以利用期货价格来作为现货石油价格走势的参考。

2. 国内研究现状

（1）关于去产能的文献。我国自 2015 年底提出以"去产能"为核心的供给侧改革以来，关于去产能的相关研究也开始如雨后春笋般大面积出现。盛朝迅分析了美国应对产能过剩采取的措施和经验，为我国化解过剩产能提供参考价值；韩国高研究发现我国目前减产量、去产能效果不明显主要是由于地方政府干预过多、企业陷入"囚徒困境"以及威胁经济社会稳定等因素造成的，提出了生产要素定价机制改革的建议；任泽平、张庆昌分析了产能过剩行业产业分散、资源浪费严重、普遍亏损的"散小乱弱"现象，对我国去产能过程中面临的挑战、去产能的路径以及风险进行了深入分析，最后阐述了供给侧改革中去产能带来的行业兼并整合、行业集中度增加等发展机遇；潘同人分析了我国去产能提出的路径，指出中央政府早在 2006 年就注意到产能过剩对国民经济造成的负面影响，并于 2009 年、2010 年和 2013 年针对过剩产能制订了指导意见但产能过剩愈演愈烈的历史现状；张占斌、孙飞回顾历史，梳理剖析了 20 世纪 90 年代我国上一阶段去产能的背景措施与发展路径，比较了这两次去产能的异同点，以史为鉴提出了以产能过剩的重灾区——钢铁煤炭行业为突破点，加强行政干预、积极推进过剩产能企业债转股以及积极利用金融工具规避风险等相关建议；郭艳红、胡国鹏和郑小霞从政府、企业及银行三个方面分析了中国经济的"去产能"之困，在"中央热地方冷"的困境下，地方政府和企业没有动力与财力推进去产能而银行又更倾向于把资源集中在国企导致中国去产能只能由市场主动进行而不是由政府政策主导。总体来说，目前在我国去产能还处于初级阶段，关于去产能的相关文献也多集中在行政政策手段等宏观方面，为我国政府进一步深化供给侧结构性改革提供了理论建议。

（2）关于钢厂发展现状的文献。钢铁行业作为此次去产能的突破口，其自身面临的产能过剩、供需错配等制约因素理应作为此次去产能的重中之重进行深入分析与重点治理。张丽从我国钢铁煤炭行业的市场结构与市场行为出发，分析了我国钢铁煤炭行业供给与需求方面存在的问题并提出了相关对策；李杰通过分析西方和日本钢铁流通企业的商业运作形式提出了我国钢贸企业的发展之路，并且以五矿钢铁公司为出发点阐述了我国的传统商业运作形式的弊端以及创新突破点；袁宇峰从美国钢铁产量和生产结构、钢材消费情况、钢材价格走势以及钢材进出口情况四个方面论述了美国钢材市场大概情况特点，得出美国钢材市场在世界上的地位；刘元庆分析了钢材企业目前面临的产能过剩、资金链断裂等问题，提出钢铁企业应加速兼并重组、提高质量并且积极利用期货市场管理风险的有关建议；朱士杰根据我国钢铁贸易企业的实际情况并结合螺纹钢合约的特点建立了双均线交叉套期保值模型并且分析了不同均线参数交叉的套保效果；王琳总结了美国和日本应对过剩产能的相关措施，从政府、市场和产业层面提出河北钢铁行业解决产能过剩的相关政策建议；王一舟分析了我国钢铁业发展的瓶颈以及行业实现全面盈利的基础条件，提出钢铁企业以销定产、以需定产、期限结合操作以及实现品牌升级的走出困境的必经路径；吴大轮就 2015 年我国钢铁行业的发展现状，论述了我国钢铁行业在产能过剩、环境污染、融资难、非理性竞争等方面的问题，通过武钢的案例探讨了钢铁企业横向发展的问题并且强调了资本市场在钢企走出困境并成功转型过程中的重要作用；杨建以马钢为例分析了产能过剩背景下钢铁企业的经营现状并且围绕改善盈利状况的目标提出了去产能背景下钢铁企业去产能的建议；盛朝迅、徐建伟和张于喆赴河北唐山进行调研分析了唐山市钢铁行业去产能过程中取得的进展与遇到的现实困境，为国家制定出台适宜政策提供依据；朱辉从中国钢铁产业的需求和供给两端出发，分析了中国钢铁行业的产业现状及产能过剩产生的历史因素，并且给出了去产能过程中钢铁企业在技术创新、经营管理和社会责任方面的相关建议。因此，目前我国钢铁行业所面临的"困境"既是一个历史问题，又是一个迫在眉睫的现实问题，在具体去产能进程中，需要政府平衡各方面的利益，指导钢厂从自身现实情况出发，明确自身发展遇到的问题，并积极利用资本市场、加快兼并重组等方式寻求解决出路。

（3）关于套期保值的文献。套期保值作为实体企业与期货市场的老生常谈，吸引了国内外众多学者对其理论和实践的研究：运怀立运用三维嵌入式结构风险模糊辨识法和模糊故障树分析法对企业在运营过程中面临的全面风险进行监测和预警，提出了针对不同风险程度的控制方法；应小蓓利用 GARCH – VaR 模型对钢铁企业的铁矿石采购风险进行了分析和衡量，提出利用 VaR 的值监测在铁矿石采购构成中存在的风险，并且运用趋势性套期保值来管理风险的具体策略；何方伟对热轧板卷、冷轧板卷、中板、镀锌板等钢材品种与上期所上市的螺纹钢期货作了相关性分析发现钢材品种间有较好的相关性关系，钢材企业可以通过调整最优套期保值比率利用螺纹钢期货进行不同品种的风险对冲；申倩倩分析了中国钢材企业的市场风险以及论证了钢厂进行套期保值的可行性，提出了企业进行套期保值和产业链整合的必要性；尤宣竣分析了影响钢坯——螺纹钢的产业链的轧钢利润、南北价差和期货升水三个因素并且提出了螺纹钢产业链的套利策略；刘勇、赵剑东分析了目前钢铁行业所面临的市场风险以及企业在经营中由于价格波动带来的经营利润的不确定性，论证了钢铁企业进行套期保值对冲风险的可行性和必要性，以沙钢和抚顺钢材为例解释了企业怎样运用期货品种规避风险；于明明分析了铁矿石期货的特点及其推出之后对钢铁企业套期保值的影响，提出钢铁企业利用铁矿石期货进行套期保值规避风险并运用"虚拟钢厂"及时锁定利润的具体操作及相关实例验证；李倩影对焦煤、焦炭、铁矿石和螺纹钢整条黑色产业链品种以及其他期货品种进行了介绍并且做了相关性分析，提出跨品种套利的最优套期保值比率与相关套利方案；海通期货场外市场部利用玉米和豆粕合成饲料与鸡蛋构成的产业链构造了鸡蛋利润套保系数并据此设计场外鸡蛋利润套保指数期权为企业利用场外期权进行鸡蛋利润套期保值提供了思路，文中还简略概括了利用场外期权进行鸡蛋价格看涨看跌期权的有关应用，为鸡蛋产业链的价格和利润提供了保险，有效惠及蛋鸡养殖整体产业链的发展；蒋林分别分析了期权在期现货投机、套期保值和套利中的期权策略应用，并且以上证 50ETF 为例深入分析了利用期权进行套期保值的保险策略及优化，为企业进行套期保值提出了新工具与方法。由此可见，我国目前关于利用期货市场进行套期保值的理论和实证研究较为完善，随着我国期货市场的不断成熟和完善，各种创新工具层出不穷，与之相对应的相关研究文献为实体企业利用新型衍生工具提供了理论与实践指导。

（4）去产能背景下的套期保值。2015 年底我国提出供给侧结构性改革，自此螺纹钢期货结束了长久以来的单边下行，呈现出去产能背景下的新的波动特点，由此，去产能背景下钢铁企业的套期保值开始为越来越多的学者所关注。张月分析了 2011 年开始的钢材现货价格持续下行，钢材"白菜价"，钢铁行业提前进入寒冬的钢厂生存现状，并结合螺纹钢期货上市的有利条件为钢厂利用套期保值顺利度过寒冬提出对策建议；汤祚楚分别阐述了钢铁行业的去产能现状以及铁矿石在供给和需求两端承压的特点，最后提出铁矿石年内处于震荡区间并给出具体的套保类型和套保比率；李燕杰通过分析去产能背景下钢铁企业的现状给出了"去产能时代"套期保值的操作思路，提出在去产能背景下钢铁企业要谨慎运用套保、套利和动态库存管理等期货工具，切忌套保做成投机；韩晨等分析了我国钢材供大于求、钢材企业面临严峻经营风险的现状，总结归纳了黑色产业链套期保值和套利方法以及相关案例。相比较于单纯研究套期保值的文献而言，去产能背景下的钢铁企业套期保值的文献较少，相关研究也不够完善，主要是对于去产能背景下钢铁企业现状及宏观层面的风险提示。

3. 国内外研究文献评述

产能过剩虽然近几年才在我国出现，但美国、日本等制造业大国也曾面临产能过剩的情况，因此国内外有关产能过剩和去产能经验的文献不在少数；而套期保值作为经济金融领域的老生常谈，国内外文献有关其理论、方法和实践的研究更是相当完善。本文通过对国内外有关去产能以及钢厂套期保值的文献梳理可以看出，目前有关文献大多是有关宏观层面的去产能或者相关套期保值的理论与实证，去产能的特定背景下的套期保值研究较少，并且关于去产能背景下套期保值面临新问题及期货盘面利润的研究还有待完善，结合目前我国去产能的大背景，有必要以钢厂为研究对象分析去产能提出之后钢厂发展情况的变化及去产能提出对钢厂套期保值的影响，从而对相关情况进行深入分析，为新环境下钢厂的套期保值方案的优化提供对策建议。

（三）研究方法与目标

1. 研究方法

（1）本文采用了文献分析法、模型分析法等方法，总结了近年来国内外有关套期保值和去产能的研究，并对其进行了梳理和归纳，从而为本文去产能背景下钢铁企业套期保值的研究打下基础。

（2）通过建立 GARCH – VaR 模型对期货盘面利润波动带来的风险进行衡量，首先利用上海期货交易所螺纹钢交易手册上有关螺纹钢利润的计算公式并结合实际情况计算得出了螺纹钢的期货盘面利润，通过对于数据的处理和检验，利用 GARCH 模型拟合期货盘面利润的波动，并计算出 VaR 值来监测期货盘面利润的波动风险，从而帮助钢厂及时锁定期货盘面利润。

（3）本文在对于钢厂进行套期保值的部分中，利用 OLS 模型对去产能提出前后螺纹钢、铁矿石和焦炭利用期货市场进行风险对冲的最优套期保值比率进行了计算和对比，从而为去产能背景下钢厂套期保值提供思路。

2. 目标

本文拟对去产能提出前后螺纹钢、铁矿石、焦炭的价格波动情况进行对比，尤其是对去产能提出之后钢铁企业套期保值面临的更加复杂的期货市场的风险提出监测指标，以求为去产能背景下钢厂的套期保值提供相关建议和参考。

（四）研究思路与总体框架

本文研究的主要内容为去产能背景下钢铁企业的套期保值，通过对去产能前后钢厂发展情况以及螺纹钢、铁矿石和焦炭基差的变化研究，分析去产能提出之后钢厂套期保值面临的新问题，之后利用 GARCH – VaR 模型测量出螺纹钢期货盘面利润对钢铁企业风险状况的影响，具体来说，本文将从以下几个层面进行论述：

第一部分：引言。主要介绍文章的研究背景、研究目的和意义、研究内容、创新点和重难点，主要架构，确定文章的主要侧重方向和研究方法。

第二部分：钢铁行业去产能现状及期货市场现状。主要对去产能背景下我国钢铁行业的发展现状进行综述，分析去产能给钢铁行业风险管理带来的挑战与机遇以及目前钢铁行业去产能的现状，结合钢厂目前利用期货市场进行套期保值情况的现状，为本文分析去产能背景下钢铁行业的套期保值打下基础。

第三部分：去产能对钢铁企业套期保值带来的影响。通过前面对于去产能背景及钢铁行业现状的研究，对去产能前后螺纹钢、铁矿石和焦炭的基差波动情况以及去产能为钢厂套期保值带来的新特点进行分析。通过对螺纹钢期货盘面利润的波动情况的论述，提出进行期货盘面利润套期保值的可行性与相关问题。

第四部分：去产能背景下钢厂盘面利润波动风险实证研究。结合前文对于去产能现状及去产能背景下钢厂套期保值新特点的分析，主要对螺纹钢期货盘面利润波动带来的风险进行衡量，从而为钢厂进行利润锁定提出监测指标，以便于钢厂及时锁定期货盘面利润，抓住稍纵即逝的获利机会。

第五部分：去产能背景下钢铁企业套期保值策略优化研究。针对前文对于套期保值特点及期货盘面利润的分析，对钢厂利用期货市场进行套期保值的策略优化提出了相关对策建议。通过比较去产能提出前后的最优套期保值比率的变化以及利用前文得出的螺纹钢期货盘面利润 VaR 监测指标，对去产能背景下钢铁企业的套期保值策略优化进行了探索与论述分析。

第六部分：总结与展望。主要是对全文内容进行总结与展望，总结文章的创新点与不足之处，从而提出进一步改进方案。

（五）研究创新点与重难点

1. 创新点

本文的特色在于选题紧密结合当前供给侧改革的热点，理论研究与实践探索同时进行，定量建模与定性分析相互佐证，从实用性的角度出发，对去产能背景下钢厂所面临的风险进行分析，为新形势下的钢厂套期保值策略优化提供相关建议。具体来看，本文的创新之处在于：

（1）以 2015 年底供给侧改革的提出为时间节点，对去产能提出前后黑色产业链上螺纹钢、铁矿石和焦炭的基差进行研究，分析去产能提出前后钢厂套期保值的新特点。

（2）结合螺纹钢期货盘面利润宽幅波动的现状，运用 GARCH – VaR 模型对期货盘面利润波动造成的风险进行衡量，提出了及时锁定期货盘面利润进行套期保值监测指标。

2. 重点

（1）通过建立 GARCH – VaR 模型对期货盘面利润波动带来的风险进行衡量，首先利用上海期货交易所螺纹钢交易手册上有关螺纹钢利润的计算公式并结合实际情况计算得出了螺纹钢的期货盘面利润，通过对于数据的处理和检验，利用 GARCH 模型拟合期货盘面利润的波动，并计算出 VaR 值来监测期货盘面利润的波动风险，从而帮助钢厂及时锁定期货盘面利润。

（2）本文在对于钢厂进行套期保值的部分中，利用 OLS 模型对去产能提出前后螺纹钢、铁矿石和焦炭利用期货市场进行风险对冲的最优套期保值比率进行了计算和对比，从而为去产能背景下钢厂套期保值提供思路。

3. 难点

本文研究的是去产能背景下钢铁企业的套期保值，由于到目前为止去产能提出的时间还比较短，难免因数据较少而造成模型拟合的不准确性，因此本文的难点为模型的建立与分析。在本文的写作过程中，尽可能地对数据进行处理和检验，以求模型更加贴近实际情况；在对模型的分析过程中也力求将模型结果与实际表现情况做对比，从而保证模型结果的准确性。

二、我国钢铁行业现状及期货市场现状

（一）我国钢铁行业发展现状

1. 低端产能严重过剩，供需错配问题突出

2008 年金融危机以后，我国钢铁行业供给与需求同步拉升，建筑钢材等低端产品的生产能力迅速扩张，导致目前我国钢铁行业低端产品供给过剩而高附加值的产品需要依赖进口的供需错配的问题突出，严重制约了钢铁行业的发展。究其原因，主要表现在以下几个方面：（1）生产设备落后，缺乏技术创新。钢铁行业属于典型的前期投入大、容易形成垄断优势的行业，但是正是由于这种前期设备投入所需的大量资金，许多钢厂为了降低成本还在使用企业建立初期的设备，生产技术落后，缺乏高端产品的生产能力。而对于我国的钢铁企业来说，生产技术一直是企业的短板，行业创新能力和产品开发能力不足，再加上落后的生产设备，出现这种供需错配的情况也是必然事件。（2）国企管理体制障碍。由于我国国情的特殊性，目前市场上的大型钢企几乎都是国有企业，其本身管理模式的不完善也会对钢厂产品的生产及技术创新投入造成影响。

2. 融资问题突出，企业转型缓慢

钢价不断下行以及钢厂持续亏损使钢厂融资越来越困难，银行不断压缩对钢

铁企业的授信额度，涨息甚至抽贷问题突出，钢厂资金链出现断裂，不断有企业因为筹措不到资金而停产。但由于退出机制不健全，许多已经处于停产或半停产状态的钢企因资产规模庞大、处置困难等问题一次性关停难度大，形成了大量的僵尸企业。这些企业自身生产能力落后，经济效益差，依靠借款和国家救济艰难维持生产，造成了社会资源的极大浪费，阻碍了整个行业的整合发展。

3. 铁矿石定价话语权低，成本难以控制

从我国目前铁矿石的供给来看，国产矿矿石品位低、开采难度大、开采成本高，因此主要依靠进口。2000 年以后，全球尤其是发展中国家的钢铁产业飞速发展从而复苏了全球铁矿石的消费和生产，2002～2011 年，全球铁矿石总产量增加了 10.5 亿吨，年均增长率为 8.49%，特别是 2003～2007 年，年均增长率超过10%。从世界铁矿石生产的层面来看，世界三大铁矿石生产公司——澳大利亚力拓公司、必和必拓公司及巴西淡水河谷公司占全球总产量的比例超过 1/3，行业卖方垄断较为严重，钢厂在进行原材料采购时话语权较低，只能被动接受价格，随着铁矿石价格的上涨，钢厂的采购成本不断提高，采购风险持续上升。总体来说，国际上铁矿石定价经过了"长协定价——季度定价——月度定价——指数定价"的发展过程，目前国际上包括力拓在内的国际铁矿石供应商主要参考普氏资源价格指数来进行短期定价，而"普氏指数"是通过现场或其他问询方式，向铁矿石生产者、钢铁企业及钢贸商收集数据，对 30～40 家相对活跃的企业询价，主要依据询价当天的最高买方报价和最低卖方报价进行评估，而不管实际交易是否发生。因此纵观全球铁矿石供需形势，全世界范围内的铁矿石公司被三大铁矿石生产公司——澳大利亚力拓公司、必和必拓公司及巴西淡水河谷公司所垄断，铁矿石定价也以"普氏指数"为基准，我国钢厂在铁矿石采购的过程中话语权较低，只能被动接受价格，对成本难以把控。

（二）钢铁行业去产能现状

1. 过剩产能开始淘汰，粗钢产量居高不下

2016 年我国政府积极化解过剩的落后产能，推进企业合并重组，超额完成年度目标任务，2016 年全年退出钢铁产能超过 6500 万吨、煤炭产能超过 2.9 亿吨，近三年淘汰落后炼钢炼铁产能 9000 多万吨，但是从粗钢产量来看，我国钢铁煤炭行业产能改革目前还处于淘汰落后产能的起步阶段，真正意义上的"去产量"还没开始。根据中国联合钢铁网（由中国钢铁工业协会组织建立）于 2017年初发布的一份调研报告显示，2016 年我国钢铁行业的去产能规模有 70% 来自僵尸产能。

图 1 显示了我国 2010 年以来的年度粗钢产量，可以看出，除了 2015 年由于钢厂陷入亏损泥潭被迫停产、粗钢产量有所下滑之外，其余年份粗钢产量均处于

不断上升的趋势中，而产量增速自 2013 年开始下滑，因 2016 年螺纹钢价格结束长期以来的单边下行态势，开始回升，炼钢利润有所恢复，一些大中型钢厂纷纷复产。据 Wind 数据显示，这些企业当期月平均产量同比增速高达 7.6%，相当于同期整个行业增速的两倍，导致 2016 年粗钢产量达到历史高位。在图 2 关于粗钢月度产量的数据中，2016 年、2017 年 1、2 月份春节期间钢厂全部停产，粗钢产量为零，但 3、4 月份的粗钢产量都处于同期的高点，尤其是 2017 年 3、4 月份的粗钢产量继续创出历史同期新高，说明我国目前钢铁行业产能过剩情况依然严重，粗钢产量持续升高，供给侧改革到达"去产量"阶段还需政府继续严格控制，加大力度，深入执行现行政策，用先进设备替代落后产能。

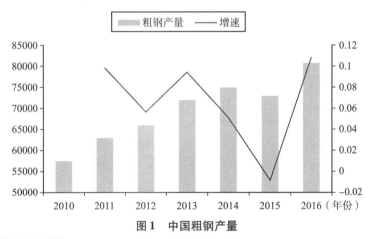

图 1　中国粗钢产量

资料来源：Wind 资讯。

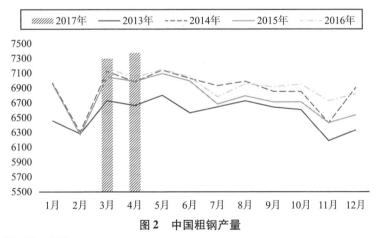

图 2　中国粗钢产量

资料来源：Wind 资讯。

2. 行业兼并重组加快，行业集中度上升

2000 年以前我国钢铁行业产业集中度基本稳定，全国排名前四位的钢铁企业粗钢产量占全国总产量的比重（CR4）在 30% 左右；2001 年开始，我国钢铁行业开始快速扩张，钢铁需求强劲且利润可观，大量的中小型民营钢铁企业成立，钢铁行业的产业集中度持续下降；2008 年金融危机以后，国家为了刺激经济，提出了进一步增加国内需求、促进经济水平持续稳步增长的"四万亿"计划，虽然这个时期国家开始进行钢铁行业产业结构调整，但效果不明显，粗钢产量 CR4 由 2007 年的 20% 提高到 2012 年的 27%；2013 年国务院发布《关于化解产能严重过剩矛盾的指导意见》第一次提出钢铁行业去产能，但是效果不尽人意，截至 2015 年，新增产能量远远超过了落后产能的任务完成量，钢铁行业产能集中度也进一步下降到 18.5%。

2015 年底的中央工作会议提出以钢铁煤炭行业为突破口的供给侧改革，2016 年 2 月国务院发布《关于钢铁行业化解过剩产能实现脱困发展的意见》，明确提出 5 年内压缩粗钢产能 1 亿～1.5 亿吨，行业整合重组获得进一步成果的目标，而 2016 年作为行业合并的代表，宝山钢铁和武汉钢铁合并为宝武钢铁集团，一举成为中国最大、全球第二大的特大型钢铁企业，2016 年粗钢产业集中度 CR4 小幅上升至 19.3%，但是表 1 关于粗钢产业行业集中度的表格显示，排名前 10 位的钢企粗钢产量占国内总产量的比例一直处于下滑阶段，而 2016 年的下降幅度有所降低，说明此次钢铁行业供给侧改革对于钢铁行业的结构调整初见成效。总体而言，我国钢铁行业产业集中度不高，以 2014 年数据为例，我国钢铁行业的 CR10（行业集中度）值只有 36.58%，而韩国、巴西钢铁行业仅 CR3 的值就高达 90.97%、89.86%；此外，日本、俄罗斯、印度、美国等国钢铁行业中的 CR4 值也分别达到了 83.42%、83.32%、67.03%、60.54%。

表 1　　　　　　　　　　我国钢铁行业集中度　　　　　　　　　　单位：%

年份	CR10	环比	CR4	环比
2010	48.6		27.8	
2011	49.2	0.0123	29	0.0432
2012	45.9	-0.0671	27	-0.0690
2013	39.4	-0.1416	21.1	-0.2185
2014	36.58	-0.0716	18.6	-0.1185
2015	34.2	-0.0651	18.5	-0.0054
2016	33.58	-0.0181	19.3	0.0432

资料来源：根据新闻整理。

3. 螺纹钢价格持续下跌，钢厂亏损严重

2015 年在国家提出以钢铁和煤炭行业为突破口的供给侧结构性改革之前，钢铁行业产能过剩情况严重，钢价持续单边下行，钢铁行业整体陷入了巨亏的泥潭，2015 年全年行业亏损达 800 亿元，整个行业步入"寒冬期"。而据中国钢铁业协会数据显示，我国钢铁协会会员钢铁企业 2016 年全年利润总额超过 300 亿元，比 2015 年增长了 1100 亿元。

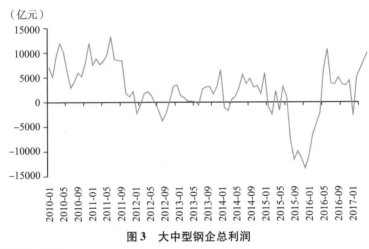

图 3　大中型钢企总利润

资料来源：Wind 数据。

图 3 显示，2015 年之前我国钢铁行业的总利润处于缓慢震荡下行的区间，2015 年 5 月份开始出现断崖式下滑，整个行业亏损情况极为严峻，钢企经营困难。而在 2015 年底国家供给侧改革提出之后，行业利润大幅回升，行业利润一度达到 2011 年以来的高点，但之后开始进入宽幅震荡区间。

（三）黑色产业链期货市场发展现状

1. 我国黑色产业链期货品种发展现状

2009 年 3 月，上海期货交易所上市了以螺纹钢和线材为标的物的期货合约，为我国钢铁企业利用期货市场进行套期保值提供了必要工具，但是这个阶段企业无论是想进行铁矿石、焦炭的原材料端的套期保值，还是要进行钢材的套期保值，都只能选择螺纹钢期货这一个品种进行交易，而线材期货活跃程度太低，且具有一定的品种局限性，不能达到钢铁企业套期保值的目的；2011 年 4 月和 2013 年 10 月，焦炭期货和铁矿石期货在大连商品期货交易所开始交易，此时，钢厂进行原材料端的套期保值交易才有了对应的品种，并且由于直接是对原材料的品种进行期货市场的操作，其期现货价格波动更加接近，套期保值效果大大提

高；到 2014 年 3 月上海期货交易所推出热轧卷板期货，至此，整个黑色产业链的主要品种均在期货市场上市交易，为钢铁企业进行套期保值提供了更加灵活有效的对冲工具。从交易的活跃程度来看，2015 年 4 月 ~ 2017 年 5 月两年来，铁矿石、焦炭和螺纹钢日均持仓量为 2307132、265423 和 5376734 手，而热轧卷板的日均持仓量为 364797 手，相对于螺纹钢期货来说，持仓量较低，因此螺纹钢和铁矿石是钢铁企业进行风险对冲的主要工具。

2. 黑色产业链期货品种价格变化情况

图 4 ~ 图 6 分别显示了 2015 年 12 月 31 日 ~ 2017 年 10 月 27 日期间螺纹钢期货、铁矿石期货和焦炭期货的价格波动情况，可以看出，作为黑色产业链上的三个主要品种，螺纹钢、铁矿石和焦炭的价格均呈现出单边下行，然后于 2015 年底开始逐渐回升的过程。在 2015 年底去产能提出之前，黑色产业链上的三个品种的价格呈现出单一的单边下行的大趋势，而且大趋势中的小趋势波动也较小，

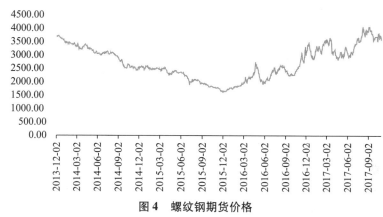

图 4　螺纹钢期货价格

资料来源：Wind 数据。

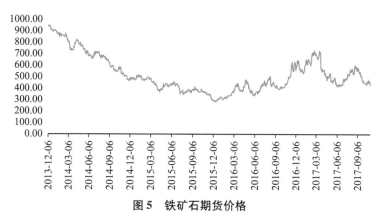

图 5　铁矿石期货价格

资料来源：Wind 数据。

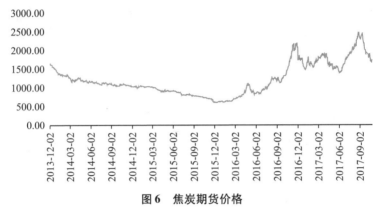

图6   焦炭期货价格

资料来源：Wind 数据。

这段期间钢厂还沉浸在 2008 年不断扩大产能便可无限获利的"美梦"中，要么直接不进行套期保值，随产随销，要么有钢厂意识到产品价格无限下跌，钢厂利润受到威胁的现状，开始利用期货市场进行单边的卖出期货进行套期保值，最终造成 2015 年全年我国钢铁行业全行业亏损 645.34 亿元，亏损面达 50.5% 的局面；2015 年底国家提出钢铁行业去产能之后，黑色产业链上各产品的价格开始见底回升，从回升大趋势中间的中期波动来看，其波动幅度相对于去产能提出之前有了明显的提升，中期调整趋势的时间更长。

（四）小结

这部分对于去产能背景下我国钢铁行业低端产能过剩、融资问题突出、铁矿石成本难以控制等行业发展现状进行了深入分析，在此基础上，结合去产能的进程，分析了我国钢铁行业目前去产能进展情况，从而得出了目前钢铁行业粗钢产量居高不下、行业兼并重组加快、钢厂亏损严重等结论。最后，结合本文去产能背景下钢厂套期保值的框架，分析了我国黑色产业链期货市场的发展现状，对于期货品种上市情况以及去产能提出前后期货品种的价格变化进行了分析总结，为下面分析去产能背景下钢铁企业的套期保值的新特点打下基础。

三、去产能对钢铁企业套期保值带来的影响

上面介绍了去产能给钢铁行业带来的新变化，这些变化反映在黑色产业链各类产品的价格上，从而给钢铁企业套期保值提出了一些新的问题。本章将从套期保值的几个关键点——基差和期货盘面利润的变化情况出发，分析去产能背景下钢铁企业套期保值的新特点，从而为钢厂制定套期保值计划提供参考。

（一）去产能提出前后黑色产业链基差的变化

基差作为套期保值效果的主要影响因素，其变化方向和大小决定了钢厂套期保值的成功与否。在传统的套期保值理论中，如果基差不变，由于期货和现货变动方向相同、头寸多空相反，套期保值的结果即为锁定做套期保值时刻的产品价格，除了期货保证金的占用成本之外，钢厂不会产生额外的盈利或者亏损，这种情况称为完美套期保值；而在卖出套期保值、基差走强，或者买入套期保值、基差走弱的情况下，钢厂套期保值两个市场的盈亏相抵后会有一定的盈利，即基差变动产生的利润；相反，在卖出套期保值、基差走弱，或者买入套期保值、基差走强的情况下，钢厂套期保值期现货市场盈亏相抵后会产生一定的损失，即基差变动产生的损失。而这部分盈利或者亏损额是由基差变动的大小决定的。因此，基差的变化会对套期保值的成效产生很大的影响，而基差波动是设计套期保值策略时要重点考虑的因素。接下来，将对去产能提出前后螺纹钢、铁矿石和焦炭的基差变化进行分析，针对其基差波动变化的特点，对去产能背景下钢厂的套期保值策略进行优化。

1. 黑色产业链基差波动特点

（1）螺纹钢。钢厂生产的钢材主要分为螺纹钢、线材和热轧卷板三种，其中，螺纹钢和线材主要用于房地产、桥梁、道路等土建工程建设等，与基础建设投资有着密切关系；而热轧卷板具有强度大、韧性高、容易生产加工及可焊接性好等特有性能，被广泛用于冷轧基板、船舶、汽车、桥梁、建筑、机械、输油管线、压力容器等制造行业，而从期货市场的情况来看，虽然螺纹钢、线材和热轧卷板的期货品种都已经上市，但螺纹钢期货的活跃度远大于线材和热轧卷板期货，因此以螺纹钢期货的期现货价格作为钢厂生产产品的代表进行基差分析。在数据的选择上，为保持数据的一致性，以及考虑到去产能提出的时间点，选择的是 2013 年 12 月 2 日 ~2017 年 10 月 27 日的螺纹钢期货活跃合约的收盘价，而现货价格选择了螺纹钢期货合约的标准交割品之一的 HRB400 牌号、φ20mm 的螺纹钢全国现货均价，图 7 显示了螺纹钢基差波动的情况。

由图 7 可以看出，在 2015 年 12 月去产能提出之前，螺纹钢基差的波动较小，单纯的单边上行或者下行的"V"字走势比较明显，而大趋势中间的小幅波动较小，此时对于大趋势的把握较为容易，而钢厂套期保值所考虑的短期时间范围内基差波动较小，对套期保值效果产生的影响较小；而在 2015 年 12 月份去产能提出之后，可以看出螺纹钢基差的波动更大，无论从大趋势还是中间的小波动来看，螺纹钢基差的波动明显加大，基差变动带来的套期保值风险更加显著。因此，去产能背景下螺纹钢基差的波动幅度更大、频率更高，钢厂在做套期保值的过程中需要时刻关注基差的变化以控制基差变动对钢厂套期保值带来的影响。

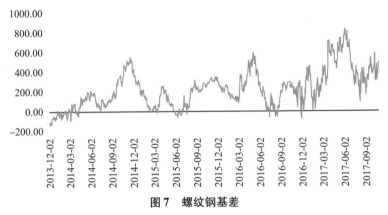

图 7　螺纹钢基差

资料来源：Wind 数据。

（2）铁矿石。铁矿石是炼钢最主要的原料，而我国铁矿总储量虽然较为丰富，但由于品位低、开采困难且开采成本高企，不得不大量依靠进口，对国际铁矿石市场有很大依存度。考虑到国际上铁矿石指数定价的特殊背景以及我国铁矿石主要依靠进口的现实状况，首先对我国铁矿石进口价格和大连商品交易所上市的铁矿石期货活跃合约的收盘价进行相关性分析，以明确是否可以利用大商所铁矿石期货对进口铁矿石价格进行套期保值。目前"普氏指数"是国际上公认的较为权威的代表铁矿石现货价格的数据。从普氏指数的定价标的来看，其是以62% 的铁矿石作为报价标的的，铁矿石现货价格选择62% 品味干基粉矿的进口铁矿石，期货价格选择大商所上市的铁矿石期货活跃合约的日收盘价数据，数据时间区间选择 2013 年 12 月 2 日 ~2017 年 10 月 27 日，对二者进行相关性分析。

为了得出二者波动的相关性，首先对铁矿石进口价格和大商所铁矿石期货价格两列数据进行一阶对数差分，利用 Excel 中的 Correl 函数得出对数差分后的铁矿石现货进口价和大商所铁矿石期货之间的相关系数为 0.9827，可以看出二者相关性较高，因此可以利用大商所上市的铁矿石期货合约来对冲钢厂进口铁矿石价格波动的风险。

接下来利用铁矿石进口现货价格和大商所铁矿石期货主力合约的收盘价数据计算铁矿石的基差，结果如图 8 所示：

从图形的波动特征上来看，同样以 2015 年 12 月去产能的提出为分界点，可以看到，在 2015 年 12 月份去产能提出之前，铁矿石基差的波动频率更低，钢厂在这个时候进行套期保值对基差波动的考虑并不强烈；而通过观察去产能提出之后的图形可以看出，这一时期铁矿石基差的波动频率逐渐提高，而且中间子趋势的波动幅度更大，这就加大了钢厂进行铁矿石套期保值的基差变动风险，同时加大了钢厂套期保值的难度。

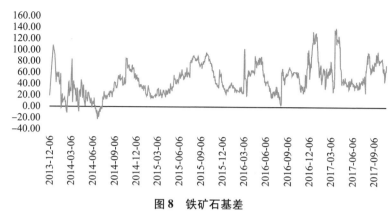

图8 铁矿石基差

资料来源：Wind 数据。

（3）焦炭。焦炭是炼焦煤在焦炉中经过高温干馏转化而来的，生产 1 吨焦炭需消耗约 1.33 吨炼焦煤，而世界焦炭产量的 90% 以上用于高炉炼铁，是钢铁工业的"基本粮食"。我国是世界上传统的焦炭主要生产国家和出口国家，近年来，虽然我国焦炭产量和出口量增速有所放缓，但总量仍位于世界第一位。焦炭作为此次供给侧改革的突破口之一，去产能目标提出以后焦炭价格也结束了长期以来的单边下行开始上涨，推动了钢材成本的上升，因此供给侧改革背景下虽然钢价开始回升，但原材料价格的上涨推动了成本的上行，钢厂对焦炭进行套期保值的就显得更为必要（见表 2、表 3）。

表 2　　　　　　　　　大商所焦炭交易手册质量标准

指标	质量标准（%）	
灰分 A_d	≤12.5	
硫分 $S_{t,d}$	≤0.65	
抗碎强度 M_{40}	≥82	
耐磨强度 M_{10}	≤7.5	
反应性 CRI	≤28	
反应后强度 CSR	≥62	
挥发分 V_{daf}	≤1.5	
焦末（<25mm）含量	入库≤5.0	出库≤7.0
粒度（≥25mm）	入库≥95.0	出库≥93.0

资料来源：大连商品交易所。

表3   **GB/T 1996 冶金焦炭的国家分类标准**

指标	等级	质量标准（%）
灰分 A_d	一级	≤12.0
	二级	≤13.5
	三级	≤15.0
硫分 $S_{t,d}$	一级	≤0.60
	二级	≤0.80
	三级	≤1.00
抗碎强度 M_{40}	一级	≥80
	二级	≥76
	三级	≥72
耐磨强度 M_{10}	一级	≤7.5
	二级	≤8.5
	三级	≤10.5
反应性 CRI	一级	≤30
	二级	≤35
	三级	
反应后强度 CSR	一级	≥55
	二级	≥50
	三级	
挥发分 V_{daf}		≤1.8
焦末（<25mm）含量		≤5.0

资料来源：中国焦炭业协会。

    计算焦炭基差的过程中，在现货数据的选择上，本文参考了大连商品交易所上市的焦炭期货的交割标准品的质量标准。表2和表3分别给出了大商所焦炭期货标准交割品和GB/T 1996冶金焦炭的国家分类标准，通过对比灰分、硫分、抗碎强度和耐磨强度等内容，可以看出只有一级冶金焦符合焦炭期货的标准交割规则，因此，本文选择了Wind数据中上可获得的河北、山东和福建的一级冶金焦的市场价均价作为计算焦炭基差的现货价格，而期货价格则选取大商所焦炭期货主力合约每天的收盘价作为原始数据，数据截取时间段2013年12月2日~2017年10月27日，剔除空白数据后得到图9的结果。

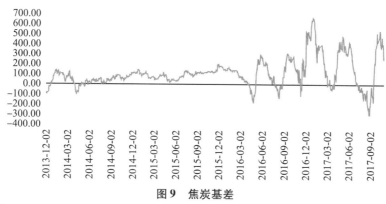

图 9　焦炭基差

资料来源：Wind 数据。

相对于螺纹钢和铁矿石而言，焦炭基差波动的变化更加明显。2015 年 12 月份去产能提出之前，焦炭价差一直处在小幅波动且稳步上升的趋势中，并且2015年 2 月份开始，焦炭基差由负转正，一直处于现货价格大于期货价格的反向市场中，在这种情况下，钢厂在期货市场买入焦炭，到期交割时直接将取得的现货用于生产即可降低生产成本；而在 2015 年 12 月去产能提出之后，焦炭基差开始围绕零值上下大幅波动，对于钢厂来说把握基差的变化更加困难，再加上焦炭基差的波动幅度和频率都大幅提高，钢厂很可能因为基差的短期大幅波动而造成亏损，引起利润的大幅波动。

2. 黑色产业链基差波动变化原因分析

2015 年底去产能提出之前，我国钢厂大多还沉浸在 2008 年之后钢材"刚性需求"的情境中，螺纹钢价格的粘性较大，钢厂根据长期订单制定生产计划，钢材价格短时间内波动幅度变化范围不大，并且具有一定的"惯性"，而进口铁矿石也是受之前"月度定价"模式的影响，价格波动幅度较小，由此所造成的期现货基差变化呈现出较小的波动；而在去产能提出之后，螺纹钢、铁矿石和焦炭的基差的波动幅度和频率都有了显著的提高，这主要是由于 2015 年全年钢铁行业全行业的亏损的惨痛教训，开始让钢厂意识到无限扩大生产的日子已经过去，钢材市场必然向更加市场化的方向发展，因此价格波动幅度和频率均会比去产能前更加明显，而由于价格波动幅度和频率的加大，作为期现货之差的基差波动也会随之变化。

3. 黑色产业链产品基差波动变化对套期保值带来的影响

基差作为套期保值效果的主要影响因素，其在去产能前后波动情况的变化必然会对钢厂套期保值带来新的需求。相对比于去产能提出之前的情况，去产能提出之后黑色产业链上螺纹钢、铁矿石和焦炭期货基差的波动幅度和频率都更加明显，这就为钢厂完成套期保值目标带来了更深层次的要求，因为基差更加明显的波动幅度与波动频率，钢厂在进行套期保值时必须将其变化考虑进去，并且按照基差以及期现货价格变动及时计算调整最优套期保值比率，从而按照最新计算的最优套期保值比率增减期货市场头寸，以完成钢厂套期保值目标的要求。

（二）去产能提出前后螺纹钢期货盘面利润的变化

1. 螺纹钢期货盘面利润波动特点

根据上海期货交易所公布的螺纹钢交易手册显示，钢材的制造成本包括炼铁成本、炼钢成本和轧钢成本三个部分，其中：

$$炼铁成本 = (1.6 * 铁矿石 + 0.5 * 焦炭)/0.9$$
$$炼钢成本 = (0.96 * 生铁 + 0.15 * 废钢)/0.82$$

轧钢成本包括燃气、电能、轧辊损耗等费用，大约在 150~300 元/吨，但是由于各个钢厂的生产设备等的不同，轧钢成本中的人工、燃气等费用以及废钢的价格会有所差异，因此本文在计算螺纹钢期货盘面利润时，将这几项取了一个平均的估计数字，最终计算期货盘面利润的公式如下：

$$P = Z - (2.08X + 0.65Y + 567)$$

其中：P 表示螺纹钢期货盘面利润，Z 表示螺纹钢期货的价格，X 和 Y 分别表示铁矿石和焦炭期货的价格，567 为本文估计的废钢、人工、折旧等的成本（在实际操作中会隔段时间调整，但本文为计算方便直接采用 567 近似计算）。

另外，为保证数据的连续性，在计算期货盘面利润时，本文采用的是 2013 年 10 月 20 日焦炭期货上市后螺纹钢、铁矿石和焦炭期货活跃合约的收盘价数据（见图 10）。

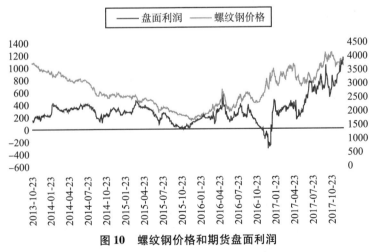

图 10　螺纹钢价格和期货盘面利润

资料来源：Wind 资讯。

由图 10 可以看出，从 2013 年焦炭期货上市以来到 2015 年末，螺纹钢期货价格一直单边下行，而这个时期的期货盘面利润在 100～400 区间震荡；2015 年末在钢材"白菜价"、钢厂普遍亏损的大背景下，国家提出钢铁行业供给侧改革的任务目标，2016 年初，螺纹钢期货的价格开始止跌回升，在此之前螺纹钢期货盘面利润已经由历史低点回升了一段时间，这个时期各省纷纷公布去产能目标，钢厂开始去除自身的废弃产能，钢材产量有所下滑，螺纹钢期货价格开始震荡上升，而其盘面利润进入了更大幅度的震荡；2017 年随着去产能初见成效，部分钢厂开始复产，而部分钢厂继续停产甚至倒闭，螺纹钢期货盘面利润开始震荡上升，炼钢利润逐渐震荡上升到远高于去产能提出之前的水平。

2. 螺纹钢期货盘面利润波动变化原因分析

2015 年底去产能提出之前，黑色产业链上螺纹钢、铁矿石、焦炭的价格都处于单边下行的运行区间内，并且螺纹钢作为产能过剩的主要品种，其价格下跌幅度相对于铁矿石和焦炭来说更加明显，因此在去产能提出之前螺纹钢、铁矿石和焦炭价格单边下行的时间段内，螺纹钢期货盘面利润处于长期低位运行的状态，并且在 2015 年底这种矛盾彻底显现，螺纹钢期货盘面利润开始急剧下跌且陷入了亏损的境地；而在 2015 年底去产能提出之后，前期因为巨额亏损，一些钢厂纷纷停产，钢材供给的突然降低造成了钢材供不应求的局面，再加上国家政策的利好刺激，螺纹钢期货盘面利润开始回升，之前被迫停产的钢厂看到逐渐恢复的盘面利润纷纷复产，短期内钢材供给大增，再加上铁矿石、焦炭等原材料价格的回升，螺纹钢盘面利润在 2016 年 10 月份出现断崖式回落，甚至产生了大于去产能提出之前的盘面亏损；之后随着去产能的逐渐深入，各省去产能初见成效，一些小型钢厂倒闭，钢材价格持续回升，螺纹钢期货盘面利润逐渐震荡回升，并且逐渐超过去产能提出之前的水平，随着期货盘面利润的不断积累，期货盘面利润的波动幅度也有所上升。

3. 螺纹钢期货盘面利润波动变化对套期保值带来的影响

根据前面的分析，可以发现与去产能提出之前螺纹钢期货盘面利润单边下行趋势相比，去产能提出之后螺纹钢期货盘面利润的波动幅度更大。对于钢厂来说，去产能提出之前由于螺纹钢期货盘面利润处于低位波动的区间内，此时钢厂进行套期保值需要注意锁定稍纵即逝的盘面利润，其主要套期保值操作在于卖出螺纹钢期货的套期保值；而在 2015 年底去产能提出之后，盘面利润进入更宽幅度的波动区间，大的上升趋势中间的小趋势波动幅度更大，因此在去产能提出之后钢厂进行套期保值的侧重点不再是单纯地卖出套期保值，而需要对于螺纹钢价格的走势有一个大致的预测，并且对螺纹钢期货盘面利润的波动风险进行监测，从而尽可能多地锁定螺纹钢炼钢利润，降低钢厂套期保值成本，优化套期保值效果。

（三）小结

对去产能提出前后黑色产业链螺纹钢、铁矿石和焦炭的基差和期货盘面利润的波动变化做了对比分析，发现 2015 年 12 月去产能提出之后，基差和期货盘面利润的波动都更加明显，而去产能背景下螺纹钢期货盘面利润的宽幅震荡说明去产能使得钢铁企业的风险管理更加困难，2008 年金融危机后钢厂只需无限扩大产能便能实现盈利的日子一去不复返了，这个时期螺纹钢期货的价格不再是单边下行，开始随着期货盘面利润的震荡而震荡，单边的卖期保值不能为企业管理风险，因此，本文对去产能背景下钢铁企业的套期保值方案展开研究，以期货盘面利润的波动为重点分析对象，从而为去产能背景下钢铁企业的套期保值方案优化提供参考。

四、去产能背景下钢厂盘面利润波动风险实证研究

上面从基差和期货盘面利润两个层面，对去产能给钢厂套期保值带来的影响作出研究分析，而期货盘面利润作为钢厂主营业务利润在期货层面的表现形式，其波动性充分体现了钢厂面临的风险水平及由此导致的钢厂利润的波动程度，因此，对螺纹钢期货盘面利润波动幅度的度量可以更清晰、直观地展示出钢厂原材料和销售端的综合风险值，优化钢厂套期保值策略，为套期保值选择较好的入市时机。本文将利用 GARCH – VaR 模型对盘面利润的波动进行度量，通过 GARCH 模型对参数值进行估计，然后利用 VaR 方法对期货盘面利润波动带来的风险进行衡量，从而判断钢厂面临的风险程度，为优化套期保值策略提供数据支撑。

（一）GARCH – VaR 模型介绍及可行性分析

在进行股价、通货膨胀率和外汇汇率等金融时间序列分析的过程中，一些研究工作者发现预测能力会随着时期的不同而有很大的变化，为了刻画预测误差的条件方差中可能存在的某种相关性，1982 年 Engle 最早提出了自回归异方差模型（ARCH 模型），其基本思想是：扰动项 μ_t 的条件方差由它的前期值 μ_{t-1} 的大小决定。但是在实际操作中，经常会遇到 μ_t 的条件方差 σ_t^2 受 t 时刻之前很多期的变化量影响的情况，因此 Boflerslev 提出了用一个或者两个 σ_t^2 的滞后值代替许多 μ_t^2 的滞后值，即广义自回归条件异方差模型（GARCH 模型），目前学术界认为 GARCH 模型最集中地反映了波动性变化的特点，从而广泛地应用于各种金融时间序列的研究中。在标准的 GARCH（1，1）模型中，一般考虑两个不同的设定：

均值方程：$y_t = \gamma x_t + \mu_t$，t = 1，2，…，T

方差方程：$\sigma_t^2 = \omega + \alpha \mu_{t-1}^2 + \beta \sigma_{t-1}^2$

其中，y_t 是因变量，γ 是模型参数构成的列向量，x_t 是由解释变量构成的列向量，μ_t 是随机误差项，均值方程是由外生变量表示并带有扰动项的函数；方差方程中的 σ_t^2 表示基于前面信息的一期向前预测方差，自变量 μ_{t-1}^2 和 σ_{t-1}^2 分别表示均值方程扰动项平方的滞后项和上一期的预测方差，即模型的 ARCH 项和 GARCH 项。

VaR（在险值）是一个全面衡量金融投资组合风险的参数，目前被广泛应用于银行、基金等金融机构，但是传统的 VaR 计算方法的前提假设是收益的分布服从正态分布。但实际金融数据收益率的厚尾性会导致 VaR 方法低估实际的波动程度，而 GARCH 模型中的条件方差可以很好地修正传统 VaR 的局限性，因此，本文采用 GARCH - VaR 模型衡量钢厂面临的铁矿石价格波动的风险是可行的。利用 GARCH 模型可以对风险参数进行估计，通过 VaR 方法得出收益的期望和方差，最后根据变异系数可以判断出钢厂面临的风险程度，计算得出收益损失值，从而使管理者能够根据结果制定有效的套期保值方案。

（二）模型建立与检验

利用计算得出的期货盘面利润作为原始数据，通过对其数据特征进行描述和检验，利用 GARCH 模型预测期货盘面利润波动的风险值。具体计算步骤如下：

（1）对期货盘面利润的原始数据的统计特征进行描述，判断此金融时间序列是否可以利用 GARCH 模型进行分析。

（2）根据 GARCH 模型计算期货盘面利润的条件异方差及标准差。

（3）将模型得到的标准差代入公式 $VaR_t = Z_\alpha \sigma_{t-1} - R_{t-1}$，求出各期的 VaR 值，其中 Z_α 为置信度为 $1 - \alpha$ 对应的分位数，R_{t-1} 表示 $t-1$ 期期货盘面利润的收益率。

1. 数据描述

本文考虑的是 2015 年底去产能提出之后期货盘面利润的波动风险，因此本文建立模型所运用的数据为 2015 年 12 月 1 日～2017 年 10 月 27 日每天的螺纹钢、铁矿石和焦炭的期货收盘价作为原始数据，计算得出期货盘面利润的价格数值，样本个数为 466 个，数据分析采用 EXCEL 和 Eviews8.0。通过对数据统计特征的描述处理，如果发现其时间序列存在波动积聚、尖峰厚尾的特征，则可以考虑利用 GARCH 模型来做数据拟合，从而计算期货盘面利润的波动风险。

图 11 表示了期货盘面利润的波动趋势，可以看到其波动的"集群"现象：在一些时间段内波动较小（例如在 2016 Ⅰ 和 Ⅲ 之间的观测区间），而有些时间段波动较大（例如在 2016 Ⅲ 和 2017 Ⅰ 之间）。

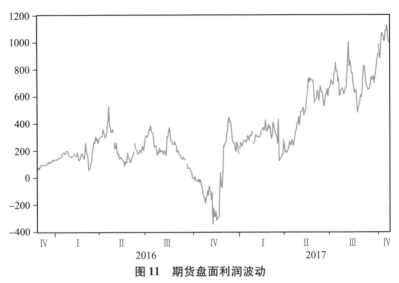

图 11　期货盘面利润波动

资料来源：Wind 资讯。

一般地，为了方便分析经常假设收益率服从正态分布，但是在实际中，金融数据的收益率往往是不完全符合正态分布的条件。而 Jarque – Bera 统计量可以通过在偏度（Skewness）和峰度（Kurtosis）的维度上与正态分布序列进行对比来检验变量是否服从正态分布，偏度用来测量分布侧偏的方向和程度，对比正态分布的值为 0，若偏度大于 0，则说明变量分布呈现右偏，小于 0 则左偏；峰度用来测量分布集中趋势高峰的程度，正态分布的峰度为 3，若变量的峰度大于 3，则说明变量分布呈现尖峰的特征，小于 3 则说明收益率分布的高峰比正态分布低。图 12 表示了 Eviews 软件的分析结果：

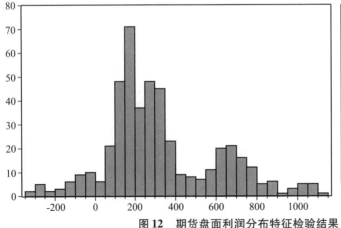

Series:X	
Sample12/01/201510/27/2017	
Observations 466	
Mean	322.1108
Median	260.3625
Maximum	1127.750
Minimum	−345.1100
Std. Dev.	274.1976
Skewness	0.623748
Kurtosis	3.271597
Jarque-Bera	31.64938
Probability	0.000000

图 12　期货盘面利润分布特征检验结果

资料来源：Wind 资讯。

由图 12 可以看出，期货盘面利润时间序列的偏度为 0.623748 > 0，表明收益率的时间序列分布不对称，呈现出右偏的形态；峰值为 3.271597 > 3，呈现明显的尖峰特征，由此可见，期货盘面利润的时间序列分布呈现出尖峰厚尾的特征，与常见的金融数据时间序列分布类似，因此利用金融数据时间序列工具来分析期货盘面利润的波动是可行的。

2. 平稳性检验

利用 ADF 检验来检验收益率序列的平稳性特征，即检验收益率序列是否具有单位根。若检验结果证明序列存在单位根，则证明收益率序列不平稳，即容易导致伪回归，需要对数列做一阶差分后再进行 ADF 检验，直到证明时间序列的 n 阶差分序列是平稳的，说明该数列通过了单位根检验，为 n 阶平稳时间序列，才可以进行接下来的检验和建模。由表 4 的 ADF 检验结果可以看出，t 统计量的值为 -1.164046，大于 10% 显著性水平下的临界值 -2.570027，表明在 10% 的置信水平下接受 X 具有单位根的原假设，即期货盘面利润的数据序列存在单位根，是非平稳的。接下来对数列进行一阶差分后再进行单位根检验，表 5 的 ADF 检验结果可以看出，t 统计量的值为 -23.61755，小于 1% 显著性水平下的临界值 -3.444219，且对应的 P 值为 0.0000，表明在 1% 的置信水平下拒绝 D（X）具有单位根的原假设，即一阶差分后的期货盘面利润的数据序列不存在单位根，是平稳序列。

表 4 　　　　　　　　　　盘面利润 ADF 检验结果（1）

Null Hypothesis：X has a unit root		t - Statistic	Prob. *
Augmented Dickey - Fuller test statistic		- 1.164046	0.6912
Test critical values：	1% level	- 3.444189	
	5% level	- 2.867536	
	10% level	- 2.570027	

资料来源：Wind 资讯。

表 5 　　　　　　　　　　盘面利润 ADF 检验结果（2）

Null Hypothesis：D（X）has a unit root		t - Statistic	Prob. *
Augmented Dickey - Fuller test statistic		- 23.61755	0.0000
Test critical values：	1% level	- 3.444219	
	5% level	- 2.867549	
	10% level	- 2.570034	

资料来源：Wind 资讯。

3. ARCH 效应检验

通过判断回归模型的残差是否具有 ARCH 效应，从而得出是否可以利用 GARCH 模型来拟合自回归模型的残差序列。首先假设期货盘面利润序列存在一阶 ARCH 效应，在 Eviews 中建立 X 与 X（-1）的 ARCH 回归模型，然后对模型的残差序列进行异方差分析，滞后阶数选择 10 阶，得到表 6 的结果，可以看到 X 滞后一阶的 P 值均小于 0.05，说明期货盘面利润数据序列存在一阶 ARCH 效应，下一节将对 X（-1）进行 GARCH 建模。

表 6   ARCH 效应检验结果

Heteroskedasticity Test：ARCH			
F-statistic	3.612209	Prob. F（10，444）	0.0001
Obs * R-squared	34.23203	Prob. Chi – Square（10）	0.0002
Variable	Coefficient	Std. Error	t – Statistic	Prob.
C	1420.120	401.5966	3.536186	0.0004
$RESID^2$（-1）	0.247061	0.047457	5.206034	0.0000
$RESID^2$（-2）	-0.011660	0.048718	-0.239341	0.8110
$RESID^2$（-3）	-0.015033	0.048697	-0.308698	0.7577
$RESID^2$（-4）	-0.005044	0.048699	-0.103584	0.9175
$RESID^2$（-5）	0.074357	0.048709	1.526551	0.1276
$RESID^2$（-6）	-0.003562	0.048732	-0.073088	0.9418
$RESID^2$（-7）	-0.012027	0.048739	-0.246762	0.8052
$RESID^2$（-8）	0.030971	0.048737	0.635462	0.5255
$RESID^2$（-9）	0.084634	0.048758	1.735805	0.0833
$RESID^2$（-10）	-0.014669	0.047472	-0.308997	0.7575

资料来源：Wind 资讯。

4. 模型参数估计

由于序列方差存在 ARCH 效应，使用 GARCH（1，1）模型来描述收益率方差的分布特征。利用 Eviews8.0 软件得出 GARCH（1，1）模型的结果为表 7：

表 7   GARCH（1，1）模型结果

Variable	Coefficient	Std. Error	z – Statistic	Prob.
X（-1）	0.998357	0.006898	144.7353	0.0000
C	2.838427	1.811423	1.566960	0.1171

	Variance Equation			
C	9. 406136	7. 978100	1. 178994	0. 2384
RESID（−1）^{2}	0. 274069	0. 034709	7. 896177	0. 0000
GARCH（−1）	0. 791690	0. 023382	33. 85857	0. 0000

资料来源：Wind 资讯。

因此，可以得出 GARCH（1, 1）方程为：

$$\begin{cases} X = 2.838427 + 0.998357X(-1) + \varepsilon_t \\ \sigma_t^2 = 9.406136 + 0.274069\varepsilon_{t-1}^2 + 0.791690\sigma_{t-1}^2 \end{cases}$$

5. 计算 VaR

根据前面计算得出的 GARCH 模型的结果，可以得到对期货盘面利润方差的估计序列，利用这个方差序列代入 VaR 的计算公式：

$$VaR_t = -R_{t-1} + \sigma_t z_\alpha$$

其中：z_α 是 t 分布 α 的分位数，R_{t-1} 为 t−1 期期货盘面利润的收益率（附录给出了本文检测时间段内的 95% 的置信区间下 GARCH 模型结果对应的 VaR 值）

可以得出钢厂期货盘面利润波动的风险 VaR 值，从而指导钢厂及时锁定期货盘面利润。当 VaR 值较大时，说明此时钢厂面临的期货盘面利润波动的风险较大，如果此时炼钢有利可图，钢厂可以积极利用期货、期权等衍生工具及时锁定炼钢利润，对冲风险；而当 VaR 值较小时，说明期货盘面利润波动带来的风险较小，此时钢厂可以随产随销，不进行套期保值操作，从而减少资金占用，降低风险管理成本。

（三）小结

利用 Eviews 软件对钢厂炼钢利润的期货层面表现形式——期货盘面利润的波动进行了度量与预测，得出了期货盘面利润的时间序列具有尖峰厚尾的分布特征，并且证明了该序列具有一阶和九阶 ARCH 效应，因而通过 GARCH 模型拟合收益率的方差是可行的。通过 GARCH 模型对于期货盘面利润方差的预测，并代入 VaR 的计算公式得出期货盘面利润的波动风险，从而可以结合计算出的 VaR 的值监测期货盘面利润波动的风险，指导钢厂进行生产过程的成本控制。

五、去产能背景下钢铁企业套期保值策略优化研究

（一）利用期货市场套期保值

通过前面的分析，本文得出去产能提出之后螺纹钢、焦炭和铁矿石基差波动

的幅度和频率都有所增加的结论，因此传统的 1∶1 进行套期保值的方案不再能满足钢厂对于风险管理的需求，钢厂为了对冲这部分基差变动带来的风险，需要采用更加灵活多样的套期保值方案。

为了对冲钢厂在套期保值过程中面临的基差剧烈波动带来的风险，钢厂可以利用期现货市场之间的波动相关性来计算最优套期保值比率，从而实现价格和基差波动风险的完全对冲。组合投资理论将期货市场和现货市场分别看作两个独立的资产品种，投资者通过对两组资产的数据的波动特征来确定投资头寸，从而实现投资组合的风险最小化或者收益最大化。与传统套期保值比率为 1 的认知不同，组合投资理论认为套期保值过程中的套期保值比率应该根据投资者的交易目的以及期现货市场的相关性确定最优套期保值比率。总体来看，目前市场上关于最优套期保值比率的计算方法主要有普通最小二乘回归模型（OLS）、向量自回归模型（VAR）、向量误差修正模型（VECM）和广义自回归条件异方差模型（GARCH 类）。本文采用 OLS 线性回归模型来计算螺纹钢的最优套期保值比率，以尽可能地避免未来可能出现的价格波动，尽量减少价格波动带来的影响。

1. OLS 模型计算最优套期保值比率的基本原理

以钢厂为研究对象来说明 OLS 模型计算最优套期保值比率的基本原理。假设钢厂在 $t-1$ 时刻拥有 1 单位的螺纹钢现货头寸，其在此刻的价格为 S_{t-1}，同时，为了对这 1 单位的螺纹钢期货做套期保值，钢厂在期货市场上卖出 h 单位的螺纹钢期货头寸，价格为 F_{t-1}。

所以，在 t 时刻，钢厂的预期收益和风险水平为：

$$E_t = E(\Delta S_t) - h * E(\Delta F_t)$$

$$VaR_t = VaR(\Delta S_t) - 2hCov(\Delta S_t, \Delta F_t) + h^2 VaR(\Delta F_t)$$

其中：$\Delta S_t = S_t - S_{t-1}$，$\Delta F_t = F_t - F_{t-1}$，$E_t$ 和 VaR_t 分别表示 t 时刻钢厂的预期收益和方差，Cov 表示协方差。

模型建立的目的是为了使钢厂的风险即方差最小，也就是说使得：

$$Min(VaR)$$

$$s. t. \ h > 0$$

经过模型的最优化求解，得出最优套期保值比率为：

$$h^* = \frac{Cov(\Delta S_t, \Delta F_t)}{VaR(\Delta F_t)}$$

而具体到 OLS 线性回归模型，主要是通过回归模型建立期现货价格之间的线性关系，从而估计方差最小化的最优套期保值比率。

2. 模型建立

为了对比去产能提出前后螺纹钢套期保值比率的变化，本文在建立回归模型时分别选取了 2013 年 12 月 2 日 ~2015 年 11 月 30 日和 2015 年 12 月 1 日 ~2017

年 10 月 27 日的螺纹钢期货和现货价格数据进行模型回归，而期现货价格的选取与上文计算螺纹钢基差时的数据一致。

为了更好地说明期现货价格之间的相关性，OLS 模型首先分别对期现货价格的数据取一阶对数差分，从而对现货和期货之间的波动做回归，以求得最优套期保值比率。在 Eviews 的操作中，利用 dlog（X）公式分别取期现货价格的对数收益率，然后再对其建立回归模型：

$$\Delta \ln S_t = \alpha + \beta * \Delta \ln F_t + \varepsilon_t$$

其中，$\Delta \ln S_t$，$\Delta \ln F_t$ 分别为现货价格和期货价格的一阶对数差分形式，而 β 即为所求的最优套期保值比率。

3. 回归结果

表 8 和表 9 分别显示了去产能提出前后螺纹钢的最优套期保值比率，可以看到去产能提出之前螺纹钢套期保值比率为 1.03，说明 2015 年 12 月份去产能提出之前螺纹钢现货的波动要大于期货的波动；而在去产能提出之后，螺纹钢的套期保值比率为 0.90，现货的波动小于期货的波动。一方面，套期保值比率的下降直接带来了钢厂在期货市场的资金占用，为钢厂节约了资金成本，另一方面，现货价格的波动小于期货价格的波动说明去产能提出之后，螺纹钢期货价格的影响因素更加复杂，期货价格逐渐走出单边下行的趋势而进入更大的震荡区间，以前那种单纯的卖出套期保值的方案已经不能适应市场的发展以及钢厂套期保值的需求，钢厂需要加强对螺纹钢价格的关注，采用更加灵活多样的套期保值策略。

表 8 去产能提出之前最优套期保值比率结果

Variable	Coefficient	Std. Error	t – Statistic	Prob.
C	− 0.000576	0.000498	− 1.156607	0.2480
RLF	1.030078	0.005706	180.5397	0.0000

资料来源：Wind 数据。

表 9 去产能提出之后最优套期保值比率结果

Variable	Coefficient	Std. Error	t – Statistic	Prob.
C	− 0.000382	0.001102	− 0.346303	0.7293
RLF2	0.903082	0.018484	48.85731	0.0000

资料来源：Wind 数据。

但是由于期现货市场的波动，钢厂需要定期计算最优套期保值比率，进而调整套期保值的期货头寸，以保证在套期保值结束时钢厂风险的完全对冲。另一方面，从钢厂风险管理的目标来看，如果钢厂只是想对冲一部分现货价格波动的风险，而留出一部分风险敞口来实现收益的增长，那么钢厂可以只对需要参与套期保值的那部分现货计算最优套期保值比率，并且定期调整期货规模即可。钢厂利用这种方式针对各个期货品种制定更加灵活的套期保值方案，从而实现更加灵活而又多样化的风险管理目标。但是需要注意的是，由于螺纹钢、铁矿石和焦炭的期货和现货价格处于不断的波动变化之中，根据其波动计算得出的最优套期保值比率也会呈现出一定程度的波动变化，本小节给出的只是利用 OLS 模型计算最优套期保值比率的案例，钢厂在具体实践操作中应该根据进行套期保值操作当期的期现货波动关系计算最优套期保值比率，如果套保时间跨度较大或者套期间价格波动较大，还应该及时计算调整头寸规模，以实现套期保值的目标。

同样地，本文利用 OLS 模型方法分别计算了去产能提出前后焦炭和铁矿石的最优套期保值比率，以及焦炭—螺纹钢期货和铁矿石—螺纹钢期货最优套期保值比率，如表 10 所示。

表 10   **各品种最优套期保值比率**

品种		最优套期保值比率	
现货	期货	去产能提出之前	去产能提出之后
螺纹钢	螺纹钢	1.030078	0.903082
焦炭	焦炭	1.047704	0.278897
	螺纹钢	1.129430	0.321865
铁矿石	铁矿石	1.017465	0.917267
	螺纹钢	0.899914	0.911010

资料来源：Wind 数据。

（二）及时锁定期货盘面利润

通过前边的论述和模型实证，我们看到在去产能提出之后螺纹钢期货盘面利润的波动性越来越大，这也意味着钢厂现货生产的炼钢利润的波动幅度也更大。在钢厂的生产经营过程中，如果不能及时锁定炼钢利润，考虑到采购与销售的时间差，钢厂也会出现亏损。本文利用 GARCH – VaR 模型对期货盘面利润的波动得出了监测钢厂炼钢利润波动风险的 VaR 值，从而指导钢厂及时锁定期货盘面利润。

1. 传统套利锁定期货盘面利润

钢厂从制定生产计划、采购原材料到销售成品，期间有一定的时间差，而由于炼钢利润的波动加大，很有可能出现采购原材料时炼钢利润为正，而销售时炼钢利润为负的情况，这时，钢厂在一波利润波动中很难赚到钱。因此，为了对冲时间错配的风险，钢厂应该在制定生产计划时考虑到炼钢利润的波动，先在期货市场上锁定现有的期货盘面利润，之后在采购和销售的过程中根据每一步的完成情况及时对冲平仓，以保证现有利润的实现。

通过对于去产能提出之后螺纹钢期货盘面利润的波动特征的分析，可以看到去产能提出之后期货盘面利润的无论从大波浪还是中间小波浪来看，其波动幅度都有所增大，钢厂在面临更多风险同时也面临着更多的机遇和盈利机会，如果单纯地锁定制定生产计划当时的期货盘面利润，很可能失去后期利润大幅上升的机会，因此本文利用 GARCH 模型对螺纹钢期货盘面利润的波动进行了估计，从而得出监测期货盘面利润波动风险的 VaR 值。在钢厂的具体实践中，当 VaR 值较大时，说明此时钢厂面临的期货盘面利润波动带来的风险较大，钢厂在制定生产计划时应该及时锁定期货盘面利润，而放弃获取更大收益的可能性；而当 VaR 值较小时，说明此时钢厂面临的期货盘面利润波动带来的风险较小，钢厂的管理层在制定生产计划时可以暂时不进行套期保值，从而减少期货市场的资金占用，节约套期保值的成本。

附录中给出了本文研究时间段 2015 年 12 月 14 日~2017 年 5 月 16 日期间所得出的 VaR 数据值，通过对数据的分析可以看出，VaR 的值最小为 15.525，最大时达到了 310.996，均值为 77.243。图 13 显示了这段时间内 VaR 的值的折线图，可以看出自 2015 年底供给侧改革提出以来，盘面利润的波动风险，即本文算出的 VaR 值的波动幅度越来越大，每一个波峰的间隔越来越小，对于钢厂及时监测 VaR 波动风险提出了更高要求。例如在 2016 年 9 月 26 日的 VaR 值为 35.90，此时钢厂面临的期货盘面利润的波动风险较小，钢厂可以考虑保留风险敞口，先不进行套期保值以减少资金占用，并且保留期货盘面利润扩大的可能性；而 2016 年 12 月 5 日的 VaR 值为 236.98，此时 VaR 值较大，说明期货市场盘面利润面临的波动风险很大，钢厂应该及时锁定稍纵即逝的获利机会，谨慎制定套期保值策略。

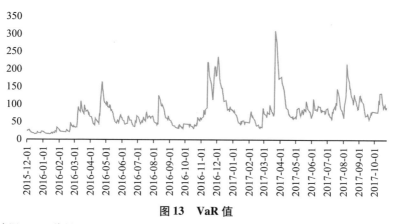

图 13　VaR 值

资料来源：Wind 资讯 Eviews。

2. 利用交割功能采购和销售

期货市场的交割功能不仅保障了期现货价格走势的趋同性，同时也可以为企业提供新的采购和销售渠道，以保障企业生产经营的顺利进行。首先，当盘面的盈利达到钢厂的预期程度时，钢厂开始制订生产计划，同时通过在期货市场上买入近月的铁矿石和焦炭期货合约，卖出远月的螺纹钢期货合约锁定当时的炼钢利润，在实际进行采购和销售时直接通过期货市场的交割功能采购原材料和销售产品，从而保证钢厂生产经营的持续性；对于钢铁企业来说，还面临着极端状况下采购和销售渠道不顺的问题，而期货市场的交割功能可以保障采购和销售的畅通。当现货市场原材料紧缺、钢厂采购原材料出现困难时，可以选择在期货市场买入对应的期货合约，利用交割功能弥补钢厂原材料不足的问题，而当现货市场的销售渠道不顺畅时，钢厂又可以直接在期货市场上卖出对应的期货合约，到期交割时实现库存商品的顺利销售。另外，我国的钢材企业以大型企业为主，中小型钢材企业在市场中难免面临着采购和销售话语权低、利润被压缩的问题，期货市场的交割功能作为钢厂采购和销售的渠道之一，为中小型钢材企业提供了一个公平、透明的价格平台，中小型企业只要满足了期货市场交割的质量要求，便可以在期货市场进行产品的买卖，从而保障自身的利润水平，提高行业竞争力。

（三）利用期货市场建立"虚拟库存"与去库存

1. 利用期货市场减轻企业库存压力

对于钢铁企业来说，无论是钢材生产企业还是钢贸企业，其都面临着库存管理的问题。钢厂要维持正常的生产经营，必须保持一定的铁矿石、焦炭等原材料库存和螺纹钢企业库存，但是如果库存过多，由于实物库存的流动性较差，面对市场价格的大幅波动，库存不能及时变现，而去产能提出之后螺纹钢、铁矿石和焦炭的价格都结束了长期以来的单边下行而进入了宽幅的震荡区间，如果钢厂采购原材料或者生产的时间点不对，造成成本高企，过多的库存还必然面临着贬值的风险，从而造成企业的损失。另一方面，如果库存过少，从原材料端来看，如果钢厂仅仅根据订单或者生产计划来采购铁矿石和焦炭等原材料，造成原材料库存过少甚至没有，一旦遇到原材料端供应短缺的问题，钢厂生产必然受到影响；而从销售端来看，如果钢厂仅仅根据订单来制定生产计划，造成企业产成品库存过少，一旦有不可控的风险出现，钢厂生产受到影响会导致钢厂违约的情况，同时，钢厂也失去了临时有新增订单或者短时间内社会钢材供应短缺、钢材价格大幅上涨的盈利机会。

考虑到去产能提出之后黑色产业链上螺纹钢、铁矿石和焦炭的价格波动都更加明显，钢厂的库存管理显得更为重要。为了保持钢厂生产和销售的稳定性，同时又避免过多的库存带来的资金压力，钢厂可以在期货市场建立虚拟库存，为钢厂的正常生产经营提供保障，同时利用期货市场的杠杆性，提高资金使用效率，减少钢厂的资金压力。具体而言，钢厂在日常生产销售过程中对于每个季度钢材需求以及供给的情况会有一个经验性预期，只考虑现货市场的情况下，钢厂可以根据供给与需求的预期制订生产计划，控制库存水平，但是一旦钢材市场出现突发变化，钢厂"实物库存"的流动性差、变现能力弱等问题会造成库存的积压，不仅占用了钢厂的资金，还可能打乱钢厂的生产及销售计划，影响后期的利润。尤其是去产能提出之后，黑色产业链上焦炭、铁矿石和螺纹钢的价格波动都更加明显，这种情况下即使钢厂做了套期保值，如果价格出现一个方向的大幅波动，由于"实物库存"的变现能力弱，钢厂套期保值的成效也会受到冲击。因此，为了维持正常的生产经营，钢厂按照经验性预期在期货市场上建立对应月份的"虚拟库存"，交割之前再根据自身的实际情况选择进行实物交割还是对冲平仓。

另外，期货市场的流动性相对于现货市场实物库存来说更高，在遇到价格的突然变动时，钢厂的"实物库存"无法及时变现，钢厂可以在期货市场上建立期货空单，以实现"实物库存"的间接卖出，从而在价格下跌过程中缓解库存贬值的压力，而在价格上升过程中又可以及时锁定高位价格，获取收益。

2. 利用期货市场减轻企业资金压力

期货市场的另外一个重要特点在于它的杠杆功能，企业利用期货市场建立"虚拟库存"既可以减少钢厂的资金占用，盘活现有资金，又提高了库存的变现能力，为钢厂生产经营的正常顺利进行提供了有力保障。例如，在钢厂正常生产经营过程中，如果遇到某一时点原材料价格较低或者钢材产品价格较高，满足了钢厂的利润预期，但是由于暂时性的资金短缺，钢厂暂时没有足够的资金在现货市场买入原材料或者没有足够的产成品在现货市场卖出，就可以利用期货市场的杠杆功能，利用少量的资金建立期货头寸，从而撬动钢厂计划买入的原材料库存或者计划卖出的钢材产成品，实现预期利润。对于资金充裕的钢厂来说，其在期货市场建立"虚拟库存"节省的资金可以用来投资于企业其他生产经营方面或者直接投资以产生超额收益，从而增加企业的利润。

（四）小结

针对去产能背景下钢厂套期保值的新特点、面临的新问题以及 VaR 值对期货盘面利润波动的监测，为钢厂提出了相关的套期保值建议。分别对螺纹钢、铁矿石和焦炭利用期货品种进行趋势套保的最优套期保值比率进行了对比分析；而在及时锁定期货盘面利润方面，利用本文计算得出的 VaR 值对期货盘面利润的波动风险进行监测，从而指导钢厂制定期货盘面利润套期保值的计划；另外，期货市场不仅可以为钢厂提供风险对冲的条件，还可以作为其采购和销售的市场，钢厂可以利用期货市场扩宽采购和销售渠道，从而保证生产和销售的连续性；最后，钢厂还可以利用期货市场建立"虚拟库存"，从而在增加库存流动性及变现能力的同时减轻自身的资金压力。

六、总结与展望

（一）总结

随着 2015 年 12 月份中央工作会议提出供给侧结构性改革，黑色产业链上的螺纹钢、焦煤焦炭和铁矿石等产品结束了持续多年的单边下行趋势，进入更宽的波动区间，为钢厂进行套期保值提出了更高的要求，因此本文对去产能背景下螺纹钢、铁矿石和焦炭的基差波动变化进行了分析，提出去产能背景下钢厂套期保值面临的新问题，从而为去产能背景下钢厂的套期保值提供建议。具体来看，本文从以下几个层面进行了深入分析。

（1）本文的写作背景为 2015 年底中央工作会议提出的以钢铁和煤炭行业为突破口的供给侧改革，因此首先对去产能背景下我国钢铁行业的发展现状和去产能现状进行了分析，发现目前我国钢铁行业面临着供需错配问题突出，融资问题突出、企业转型缓慢以及铁矿石定价话语权低、成本难以控制的特征，而随着去产能在全国范围内不断推进，钢铁行业过剩产能逐渐开始淘汰但粗钢产量居高不下，行业兼并重组加快，行业集中度上升并且行业利润开始有所回升，"去产能"取得阶段性成效。同时，通过对期货市场上黑色产业链产品价格走势的分析，明确了去产能提出之后对产品价格走势的影响，从而为钢厂套期保值优化提供方向。

（2）本文的研究内容为去产能背景下钢铁企业的套期保值，因此接下来对去产能提出前后钢铁企业套期保值的新特点进行了分析，通过对套期保值效果影响显著的螺纹钢、铁矿石和焦炭基差波动的分析，发现去产能提出之后，三个品种基差的波动频率和幅度都更大，为钢厂套期保值带来了更多的不确定性，对钢厂制定套期保值方案提出了新挑战。另外，考虑到期货盘面利润作为钢厂炼钢利润在期货市场的表现形式，其波动在一定程度上反映了钢厂炼钢即生产的风险，通过对去产能前后期货盘面利润的变化对比分析，发现去产能提出之后，期货盘面利润的波动幅度更大，从另一个方面反映出钢厂套期保值，稳定风险、锁定利润更加困难。

（3）通过前面对于发展现状和去产能背景下钢厂套期保值新特点的研究，发现去产能背景下的钢厂套期保值更加困难，风险更加难以控制。对于螺纹钢、铁矿石和焦炭单品种的套期保值，钢厂利用期货市场不难锁定价格，但是对于期货盘面利润波动的风险而言，其大小直接关系到钢厂生产能否产生利润以及利润的大小，因此，有必要对螺纹钢期货盘面利润带来的风险进行单独衡量，于是提出了利用 GARCH – VaR 模型来监测期货盘面利润波动带来的风险，通过 GARCH 模型对期货盘面利润的波动进行拟合和预测，再将得出的值代入 VaR 的计算公式，最终得到用于监测期货盘面利润波动风险的 VaR 值，从而指导钢厂进行期货盘面利润的套期保值，及时锁定期货盘面利润。具体来看，当 VaR 值较大时，说明此时钢厂面临的期货盘面利润波动带来的风险较大，钢厂在制定生产计划时应该及时锁定的期货盘面利润，而放弃获取更大收益的可能性；而当 VaR 值较小时，说明此时钢厂面临的期货盘面利润波动带来的风险较小，钢厂的管理层在制定生产计划时可以暂时不进行套期保值，从而减少期货市场的资金占用，节约套期保值成本。

（4）最后，在前几章分析和建模的基础上，针对去产能背景下钢厂套期保值的新特点、面临的新问题以及 VaR 值对期货盘面利润波动的监测，为钢厂提出了相关的套期保值建议。在利用期货市场分别对螺纹钢、铁矿石和焦炭进行套期保值的过程中，分别对三者利用期货品种进行趋势套保的最优套期保值比率进行了对比分析；而在及时锁定期货盘面利润方面，利用计算得出的 VaR 值对期货盘面利润的波动风险进行监测，从而指导钢厂制定期货盘面利润套期保值的计划；另外，期货市场不仅可以为钢厂提供风险对冲的条件，还可以作为其采购和销售的市场，钢厂可以利用期货市场扩宽采购和销售渠道，从而保证生产和销售的连续性；最后，钢厂还可以利用期货市场建立"虚拟库存"，从而在增加库存流动性及变现能力的同时减轻自身的资金压力。

（二）不足之处

本文虽然研究的内容是去产能背景下钢铁企业的套期保值，但是由于知识、信息等的局限性，所研究的内容难免会有疏漏，对于影响套期保值效果和方案制订的因素也没有考虑完全，只是选取了其中最具代表性的基差进行分析和研究。而对于文章中涉及的焦炭价格、螺纹钢价格等，只是粗略地对各个地区的数据取了均值以代表全国的平均水平，考虑到我国钢厂南北方环境及运输等的差异，仅仅针对全国性的钢厂进行总体分析可能会产生地区性的水土不服，需要特定地区的钢厂结合本地区的数据再进行具体分析。

（三）展望

本文讨论的是去产能背景下钢铁企业的套期保值，当去产能完成之后螺纹钢、铁矿石和焦炭价格及基差的波动特点还会出现变化，可进行进一步的探讨。而针对上一节本文的不足中谈到的地区差异的问题，有能力的研究者还可以从不同地区钢厂的角度出发，进一步分析特定地区的套期保值特点，并结合地区特色提出更具针对性与地方特点的套期保值建议。

参考文献

[1] James Kirkley, Catherine J. , Morrison Paul, Dale Squires: Capacity and Capacity Utilization in Common-pool Resource Industries. Environmental and Resourse Economics, 2002 (22): 71 – 97.

[2] Garofalo G. A. , Malhotra D. M. , Regional Measures of Capacity Utilization in the 1980s [J]. The Review of Economics and Statistics, 1997: 03: 415 – 421.

[3] Shaw E. S. , Financial Deepening in Economic Development [J]. 1973.

[4] Araujo, Eurilton, 2012, Investment-specific Shocks and Real Business Cycles in Emerging Economies: Evidence from Brazil, Economic Modelling, Elsevier, Vol. 29 (3), pages 671 – 678.

[5] Working H. , New Concepts Concerning Futures Markets and Prices [J]. American Economic Review, 1962, 52: 431 – 459.

[6] Johnson L. , The Theory of Hedging and Speculation in Commodity Futures [J]. Review of Economic Studies, 1960, 27: 139 – 151.

[7] Stein J. L. , The Simultaneous Determination of Spot and Futures Price [J]. American Economic Review, 1961, 51: 1012 – 1025.

[8] Foss M. F. , The Utilization of Capital Equipment: Postwar Compared with Prewar [J]. Survey of Current Business, 1963: 04: 8 – 16.

[9] Klein L. R. , PrestonR. S. , Some New Results in the Measurement of Capacity Utilization [J]. The American Economic Review, 1967: 01: 34 – 58.

[10] Berndt, E. R. and Morrison, C. J. , 1981, Capacity Utilization Measures: Underlying Economic Theory and Alternative Approach, The American Economic Review, Vol. 71, May. , 48 – 52.

[11] Baillie, R. T. Bollerslev, T. and Mikkelsen, H. O. , Fractionally Integrated Generalized Autoregressive, Conditional Heteroskedasticity [J]. Journal of Econometrics, 1996, 74: 3 – 30.

[12] Myers R. J. , Thompson S. R. , Generalized Optimal Hedge Ratio Estimation [J]. American Journal of Agricultural Economics, 1989, 71: 858 – 868.

[13] Kroner, K. F. &Sultan, J. , Time-varying Distributions and Dynamic Hedging with Foreign Currency Future [J], Journal of Financial and Quantitative Analysis, 1993 (28): 535 – 551.

[14] Andrea Coppola, Forecasting Oil Price Movements: Exploiting the Information in the Future Market. Journal of Futures Markets, 2008 (28): 34 – 56.

[15] 盛朝迅. 化解产能过剩的国际经验与策略催生 [J]. 改革, 2013, (8): 94 – 99.

[16] 韩国高. 现阶段我国工业产能过剩及去产能的形势分析 [J]. 科技促进发展, 2015, (5): 625 – 630.

[17] 任泽平, 张庆昌. 供给侧改革去产能的挑战、应对、风险与机遇 [J]. 发展研究, 2016, (4): 7 – 13.

[18] 潘同人. 去产能的政治: 地方政府的区域控制导向及其内在逻辑 [J]. 江汉论坛,

2016，（7）：37 - 43.

　　［19］张占斌，孙飞．中国上一轮去产能的经验与启示［J］．人民论坛，2016，（4）：47 - 49.

　　［20］郭艳红，胡国鹏和郑小霞．中国经济的去产能之困［J］．宏观经济，2016：47 - 49.

　　［21］张丽．我国钢铁行业市场现状、问题分析及对策研究［D］．中央民族大学，2011.3.

　　［22］李杰．中国钢铁流通企业商业模式的研究［D］．武汉理工大学，2011.5.

　　［23］袁宇峰．美国钢铁市场分析［J］．冶金管理，2013，（6）：20 - 25.

　　［24］刘元庆．钢贸企业面临的问题及应对措施［J］．铁路采购与物流，2013，（10）：27 - 29.

　　［25］朱士杰．我国钢贸企业应用趋势套期保值策略研究［D］．华东理工大学，2014.3.

　　［26］王琳．河北省钢铁行业产能过剩治理问题研究［D］．河北师范大学，2015.5.

　　［27］王一舟．浅析钢铁行业发展的瓶颈及转型升级之路［J］．关注，2015：30 - 33.

　　［28］吴大轮．2015年钢铁行业现状及钢企多元化发展探究［J］．城市经济，2015，（11）：23 - 24.

　　［29］杨建．新常态下钢铁企业去产能化研究——以马鞍山钢铁股份有限公司为例［J］．经营管理者，2016，（3）：197 - 199.

　　［30］盛朝迅，徐建伟和张于喆．去产能初见成效政策措施有待精进——对唐山市钢铁行业去产能的调研［J］．中国经贸导报，2016，（5）：45 - 48.

　　［31］朱辉．从供需两端谈中国钢铁产业去产能［J］．科教导刊，2016.08：153 - 155.

　　［32］运怀立．现代钢铁企业全面风险管理理论与实证研究［D］．天津大学，2007.

　　［33］应小蓓．民营钢铁企业铁矿石采购风险应对策略研究——以A钢铁企业为例［D］．华东师范大学，2011.

　　［34］何方伟．钢材跨品种套期保值分析［J］．中国证券期货，2011（3）：28 - 29.

　　［35］申倩倩．中国钢铁企业套期保值研究［D］．安徽大学，2013.5.

　　［36］尤宣竣．对冲基金产业链套利策略［D］．浙江大学，2014.5.

　　［37］刘勇，赵建东．大型国有钢铁企业套期保值的可行性和必要性研究［J］．价值工程，2016：153 - 155.

　　［38］于明明．中国铁矿石期货对钢铁企业影响的研究［D］．北京交通大学，2014.6.

　　［39］李倩影．焦煤、焦炭、铁矿石与螺纹钢期货品种套利策略研究［D］．上海交通大学，2014.5.

　　［40］荆治斌．我国钢材期货价格与现货价格关系分析［J］．对外经贸，2012，（6）：41 - 42.

　　［41］王立民，兴长宇，刘祥东等．基于EMD分解的螺纹钢期货价格发现的实证研究［J］．科技和产业，2012，（8）：78 - 82.

　　［42］方虹，程勇．石油期货最优套期保值比率及套期保值绩效的实证研究［J］．中国软科学，2008，（1）：125 - 131.

　　［43］孙雯娜．我国钢材期货最优套期保值比率实证研究［D］．西南交通大学，2012.

　　［44］李兵．企业参与钢材期货套期保值业务的现实状况［J］．学习与研究，2011，（11）：

34 - 36.

[45] 张健, 方兆本. 基于 copula 函数的中国大宗商品期货的最优套期保值比率 [J]. 中国科技技术大学学报, 2012, (12): 947 - 953.

[46] 海通期货市场部. 场外鸡蛋利润套保指数期权风险管理方案设计 [N]. 期货日报, 2016.9.

[47] 蒋林. 期权在期现货交易中的应用. [N]. 期货日报, 2016.5.

[48] 张月. 我国钢铁企业生存现状及应对策略分析 [J]. 企业战略, 2015, (35): 15 - 16.

[49] 汤祚楚. 去产能背景下的铁矿石套期保值分析 [J]. 冶金管理, 2016, (5): 28 - 31.

[50] 李燕杰. "去产能时代" 的套期保值操作思路简析 [J]. 冶金管理, 2016, (3): 30 - 33.

[51] 韩晨. 期货套期保值和套利业务服务钢铁产业链的案例研究 [J]. 经营管理者, 2016: 114.

[52] 姜晓东. 关于中国钢铁产能过剩的若干思考与建议 [J]. 钢铁, 2013, (10): 3 - 5.

[53] 刘宏. 钢材期货套期保值实证分析 [J]. 中国流通经济, 2010, (3): 77 - 81.

附录

时间	VaR	时间	VaR	时间	VaR
2015 - 12 - 03	24.06165	2016 - 01 - 28	21.40113	2016 - 03 - 30	72.42137
2015 - 12 - 04	25.98755	2016 - 01 - 29	34.3881	2016 - 03 - 31	74.33473
2015 - 12 - 07	27.66622	2016 - 02 - 01	31.25752	2016 - 04 - 01	66.4589
2015 - 12 - 08	25.5978	2016 - 02 - 02	28.93683	2016 - 04 - 05	64.10396
2015 - 12 - 09	23.40764	2016 - 02 - 03	27.13841	2016 - 04 - 06	57.36241
2015 - 12 - 10	21.43864	2016 - 02 - 04	24.62862	2016 - 04 - 07	51.58656
2015 - 12 - 11	20.04918	2016 - 02 - 05	22.88206	2016 - 04 - 08	46.44374
2015 - 12 - 14	18.56321	2016 - 02 - 15	21.35408	2016 - 04 - 11	41.66293
2015 - 12 - 15	18.04111	2016 - 02 - 16	24.82617	2016 - 04 - 12	60.08723
2015 - 12 - 16	17.84831	2016 - 02 - 17	27.75234	2016 - 04 - 13	57.6325
2015 - 12 - 17	16.63523	2016 - 02 - 19	25.45275	2016 - 04 - 14	57.28005
2015 - 12 - 18	15.75527	2016 - 02 - 19	23.89601	2016 - 04 - 15	53.69471
2015 - 12 - 21	16.56434	2016 - 02 - 22	21.83079	2016 - 04 - 18	49.26346
2015 - 12 - 22	17.42598	2016 - 02 - 23	27.52838	2016 - 04 - 19	45.80286

续表

时间	VaR	时间	VaR	时间	VaR
2015 - 12 - 23	21.4657	2016 - 02 - 24	46.20948	2016 - 04 - 20	72.80626
2015 - 12 - 24	19.91212	2016 - 02 - 25	44.16836	2016 - 04 - 21	67.94621
2015 - 12 - 25	18.86253	2016 - 02 - 26	39.75069	2016 - 04 - 22	107.9023
2015 - 12 - 28	18.70197	2016 - 02 - 29	35.81028	2016 - 04 - 25	165.1037
2015 - 12 - 29	18.33435	2016 - 03 - 01	39.15712	2016 - 04 - 26	146.7939
2015 - 12 - 30	20.74797	2016 - 03 - 02	35.85063	2016 - 04 - 27	135.9716
2015 - 12 - 31	23.41511	2016 - 03 - 03	36.8169	2016 - 04 - 28	121.0855
2016 - 01 - 04	21.33571	2016 - 03 - 04	34.75033	2016 - 04 - 29	108.397
2016 - 01 - 05	19.97828	2016 - 03 - 07	35.36576	2016 - 05 - 03	99.52027
2016 - 01 - 06	18.44978	2016 - 03 - 08	50.60854	2016 - 05 - 04	107.837
2016 - 01 - 07	17.72597	2016 - 03 - 09	75.37411	2016 - 05 - 05	105.7642
2016 - 01 - 08	17.13394	2016 - 03 - 10	93.77538	2016 - 05 - 06	94.07381
2016 - 01 - 11	16.05042	2016 - 03 - 11	83.9219	2016 - 05 - 09	91.14657
2016 - 01 - 12	17.01498	2016 - 03 - 14	78.94328	2016 - 05 - 10	99.86697
2016 - 01 - 13	16.12237	2016 - 03 - 15	110.3019	2016 - 05 - 11	92.49328
2016 - 01 - 14	16.23764	2016 - 03 - 16	97.64967	2016 - 05 - 12	82.74669
2016 - 01 - 15	15.52532	2016 - 03 - 17	87.7593	2016 - 05 - 13	84.8749
2016 - 01 - 18	17.30507	2016 - 03 - 18	81.75378	2016 - 05 - 16	75.45974
2016 - 01 - 19	19.33489	2016 - 03 - 21	73.23188	2016 - 05 - 17	67.64775
2016 - 01 - 20	18.03395	2016 - 03 - 22	98.4823	2016 - 05 - 18	61.33265
2016 - 01 - 21	16.89843	2016 - 03 - 23	89.96766	2016 - 05 - 19	55.96638
2016 - 01 - 22	20.41946	2016 - 03 - 24	87.10965	2016 - 05 - 20	50.47526
2016 - 01 - 25	19.00184	2016 - 03 - 25	79.72866	2016 - 05 - 23	47.12053
2016 - 01 - 26	24.1205	2016 - 03 - 28	83.40356	2016 - 05 - 24	52.20724
2016 - 01 - 27	23.35744	2016 - 03 - 29	79.61128	2016 - 05 - 25	55.70416
2016 - 05 - 26	53.10198	2016 - 07 - 22	61.7695	2016 - 09 - 19	32.72726
2016 - 05 - 27	48.40079	2016 - 07 - 25	67.83092	2016 - 09 - 20	38.44774
2016 - 05 - 30	68.38082	2016 - 07 - 26	66.59533	2016 - 09 - 21	34.88967
2016 - 05 - 31	70.30797	2016 - 07 - 27	64.99157	2016 - 09 - 22	44.39013
2016 - 06 - 01	63.17586	2016 - 07 - 28	61.16125	2016 - 09 - 23	39.53369

时间	VaR	时间	VaR	时间	VaR
2016 - 06 - 02	63. 11754	2016 - 07 - 29	64. 78275	2016 - 09 - 26	35. 90152
2016 - 06 - 03	56. 21494	2016 - 08 - 01	67. 14421	2016 - 09 - 27	32. 90282
2016 - 06 - 06	53. 02244	2016 - 08 - 02	59. 9456	2016 - 09 - 28	35. 45044
2016 - 06 - 07	48. 00168	2016 - 08 - 03	53. 86142	2016 - 09 - 29	32. 80643
2016 - 06 - 08	43. 87553	2016 - 08 - 04	49. 85011	2016 - 09 - 30	45. 28882
2016 - 06 - 13	46. 90016	2016 - 08 - 05	48. 82591	2016 - 10 - 10	44. 03809
2016 - 06 - 14	65. 65243	2016 - 08 - 08	47. 15302	2016 - 10 - 11	37. 97948
2016 - 06 - 15	66. 59528	2016 - 08 - 09	42. 50895	2016 - 10 - 12	44. 41736
2016 - 06 - 16	61. 66647	2016 - 08 - 10	47. 07991	2016 - 10 - 13	43. 79789
2016 - 06 - 17	55. 3858	2016 - 08 - 11	43. 37707	2016 - 10 - 14	38. 95235
2016 - 06 - 20	55. 60028	2016 - 08 - 12	127. 1492	2016 - 10 - 17	37. 39651
2016 - 06 - 21	49. 6572	2016 - 08 - 15	114. 4492	2016 - 10 - 18	33. 92998
2016 - 06 - 22	45. 23294	2016 - 08 - 16	106. 9734	2016 - 10 - 19	31. 83448
2016 - 06 - 23	42. 12445	2016 - 08 - 17	98. 84843	2016 - 10 - 20	36. 42904
2016 - 06 - 24	38. 86278	2016 - 08 - 18	96. 58773	2016 - 10 - 21	42. 61442
2016 - 06 - 27	37. 16616	2016 - 08 - 19	100. 598	2016 - 10 - 24	39. 29643
2016 - 06 - 28	52. 66337	2016 - 08 - 22	89. 50889	2016 - 10 - 25	46. 01039
2016 - 06 - 29	50. 92007	2016 - 08 - 23	83. 87221	2016 - 10 - 26	44. 3561
2016 - 06 - 30	49. 34708	2016 - 08 - 24	74. 71275	2016 - 10 - 27	64. 13707
2016 - 07 - 01	68. 10006	2016 - 08 - 25	66. 8629	2016 - 10 - 28	59. 30793
2016 - 07 - 04	64. 88659	2016 - 08 - 26	61. 95476	2016 - 10 - 31	54. 17809
2016 - 07 - 05	60. 81046	2016 - 08 - 29	61. 22328	2016 - 11 - 01	62. 22365
2016 - 07 - 06	55. 88262	2016 - 08 - 30	54. 75437	2016 - 11 - 02	62. 1914
2016 - 07 - 07	50. 28787	2016 - 08 - 31	68. 02284	2016 - 11 - 03	57. 91079
2016 - 07 - 08	45. 28482	2016 - 09 - 01	61. 59119	2016 - 11 - 04	61. 79906
2016 - 07 - 11	53. 65232	2016 - 09 - 02	56. 40136	2016 - 11 - 07	65. 64161
2016 - 07 - 12	50. 05211	2016 - 09 - 05	54. 40454	2016 - 11 - 08	84. 39959
2016 - 07 - 13	54. 59875	2016 - 09 - 06	48. 6274	2016 - 11 - 09	78. 79494
2016 - 07 - 14	64. 74941	2016 - 09 - 07	47. 84427	2016 - 11 - 10	71. 5187
2016 - 07 - 15	58. 40516	2016 - 09 - 08	43. 26136	2016 - 11 - 11	87. 31091

续表

时间	VaR	时间	VaR	时间	VaR
2016 – 07 – 18	52. 20047	2016 – 09 – 09	40. 45527	2016 – 11 – 14	91. 16828
2016 – 07 – 19	73. 21972	2016 – 09 – 12	39. 08886	2016 – 11 – 15	218. 7211
2016 – 07 – 20	77. 44797	2016 – 09 – 13	39. 03268	2016 – 11 – 16	221. 8028
2016 – 07 – 21	69. 14692	2016 – 09 – 14	35. 4216	2016 – 11 – 17	205. 3498
2016 – 11 – 18	183. 056	2017 – 01 – 13	49. 08845	2017 – 03 – 16	86. 93591
2016 – 11 – 21	165. 6037	2017 – 01 – 16	47. 44036	2017 – 03 – 17	82. 2376
2016 – 11 – 22	159. 6142	2017 – 01 – 17	42. 44595	2017 – 03 – 20	74. 51055
2016 – 11 – 23	143. 4087	2017 – 01 – 18	53. 80535	2017 – 03 – 21	68. 01973
2016 – 11 – 24	127. 8486	2017 – 01 – 19	48. 40975	2017 – 03 – 22	75. 04192
2016 – 11 – 25	114. 1819	2017 – 01 – 20	53. 87428	2017 – 03 – 23	168. 948
2016 – 11 – 28	202. 8186	2017 – 01 – 23	54. 39992	2017 – 03 – 24	310. 9956
2016 – 11 – 29	208. 3426	2017 – 01 – 24	49. 18721	2017 – 03 – 27	276. 1773
2016 – 11 – 30	206. 8606	2017 – 01 – 25	45. 58246	2017 – 03 – 28	245. 963
2016 – 12 – 01	182. 2982	2017 – 01 – 26	51. 04393	2017 – 03 – 29	219. 018
2016 – 12 – 02	182. 7794	2017 – 02 – 03	49. 24062	2017 – 03 – 30	195. 4665
2016 – 12 – 05	236. 9826	2017 – 02 – 06	81. 36081	2017 – 03 – 31	174. 1042
2016 – 12 – 06	219. 8944	2017 – 02 – 07	73. 758	2017 – 04 – 05	179. 483
2016 – 12 – 07	196. 5935	2017 – 02 – 08	66. 53226	2017 – 04 – 06	161. 9369
2016 – 12 – 08	175. 0865	2017 – 02 – 09	68. 17971	2017 – 04 – 07	158. 366
2016 – 12 – 09	163. 4361	2017 – 02 – 10	62. 44413	2017 – 04 – 10	140. 8703
2016 – 12 – 12	147. 2112	2017 – 02 – 13	56. 87815	2017 – 04 – 11	126. 2625
2016 – 12 – 13	147. 2066	2017 – 02 – 14	51. 08826	2017 – 04 – 12	112. 6456
2016 – 12 – 14	132. 488	2017 – 02 – 15	46. 25291	2017 – 04 – 13	101. 0123
2016 – 12 – 15	123. 7149	2017 – 02 – 16	41. 93204	2017 – 04 – 14	91. 87456
2016 – 12 – 16	110. 1849	2017 – 02 – 17	39. 97547	2017 – 04 – 17	86. 73276
2016 – 12 – 19	111. 4115	2017 – 02 – 20	42. 63429	2017 – 04 – 18	81. 6394
2016 – 12 – 20	113. 0249	2017 – 02 – 21	38. 4748	2017 – 04 – 19	72. 92039
2016 – 12 – 21	107. 4602	2017 – 02 – 22	34. 79323	2017 – 04 – 20	72. 77799
2016 – 12 – 22	95. 61697	2017 – 02 – 23	33. 18726	2017 – 04 – 21	67. 80697
2016 – 12 – 23	85. 36582	2017 – 02 – 24	37. 54125	2017 – 04 – 24	65. 32046

续表

时间	VaR	时间	VaR	时间	VaR
2016 - 12 - 26	88. 65711	2017 - 02 - 27	35. 31908	2017 - 04 - 25	65. 64557
2016 - 12 - 27	80. 3193	2017 - 02 - 28	64. 38799	2017 - 04 - 26	62. 61804
2016 - 12 - 28	95. 18161	2017 - 03 - 01	90. 8637	2017 - 04 - 27	66. 49009
2016 - 12 - 29	88. 26805	2017 - 03 - 02	81. 54839	2017 - 04 - 28	59. 91725
2016 - 12 - 30	87. 91348	2017 - 03 - 03	74. 89808	2017 - 05 - 02	66. 52224
2017 - 01 - 03	82. 48181	2017 - 03 - 06	70. 7973	2017 - 05 - 03	60. 02612
2017 - 01 - 04	79. 15148	2017 - 03 - 07	69. 66969	2017 - 05 - 04	69. 95828
2017 - 01 - 05	82. 81283	2017 - 03 - 08	63. 81537	2017 - 05 - 05	87. 47472
2017 - 01 - 06	75. 4935	2017 - 03 - 09	79. 32972	2017 - 05 - 08	91. 77474
2017 - 01 - 09	70. 26019	2017 - 03 - 10	77. 20029	2017 - 05 - 09	91. 22973
2017 - 01 - 10	66. 94674	2017 - 03 - 13	73. 98361	2017 - 05 - 10	81. 69592
2017 - 01 - 11	60. 09398	2017 - 03 - 14	99. 724	2017 - 05 - 11	73. 52159
2017 - 01 - 12	54. 52101	2017 - 03 - 15	91. 69505	2017 - 05 - 12	67. 86809
2017 - 05 - 15	84. 4656	2017 - 07 - 11	57. 09355	2017 - 09 - 04	126. 3242
2017 - 05 - 16	80. 85607	2017 - 07 - 12	82. 21874	2017 - 09 - 05	127. 6363
2017 - 05 - 17	72. 44525	2017 - 07 - 13	76. 17715	2017 - 09 - 06	114. 3226
2017 - 05 - 18	78. 16575	2017 - 07 - 14	86. 85757	2017 - 09 - 07	117. 621
2017 - 05 - 19	88. 37346	2017 - 07 - 17	96. 61676	2017 - 09 - 08	111. 2064
2017 - 05 - 22	82. 67404	2017 - 07 - 18	86. 09217	2017 - 09 - 11	104. 3493
2017 - 05 - 23	111. 2059	2017 - 07 - 19	107. 4188	2017 - 09 - 12	93. 25549
2017 - 05 - 24	103. 5688	2017 - 07 - 20	99. 50075	2017 - 09 - 13	85. 41411
2017 - 05 - 25	96. 5554	2017 - 07 - 21	146. 5762	2017 - 09 - 14	76. 41169
2017 - 05 - 26	88. 03593	2017 - 07 - 24	130. 3531	2017 - 09 - 15	68. 18702
2017 - 05 - 31	78. 53605	2017 - 07 - 25	120. 8103	2017 - 09 - 18	69. 25676
2017 - 06 - 01	70. 49693	2017 - 07 - 26	107. 6859	2017 - 09 - 19	74. 25605
2017 - 06 - 02	62. 94049	2017 - 07 - 27	96. 51257	2017 - 09 - 20	70. 90921
2017 - 06 - 05	77. 47243	2017 - 07 - 28	89. 29539	2017 - 09 - 21	64. 50817
2017 - 06 - 06	117. 5708	2017 - 07 - 31	82. 30873	2017 - 09 - 22	58. 28388
2017 - 06 - 07	105. 8356	2017 - 08 - 01	75. 34354	2017 - 09 - 25	71. 11874
2017 - 06 - 08	94. 35214	2017 - 08 - 02	69. 45519	2017 - 09 - 26	80. 0363

续表

时间	VaR	时间	VaR	时间	VaR
2017-06-09	86.03344	2017-08-03	62.26708	2017-09-27	75.31269
2017-06-12	87.51343	2017-08-04	97.75064	2017-09-28	81.3122
2017-06-13	82.59121	2017-08-07	123.1639	2017-09-29	81.10468
2017-06-14	88.50508	2017-08-08	163.3012	2017-10-09	78.31445
2017-06-15	97.24477	2017-08-09	217.0878	2017-10-10	91.824
2017-06-16	95.85804	2017-08-10	196.396	2017-10-11	114.6562
2017-06-19	94.98853	2017-08-11	179.5923	2017-10-12	102.7133
2017-06-20	84.6103	2017-08-14	165.556	2017-10-13	132.6313
2017-06-21	78.75413	2017-08-15	147.3386	2017-10-16	133.5043
2017-06-22	86.82901	2017-08-16	146.8117	2017-10-17	119.5412
2017-06-23	82.65772	2017-08-17	132.7593	2017-10-18	106.9818
2017-06-26	82.85067	2017-08-18	126.3627	2017-10-19	101.1868
2017-06-27	83.48513	2017-08-21	113.8034	2017-10-20	90.26162
2017-06-28	74.60796	2017-08-22	101.4504	2017-10-23	100.3557
2017-06-29	76.09265	2017-08-23	113.7109	2017-10-24	89.69376
2017-06-30	87.21967	2017-08-24	130.1823	2017-10-25	88.65408
2017-07-03	90.93745	2017-08-25	120.3445	2017-10-26	93.78574
2017-07-04	81.40144	2017-08-28	107.9222	2017-10-27	96.87655
2017-07-05	73.51046	2017-08-29	98.72639		
2017-07-06	74.77055	2017-08-30	95.79415		
2017-07-07	68.01931	2017-08-31	87.0937		
2017-07-10	63.69871	2017-09-01	88.17199		

沪深 300 股指期货及股指期权套期保值比较研究

冯玉成　薛小帆

一、引言

（一）研究背景及意义

1. 研究背景

1982 年 2 月，全球第一张股指期货合约——价值线综合指数期货在美国堪萨斯城诞生，随着第一个股指期货产品登上历史舞台，各交易所开始陆续推出股指期货合约，其中纽约期货交易所推出的纽约证券交易所综合指数期货合约、芝加哥商业交易所（Chicago Mercantile Exchange）发布的标准普尔 500 指数期货合约都是具有较高交易量和广为人知的期货合约。与商品期货相比，股指期货合约的历史较短，但其交易的复杂性与技巧性却毫不弱于其他任一种期货合约。自股指期货诞生以来，其交易量很快就在市场上遥遥领先，并获得突飞猛进的发展。股指期货的快速发展不仅因为它的高流动性与透明性，同时也是市场及交易者对其对冲风险能力的认可。股指期货发展的转折点出现在 20 世纪 80 年代末，当时爆发的全球性金融危机使整个金融市场陷入恐慌，股指期货作为交易频度高，且有独特交易特点的金融产品，很快便成为了众矢之的，大部分的学者都开始批判股指期货的做空机制，认为这就是导致金融危机诞生的最核心的原因，自此开始，股指期货的发展开始按下了暂停键。而在 20 世纪 90 年代以后，人们对股指期货的研究逐步深入，对它的功能有了更深层的理解，对股指期货的交易模式及独特之处也有了更进一步的认识，最早对股指期货存在的争议也开始慢慢消失。股指期货的发展开始进入一个新时代，到现在，股指期货已成为全球最活跃的金融产品之一。如标准普尔 500 指数期货、道琼斯工业平均指数期货、恒生指数期货等都是全球交易非常频繁的股指期货合约。根据统计，全球现在交易的股指期货合约已多达 300 余种，庞大的合约种类进一步体现了股指期货的重要性。

20 世纪 70 年代，随着金融业的不断发展，部分国家决定设立固定的期权交易场所来满足现实的经济需求，通过实行期权的标准化交易进一步规范期权交易市场。对期权的迫切需求推动了期权交易所的出现，1973 年芝加哥期权交易所开始正式营业，世界上第一个期权合约就是在这里推出的股票看涨期权合约，而第一个指数期权合约则是 1983 年推出的 S&P100 指数期权，S&P500 指数期权也在同年推出。之后，纽约证券交易所推出了纽约综合指数期权。股指期权合约出现的时间晚于股指期货，但其交易量却丝毫不输于股指期货。当前也是衍生品市场中的重点金融产品。

进入 21 世纪，我国沪深 300 股票指数期货合约正式迈出了全市场交易的第一步，股指期货的交易开始彻底结束了我国资本市场中的单边交易行为，A 股市场迎来了做空时代。在这之后，由于 2015 年 6 月末发生的股市暴跌，很多人开始质疑股指期货的实际意义，认为股指期货的做空机制是这次股灾的主要成因，虽然学术研究证明这种观点缺乏证据，但此次股灾还是使证监会对股指期货提出了相应的严格管控措施。2013 年，中金所发布通知表示将开始进行沪深 300 指数期权的仿真交易，但在交易初开始时仅面向会员单位。沪深 300 指数期货及期权的推出，本意是希望可以作为投资者风险管理的多样性工具，投资者通过利用指数与指数期货及指数期权的对冲来管理和规避风险，但由于其本身的复杂性及操作的技巧性，对于股指期货及期权的实际运用始终不尽如人意。在以上研究及现实情况的启发下，本文就沪深 300 指数期货和沪深 300 指数期权合约的套期保值功能进行研究，比较不同模型及市场环境下的套期保值效果。

2. 研究意义

（1）理论意义。从学术角度看，自股指期货出现开始，国内外学者就在不断对股指期货的套期保值效果进行研究，张腾文（2013）指出因样本的选择，模型的不同以及假设条件的不同，套保效果会有不同。尽管多数学者的研究证明动态的套期保值效果要优于静态套期保值效果，但在进行实证研究时，还是有部分学者的研究结果表明静态套保模型的套保效果要优于动态套保模型，在国内外学者的研究资料中，静态套期保值模型主要包括最小二乘（ordinary least squares）模型、误差修正模型；动态套期保值的研究则以自回归条件异方差（ARCH）模型及其衍生的广义自回归条件异方差（GARCH）族模型为主。而对指数期权的套期保值效果的研究，则主要以 Delta 中性套期保值策略、Delta-gamma 中性套期保值策略为主。本文通过选取股指在正常交易、异常交易及政策限制不同市场环境下，选用静态、动态不同模型，实证研究沪深 300 股指期货及股指期权的套保效果，对不同模型的运用和改进具有理论价值。

（2）现实意义。从应用角度看，首先，我国沪深 300 指数期货推出已经超过八年，股指期货的交易已经进入了一个相对稳定的阶段，投资者可将股指期货作为多样化投资的选择，也可利用股指期货规避风险，如何有效地使用股指期货才能达到最好的效果，尤其是对部分通过套期保值进行风险规避的公司，选择何种套期保值方式、如何调整套保频率以实现尽可能有效的风险规避，都需要进一步的研究；其次，沪深 300 指数期权已经进行了几年的仿真交易，作为还在模拟交易阶段的衍生品，沪深 300 指数期权的实际交易效果以及在现实运用中存在的问题都需要深入探讨，本文通过对沪深 300 指数期权的套保过程进行模拟并分析，对沪深 300 指数期权的推出及未来的交易模式等提出建议。

（二）国内外相关文献综述

1. 套期保值理论及模型文献综述

在期货市场的发展历史上，国外的发展要早于我国，因此国外学者及投资机构对期货的套期保值功能的研究有一段很长的历史，也形成了较为成熟的理论。一般认为，最早的套期保值理论是由凯恩斯（Keynes）和希克斯（Hicks）提出的，他们认为最优的套期保值比率恒为 1，该理论是基于期现货基差（现货价格减期货价格的值）为零的假设上进行研究的，但实际上如同完全竞争市场无法存在一样，现实中基差为零的条件几乎无法成立，期货、现货的价格波动受到多个方面的影响与制约。在这之后约翰逊（Johnson，1960）在研究中建议运用非完全匹配的期货合约来计算最优套期保值比率，该理论被称为现代套期保值理论，在该理论的研究中，学者将期货与现货看作了一个统一的投资组合进行分析。在这之后的时间里，随着计量经济学的不断发展，学者们对套期保值的最优套期保值比率研究采用的方法也开始不断变化。艾丁顿（Ederington，1979）开始研究套期保值后，提出使用期、现货收益率的普通最小平方方法（OLS）来估算套期保值比率，他在该理论的基础上结合了马科维茨的投资组合理论对美国国债与美国房地产抵押贷款证券的套期保值比率进行了研究，发现使用最小二乘法（OLS）计算得出的套期保值比率所产生的套保效果要优于套保比值恒为 1 的传统套期保值理论。但百乐（Bera，1978）认为最小二乘模型在模拟套保过程时假定的现货与期货的对数收益率的分布不随时间变化是存在极大误差的。高斯（Ghosh，1993）在对多个国家的期货市场与现货市场的研究中发现，期货价格与现货价格之间确实存在协整关系，为了提高套保比率估计的准确性，他提出应在传统 OLS 模型中引入误差修正项，通过误差修正来解决变量之间的协整关系，从而降低协整关系对参数估计准确性的影响，之后通过实证也验证了误差修正模型对最优套期保值比率估计的精确程度，确认误差修正模型可以优化套期保值效果。赵蕾、文忠桥、朱家明（2015）在研究我国铜期货套保的最优比率时分别选择了 OLS 模型、B - VAR 模型、ECM 模型、ECM - GARCH 模型来进行比较研究，结果表明将协整关系进行有效处理后，最优套保比率的套保效果会得到明显改善，该实验中 ECM 模型和 ECM – GARCH 模型就由于考虑了期现货序列的协整性，并对该问题进行了修正，因此得到的风险对冲效果要明显优于其他几个模型；我国股指期货还没上市之前，股票市场尚未成熟，叶蜜冬（2009）构造了一个香港的股票组合，用恒生指数期货（HIS）来对冲恒生指数的价格风险，由于他在模型研究中涵盖了变量间的长期稳定关系，因此得到了很好的保值效果。上述文献所陈述的套期保值方法被学者们认为均属于静态套保。而随着研究的不断深入，开始有更多的学者意识到由于期现货价格会因为时间的变化而变化，因此套期保值模型估计时也要考虑时变性问题，因此最优套期保值比率的计算应该将时变性的影响纳入考虑。恩格尔（Engle，1982）提出的自回归条件异方差（ARCH）模型与之后波勒斯勒夫（Bollerslev，1986）在 ARCH 模型基础上提出的广义自回归条件异方差（GARCH）族模型都在之后被实证检验发现能够更好地分析期货、现货价格序列中的异方差特性。因为该模型能更加准确地解释期现货收益率的波动聚集效应，切凯蒂等（Cecchetti et al.，1988）分析了美国国债期货市场进行套期保值时的最优套期保值比率，进一步证实了时变性对最优套保比率的影响。在这之后，随着研究的不断深入，大量广义自回归条件异方差模型开始出现，具有时变特征的套期保值模型也不断涌现。学者们在 GARCH 模型的基础上不断修正，结合经济学意义对模型的结果反复分析修订，不断提出更为全面的模型，而这些具有时变性的套保模型被统一称作动态套保模型。

在实际操作中，动态套期保值与静态套期保值模型到底谁的风险对冲效果更好，始终是学界存在争论的一个问题，一部分国外学者通过研究指出动态套期保值的效果要优于静态套期保值。例如帕克（Park）和斯威策（Switzer，1995）在研究标准普尔 500 指数的最优套保比率时，选用了 BGARCH 模型与静态套保模型进行对比，研究结果指出 BGARCH 模型所得到的套保比率的实际效果要优于静态模型。理查德盖拉赫（Richard Gerlach，2009）在使用了一系列的 GARCH 模型研究套保的优劣时发现，Copula-GARCH 模型的风险对冲效果最佳。杨和艾伦（Yang & Allen，2005）对澳大利亚的股指期货市场进行研究时也发现动态套保的方法的避险效果最好，卡韦萨诺斯等（Kavussanos et al.，2005）在研究雅典的股指期货市场时也选择了对动态的套期保值模型的效果与静态套期保值模型的效果进行比较，结论还是一致，动态的方法更好。近年来的国内研究中，林旭东等（2009）通过实证检验得出如果在套保时使用动态套期保值方法可以有效提高套保的效率，如果用动态套保方法与传统的静态套期保值方法相比较，动态方法可以提高 35% 的套保效率。梁斌等（2009）研究了沪深 300 股指期货的套保效果，由于当时该期货合约暂未上市，所以使用了仿真交易的数据做研究。佟孟华（2011）使用了传统 OLS 模型、ECM 模型、VECM 模型、ECM – BGARCH

(1，1) 模型估计沪深 300 股指期货的最优套期保值比率，经过对比证明，动态条件下套期保值效果更优。付胜华和檀向球 (2009) 同样选择对沪深 300 股指期货在动态和静态的不同模型下的套保效果进行研究，经过对比研究结果后指出动态套期保值方法要优于静态。杨洁与郭俊峰 (2017) 在对 2015 年股指波动剧烈时期数据的研究指出，动态的套期保值效果会略优于静态套期保值，但动态套保的成本会高于静态套保。

实际上，由于国内外标准化期货合约存在差异，且所处的市场环境不同，以及不同国家对于金融市场的政策等因素都会对套期保值的研究结果产生影响，所选择的套保方法也会因此受到干预。邓鸣茂等 (2011) 使用传统的最小二乘回归模型，双向量误差修正模型以及动态条件自相关模型研究了动态方法与静态方法对套期保值的效果的影响，结果得出，静态套保的方法与动态方法相比更有效，甚至在部分数据的套保结果比较中，表现出了压倒性的优势。李恩 (Lien) 等 (2002) 选择了传统的最小二乘模型与 CCC – VGARCH 模型，研究结果也证明了静态套保模型——传统最小二乘模型的套期保值效果比更加复杂的动态套期保值模型 CCC – VGARCH 模型要更好。葛雅 (Goyet，2007) 使用 BEKK – GARCH 模型与 CCC – GARCH 模型探究农产品期货市场的风险对冲效果时发现，期、现货套保的效果也并没有比最小二乘模型更好。代军与朱新玲 (2014) 在对沪深 300 股指期货套期保值效果做研究时，选择了六种不同的模型分别对样本内、外的数据都进行了研究和比较，结果发现在实践过程中 OLS 模型的套保效果最优。

2. 期权套期保值策略文献综述

期货市场的杠杆效应不仅有利于投资者以更小的成本完成成倍数量的交易，也使得现货市场中的风险被成倍放大，而衍生品市场最基本功能就是管理风险，因此风险对冲是设立衍生品市场进行交易的核心理由，如何才能更有效地管理风险是我国衍生品市场面临的最亟待解决的问题。国外学者研究发现，使用 Delta 中性 (DN) 策略可以达到理想套保目标，美国金融市场中投资者使用了约 1/3 的资金进行股权交易，目的就是为了能更有效地控制风险。Delta 中性策略是指在该套期保值的过程中，始终维持 Delta 等于零的状态，从而得到最优的套保效果，因为 Delta 值可以反映了期权的风险，一般认为该理论起源于布莱克—斯克尔斯—默顿期权定价模型 (Black-Scholes-Merton Option Pricing Model，1973)，该模型在信息完全、证券交易连续等假设条件下进行了期权的定价计算。吉尔斯特和李 (Gilster & Lee，1984) 修正了 B – S 模型，并且通过实证研究发现每天进行调整套保比率的交易成本其实非常小。贝尼和路福特 (Benet & Luft，1995) 研究了 SPX 股指期权与 S&P500 指数期货使用 Delta 中性套期保值策略的可行性，并在研究时将保证金与交易成本也纳入了考虑中，检验得出 Delta

中性套保策略确实实现了一定的风险规避。托马斯（Tomas，2003）研究了其他套保策略与 Delta 中性套期保值策略的效果，认为在将保证金与交易成本纳入考虑的前提下，Delta 中性套保方法可以产生更好的风险收益比。国内对于套期保值的研究主要以期货的套保为主，对期权的套保策略与效果研究并不多，郑浩（2003）对中国股市的研究发现利用期权进行套期保值可以降低投资组合的风险，且交易的成本相比于其他投资组合也要更低，在研究中使用了 Delta 中性套期保值、Delta-Gamma 中性套期保值等不同的期权投资策略进行了模拟的实证分析。王一多（2014）使用豆一期货进行交易过程模拟时，发现使用期权的复制策略要比投资组合保险式交易策略的效果更好。韩立岩、魏洁（2009）研究了韩国金融市场中股指期权的交易对期货市场的影响，利用投资者结构与交易量构造模型后论证了股指期权对股指期货具有促进作用。王星宇（2013）通过模拟期权的套期保值过程发现 Delta 套期保值的资产组合波动要明显大于 Delta-Gamma 套期保值。魏洁（2012）在假定保持期权合约数量不变的前提下，通过调整股指期货头寸来模拟期权的套期保值过程，使用 Delta 中性策略，通过模拟套保过程发现，指数现货、股指期货和股指期权的套期保值组合都能对投资者面临的价格风险起到一定的控制作用，但不同的套保策略对风险的控制能力并不相同。

3. 套期保值效果评价文献综述

一般在进行套期保值效果的评价时，主要是依赖于马科维茨（1952）的资产组合理论中的均值方差理论，后续的研究也提出了很多不同的套期保值效率评价模型，这里具有代表性的主要是以下三种：第一种是风险减少程度（HE）模型，该模型计算方法较为简单，是通过比较套期保值前投资组合收益与套保后投资组合收益的变化程度来评价套保效果，学者在对该模型进行研究时指出，风险减少程度模型较方便地刻画了套保效果的评价机制，但随着套保模型的不断改进，风险减少程度模型的使用范围变小，不适用于部分复杂模型的效果评价，即在使用中具有一定的局限性。国外学者在研究中发现除了使用范围的问题，风险减少程度模型还暗含了 OLS 模型的最优性假设，因此在某些情况下如果选择风险减少程度模型来作为比较其他模型与 OLS 模型套保效果时会有失公允。第二种套保效果评价模型是 HBS 模型，该模型中的 HBS 指标是结合了风险和收益两个指标计算得出的，并将夏普比率也纳入了计算的范畴，但实际使用过程中该模型存在很多条件限制，且也可能会出现指标失效的情况。第三种是 Lindal，mean-Lindal' S. D 模型，该模型选择了两个独立的指标作为套保效果的评价指标，如果两指标的结果一致，固然结果清晰明了，但若存在两个指标结果不同时，必然会出现两者的排序先后的问题，而学者对该模型的研究中对于两者等级和如何排序暂时并没有取得统一的标准。

4. 国内外文献述评

根据国内外已有研究，学者们通过不同方法与模型研究套期保值的最优比率及最优效果得到的实证结果各有不同，不同的合约设计、市场环境、投资者行为都会对结论产生不同的影响。针对我国的实际情况，哪一种套期保值模型具有更好的避险功能，还有待研究与实证的检验，我国的沪深300股指期货市场发展尚不完备，股指期权市场还处于仿真交易阶段，如何更好地发挥其规避风险的功能还有待研究。结合国内外学者的研究，本文选取最新时段的样本数据及不同的套期保值模型对最优套期保值比率进行研究，并使用三种不同的套保评价指标对套期保值的效果进行比较，综合三个评价指标的结果选择最优的套保模型。

（三）研究方法与达到目标

本文将通过实证研究比较沪深300指数期货、指数期权的套期保值效果，在总结国内外学者基于不同模型的研究的基础上，使用了沪深300指数数据、沪深300指数期货数据、沪深300指数期权仿真交易数据，对沪深300指数期货、期权交易中的套期保值过程进行模拟。对沪深300指数现货、指数期货使用静态期货套期保值模型如最小二乘模型和误差修正模型、动态期货套期保值模型如GARCH族类模型在不同市场情况下进行套期保值的最优比率进行验证，并进一步比较套期保值的效果，对指数期货与期权、指数现货与期权通过Delta中性套期保值策略使用沪深300仿真交易数据进行套保过程模拟并进行最优效果的比较。比较不同市场条件下进行套期保值的最优套期保值比率及套期保值的效果。

（四）研究思路与总体框架

本文选取了沪深300股指期货交易数据与沪深300股指期权仿真交易数据进行研究，将数据按照不同市场状况进行分类，并对不同模型下的最优套保比率的套保效果进行比较，分析不同市场环境中哪种套保方式效果最优，总体研究框架如图1所示：

（五）研究特色与创新

本文主要的创新是，首先，将市场环境对沪深300指数期货、期权的套保效果的影响纳入考虑，研究了不同的环境下的套期保值策略及模型的效果；其次，在对套保效果进行评价时，选择了三个评价模型进行综合，从而得到更加准确的评价结果，使得针对不同模型的评价可以更清楚。

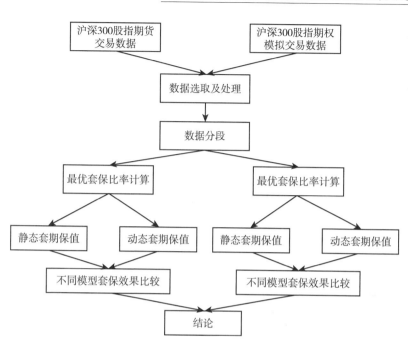

图 1 总体框架

二、股指期货及股指期权套期保值理论

（一）沪深 300 股指期货与股指期权概述

1. 沪深 300 股指期货

我国最早的股指期货合约是由海南报价交易中心推出的，但由于出现大户操纵股市事件被中国证监会叫停，直到 2005 年，股指期货的推出才开始再次提上日程。而我国学者与专家对指数期货的研究是从 20 世纪 90 年代开始的，除了学者们在不断深入研究股指期货的意义与功能，部分机构投资者也在紧跟步伐开始研究股指期货的交易策略及风险控制方法。

2010 年正式开始交易的沪深 300 股指期货是以沪深 300 股票指数作为标的物设立的标准化期货合约，与传统的商品期货合约有很多不同点，股指期货的标的资产是股价指数且交割时并不用实物交割，而是采用现金交割，且股指期货对外部影响的反映要更加灵敏，从而使得股指期货具有更强的投机性。该期货合约的标的物——沪深 300 指数是以 2004 年 12 月 31 日为基日计算得出，选择了上海和深圳证券市场中的 300 只股票（其中沪市 179 只，深市 121 只）作为样本，该指数包含了例如中国联通、中石化等一些规模大且流动性好的股票。

中国金融期货交易所在正式挂牌之前就发布了一份关于股指期货合约的方

案，向广大的投资者征求关于发行股指期货的意见。在 2006 年 9 月正式挂牌后，中金所很快就开始了沪深 300 股指期货的仿真交易，经过四年时间的仿真交易，股指期货形成了一个较为系统化的交易体系，中金所也有了一个较为完整的交易流程理念。于是 2010 年 4 月，中国金融期货交易所正式推出了沪深 300 指数期货合约，标准合约如表 1 所示：

表1　　　　　　　　　　　　沪深 300 股指期货合约

报价单位	指数点
最小变动价位	0.2 点
合约月份	当月、下月及随后两个季月
交易时间	上午：9：15～11：30，下午：13：00～15：15
最后交易日交易时间	上午：9：15～11：30，下午：13：00～15：00
每日价格最大波动限制	上一个交易日结算价的 ±10%
最低交易保证金	合约价值的 15%
最后交易日	合约到期月份的第三个周五，遇国家法定假日顺延
交割日期	同最后交易日
交割方式	现金交割
交易代码	IF
上市交易所	中国金融期货交易所

资料来源：中国金融期货交易所。

沪深 300 指数期货的推出，首先促使沪深 300 指数所包含的成份股受到市场的关注，同时对指数基金流动性也产生了一定的影响。沪深 300 指数的成份股中包含的蓝筹股带来了相应的市场溢价，体现了他的战略性作用；如果市场中出现套利机会时，指数基金就可以作为复制标的指数的有效途径，市场中嘉实 300 与大成 300 两个上市型开放基金（Listed Open-Ended Fund）以及部分交易型开放式指数基金（Exchange Traded Funds）都与沪深 300 指数密切相关，这几个基金在期现套利时都可以成为投资者的首要选择，从而极大提高了指数类基金的流动性。

2. 沪深 300 股指期权

我国期权最早出现在香港，当时推出的恒生股指期权是我国的第一只股指期权，而在我国大陆上市的第一只期权已经是 2015 年出现的上证 50ETF 期权。相比于亚洲市场的其他国家，比如日本推出的日经 225 股指期权时间上足足晚了二十余年，但实际上我国在 2013 年就已经开始进行了股指期权仿真交易，其标的就是沪深 300 股指期权。

沪深 300 股指期权合约，指期权的购买者在期初向期权的出卖方支付一定数目的权利金，就获得了在一定时间或一段时间内以约定价格卖出或买入沪深 300 股指合约的权利，期权的义务与权利是不对等的。截至 2012 年末，全球上市了股指期权的交易所已经超过了 40 家，不管是在新兴市场还是成熟市场，股指期权已经成为投资者进行资产配置、风险管理的必要选择。2014 年中金所在原本的仿真交易单位数量的基础上扩大了业务测试范围，仿真交易范围涵盖了全部会员单位。这一举动使得股指期权的交易进一步被推广，更多的投资者及投资机构加入到了股指期权的仿真交易中来，这使得股指期权向全市场仿真交易迈出了一大步。对其他投资者而言，全市场仿真交易之后就会是合约的正式上市，股指期权正式成为可交易的期权品种指日可待。

从之前国外各地区的交易情况来看，股指期权因为其交易的复杂性与技巧性，在上市初期的很长一段时间都会作为一个风险规避的工具，比如进行套期保值交易，而由于股指期权的交易较为复杂而中小投资者并非十分专业，即使想尝试进行股指期权交易，也还需要一个认识的过程。另外由于股指期权包含波动率的概念，如果市场走势平缓，股指期权的价值就会受到很大的影响，如果市场走势波动较大，又会导致股指期权涨跌情况变得复杂。与其他期权品种不同的是股指期权的投资门槛要更高一些，因此机构投资者就会占据一个较大的比率，而机构投资者所具有的设计多元化的产品的能力，会在一定程度上影响整个金融市场，加强整个市场的有效性。

（二）套期保值机制

套期保值是对冲期货和现货两个市场的风险水平，中和其盈亏程度，争取最终达到总盈亏为 0 的状态，从而有效地规避市场系统性风险。套期保值是期货期权的重要功能之一。凯恩斯（Keynes，1930）和希克斯（Hicks，1939）将套期保值的机制概括为在期货市场上建立一个与现货市场同种商品（或可替代商品）金额相同、方向相反的交易，是一种"盈亏互补"的模式，从而转移现货市场资产价格波动的风险。

在期现货市场上，期现货资产价格的波动不可能完全一致，即存在基差风险，导致现货市场的资产价格波动风险不能全部转移出去。所谓基差（basis）是指特定时间期货合约价格同其标的物现货市场成交价格之差，这个差值是时变的。套期保值工具与被套期保值的商品之间的价格非同步波动就会产生基差。在股指期货套期保值组合持有期间，基差的不断波动会直接导致套期保值组合产生损益。通常情况下，股指期货市场与股票现货市场的价格趋势越同步，基差的波动幅度就越小，基差风险也就越小，套期保值效果就越好。若股指期货市场与股票现货市场出现显著背离，基差的波动幅度就越大、基差风险也就越大，套期保值效果就越差。

期现货价格的趋同性是套期保值能够成功实现的关键因素，基差收敛主要基于两个原因：第一，同一品种的商品，由于所处的市场环境、政策条件相同，所以期货价格与现货价格受到的影响是相同的，虽然可能存在波动幅度的不同，或波动出现的先后时间差异，但总体而言，价格的波动趋势是一致的，如果现货价格上涨，期货价格在短期内可能会出现下跌的波动趋势，但长期来看，价格最终还是会上涨。第二，随着日期不断临近期货合约的到期日，基差（即现货价格减去期货价格的差）在到期日会等于零，如果基差不等于零，市场上就会存在套利机会，套利者通过套利交易也会使得最终期现货价格相等。基于以上两个基本原理，在某段时间内，套期保值者可以在期现货市场上利用衍生工具进行操作相反的策略从而避免风险，达到套期保值的目的。

套期保值通常遵循四个基本原则：第一，品种相同或相近原则。投资者在选择进行套期保值实现风险对冲的期货时，期货品种应该保持与现货品种相同或者相近。由于在期货市场中所交易的期货品种的数量相较于现货远远不足，因此选择进行套保的品种时应谨慎考虑，如现货购买黑色系商品，那期货合约也要选择黑色系期货作为套保的期货品种。第二，月份相同或相近原则。投资者进行套保是为了能将未来某一时间的现货头寸交易中价格波动导致的亏损风险对冲掉，因此在选择期货合约时，期货合约的交割日期应与现货交易的日期相同或相近，实际操作中，因为期货合约是标准化合约，因此可能存在无法保证完全相同的交易日期。第三，方向相反原则。投资者在实施套期保值时，在现货市场和期货市场的买卖方向必须相反。第四，数量相当原则，投资者进行套期保值交易的现货与期货合约的数量应基本保持一致，同样由于期货合约的数量是具有标准规定的，因此投资者在套保过程中应根据实际交易进行合理调整。

（三）股指期货套期保值策略

股指期货的套期保值分类方法有很多种，本文依据买卖方向进行分类的方法，将股指期货的套期保值分成卖出（空头）套期保值、买入（多头）套期保值和选择性套期保值。

卖出套期保值（又称为空头套期保值），指投资者由于担心在未来某一时间需要卖出现货时，现货价格下跌导致投资者承担亏损，为规避这种风险，投资者可以选择在期货交易市场中卖出与现货品种相同、数量相等、日期相近的合约进行风险对冲的交易策略。套期保值者如果因为价格下跌在现货市场产生了亏损，那他在期货市场一定获得了收益，反之，如果投资者在现货市场因为价格上涨在卖出现货时获得了盈利，那期货市场中买入期货平仓时就会亏损，因此，现期货市场中的盈亏总会相抵，就可以有效对冲风险，保护投资收益。卖出套期保值适用于：持有股票的投资者，担心市场价格会下跌，其持有股票的市场价值有可能下降；已经按固定价格买入未来交收股票的投资者，担心未来市场价格下跌。

买入套期保值（也叫做多头套期保值）是指投资者由于可能会在未来某一时间点买入一定量的现货，担心未来交易时现货价格上涨，使得投资者承担了高价买入的亏损，所以可以选择在期货市场买入相同品种数量、月份相近的期货进行风险对冲的交易策略。也就是说，如果投资者由于价格上涨而在现货市场产生了亏损，那期货市场就将获得盈利，反之亦然，通过期现货市场的盈亏相抵，将现货的远期价格固定在一个预估的水平上。买入套期保值适用于：（1）预计在未来要购买股票，购买价格尚未确定，担心市场价格上涨，使其购入成本提高。（2）持有融券头寸，担心其未来价格上涨，使其还券成本上升。（3）投资者卖出股票期权或股指期权看涨期权，担心价格上涨，面临较大的亏损，通过买进相应股指期货合约，在一定程度上对冲，因此产生的风险。

选择性套期保值则是投资者在实际交易中为增加利润而进行的操作，他们的交易目的不仅是为了降低风险，只要投资者对自己的判断充满信心，就可以完全根据个人的需求进行套保操作的选择。

选择性套期保值理论由沃金（Working，1935）提出，他认为，由于套期保值交易中时刻存在基差风险，投资者更加关心的是基差的变动，而非期货市场和现货市中的绝对价格的变动。因而，只有当投资者对基差的预期产生变化时才会从事套期保值交易。沃金在进行期货交易的投资者的交易动机中考虑进了投机因素，他认为投资者的最终目的是利润最大化，而非风险最小化。

投资者可以运用股指期货调整投资组合的 β 值，以增大收益或降低风险。当预计市场将上涨时，可以通过买入期货合约提高投资组合的 β 值，增大收益率；当预计市场将下跌时，可以通过卖出期货合约降低投资组合的 β 值，减小组合的风险。

（四）股指期权套期保值策略

使用股指期权进行套期保值时，除了要考虑买入和卖出，还要考虑是选择看涨期权（call）还是选择看跌期权（put），所以可以将期权套保根据期权种类与买卖方向分别组合，则包括以下四种：买入看涨期权、卖出看涨期权、买入看跌期权、卖出看跌期权四种不同的策略。

保护型策略包括买入看涨期权与买入看跌期权两种，投资者作为期权的买方支付相应的权利金进行套保，由于这个策略可以对现货的价格波动进行有效保护，就算策略出现问题，也不会出现无法承担的损失，因此命名为保护型策略，保护型策略的优点是该策略中的风险有限而收益无限，所以不必担心增加风险，但由于保护型策略需要提前缴纳权利金，因此，该策略的成本较高。

抵补型策略包括卖出看涨期权和卖出看跌期权，投资者选择该策略时因为卖出了期权合约，所以可以获得相应的权利金收入，如果发生亏损，投资者就可以选择使用卖出期权所获得的权利金补偿现货市场发生的亏损，与保护型策略相反，在抵补型策略中，虽然成本为负（可以收到权利金），但对风险的降低能力有限，而且对操作者的专业性要求更强，因为卖出策略中，投资者的收益有限而风险无限，因此，在使用抵补型策略时，除了应谨慎操作，小心避免出现操作风险，也要具有一定的分析能力，避免出现错误的买卖操作。

由于不同的交易目的，期权套期保值的效果始终存在争议，套保可以降低市场风险，规避因现货资产价格的剧烈波动对投资者的冲击，但在实际操作中，大多数投资者不仅想规避风险，还想追求更大的收益，所以对不同的套保策略存在分歧。

（五）小结

本节简单概述了国内股指期货、股指期权状况，分析了股指期货套期保值机制，探讨了股指期货套期保值与股指期权套期保值策略。为下一步套期保值的实证研究奠定了理论基础。

三、股指期货与股指期权套期保值模型

（一）股指期货套期保值模型

1. OLS 模型

20 世纪 60 年代早期，约翰逊和斯泰因（Johnson & Stein）研究提出，套期保值的目的是使现货与期货投资组合的收益变动的方差最小，他们利用投资组合理论对套期保值进行了初步研究，之后艾丁顿（Ederington）提出可以使用最小二乘法进行线性回归的方法分析计算最优套期保值比率，使用最小二乘法进行线性回归的前提条件是时间序列为平稳序列，因为非平稳序列会产生伪回归现象。通过国内外学者文献中的数据分析发现，通常情况下现货与期货的价格序列并不是平稳序列，而现货与期货的收益率序列则为平稳序列。因此本文选用现货与期货的收益率序列进行回归分析，方程如下：

$$\Delta S_t = \alpha + \beta \Delta F_t + \varepsilon_t \tag{1}$$

其中，ΔS_t 代表现货收益率，ΔF_t 代表期货收益率，α 为回归函数截距项，β 代表最小方差套期保值率的值，ε_t 为随机误差项。

根据最小二乘法，最小方差套期保值率为：

$$\beta = \frac{\mathrm{Cov}(\Delta S_t, \ \Delta F_t)}{\mathrm{Var}(\Delta F_t)} \tag{2}$$

普通最小二乘法模型用于套期保值时方法较简单，但它具有时间序列的共有缺陷：该模型所得到的残差具有明显的自相关性；残差的平方具有异方差性；而由于期现货市场具备较高相关性，所以时间序列存在某种同步关系。综上，通过简单最小二乘法模型（OLS 模型）得到的估计结果可能会存在一定的无效性。

2. 误差修正模型

学者们在研究金融问题时，发现处理数据时大部分与价格相关的时间序列数据都呈现出非平稳性，期现货价格序列也是一样。根据本文介绍到的期货的套期保值原理，期货价格在靠近到期日时会逐渐与现货价格趋于相同，所以期现货价格之间并非毫无联系的序列。学者们在初次研究时，将这种长期稳定的关系命名为协整关系，而大量的实证研究表明期货价格与现货价格之间就可能存在这种稳定的关系。在对套期保值的研究中发现，协整关系的存在会对模型的估计结果产生影响。

恩格尔和格兰因（Engle & Granger，1978）提出在估计最优套期保值比率时应该考虑期现货价格序列间的协整关系，即需要在进行估计前对时间序列的残差进行检验，确认是否存在协整关系。在这之后，高斯（Ghosh）通过对协整理论与误差修正模型的研究，通过实证研究得出协整关系确实会对最优套期保值比率的估计产生影响，进而影响套保的效果。由此建立了误差修正模型（ECM）。公式如下：

$$\Delta S_t = \lambda ecm_{t-1} + \beta \Delta F_t + \varepsilon_t \tag{3}$$

ΔS_t 代表现货收益率，ΔF_t 代表期货收益率，ecm 为误差修正项，β 代表最小方差套期保值率的值，ε_t 为随机误差项。

最小二乘法模型（OLS 模型）与误差修正模型（ECM 模型）是学者在研究静态套期保值时选择的主要的两种估计方法，也得到了业界较为普遍的认可，但由于期现货价格具有时变性，静态套期保值无法及时作出反映，故国外学者通过研究提出了动态套期保值模型。

3. GARCH 模型

（1）GARCH（p，q）模型。古典回归模型中，假定该回归模型的随机误差项服从同方差分布，但在对金融时间序列进行分析时发现，由于金融资产价格会发生突然的波动，且波动不止一次，可能会连续的出现，波动的幅度也无法有效预知，这种变量序列发生突然性的波动（如大波动后出现大波动，小波动后又出现小波动）的现象被称为波动性聚集现象。

如果存在这种现象，那就需要对残差序列进行 ARCH 效应检验，因此此时的残差序列就不再符合同方差分布的假定。检验 ARCH 效应的方法有两种：一个是利用异方差性，另一个就是进行自相关性检验。如果检验结果证明残差序列存在 ARCH 效应，就需要建立相应的 ARCH 模型（自回归条件异方差模型）重新拟合原序列。ARCH（q）模型公式如下：

$$\Delta S_t = \beta \Delta F_t + \varepsilon_t$$
$$\varepsilon_t \mid I_{t-1} \sim N(0, h_t)$$
$$h_t = \alpha_0 + \sum_{i=1}^{q} \alpha_i \varepsilon_{t-i}^2$$
$$\alpha_i > 0 \tag{4}$$

ΔS_t 代表现货收益率，ΔF_t 代表期货收益率，ε_t 为随机误差项（随机扰动项），h_t 为条件方差，q 为回归方程的阶数，在使用 ARCH 模型对金融市场进行分析时，学者们发现时间序列的异方差性被 ARCH 模型很好地刻画了出来，但当模型中的 q 值较大时，滞后阶数也较大，会使得估计工作量变得过大，随后波勒斯勒夫（Bollerslev，1986）提出了具有两个滞后阶的广义自回归条件异方差模型（GARCH 模型），这两个滞后阶可以更方便地刻画金融时间序列的波动聚集性，也更好地揭示了金融数据的"厚尾"特征。GARCH（p，q）模型公式为：

$$\Delta S_t = \beta \Delta F_t + \varepsilon_t$$
$$\varepsilon_t \mid I_{t-1} \sim N(0, h_t); \ \varepsilon_t = h_t^{1/2} \eta_t, \ \eta_t \sim i.i.d. \ N(0, 1)$$
$$h_t = \alpha_0 + \sum_{i=1}^{q} \alpha_i \varepsilon_{t-i}^2 + \sum_{i=1}^{p} \delta_i h_{t-1}$$
$$\alpha_i > 0, \ p \geq 0, \ q > 0, \ \delta_i > 0 \tag{5}$$

（2）对角 VECH 模型。在进行实际的投资组合决策时，由于投资组合中的资产不仅反映单个资产的收益与风险的关系，也会对其他资产产生影响。在这样的背景下，学者们开始探索 GARCH 模型的多元模式，与传统一元 GARCH 模型不同，多元 GARCH 模型可以研究多个变量在市场波动时相互之间的影响。

通过考虑了单个序列的波动情况对其他序列产生的影响，波勒斯勒夫（1988）利用 GARCH 模型研究向量波动时提出了多元 GARCH – VECH 模型，将矩阵 A_i 和 B_j 约束为对角矩阵，可以有效减少多元 GARCH 模型需要汇总的参数个数，使得该模型的计算变得方便。因此对角多元 GARCH 模型表示为：

$$Vech(H_t) = W + \sum_{i=1}^{q} diagA_i Vech(\varepsilon_{t-1} \varepsilon'_{t-1}) + \sum_{j=1}^{p} diagB_j Vech(H_{t-j})$$
$$h_{mn,t} = w_k + \sum_{i=1}^{q} a_k Vech(\varepsilon_{m,t-1} \varepsilon'_{n,t-1}) + \sum_{j=1}^{p} b_k h_{mn,t-j} \tag{6}$$

对角 GARCH 模型协方差矩阵 H_t 中变量 m、n 之间的协方差只受到变量 m、n 的残差乘积项的历史序列影响。因此对角多元 GARCH 模型简化了多个变量间的相关关系。

（3）BEKK 模型。在 VECH 模型中，H_t 矩阵中参数数量与序列数量相关，因此就只能局限于二维序列，因此国外学者提出可以将 VECH 模型中 H_t 正定化，在此基础上修正后的模型，即 BEKK 模型，公式如下：

$$H_t = CC' + \sum_{j=1}^{q} \sum_{k=1}^{K} A'_{kj} r_{t-j} r_{t-j}^l + \sum_{j=1}^{p} \sum_{k=1}^{K} B'_{kj} H_{t-j} B_{kj} \tag{7}$$

其中 C 为 n 维三角矩阵，A_{kj}、B_{kj} 为 N * N 维矩阵，由于 BEKK 模型保持了 H_t 的正定性，因此不再需要施加其他约束条件。

（4）不变条件协相关模型（CCC – GARCH 模型）。结合国内外学者研究，BEKK 模型虽修正了矩阵的正定条件，但导致整体模型的经济意义变得模糊，因此学者们提出了使用不变条件协相关模型进行套期保值比率的估计。不变条件协相关模型是波勒斯勒夫（1990）提出的，该模型不仅涵盖了单变量模型的波动问题，还可以描绘不同变量之间的相关系数，这样就可以很好地刻画出不同变量间的相互作用，可以将模型中的条件协方差矩阵分解成条件方差矩阵和条件相关矩阵，而且条件方差矩阵考虑了时变性，再进一步分别进行参数化。公式如下：

$$r_t \mid \Omega_{t-1} \sim N(0, D_t P_t D_t)$$
$$H_t = D_t P_t D_t$$
$$D_t = \mathrm{diag}\{ h_{1t}^{1/2}, h_{2t}^{1/2}, \cdots, h_{Nt}^{1/2} \}$$
$$h_t = \omega + \sum_{i=j}^{q} A_j \varepsilon_{t-j}^2 + \sum_{j=1}^{p} B_j h_{t-j} \tag{8}$$

其中，ε_t 为残差向量，A_j、B_j 为对角矩阵，H_t 是正定的。在多元 GARCH 模型中，通常假定误差项服从二元条件正态分布，但现实中金融时间序列大多并不服从正态分布的假设，因此本文在进行分析时使用最大似然估计来估计模型中的参数，并使用二元 T 分布来描述不变条件协相关模型中的误差分布。

（二）股指期权套期保值模型

1. 指数期货、股指期权组合的 Delta 中性动态套期保值

通常在实证研究中，选择用 Delta 来表示股指期权的价格波动及风险，Delta 计算时可以表示为标的资产价格的变化对期权价格变化的影响。一般的，Delta 中性（Delta neutral）是指 Delta 等于零的状态。Delta 中性套期保值策略的目标是通过构造一个期货期权的投资组合，该组合可以不受到标的资产价格变化的影响。但由于价格变动十分频繁，所以投资者的头寸保持 Delta 中性状态仅可以持续一个很短暂时期，因此这个套保策略就需要进行频繁的调整，也就是再均衡，这种频繁的调整被称作动态套期保值操作。本文通过构造一个包含股指期货、股指期权的投资组合 P（Portfolio）来对股指期货、股指期权的 Delta 中性套期保值策略进行套保过程模拟并研究套保的效果。公式如下：

$$P = \alpha_0 F + \alpha_1 O \tag{9}$$

其中，F 为股指期货价格，O 为股指期权价格，α_0 为股指期货的交易数量，α_1 为股指期权的交易数量，α_0、α_1 为正数时表示做多，为负数时表示做空，根据 Delta 的定义，对上式中标的资产价格取偏导数，得到：

$$Delta_p = \alpha_0 Delta_0 + \alpha_1 Delta_1 \tag{10}$$

其中，$Delta_p$ 为投资组合的 Delta 值，$Delta_0$ 为股指期货的 Delta 值，$Delta_1$ 为股指期权的 Delta 值。为构造 Delta 中性组合，令 $Delta_p = 0$，则：

$$\alpha_0 Delta_0 = -\alpha_1 Delta_1 \tag{11}$$

即：

$$\alpha_0 = -\frac{\alpha_1 Detla_1}{Detla_0} \tag{12}$$

因此，如果已知股指期货的头寸，股指期权的头寸、股指期货的 Delta 值、股指期权的 Delta 值中任三个就可以计算出剩余的一个值，本文在进行期权套期保值过程模拟时，假设投资组合中的股指期权的数量保持不变，投资组合仅可以通过买卖沪深 300 股指期货合约来维持投资组合的 Delta 中性。

2. 指数现货、股指期权组合的 Delta 中性动态套期保值

根据理论模型，在信息不完全、市场价格有偏情况下，现货、期权的组合可以使投资者收益最大化。本文选择 Delta 中性套期保值策略对指数现货、指数期权的套期保值交易过程进行模拟并研究其套保的绩效问题。

假定投资者拥有的指数现货为指数基金，根据组合 Delta 中性的定义，$delta = \sum_{i=1}^{n} \beta_i delta_i$，若指数基金风险情况与市场投资组合的风险一致，则该指数基金的 Delta 为 1。

$$Delta_p = \beta_1 Delta_1 + \beta_2 Delta_2 \tag{13}$$

其中 β_1 为指数基金的交易数量，β_2 为股指期权合约的交易数量，$Delta_p$ 为投资组合的 Delta 值，$Delta_1$ 为指数基金的 Delta 值，$Delta_2$ 为股指期权的 Delta 值。为构造 Delta 中性组合，令投资组合的 Delta 值为 0，则得到：

$$\beta_1 Delta_1 + \beta_2 Delta_2 = 0 \tag{14}$$

则在确定所持有现货的情况下，若已知股指期权的 Delta 值及其中任一合约的交易数量，就可确定另一合约的交易数量。

Delta 中性套期保值过程中包括以下几项假设：第一，所有证券是连续可分的，指数期权是欧式期权，即到期日才可执行；第二，没有其他的交易成本，且投资组合没有股息的支付；第三，市场没有限制卖空；第四，投资者持有的现金不能带来利息。

本文假定在进行套保模拟过程中符合以上假设。

（三）套期保值效果评价模型

1. 风险减小程度模型（HE 模型）

风险减少程度模型（HE 模型）评价套期保值效果时，使用的指标等于套期保值前后投资组合收益的方差减少量，除以套期保值前投资组合收益的方差。

该评价模型的计算方法较为简单，但研究发现在使用 HE 模型时存在一定的条件限制，部分学者在对风险减少程度模型进行研究时，发现提出风险减少程度评价模型在评价套保绩效时在某种程度上已经暗含了 OLS 模型的最优性假设，因此如使用风险减少程度模型评价 OLS 模型与其他模型的套保效率的时，结果会不公正。国外学者的研究指出风险减少程度模型计算方法简单，但在评价较为复杂的套期保值模型时所得到的结果并不准确，在进行评价时会失去精确度。该模型表达式为：

$$HE = \frac{VarR_1 - VarR_2}{VarR_1} \tag{15}$$

其中，R_1 为现货资产收益，R_2 为套期保值后资产组合的收益。

2. 单位风险超额收益法模型（HBS 模型）

单位风险超额收益法模型（HBS 模型）是 1987 年提出的，该模型将套保前后的风险和收益两个指标综合起来，计算了套期保值前后投资组合在单位风险的条件下将获得的超过无风险利率的收益，即套保前后投资组合的夏普比率，将计算所得的结果用来评价套期保值的效率，但实际应用中，HBS 模型会出现负值导致失效的情况出现，故 HBS 模型也存在一定的限制。公式如下：

$$HBS = \frac{(i + \theta_2\sigma_1 - r_1)}{\sigma_1} = \frac{r_2 - i}{\sigma_2} - \frac{r_1 - i}{\sigma_1} = \theta_2 - \theta_1 \tag{16}$$

其中，r_1 为股指现货收益，r_2 为套保后投资组合的收益，σ_1 为股指现货收益标准差，σ_2 为套保组合收益标准差，i 为无风险利率、θ_2 为投资组合的夏普比率，θ_1 为股指现货的夏普比率。

3. Lindahl' mean—Lindal' S. D 模型

林达尔（Lindal, 1991）提出了的 Lindahl' mean—Lindal' S. D 模型，该模型使用两个指标来评价套期保值的绩效，一个指标 M_L 是经过套期保值后投资组合的收益与无风险利率之差的总和求得的均值，该指标反映了套保后投资组合的收益能力；另一个指标 σ_L 是经过套期保值后投资组合的收益与无风险利率之差的方差，该指标则反映出该套保策略对风险的控制能力。该评价模型中涉及了无风险利率，一般学术研究中选择国债的收益率作为无风险利率，计算公式如下：

$$M_L = \frac{1}{n}\sum_{j=1}^{n}(r_2 - i)$$

$$\sigma_L = \sqrt{\frac{1}{n} \sum_{j=1}^{n} (r_2 - i) - E(r_2 - i)^2} \qquad (17)$$

其中，i 为无风险利率，r_2 为套期保值后投资组合的收益，n 为样本容量。

（四）本节小结

本节简要介绍了期货套期保值最优比率估计时将使用的六种模型，本文将在实证研究部分分别使用静态套期保值的两种模型：传统最小二乘模型、误差修正模型、动态套期保值的四种模型：广义自回归条件异方差模型（GARCH（p，q）模型），对角 VECH 模型，BEKK 模型及不变条件协相关模型，计算在沪深 300 股指期货套期保值时的最优套保比率，在期权套期保值过程模拟时选用本节介绍的 Delta 中性套保原则，在不调整期权数量的情况下，以维持 Delta 中性为标准，调整期货数量，进而实现使用期权的最优套保效果，最后，对期货与期权的套保绩效采用本节介绍的三种评价模型选择出最优的结果，本节为实证部分将进行的实证检验做前期的理论准备工作。

四、沪深 300 股指期货与股指期权套期保值实证研究

（一）数据的选取和处理

1. 数据选取

本书选取了沪深 300 股票指数现货与期货自 2010 年 4 月 16 日~2018 年 3 月 30 日的交易收盘价作为数据样本，并将这一时间段内数据分为正常交易阶段（2010 年 4 月 16 日~2015 年 10 月 30 日）与政策干预阶段（2015 年 11 月 2 日~2018 年 3 月 30 日），进一步将正常交易阶段划分为正常波动交易阶段（2010 年 4 月 16 日~2014 年 9 月 30 日）、剧烈波动交易阶段（2014 年 10 月 1 日~2015 年 10 月 30 日），根据不同的市场环境下的交易数据进行套期保值效果的研究。

根据学者研究，期现货价格序列具有不平稳性，因此为便于进行模型研究，本文将期现货价格序列计算后分别得出期现货收益率序列。

2. 数据处理

（1）相关性拟合。将分成三个阶段的沪深 300 股指现货、股指期货收益率序列进行图形拟合，分析期现货收益率之间的相关性，拟合结果如图 2～图 4 所示：

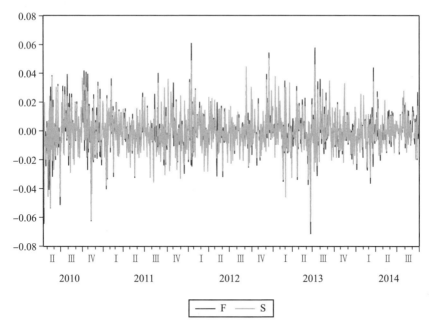

图2 波动正常交易阶段

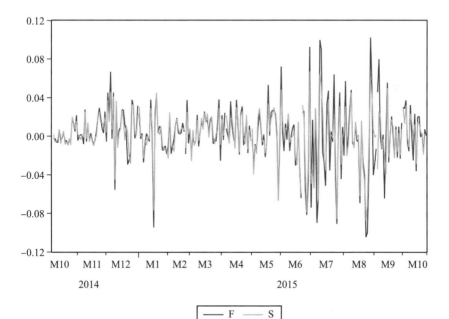

图3 剧烈波动交易阶段

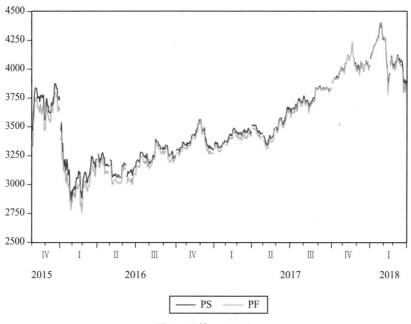

图4　政策干预阶段

　　根据上图，样本内数据沪深300股指现货及期货收益率序列的相关性很高，可以进行套期保值业务。

　　（2）样本数据统计特征检验。对样本内数据（沪深300指数期、现货收益率序列）进行基本的统计特征分析，结果如表2所示：

表2　　　　　　　　　　　　　　　　　　　　**样本数据统计特征**

	正常波动交易阶段		剧烈波动交易阶段		政策干预阶段	
	S	F	S	F	S	F
均值	− 0.0002	− 0.000213	0.001668	0.001668	0.000261	0.000325
中位数	− 0.000323	− 0.000689	0.002014	0.001643	0.000862	0.000218
最大值	0.05049	0.061109	0.067147	0.102276	0.04705	0.063577
最小值	− 0.06308	− 0.071643	− 0.087479	− 0.10458	− 0.070206	− 0.064408
标准差	0.013461	0.013933	0.024475	0.030982	0.011522	0.012666
偏度	− 0.093618	0.031786	− 0.78407	− 0.273014	− 1.407452	− 0.746865
峰度	4.932776	5.779937	4.968465	5.146952	11.99415	9.368238
JB 统计量	169.9948	348.5885	68.61743	53.16511	2183.455	1051.815
概率	0	0	0	0	0	0
样本观测量	1082	1082	260	260	590	590

根据沪深 300 指数现、期货收益率数据的统计结果，标准正态分布的峰度为 3，本书样本数据的峰度均大于 3，由于 JB 统计结果拒绝原假设，则样本数据不服从正态分布，因此，根据表 2，样本数据具有尖峰厚尾的特征。

（3）数据平稳性检验。研究发现，使用非平稳序列在进行回归分析时会出现伪回归现象，故在进行回归分析前对样本数据平稳性进行 ADF 检验，检验结果如表 3 所示：

表 3 　　　　　　　　　　　　样本数据 ADF 检验结果

	正常波动交易阶段		剧烈波动交易阶段		政策干预阶段	
	S	F	S	F	S	F
ADF 值	− 33. 08186	− 34. 05493	− 14. 2499	− 13. 1665	− 25. 50354	− 25. 55884
1%	− 3. 436182	− 3. 436182	− 3. 455486	− 3. 455585	− 3. 441223	− 3. 441223
5%	− 2. 864003	− 2. 864003	− 2. 872499	− 2. 872542	− 2. 866228	− 2. 866228
10%	− 2. 568133	− 2. 568133	− 2. 572684	− 2. 572707	− 2. 569326	− 2. 569326
是否平稳	是	是	是	是	是	是

由上述结果可知，期现货收益率序列数据的 ADF 检验 T 统计量在 10%、5%、1% 的显著水平下拒绝原假设，即待检验序列不具有单位根，是平稳序列。

（二）沪深 300 股指期货套期保值实证研究

1. OLS 模型

传统 OLS 模型为：

$$\Delta S_t = \alpha + \beta \Delta F_t + \varepsilon_t$$

其中，ΔS_t 代表沪深 300 股指现货收益率，ΔF_t 代表沪深 300 股指期货收益率，α 为回归函数截距项，β 代表最小方差套期保值比率，ε_t 为随机误差项。将三组数据代入回归模型进行回归分析后得到套期保值比率。结果见表 4：

表 4 　　　　　　　　　　　　OLS 模型 Eviews 结果

	OLS 模型回归结果				
	Variable	Coeffficient	Std. Error	t-Statistic	Prob
正常波动交易阶段	C	− 4. 30E − 06	0.000125	− 0.034474	0.9725
	F	0.920154	0.00896	102.6939	0

续表

	OLS 模型回归结果			
	Variable	Coeffficient	Std. Error	t-Statistic	Prob
剧烈波动交易阶段	C	0.00049	0.000682	0.71787	0.4735
	F	0.706352	0.022021	32.07638	0
政策干预阶段	C	$-2.37E-05$	0.000128	-0.185403	0.853
	F	0.876285	0.01008	86.93606	0

根据 Eviews 输出的结果，不同交易阶段的 OLS 模型结果各不相同，根据上述结果可分别写出不同阶段的 OLS 模型表达式，进一步对模型的拟合效果进行验证，选择 R^2 与调整 R^2 的结果进行检验，检验结果见表 5：

表 5 OLS 模型拟合效果

OLS 模型拟合效果		
	R^2	调整 R^2
正常波动交易阶段	0.907105	0.907019
剧烈波动交易阶段	0.799517	0.79874
政策干预阶段	0.927816	0.927693

在对模型的拟合效果验证时，R^2 与调整 R^2 的结果除剧烈波动阶段稍小，其他均接近于 1，因此认为拟合效果较好。则样本数据根据传统 OLS 模型进行回归分析后得到的各阶段最小方差套期保值比率见表 6：

表 6 OLS 回归套期保值比率

套保比率	正常波动交易阶段	剧烈波动交易阶段	政策干预阶段
OLS 模型	0.920154	0.706352	0.876285

根据上述模型结果，使用 OLS 模型进行套期保值时，不同的市场环境下的套保比率各不相同，对套期保值效果的比较将在下文进一步深入研究。

2. 误差修正模型

本文原始数据选取的是沪深 300 指数的期现货价格，经过检验后发现该数据不稳定，故进行差分后变为收益率序列进行研究，根据本文上节对数据平稳性检验，可知沪深 300 期现货收益率序列平稳，满足协整检验前提即时间序列保持同

阶单整,因此对沪深 300 期现货价格序列进行回归分析后对其残差进行协整检验,结果见表 7:

表 7　　　　　　　　　　　期现货价格序列残差平稳性检验

	正常波动交易阶段	剧烈波动交易阶段	政策干预阶段
ADF 值	− 5.8624	− 1.9016	− 4.5411
10%	− 1.6165	− 1.6158	− 1.6163
是否平稳	是	是	是

经过检验,三时段数据结果均表明该回归方程的残差不存在单位根,即该残差序列是平稳序列,说明期现货价格之间存在着长期的均衡关系,故构造 ECM 模型。

$$\Delta S_t = \lambda ecm_{t-1} + \beta \Delta F_t + \varepsilon_t$$

其中 ecm_{t-1} 为误差修正项,进行回归分析后结果见表 8:

表 8　　　　　　　　　　　　　ECM 模型 Eviews 结果

		ECM 模型			
	Variable	Coeffficient	Std. Error	t-Statistic	Prob
正常波动交易阶段	C	− 2.77E − 06	0.000118	− 0.023546	0.9812
	F	0.926665	0.008463	109.499	0
	ECM（−1）	− 8.39E − 05	7.17E − 06	− 11.70207	0
剧烈波动交易阶段	C	0.000474	0.000647	0.73155	0.4651
	F	0.706812	0.020904	33.81242	0
	ECM（−1）	− 3.58E − 05	6.62E − 06	− 5.414272	0
政策干预阶段	C	− 2.33E − 05	0.000123	− 0.19029	0.8491
	F	0.873226	0.009698	90.03785	0
	ECM（−1）	− 3.66E − 05	5.20E − 06	− 7.029613	0

同样,不同市场环境下的 ECM 模型所得结果各不同,选择 R^2 与调整 R^2 的对模型的拟合结果进行检验,检验结果见表 9:

表 9　　　　　　　　　　　　　ECM 模型拟合效果

ECM 模型拟合效果		
	R 方	调整 R 方
正常波动交易阶段	0.917567	0.917414
剧烈波动交易阶段	0.820044	0.818643
政策干预阶段	0.933421	0.933194

对模型的拟合效果进行验证时 R^2 与调整 R^2 的结果均接近 1，认为模型拟合效果较好。因此根据误差修正模型（ECM）得到的最小方差套期保值比率见表 10：

表 10　　　　　　　　　　　　ECM 模型分析结果

套保比率	正常波动交易阶段	剧烈波动交易阶段	政策干预阶段
ECM	0.926665	0.706812	0.873226

与 OLS 模型相似，在不同的市场环境中使用 ECM 模型得到的套期保值比率不同，下文将对 ECM 模型套保效果再进行研究比较。

3. GARCH 模型

（1）GARCH（p，q）模型。对样本数据检验回归模型的残差项是否具有 ARCH 效应，结果见表 11：

表 11　　　　　　　　　　　　ARCH LM 检验

	初上市交易阶段	暴涨暴跌阶段	政策严管阶段
是否具有 ARCH 效应	是	是	是

根据 LM 检验结果，样本数据具有 ARCH 效应，因此可以构造 GARCH 模型进行估计，公式如下：

$$\Delta S_t = \beta \Delta F_t + \varepsilon_t, \varepsilon_t \sim N(0, \sigma^2)$$

$$\sigma_t^2 = \alpha_0 + \sum_{i=1}^{q} \alpha_i \varepsilon_{t-1}^2 + \sum_{i=1}^{p} \delta_i \sigma_{t-1}^2$$

实证证明，GARCH 模型的阶数确定存在一定难度，因此一般仅用到低阶的 GARCH 模型，故对样本数据分别作出 GARCH（1，1）、GARCH（1，2）、GARCH（2，1）及 GARCH（2，2）模型，进行比较，结果见表 12～表 14：

表 12 正常波动交易阶段

	GARCH (1, 1)	GARCH (2, 1)	GARCH (1, 2)	GARCH (2, 2)
R^2	0.906841	0.906599	0.906798	0.906617
AIC	- 8.242174	- 8.256391	- 8.246468	- 8.255357
SC	- 8.219131	- 8.22874	- 8.218816	- 8.223096

表 13 剧烈波动交易阶段

	GARCH (1, 1)	GARCH (2, 1)	GARCH (1, 2)	GARCH (2, 2)
R^2	0.771069	0.772199	0.770787	0.771681
AIC	- 6.655909	- 6.663663	- 6.652069	- 6.656609
SC	- 6.587434	- 6.581494	- 6.569899	- 6.5607451

表 14 政策干预阶段

	GARCH (1, 1)	GARCH (2, 1)	GARCH (1, 2)	GARCH (2, 2)
R^2	0.926348	0.926147	0.926567	0.926218
AIC	- 9.235961	- 9.254027	- 9.246347	- 9.25782
SC	- 9.198841	- 9.209483	- 9.201803	- 9.205853

对样本数据进行不同的 GARCH 模型估计后选取所得结果的 R^2（拟合优度）、AIC（赤池信息准则）、SC（施瓦茨信息准则）进行比较，挑选拟合优度更接近 1，AIC、SC 值更小的模型，则初上市交易阶段与暴涨暴跌阶段选择 GARCH (2, 1) 模型，政策严管阶段选择 GARCH (2, 2) 模型。则根据 GARCH (p, q) 模型得到的最小方差套期保值比率见表 15：

表 15 GARCH (p, q) 模型套期保值比率

套保比率	正常波动交易阶段	剧烈波动交易阶段	政策干预阶段
GARCH 模型	0.941872	0.836919	0.841003

与上文静态套保模型相似，不同的市场环境中套保得到的套保比率不同。

（2）对角 VECH 模型。为研究多变量间波动的相互影响，本文构造 VECH 模型对样本数据进行最优套期保值效果估计。根据 VECH 模型得到的最小方差套期保值比率见表 16：

表 16　　　　　　　　　　　VECH 模型套期保值比率

套保比率	正常波动交易阶段	剧烈波动交易阶段	政策干预阶段
VECH 模型	0.922965	0.914971	0.965278

（3）BEKK 模型。由于 VECH 模型中 H_t 非正定，故使用 BEKK 模型再次进行估计。根据 BEKK 模型得到的最小方差套期保值比率见表 17：

表 17　　　　　　　　　　　BEKK 模型套期保值比率

套保比率	正常波动交易阶段	剧烈波动交易阶段	政策干预阶段
BEKK 模型	0.959367	0.918609	0.968286

（4）CCC – GARCH 模型。构造不变条件协相关模型进行套期保值比率估计，则根据 CCC – GARCH 模型得到的最小方差套期保值比率见表 18：

表 18　　　　　　　　　　CCC – GARCH 模型套期保值比率

套保比率	正常波动交易阶段	剧烈波动交易阶段	政策干预阶段
CCC – GARCH 模型	0.960193	0.935499	0.966574

以上是四个动态套期保值模型，考虑了序列的时变性，下面进一步对不同模型不同环境中的不同套保比率产生的效果进行研究。

（三）沪深 300 股指期货套期保值效果比较

根据上节中对样本数据进行的实证研究，将各模型估计所得的套期保值比率汇总见表 19：

表 19　　　　　　　　　　　各模型套期保值比率

套保比率	正常波动交易阶段	剧烈波动交易阶段	政策干预阶段
OLS 模型	0.920154	0.706352	0.876285
ECM 模型	0.926665	0.706812	0.873226
GARCH（p，q）模型	0.941872	0.836919	0.841003
VECH 模型	0.922965	0.914971	0.965278
BEKK 模型	0.959367	0.918609	0.968286
CCC – GARCH 模型	0.960193	0.935499	0.966574

则根据套期保值比率计算得出样本数据套保前、后的均值与方差见表 20：

表 20   均值方差

		正常波动交易阶段		
		S	F	P
OLS	均值	− 0. 00019984	− 0. 00021251	− 0. 00019769
	方差	0. 00018120	0. 00019414	0. 00068858
ECM	均值	− 0. 00019984	− 0. 00021251	− 0. 00019838
	方差	0. 00018120	0. 00019414	0. 00069217
GARCH（p, q）模型	均值	− 0. 00019984	− 0. 00021251	− 0. 00020000
	方差	0. 00018120	0. 00019414	0. 00070056
VECH 模型	均值	− 0. 00019984	− 0. 00021251	− 0. 00019799
	方差	0. 00018120	0. 00019414	0. 00069013
BEKK 模型	均值	− 0. 00019984	− 0. 00021251	− 0. 00020186
	方差	0. 00018120	0. 00019414	0. 00071021
CCC – GARCH 模型	均值	− 0. 00019984	− 0. 00021251	− 0. 00020194
	方差	0. 00018120	0. 00019414	0. 00071066
		剧烈波动交易阶段		
		S	F	P
OLS	均值	0. 00166779	0. 00166809	0. 00142303
	方差	0. 00059900	0. 00095987	0. 00223484
ECM	均值	0. 00166779	0. 00166809	0. 00142341
	方差	0. 00059900	0. 00095987	0. 00223590
GARCH（p, q）模型	均值	0. 00166779	0. 00166809	0. 00153192
	方差	0. 00059900	0. 00095987	0. 00253722
VECH 模型	均值	0. 00166779	0. 00166809	0. 00159702
	方差	0. 00059900	0. 00095987	0. 00271798
BEKK 模型	均值	0. 00166779	0. 00166809	0. 00160006
	方差	0. 00059900	0. 00095987	0. 00272640
CCC – GARCH 模型	均值	0. 00166779	0. 00166809	0. 00161415
	方差	0. 00059900	0. 00095987	0. 00276552

		政策干预阶段		
		S	F	P
OLS	均值	0.00026148	0.00032539	0.00027331
	方差	0.00013276	0.00016042	0.00051969
ECM	均值	0.00026148	0.00032539	0.00027281
	方差	0.00013276	0.00016042	0.00051834
GARCH（p, q）模型	均值	0.00026148	0.00032539	0.00026757
	方差	0.00013276	0.00016042	0.00050411
VECH 模型	均值	0.00026148	0.00032539	0.00028779
	方差	0.00013276	0.00016042	0.00055898
BEKK 模型	均值	0.00026148	0.00032539	0.00028828
	方差	0.00013276	0.00016042	0.00056031
CCC - GARCH 模型	均值	0.00026148	0.00032539	0.00028800
	方差	0.00013276	0.00016042	0.00055956

根据上文介绍的三种套期保值效果评价模型（HE 模型、HBS 模型、Lindal 模型）分别对不同模型的套保效率进行计算，结果见表21：

表21　　　　　　　　　套期保值效果评价模型结果

	正常波动交易阶段　Lindal 模型			
	HE	HBS	均值	方差
OLS	2.800030721	1.26633893	0.03499769	0.008559129
ECM	2.819843709	1.26977601	0.034998381	0.008490809
GARCH（p, q）模型	2.866118645	1.27770017	0.034999997	0.00833193
VECH 模型	2.808584601	1.26782612	0.034997988	0.008529612
BEKK 模型	2.91935597	1.28664197	0.035001856	0.008150317
CCC - GARCH 模型	2.92186949	1.28705963	0.035001944	0.008141773
	剧烈波动交易阶段　Lindal 模型			
	HE	HBS	均值	方差
OLS	2.730930388	0.64771094	- 0.033376974	0.01247406
ECM	2.732708861	0.64788727	- 0.03337659	0.01248533

续表

	剧烈波动交易阶段 Lindal 模型			
	HE	HBS	均值	方差
GARCH（p，q）模型	3. 235734492	0. 69327866	− 0. 033268075	0. 01557078
VECH 模型	3. 537502702	0. 71686735	− 0. 033202976	0. 01733421
BEKK 模型	3. 551568103	0. 71791027	− 0. 033199942	0. 01741495
CCC － GARCH 模型	3. 616868993	0. 72269075	− 0. 033185855	0. 01778818
	政策干预阶段 Lindal 模型			
	HE	HBS	均值	方差
OLS	2. 91443907	1. 48300313	− 0. 034526691	0. 012003307
ECM	2. 904265132	1. 48100921	− 0. 034527189	0. 012032951
GARCH（p，q）模型	2. 797094554	1. 45952291	− 0. 034532431	0. 012347599
VECH 模型	3. 210421172	1. 53781997	− 0. 034512212	0. 011157148
BEKK 模型	3. 220425488	1. 53957179	− 0. 034511723	0. 011129076
CCC － GARCH 模型	3. 214731542	1. 53857550	− 0. 034512001	0. 011145049

根据表21的评价模型结果，即套期保值效果评价模型的结果，综合比较：

（1）沪深300股指期货的动态套期保值模型的套保效果优于静态套期保值模型，在本文所研究的样本数据的三个不同阶段中，均是具有时变性的GARCH族模型的套保效果更加优异。

（2）在针对不同市场环境的样本数据进行套保效果研究时，在正常交易阶段（包括正常波动交易阶段与剧烈波动交易阶段）CCC－GARCH模型的套保效果具有最优性，而出现政策干预后，虽然依旧是动态套期保值模型的效果更优，但却是BEKK模型的套保效果更好。

（3）在使用三个不同的指标进行套保效果的评价时，对于风险减少程度模型而言，动态套期保值模型的风险减少程度更大；对于HBS模型，动态套保模型的值要大于静态套期保值模型的值；而在Lindal模型中，动态套期保值模型的均值大于静态套期保值模型的均值，而动态套期保值模型的方差小于静态套期保值模型的方差。但在本文研究过程中，在市场处于剧烈波动交易阶段时Lindal模型的方差结果出现异常，由于方差反映了风险，而在剧烈波动阶段的风险要大于其他时段，因此，本文结合了其他模型的套保效果评价结果后，本文认为仍然是动态套保模型效果更优，说明在沪深300的波动过程中，动态套期保值对风险的控制能力更优。

（四）沪深 300 股指期权套期保值实证研究

1. 沪深 300 指数期货与股指期权组合套期保值过程模拟

一般，将股指货的投资者分为股指期货多头方与股指期货空头方，对多头方而言，投资者将面临的是股价下跌导致的股指期货亏损风险，而空头方则面临着股价上涨导致的股指期货亏损风险，根据这两种不同风险，有如下套期保值策略，本文将对不同市场环境中不同组合进行动态套保的模拟，对其套保效果进行评价，得出各方案的优缺点（见表 22）。

表 22　　　　　　　　　　股指期货、股指期权套期保值组合

价格风险	股指期货	股指期权	
		保护策略	抵补策略
规避价格下跌风险	多头	买入看跌期权	卖出看涨期权
规避价格上涨风险	空头	买入看涨期权	卖出看跌期权

本文选取沪深 300 指数期货沪深指数（IF8888）数据与沪深 300 股指期权仿真交易数据，同样依据上文的数据分段标准将指数期货数据分段后取正常波动交易阶段（2014 年 1 月 ~ 2014 年 10 月），剧烈波动交易阶段（2015 年 1 月 ~ 2015 年 10 月），政策干预阶段（2017 年 5 月 ~ 2018 年 3 月），三阶段沪深 300 股指期货的波动情况见图 5 ~ 图 7：

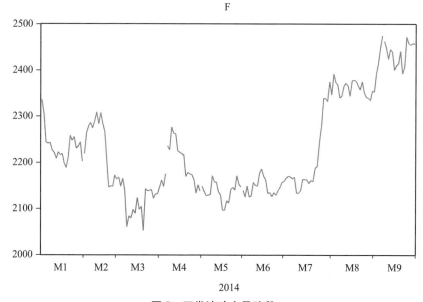

图 5　正常波动交易阶段

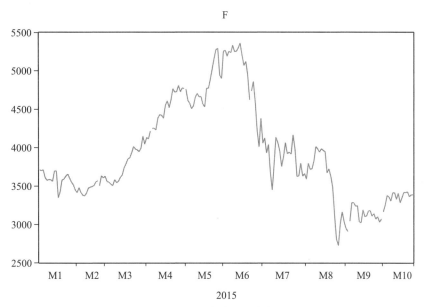

图 6　剧烈波动交易阶段

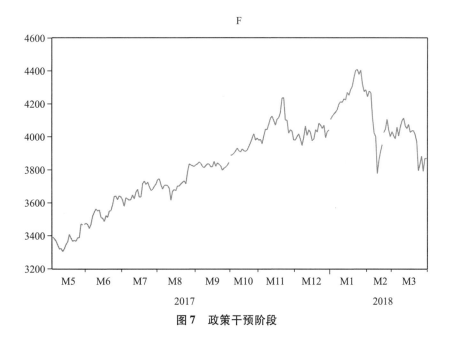

图 7　政策干预阶段

　　持有沪深 300 指数期货的投资者为规避价格下跌导致的风险,构建股指期货、股指期权的套期保值组合,现对多头股指期货的动态套期保值过程进行模拟。

（1）多头保护型动态套期保值过程模拟。

假设某投资者持有沪深 300 股指期货合约 100 手，该投资者希望在合约到期时期货合约的价格不低于现货价格，为防止价格下跌产生的风险，投资者选择保护型套期保值策略，即购买 100 份沪深 300 指数看跌期权（期权合约每份是 100 个单位，共 10000 个）进行套期保值。

正常波动交易阶段，若投资者 2014 年 1 月持有 100 份当年 3 月到期的沪深 300 股指期货合约，为防止价格下跌风险，根据沪深 300 指数期权仿真交易数据，投资者买入了 100 份 3 月到期的执行价为 2350 的沪深 300 指数看跌期权合约。

剧烈波动交易阶段，投资者 2015 年 6 月持有 100 份当年 10 月到期的沪深 300 股指期货合约，为防止价格下跌的风险，根据沪深 300 指数期权仿真交易数据，投资者买入了 100 份当年 10 月份到期的执行价为 4400 的沪深 300 指数看跌期权合约。

政策干预阶段，投资者 2018 年 1 月持有 100 份当年 3 月到期的沪深 300 股指期货合约，为防止价格下跌的风险，根据沪深 300 指数期权仿真交易数据，投资者买入了 100 份当年 3 月到期的执行价为 4100 的沪深 300 指数看跌期权合约。

（2）多头抵补型动态套期保值过程模拟。

假设该投资者选择抵补型策略进行套期保值，则投资者需卖出 100 份看涨期权（每份 100 个单位，共 10000 个）。

正常波动交易阶段，若投资者 2014 年 1 月持有 100 份当年 3 月到期的沪深 300 股指期货合约，为防止价格下跌风险，根据沪深 300 指数期权仿真交易数据，投资者卖出了 100 份 3 月到期的执行价为 2350 的沪深 300 指数看涨期权合约。

剧烈波动交易阶段，投资者 2015 年 6 月持有 100 份当年 10 月到期的沪深 300 股指期货合约，为防止价格下跌的风险，根据沪深 300 指数期权仿真交易数据，投资者卖出了 100 份当年 10 月份到期的执行价为 4400 的沪深 300 指数看涨期权合约。

政策干预阶段，投资者 2018 年 1 月持有 100 份当年 3 月到期的沪深 300 股指期货合约，为防止价格下跌的风险，根据沪深 300 指数期权仿真交易数据，投资者卖出了 100 份当年 3 月到期的执行价为 4100 的沪深 300 指数看涨期权合约。

则期初的合约价值见表 23：

表 23　　　　　　　　　　　　期货多头方套保策略

	策略	持有期货价值	买入 put	卖出 call	期权到期日	期权执行价
正常波动交易阶段	多头保护	64185000	− 69206000	/	1403	2350
	多头抵补	64185000	/	71306000	1403	2350

续表

	策略	持有期货价值	买入 put	卖出 call	期权到期日	期权执行价
剧烈波动 交易阶段	多头保护	157599000	− 152943000	/	1510	4400
	多头抵补	157599000	/	159421000	1510	4400
政策干预 阶段	多头保护	123198000	− 120430000	/	1803	4100
	多头抵补	123198000	/	123832000	1803	4100

根据上述模拟过程，假设期权持有数量不改变，根据 Delta 中性原则对所持有的期货数量进行调整，公式如下：

$$\alpha_0 = -\frac{\alpha_1 \text{Detla}_1}{\text{Detla}_0}$$

对于保护型策略与抵补型策略的组合收益进行比较后绘制图形见图 8：

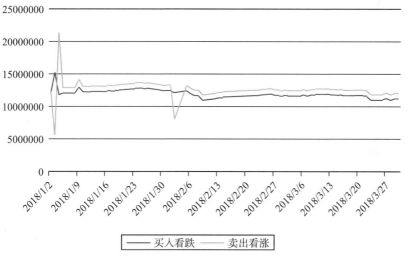

图 8　政策干预阶段套保组合收入波动

假设投资者做空 100 手期货合约，则为规避价格上涨的风险，投资者可选择保护型或抵补型策略进行套保。

（3）空头保护型动态套期保值过程模拟。

若投资者选择保护型策略，为规避股指价格上涨导致的损失，则投资者买入 100 份沪深 300 指数看涨期权。

正常波动交易阶段，若投资者 2014 年 6 月卖出了 100 份当年 9 月到期的沪深 300 股指期货合约，为防止价格上涨风险，根据沪深 300 指数期权仿真交易数据，投资者买入了 100 份 9 月到期的执行价为 2150 的沪深 300 指数看涨期权合约。

剧烈波动交易阶段，投资者 2015 年 1 月卖出 100 份当年 6 月到期的沪深 300 股指期货合约，为防止价格上涨的风险，根据沪深 300 指数期权仿真交易数据，投资者买入了 100 份当年 6 月份到期的执行价为 3750 的沪深 300 指数看涨期权合约。

政策干预阶段，投资者 2017 年 5 月卖出 100 份当年 11 月到期的沪深 300 股指期货合约，为防止价格上涨的风险，根据沪深 300 指数期权仿真交易数据，投资者买入了 100 份当年 11 月到期的执行价为 3550 的沪深 300 指数看涨期权合约。

（4）空头抵补型动态套期保值过程模拟。

若投资者选择抵补型策略进行套保，则该投资者卖出 100 份沪深 300 指数看跌期权。

正常波动交易阶段，若投资者 2014 年 6 月卖出 100 份当年 9 月到期的沪深 300 股指期货合约，为防止价格上涨风险，根据沪深 300 指数期权仿真交易数据，投资者卖出了 100 份 9 月到期的执行价为 2150 的沪深 300 指数看跌期权合约。

剧烈波动交易阶段，投资者 2015 年 1 月卖出 100 份当年 6 月到期的沪深 300 股指期货合约，为防止价格上涨的风险，根据沪深 300 指数期权仿真交易数据，投资者卖出了 100 份当年 6 月份到期的执行价为 3750 的沪深 300 指数看跌期权合约。

政策干预阶段，投资者 2017 年 5 月卖出 100 份当年 11 月到期的沪深 300 股指期货合约，为防止价格上涨的风险，根据沪深 300 指数期权仿真交易数据，投资者卖出了 100 份当年 11 月到期的执行价为 3550 的沪深 300 指数看跌期权合约。

则期初的合约价值见表 24：

表 24　　　　　　　　　　　　　期货空头套保策略

		持有期货价值	买入 call	卖出 put	期权执行价	期权到期日
正常波动 交易阶段	空头保护	− 64185000	− 65263000	/	2150	1409
	空头抵补	− 64185000	/	− 63002000	2150	1409
剧烈波动 交易阶段	空头保护	− 111360000	− 114697000	/	3750	1506
	空头抵补	− 111360000	/	− 109896000	3750	1506
政策干预 阶段	空头保护	− 101763000	− 103489000	/	3550	1711
	空头抵补	− 101763000	/	− 101311000	3550	1711

根据上述模拟过程将两种不同策略的组合收益计算后可绘制图形见图 9：

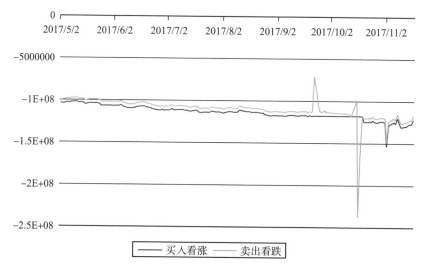

图 9　政策干预阶段套保组合收入波动

则投资者使用沪深 300 股指期权对股指期货进行套保时在三个不同市场环境中套保前后的均值方差见表 25：

表 25　　　　　　　　　　　期货、期权套保前后方差与均值

		股指期货		套期保值组合	
		均值	方差	均值	方差
正常波动交易阶段	多头保护	− 0.002350	0.000146	− 0.081981	0.351028
	多头抵补	− 0.002350	0.000146	0.267158	3.626718
	空头保护	0.001694	0.000087	− 0.020553	0.234318
	空头抵补	0.001694	0.000087	− 0.019189	0.261775
剧烈波动交易阶段	多头保护	− 0.003789	0.001889	− 0.025234	0.176142
	多头抵补	− 0.003789	0.001889	− 0.001203	0.006732
	空头保护	0.003064	0.000416	− 0.162427	2.815493
	空头抵补	0.003064	0.000416	− 0.143027	2.199544
政策干预阶段	多头保护	− 0.000919	0.000219	− 0.000003	0.002516
	多头抵补	− 0.000919	0.000219	0.036287	0.160160
	空头保护	0.001448	0.000048	0.007361	0.018330
	空头抵补	0.001448	0.000048	0.007727	0.020102

2. 沪深 300 股指现货、股指期权组合套期保值过程模拟

本文假设投资者持有指数基金，根据期权的不同组合，本文采用表 26 所示的套期保值策略，对沪深 300 指数基金与指数期权对各组合的套保过程进行模拟，比较其套期保值的效果。

表 26　　　　　　　　　现货、股指期货和股指期权的套期保值组合

	股指现货	股指期权	
		保护型	抵补型
价格上涨风险	空	买入看涨期权	卖出看跌期权
价格下跌风险	多	买入看跌期权	卖出看涨期权

与上文相似，选取沪深 300 指数基金数据，沪深 300 指数期权仿真交易数据，同样依据上文的数据分段标准，将样本数据分段后取正常波动交易阶段（2014 年 1 月~2014 年 10 月），剧烈波动交易阶段（2015 年 1 月~2015 年 10 月），政策干预阶段（2017 年 5 月~2018 年 3 月），三阶段沪深 300 股指期货的波动情况见图 10~图 12：

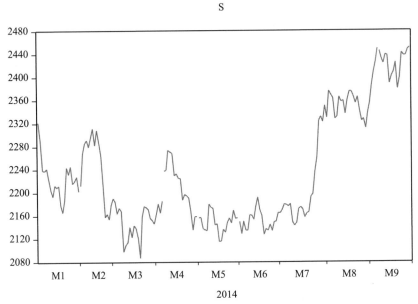

图 10　正常波动交易阶段

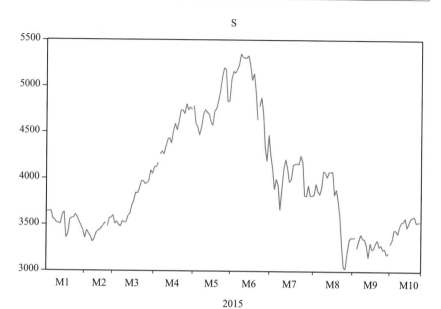

图 11 剧烈波动交易阶段

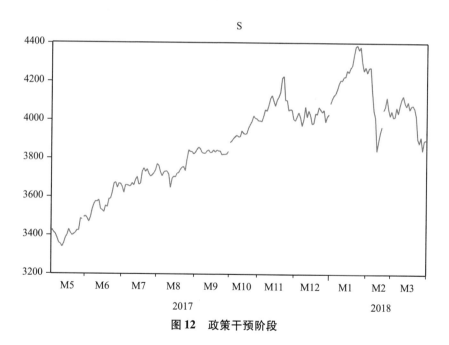

图 12 政策干预阶段

　　假设投资者预感股市将要上涨，为锁定股票建仓的成本进行套期保值，则可以构造现货、期权的套期保值组合，本文假设指数基金交易数量为 100 份，分别对两种套保组合进行动态模拟，并分析其套保效果。

（1）现货空头保护型策略动态模拟。

若投资者选择保护型策略，为规避股指价格上涨导致的损失，则投资者将选择买入 100 份沪深 300 指数看涨期权。

正常波动交易阶段，若投资者 2014 年 6 月准备买入 100 份当年 9 月的沪深 300 指数基金，为防止价格上涨风险，根据沪深 300 指数期权仿真交易数据，投资者买入了 100 份 9 月到期的执行价为 2150 的沪深 300 指数看涨期权合约。

剧烈波动交易阶段，投资者 2015 年 1 月准备买入 100 份当年 6 月的沪深 300 指数基金，为防止价格上涨的风险，根据沪深 300 指数期权仿真交易数据，投资者买入了 100 份当年 6 月份到期的执行价为 3600 的沪深 300 指数看涨期权合约。

政策干预阶段，投资者 2017 年 5 月准备买入 100 份当年 11 月的沪深 300 指数基金，为防止价格上涨的风险，根据沪深 300 指数期权仿真交易数据，投资者买入了 100 份当年 11 月到期的执行价为 3550 的沪深 300 指数看涨期权合约。

（2）现货空头抵补型策略动态模拟。

投资者也可选择抵补型策略进行套期保值，即投资者卖出 100 份看跌期权。

正常波动交易阶段，若投资者 2014 年 6 月准备买入 100 份当年 9 月的沪深 300 指数基金，为防止价格上涨风险，根据沪深 300 指数期权仿真交易数据，投资者卖出了 100 份 9 月到期的执行价为 2150 的沪深 300 指数看跌期权合约。

剧烈波动交易阶段，投资者 2015 年 1 月准备买入 100 份当年 6 月的沪深 300 指数基金，为防止价格上涨的风险，根据沪深 300 指数期权仿真交易数据，投资者卖出了 100 份当年 6 月份到期的执行价为 3600 的沪深 300 指数看跌期权合约。

政策干预阶段，投资者 2017 年 5 月准备买入 100 份当年 11 月的沪深 300 指数基金，为防止价格上涨的风险，根据沪深 300 指数期权仿真交易数据，投资者卖出了 100 份当年 11 月到期的执行价为 3550 的沪深 300 指数看跌期权合约（见表 27）。

表 27　　　　　　　　　　　　现货空头套保策略

		持有现货价值	买入 call	卖出 put	期权执行价	期权到期日
正常波动交易阶段	空头保护	64497600	−65575600	/	2150	1409
	空头抵补	64497600	/	−63314600	2150	1409
剧烈波动交易阶段	空头保护	109246200	−110044200	/	3600	1506
	空头抵补	109246200	/	−104969200	3600	1506
政策干预阶段	空头保护	102797400	−104523400	/	3550	1711
	空头抵补	102797400	/	−102345400	3550	1711

根据上述策略进行 Delta 中性动态模拟，保护型策略和抵补型策略的投资组

合收益波动见图 13：

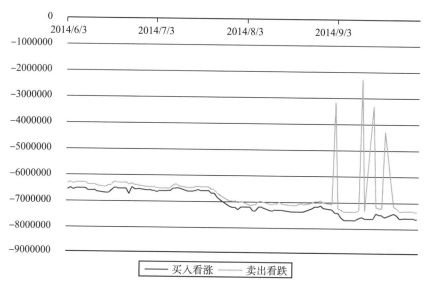

图 13 正常波动交易阶段套保组合收入波动

假设投资者持有一定量的沪深 300 指数基金，为防止股指价格下跌导致亏损，可以构造现货、期权的套期保值组合，本文假设指数基金交易数量为 100 份，分别对两种套保组合进行动态模拟并分析其套保效果。

（3）现货多头保护型策略动态模拟。

投资者如果选择保护型策略进行套期保值，则投资者可以买入 100 份看跌期权。

正常波动交易阶段，若投资者 2014 年 1 月持有 100 份当年 3 月到期的沪深 300 指数基金，为防止价格下跌风险，根据沪深 300 指数期权仿真交易数据，投资者买入了 100 份 3 月到期的执行价为 2350 的沪深 300 指数看跌期权合约。

剧烈波动交易阶段，投资者 2015 年 6 月持有 100 份当年 10 月到期的沪深 300 指数基金，为防止价格下跌的风险，根据沪深 300 指数期权仿真交易数据，投资者买入了 100 份当年 10 月份到期的执行价为 4400 的沪深 300 指数看跌期权合约。

政策干预阶段，投资者 2018 年 1 月持有 100 份当年 3 月到期的沪深 300 指数基金，为防止价格下跌的风险，根据沪深 300 指数期权仿真交易数据，投资者买入了 100 份当年 3 月到期的执行价为 4050 的沪深 300 指数看跌期权合约。

（4）现货多头抵补型策略动态模拟。

投资者也可选择抵补型策略进行套期保值，即投资者选择卖出 100 份看涨期权。

正常波动交易阶段，若投资者 2014 年 1 月持有 100 份当年 3 月到期的沪深 300 指数基金，为防止价格下跌风险，根据沪深 300 指数期权仿真交易数据，投资者卖出了 100 份 3 月到期的执行价为 2350 的沪深 300 指数看涨期权合约。

剧烈波动交易阶段，投资者 2015 年 6 月持有 100 份当年 10 月到期的沪深 300 指数基金，为防止价格下跌的风险，根据沪深 300 指数期权仿真交易数据，投资者卖出了 100 份当年 10 月份到期的执行价为 4400 的沪深 300 指数看涨期权合约。

政策干预阶段，投资者 2018 年 1 月持有 100 份当年 3 月到期的沪深 300 指数基金，为防止价格下跌的风险，根据沪深 300 指数期权仿真交易数据，投资者卖出了 100 份当年 3 月到期的执行价为 4050 的沪深 300 指数看涨期权合约。

则期初的合约价值见表 28：

表 28　　　　　　　　　　　　**现货多头套保策略**

	策略	持有现货价值	买入 put	卖出 call	期权到期日	期权执行价
正常波动交易阶段	多头保护	69659400	68779400	/	1403	2350
	多头抵补	69659400	/	70879400	1403	2350
剧烈波动交易阶段	多头保护	152285400	147629400	/	1510	4400
	多头抵补	152285400	/	154107400	1510	4400
政策干预阶段	多头保护	122622000	118036000	/	1803	4050
	多头抵补	122622000	/	126426000	1803	4050

根据上述模拟过程将两种策略的组合收益进行比较后绘制图形见图 14：

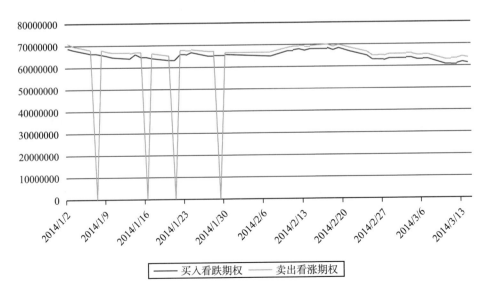

图 14　正常波动交易阶段套保组合收入波动

则投资者使用沪深 300 股指期权对股指现货进行套保时在三个不同市场环境中套保前后的均值方差见表 29：

表 29　　　　　　　　　　　　　套保前后的均值与方差

		股指现货		套期保值组合	
		均值	方差	均值	方差
正常波动交易阶段	多头保护	− 0.001879	0.000139	− 0.003072	0.000201
	多头抵补	− 0.001879	0.000139	− 0.002685	0.000130
	空头保护	0.001599	0.000076	0.001394	0.000113
	空头抵补	0.001599	0.000076	0.001823	0.000084
剧烈波动交易阶段	多头保护	− 0.003437	0.001067	− 0.003243	0.001573
	多头抵补	− 0.003437	0.001067	− 0.003237	0.000943
	空头保护	0.003118	0.000358	0.003400	0.000424
	空头抵补	0.003118	0.000358	0.003609	0.000521
政策干预阶段	多头保护	− 0.000746	0.000140	− 0.001024	0.000142
	多头抵补	− 0.000746	0.000140	− 0.000959	0.000123
	空头保护	0.001375	0.000035	0.000962	0.000054
	空头抵补	0.001375	0.000035	0.001407	0.000035

（五）沪深 300 股指期权套期保值效果比较

1. 沪深 300 股指期货、股指期权套期保值效果

将上节股指期货、股指期权 DELTA 中性模拟过程结果整理见表 30：

表 30　　　　　　　　　股指期货、股指期权套保效果评价

		风险减少程度	HBS 模型	Lindal 模型	
				均值	方差
正常波动交易阶段	多头保护	− 2410.309218	− 2.881956	− 0.004645	0.108058
	多头抵补	− 24911.946871	− 3.201075	− 0.232358	3.626718
	空头保护	− 2691.859572	− 3.434708	0.055353	0.234318
	空头抵补	− 3007.409318	− 3.443536	0.053989	0.261775

续表

		风险减少程度	HBS 模型	Lindal 模型	
				均值	方差
剧烈波动 交易阶段	多头保护	− 92. 228888	0. 744741	0. 038008	0. 003301
	多头抵补	− 2. 563062	0. 448974	0. 036003	0. 006732
	空头保护	6764. 557900	1. 438174	0. 197227	2. 199544
	空头抵补	5284. 448104	1. 435811	0. 177827	2. 815493
政策干预 阶段	多头保护	− 10. 479631	− 1. 718815	0. 034803	0. 160160
	多头抵补	− 729. 690576	− 2. 416336	0. 001487	0. 002516
	空头保护	− 377. 469572	− 4. 589787	0. 027439	0. 018330
	空头抵补	− 414. 045422	− 4. 601503	0. 027073	0. 020102

根据套期保值效果评价模型的结果：

（1）综合三个评价模型结果，在正常波动交易阶段、剧烈波动交易阶段、政策干预阶段，沪深 300 股指期货与期权进行套保时，保护型策略的效果要优于抵补型策略。

（2）在正常波动交易阶段与政策干预阶段，HBS 模型的结果出现负值说明套期保值后投资组合方差减小的同时收益也在减少，且低于无风险利率；此时 HBS 模型失去解释效力，故本文综合了其他评价模型结果。

（3）根据 Lindal 模型，多头（或空头）保护型策略均值大于多头（或空头）抵补型策略，且多头（或空头）保护型策略的方差则小于多头（或空头）抵补型策略，说明保护型策略在股指期货多头（空头）波动过程中对风险的控制能力更强。

2. 沪深 300 股指现货、股指期权套期保值效果

将上节股指现货、股指期权 DELTA 中性模拟过程结果整理见表 31：

表 31　　　　　　　　　　股指现货、股指期权套保效果评价

		风险减少程度	HBS 模型	Lindal 模型	
				均值	方差
正常波动 交易阶段	多头保护	0. 445307	− 0. 438902	− 0. 035602	− 0. 000291
	多头抵补	0. 068475	− 0. 183039	− 0. 035972	− 0. 000189
	空头保护	0. 496443	0. 676859	0. 033406	− 0. 000113
	空头抵补	0. 105834	0. 211569	0. 032977	− 0. 000084

		风险减少程度	HBS 模型	Lindal 模型	
				均值	方差
剧烈波动 交易阶段	多头保护	0.474808	0.211603	−0.038043	−0.001573
	多头抵补	0.115676	0.067710	−0.038037	−0.000943
	空头保护	−0.185974	−0.150628	−0.031191	0.000424
	空头抵补	−0.456060	−0.308395	−0.031400	0.000521
政策干预 阶段	多头保护	−0.008066	0.011387	−0.035824	0.000142
	多头抵补	0.121504	0.219910	−0.035759	0.000123
	空头保护	−0.545098	−1.052716	−0.033838	0.000054
	空头抵补	−0.014262	−0.045515	−0.033393	0.000035

根据套期保值效果评价模型的结果：

（1）在正常交易阶段（包括正常波动交易阶段与剧烈波动交易阶段），对沪深 300 指数与指数期权进行套期保值时，保护型策略的套保效果优于抵补型策略。但在政策干预阶段，抵补型策略的套保效果却要优于保护型策略。

（2）在正常波动交易阶段、剧烈波动交易阶段、政策干预阶段，HBS 模型结果均出现负值，说明套期保值后投资组合方差减小的同时收益也在减少，且低于无风险利率；此时 HBS 模型失去解释效力，故本文综合了其他评价模型的结果评价套保效果。

（3）根据 Lindal 模型，在正常交易阶段（包括正常波动交易阶段与剧烈波动交易阶段），多头（或空头）保护型策略均值大于多头（或空头）抵补型策略，而多头（或空头）保护型策略的方差则小于多头（或空头）抵补型策略，说明抵补型策略在股指期货多头（或空头）波动中对风险的控制能力较弱；在政策干预阶段则相反。

（4）在政策干预阶段，政策干预使得市场环境的准入门槛提高，可以进行指数交易的投资者具有了更多的专业性，使得交易过程更完备的同时也降低了交易中存在的部分风险。

（六）小结

本节选用了动态套保、静态套保、Delta 中性模型对沪深 300 指数现货、期货、期权的套期保值进行了实证研究，并对不同市场环境中的不同模型的套保效果进行了比较，结合三个套期保值效果评价模型的结果较为准确地评价了不同策略或模型的套保效果。

关于期货的套期保值，本文通过选用数据进行模型估计后检验得出，动态的套保模型效果要优于静态套保模型，动态模型中对价格序列的时变性的考虑极大地提高了最优套保效果。但在出现政府干预时，虽然仍旧是动态套保的效果更优，但此时选择的套保模型与正常交易阶段并不相同。

对于期权的套期保值，在期货、期权套保模拟中，实证结果表明保护型策略的套保效果要更好，对风险的管理能力也更强。在现货、期权套保模拟中，实证结果证明正常交易阶段中保护型策略的套保效果更好，能更好地控制风险，但在政策干预阶段，抵补型策略带来的收益更可观，主要是因为正常的干预过滤了一部分投资者，使得交易变得更加专业，并消除了部分交易中的操作风险等。

五、结论与建议

（一）结论

本文结合国内外研究对我国沪深 300 股指期货、股指期权的套期保值效果进行了研究，对沪深 300 股指期货的套期保值效果选择了使用模型进行回归的实证研究方法，研究了在动态与静态模型中、不同市场环境中正常交易阶段与存在政府干预情况下的套期保值效果进行比较，研究得出我国沪深 300 指数期货在样本数据时间内均是动态套期保值模型效果优于静态套期保值效果，动态套期保值模型在进行套保估计过程中，既考虑了金融数据具有的时变性特点，有效提高了套保的绩效，同时也考虑了不同金融资产间的相互影响及各自风险收益的波动对资产组合的影响，因此实证研究得出的结果是动态套保的效果更优。

对于沪深 300 股指期权的套期保值效果的研究，由于沪深 300 股指期权暂未上市，因此本文选择沪深 300 指数期权仿真交易数据，通过 DELTA 中性对套保过程进行模拟，在期货、期权套保模拟中，实证结果表明保护型策略的套保效果要更好，对风险的管理能力也更强。在现货、期权套保模拟中，实证结果证明正常交易阶段中保护型策略的套保效果更好，能更好地控制风险，但在政策干预阶段，抵补型策略的套保效果更好。

（二）建议

结合本文研究得出的结论，投资者在使用沪深 300 股指期货进行套期保值时，应选择动态套保方法计算套保的最优比率，并根据最优比率结果及时调整套保的比率，另外由于不同市场环境会对套保模型结果产生影响，所以在进行套期保值时，应根据不同的市场环境及状况，选择更适宜的模型计算最优套期保值比率，从而得到最优的套保效果。对于沪深 300 股指期权的套期保值研究，由于沪深 300 股指期权暂未上市，因此本文使用了沪深 300 仿真交易数据通过 DELTA 中性策略对套保过程进行模拟，期权策略可以根据不同风险的规避需求，或不同的投资目标来构建不同的套保策略，通过研究证实在使用期权进行套保时，总体上保护型策略在套期保值过程中的效果要优于抵补型策略，抵补型策略的风险控制能力要弱于保护型策略，但抵补型策略的收益的波动较大，有可能产生超额收益，在套保过程中可以根据不同的目的进行选取。

六、总结与展望

（一）总结

我国沪深 300 股指期货自 2010 年 4 月 16 日上市，至今经历了暴涨暴跌与交易限制特殊时期，在不同市场行情状况下，套期保值最优效果面临不同套保模型选择问题。本文结合国内外研究对我国沪深 300 股指期货、股指期权的套期保值效果在不同环境下进行了实证研究，对我国沪深 300 指数的波动进行了分段，按照正常交易阶段（2010 年 4 月 16 日~2015 年 10 月 30 日）与政策干预阶段（2015 年 11 月 2 日~2018 年 3 月 30 日）划分两个时段，其中正常交易阶段进一步划分为正常波动交易阶段（2010 年 4 月 16 日~2014 年 9 月 30 日）、剧烈波动交易阶段（2014 年 10 月 1 日~2015 年 10 月 30 日），将数据分段是因为在国内外学者研究中发现市场环境对套保的策略和结果会产生影响，将政府干预阶段从 2015 年 10 月开始划分，是因为在当时投资者的保证金比例，开仓量等均受到了中金所的限制与管控，而在正常交易阶段，2014 年的市场波动幅度超过 2000 点，因此将正常交易阶段根据波动情况做了分类，方便本文研究在不同市场环境中，不同模型的套期保值效果，通过实证检验市场的环境不同对套保效果的影响。实证研究得出，我国沪深 300 指数期货动态套期保值模型效果优于静态套期保值效果，在期货、期权套保模拟中，实证结果表明保护型策略的套保效果要更好，对风险的管理能力也更强。在现货、期权套保模拟中，实证结果证明正常交易阶段中保护型策略的套保效果更好，能更好地控制风险，但在政策干预阶段，抵补型策略的套保效果更好。

（二）展望

本文在研究过程中，存在的不足之处有，在关于期货套保，只建立了样本内的套保研究，应该再建立样本期外数据对各模型的套保有效性进行检验；本文研究的动态套保模型还存在可修正的可能，可以进一步优化模型，从而检验能否得到更优的套保效果。

关于期权套保，首先，本文只选取了 DELTA 中性动态模型来进行期货类的动态套保分析，应该多结合几个进行参考比较，虽然 Delta 类的套期保值效果较满意，但是出于研究的完整性考虑，可以在后续的操作中继续研究 Delta-Gamma 的套期保值效果。其次，为了配合本文的整体的分析框架，在做股指期权联合套期保值分析的时候所选取的数据整体趋势已经大致确定，未考虑过程中出现反向趋势的可能性。最后，本文在研究时选定的样本容量比较大，未对样本外数据再次进行实证检验。

参考文献

［1］李卉. 基于 OLS 模型的股指期货套期保值研究［D］. 西南财经大学，2009.

［2］王星宇. 股指现货、股指期货和股指期权的套期保值策略研究［D］. 复旦大学，2013.

［3］杨洁，郭俊峰. 沪深 300 股指期货套期保值效果实证研究［J］. 福建师范大学学报（哲学社会科学版），2017，（3）.

［4］张腾文，鲁万波，李隋. 不同趋势下股指期货价格发现功能研究［J］. 经济学家，2013，（9）：97 – 104.

［5］Keynes J. A, Treatise on Money［M］. London：Macmillan, 1930：687 – 690.

［6］John Richard Hicks, Value and Capital：An Inquiry into Some Fundamental Principles of Economic Theory［M］. OUP Catalogue. 1975.

［7］Leland L. Johnson, The Theory of Hedging and Speculation in Commodity Futures［J］. The Review of Economic Studies. Vol. 27, No. 3, 1960：139 – 151.

［8］Edrington L. H. , The Hedging Performance of the New Futures Market［J］. The Journal of Finance, 1979, 34（1）：157 – 170.

［9］Asim Ghosh, Cointegration and Error Correction Models：Intertemporal Causality between Index and Futures Prices［J］. Journal of futures markets, 1993：193 – 198.

［10］赵蕾，文忠桥，朱家明，基于 Copula-GARCH 模型最优套期保值比率［N］. 海南师范大学学报（自然科学版），2015，（7）：141 – 144.

［11］叶蜜冬. 基于中国市场的最优套期保值比率模型绩效实证检验［D］. 厦门大学硕士论文，2013.

［12］Engle R. F. , Autoregressive Conditional Heteroscedasticity with Estimates of the Variance of United Kingdom Inflation［J］. Econometrica：Journal of the Econometric Society, 1982：987 – 1007.

［13］Bollerslev T. , Generalized Autoregressive Conditional Heteroscedasticity［J］. Journal of the Econometrics, 1986, 31（3）：307 – 327.

［14］Stephen G. , Cecchetti, Robert E. , Cumby, Stephen Figlewski. Estimation of the Optimal Futures Hedge［J］. The Review of Economic and Statistics, 1988：623 – 630.

［15］Tae. H. Park, Lorne N. Switzer. , Bivariate GARCH Estimation of the Optimal Hedge Ratios for Stock Index Futures：A Note［J］. Journal of Futures Markets, Vol. 15, No. 1,（Feb. ）1995：

66 - 67.

［16］ Richard Gerlach, Optimal Dynamic Hedging Copula-GARCH Models ［J］. Mathematics and Computers in Simulation Volume. 2009 （4）: 45 - 58.

［17］ Wenling Yang, David E. Allen, Multivariate Garch Hedge Ratios and Hedging Effectiveness in Australian Future Market ［J］. Accounting & Finance, Vol. 45, No. 2 （Jul. 2005）: 301 - 321.

［18］ Manolis G. Kavussanos, Ilias D. Visvikis, Matina A. Goulielmou, A Investigation of the Use of Risk Management and Shipping Derivatives: the Case of Greece ［J］. International Journal of Transport Economics, （Feb. 2007）: 49 - 68.

［19］ 林旭东, 叶旭, 王吉培. 沪深 300 股指期货动态套期保值率研究——基于分位数回归和状态空间模型 ［J］. 中国证券期货, 2009 （12）: 66 - 68.

［20］ 梁斌, 陈敏, 缪柏其, 吴武清. 我国股指期货的套期保值比率研究 ［J］. 数理统计与管理, 2009 （1）.

［21］ 付胜华, 檀向球. 股指期货套期保值研究及其实证分析 ［J］. 金融研究, 2009 （4）.

［22］ 佟孟华. 沪深 300 股指期货动态套期保值比率模型估计及比较——基于修正 ECM - BGARCH （1, 1）模型的实证研究 ［J］. 数量经济技术经济研究, 2011 （4）.

［23］ 邓鸣茂. 股指期货动态套期保值率研究——基于 DCC - MVGARCH 模型 ［J］. 国际商务研究, 2011 （3）: 52 - 57.

［24］ Donald Lien, Keshab Shrestha., An Empirical Analysis of the Relationship between Hedge Ratio and Hedging Horizon Using Wavelet Analysis ［J］. Journal of Futures Markets, Vol. 27, No. 2, （Feb. 2007）: 127 - 150.

［25］ Goyet. Comparison of Analytical Approaches for Estimating Hedge Ratios for Agricultural Commodities ［J］. The Journal Futures Markets, 2007, （9）: 135 - 146.

［26］ 代军, 朱新玲. 沪深 300 股指期货对冲效率研究 ［J］. 中国管理科学, 2014 （4）.

［27］ 魏洁. 股指期货与股指期权套期保值组合的 Delta 中性动态模拟——基于沪深 300 股指期货仿真交易的分析 ［J］. 金融发展研究, 2011 （11）: 66 - 71.

［28］ Black F., Scholes M., The Pricing of Options and Corporate Liabilities ［J］. Journal of Political Economy, 1973: 637 - 659.

［29］ Gilster Jr E, Lee W., The Effects of Transactions Costs and Different Borrowing and Lending Rates on the Option Pricing Model ［J］. Journal of Financ, 1984: 1215 - 1222.

［30］ Benet B. A., Luft C. F., Hedge Performance of SPX Index Options and S&P500 Futures ［J］. Journal of Futures Markets, 1995: 691 - 717.

［31］ Thomas O. M., Calculation and Comparison of Dalta-neutral and Multiple-Greek Dynamic Hedge Returns Inclusive of Market Frictions ［J］. International Review of Economics and Finance, 2003: 207 - 235.

［32］ 郑浩. 指数期权的套期保值策略模拟分析 ［N］. 广西财政高等专科学校校报, 2003 （16）.

［33］ 韩立岩, 魏洁. 股指期权对股指期货的促进作用: 来自韩国的证据 ［J］. 国际金融研究, 2009.

［34］王一多. 我国期货市场期权式交易策略研究［D］. 北方工业大学，2014：29－40.

［35］Markowitz H. ，Portfolio Selection［J］. Journal of Finance. 1952：77－91.

［36］Herbst，Kar. ，Caples，Hedging Effectiveness and Minumum Risk Hedge Ratios in the Presence of Autocorrrelation：Foreign Currenc Futures［J］. Futures markets. 1989，9（3）：185－197.

［37］梁权熙. 我国期货市场套期保值有效性实证研究［J］. 中国金融发展研究，2015（11）.

［38］高辉，赵进文. 沪深300股指套期保值及投资组合实证研究［J］. 管理科学，2007（4）.

［39］张亮亮，王建国. 股指期货套期保值比率的计算——基于ECM－GARCH模型的实证分析［J］. 西安文理学院报，2014（2）：82－84.

［40］陈茜. 股指期货最优套期保值比率［J］. 观察，2014（5）：36－37.

［41］柴尚蕾. 股指期货与现货市场的相关性及套期保值策略研究［D］. 大连理工大学，2014：28－34.

［42］高扬，郭晨凯. 不同策略下沪深300股指期货套期保值有效性研究［N］. 证券市场导报，2011（8）.

［43］李桂荣，孔令伟. 沪深300股指期货套期保值有效性的实证研究［J］. 金融理论与实践，2012（2）.

［44］王志强. 波动、相关与最优套期保值［D］. 天津大学，2006：41－60.

［45］杜承栎. 最优套期保值比率确定模型研究［D］. 西南财经大学，2007：12－41.

［46］吴先智. 股指期货的最优套期保值率实证研究［N］. 上海立信会计学院学报，2008（4）.

［47］王明天. 股指期货套期保值的作用及实证分析［J］. 中国总会会计师，2008（5）.

［48］魏同乐. 期货最优套期保值比率确定方法研究［J］. 金融观察，2009（2）.

［49］何飞. 沪深300股指期货最小方差套期保值策略有效性研究［J］. 浙江金融，2008（1）.

［50］唐冰. 股指期货在中国的发展前景探讨［J］. 特区经济，2008（2）.

［51］李萌，余思勤，袁象. 计算股指期货套期保值比率的新方法—LPM法［J］. 当代经济，2005（4）.

［52］杨胜刚，汪探德，樊智. 中国股指期货标的指数的套期保值效果实证分析［J］. 财经理论与实践，2008（3）.

［53］洪娜. 中国沪深300股指期货定价研究［D］. 上海复旦大学，2011.

［54］Boyle P. ，Emanuel D. ，Discretely Adjusted Option Hedges［J］. Journal of Financial Economics，1980：259－282.

［55］李文君，尹康. 多元GARCH模型研究述评［J］. 数量经济技术经济研究，2009（10）：138－147.

［56］刘志东. 多元GARCH模型结构特征、参数估计与假设检验研究综述［J］. 数量经济技术经济研究，2010（9）：147－160.

基于 Copula 函数风险控制的期货套利交易保证金比率研究

赵成珍

一、引言

（一）研究的意义

风险控制是金融行业重要的课题。金融危机席卷全球，有些百年金融老店纷纷倒闭转型。这些有金融产品的因素，但是更重要的是金融风险没有得到合理的控制。期货公司保证金交易在期货交易中起到了杠杆作用，其风险也相应被大幅放大。因此保证金的合理设置水平至关重要。其设置水平的高低将直接影响市场的流动性，并最终影响市场的效率。如果为降低交易的违约风险而设置偏高的保证金，市场交易成本就会上升，市场流动性会随之降低，市场的运行效率也会下降；反之，若保证金水平偏低，交易成本的下降和市场参与主体的增多，交易的流动性也会随之增大，但交易的波动性和交易违约风险也会相应上升，期货市场的效率也会因此而受到损害。

期货公司作为企业，首先要盈利，以保证金进行的期货交易的成交量是期货公司利润的主要来源。保证金过低，会有较高的资金用来交易，但是期货公司的安全性得不到保证。甚至有可能穿仓，进而威胁其生存。保证金过高安全性得到了保证，但是过多的资金被占用，在市场竞争日益激烈的今天，首先会失去一部分客户，即便留下的客户也会因保证金问题而限制成交量，进而影响到期货公司自身的盈利水平，从而在市场竞争中失败。

因此不管从理论还是实践上看，确定合理的保证金水平都是必要的。本文将针对此问题，结合现代发展的风险控制模型进行研究，以期得出合理的结论。

（二）国内外研究现状及存在的问题

国外期货交易所大都采用弹性交易保证金制度，即依据期货价格波动性和其他相关因素不定期调整交易保证金比例，如美国芝加哥期货交易所（CBOT）、美国芝加哥商业交易所（CME）、英国伦敦国际金融期货交易所（LIFFE）以及香港交易所（HKEX）都是采用风险计量模型计算加上综合因素分析，来不定期调整交易保证金比例。国外已开展了动态保证金的研究。

国内主要采用静态的比率办法。主要是根据经验法则，一般以三个涨跌停板为收取标准。另外在保证金的比率设置上所采用的计量方法主要为 VaR 方法。但是 VaR 方法自身存在着问题，此外在计量时的收益率的正态分布假设也不符合现有的金融数据的尖峰厚尾的特征，此外的波动率的聚类特征及其时变性未有体现。此外在实物期货之间由于各板块之间有风险传染性。目前的研究尚主要是停留在原始的 VaR 阶段，风险计量效果不令人满意。

在套利的交易问题上，由于其风险相对较小，因此期货公司理论上也会收取相对较少的保证金，但是具体是多少，到目前为止国内外尚无人给出一个科学合理的推理。国内的期货公司更是靠着经验来收取，其信服性值得推敲。

现有的文献主要是对股指期货的套利研究。由于近几年股指期货政策管控，现有的研究主要是应用国外的股指期货。由于各个国家的风险因素不同，则会造成了在实证时的收益函数的拟合分布部分容易呈现出各自的特点。不同的市场的分布函数不同，不能直接套搬套用。此外，即使是对于国内的研究，大都用沪深指数来进行实证分析，这就有一些实际操作的问题。我们如何选用具体的股票来同指数所匹配的问题。按照沪深指数的实际成份股来选择，则会造成样本太多，从而不能分析两两之间套利的问题。

在一些具体的方法上：EVT 方法易受到样本规模的约束，不易广泛应用到实际操作中，造成市场交易成本过高。成对风险的错误估计，导致对于市场风险估计不足，而在高置信水平下可能高估市场风险，造成市场交易成本过高。因此本文将会对以上的方法进行改进。

本文主要研究期货交易中最优风险保证金的比率设定问题。希望通过运用到目前为止的金融风险控制模型来设定合理的比率。此外还将考虑变动保证金的设定来弥补目前固定保证金的不足。本文会借鉴 SPAN 系统，但更多地将运用现有的模型予以改良。希望得出合理的风险控制保证金模型。

（三）研究拟采取的研究方法、技术路线

本文主要研究 VaR 风险控制的方法。会给出 VaR 风险的理论和实际操作过程。本文将比较多种的 VaR 风险计量方法。包括收益率的正态分布假设，具有时变方差的 ARCH；GARCH；EGARCH；多元 GARCH 等 GARCH 族。此外在 VaR 的风险度量方面，还将引入组合的风险度量，通过引入 Copula 函数组来度量组合的风险。在 Copula 函数方面，本文将主要讨论两类的 Copula 函数：高斯

正态分布组和阿基米德族，通过各个变量的边际分布来得出组合的整体分布，从而为准确的度量组合的风险打下基础。

对于一些出现的极值问题，本文将引入分块样本极大值理论和 POT 模型来度量极值风险。这其中主要应用广义极值分布（GEV）和广义的帕累托分布（GPD）来对极值出现的可能情况进行度量，并且为计算合理的风险准备金来做好准备。

本文还将 Copula 函数用于套利组合的研究，给出最优的风险保证金比率。

（四）拟采取的研究结构

引言部分：

本部分会给出期货公司目前的保证金比率的现状，和国内外期货交易保证金比率的设定等问题，并会做一个比较。

第二部分：介绍风险管理理论。

文章将主要介绍 VaR 方法。VaR 风险控制的方法。会给出 VaR 风险的理论和实际操作过程。本文将比较多种的 VaR 风险计量方法。包括收益率的正态分布假设，具有时变方差的 ARCH；GARCH；EGARCH；多元 GARCH 等 GARCH 族。本文还会在 VaR 缺陷的基础上介绍最近几年刚出现的 CVaR，由于 CVaR 满足一致性度量，文章会给出介绍，但是由于 CVaR 本身包含有 VaR，因此 CVaR 的度量是以 VaR 的度量为基础的，并且 CVaR 的解析式不宜写出，因此 CVaR 的应用存在着局限，但是本文试图给出一些方法上的优化。

第三部分：介绍组合管理理论。

本部分将主要介绍 Copula 函数理论和 Copula 函数金融时间序列问题。

文章将主要研究各种边缘分布的金融序列，然后用 Copula 函数来连接各边缘分布，得出组合的整体分布。文章会在传统分布的基础上引入非对称的 Laplace 分布，来拟合金融序列。使其能较好地拟合期货市场的各品种的收益分布。

第四部分：介绍极值理论。

本部分将会对现有的机制分布理论给出综述。主要会介绍广义极值分布（GEV），以及广义的帕累托分布（GPD），运用 POT 模型来对极值问题进行讨论，从而为期货公司合理的风险准备金奠定基础，也使得在市场极端情况出现时能起到更好的缓冲作用。

实证部分。

（1）由于期货市场品种可以分成几大板块，在实际的操作中一般分为金属板块、能源化工板块、农产品板块。由于各品种板块之间风险的传染性，本文还将考虑组合的风险测度问题。在风险的相关性方面，本文将摒弃传统的线性相关，而引进 Copula 函数来度量板块内的相关性。从而为板块的整体保证金比率的测定打下基础。

（2）本文还将用 Copula 函数来测定期货市场组合套利交易保证金的测定问题。本文以最常用到的用豆油和豆粕为例来给出实例看怎样得出最优的套利交易保证金。在这部分，将主要采用蒙特卡罗模拟的办法来找出临界点。

（3）本文还将研究导致大多数金融企业倒闭，也是更多的风控经理关心的极值问题。VaR 只能覆盖通常的风险，而真正的灾难性风险来自出现的极值问题，本文将在解决完正常的风险覆盖问题的基础上来考察期货交易的极值问题，从而为合理的风险准备金做出测算。

第五部分：结论与展望。

（五）创新点

（1）本文将在风险度量方面以 VaR 为基础，并在此改进引入 Copula 函数来合理地度量相关之间的风险，进而做出合理的保证金估计。本文还将引入对于极值测定的方法，创造性的指出了为了预防和抵御极值风险的出现，期货公司要有合理的风险准备金。

（2）本文还将给出基于 Copula 函数的最优套利保证金比率的研究。此问题在国内外尚无人进行研究，希望通过合理的推理来给实务界一个全新的指导。

二、VaR 理论及其在期货风险中的应用

（一）VaR 理论介绍

VaR，即风险价值（Value at Risk），它作为一个概念，最先起源于 20 世纪 80 年代末期货交易商对金融资产风险测量的需要；作为一种市场风险测定和管理的新工具，则是由 J. P. 摩根最先提出的。当时 J. P. Morgan 总裁要求其下属每天下午在当天交易结束后的 4 点 15 分，给他一份一页的研究报告，说明公司在未来 24 小时总体上的潜在损失是多大。为了满足这一要求，J. P. Morgan 的风险管理人员开发了一种能够度量不同交易、不同业务部门的市场风险，并将这些风险集成为一个数值的风险度量方法——VaR。

1. VaR 的定义

VaR 是指，在正常的市场条件和给定的置信水平（95% 或 99%）上，在给定的持有期间内，某一投资组合预期可能发生的最大的损失；或者说，在一定的概率水平下（置信度内），某一金融资产组合在在未来某段时期内可能出现的最大价值损失。用公式可以表示为：

$$prob(\Delta p > VaR) = 1 - c$$

其中，Δp 为持有期 Δt 内的损失；c 为置信度。

2. VaR 参数的说明

（1）持有期。

持有期限指计算 VaR 的时间范围，持有期的选择应依据所持有资产的特点来确定，资产的流动性越强，相应的持有期越短；反之，流动性越差，持有期则越长。在应用正态假设时，持有期选择的越短越好，因为资产组合的收益率不一定服从正态分布，但在持有期非常短的情形下，收益率渐进服从正态分布，这时的持有期一般选为 1 天。另外，持有期越短，得到大量样本数据的可能性越大。Basle 委员会选择 10 个交易日作为资产组合的持有期，这反映了其对监控成本及实际监管效果的一种折衷。持有期太短，则监控成本过高；持有期太长，则不利于及早发现潜在的风险。

（2）置信水平。

置信水平的选取反映了投资主体对风险的厌恶程度。选择较大的置信水平，意味着投资者对风险比较厌恶，因而希望能得到把握性较大的预测结果，并且希望模型对于极端事件的预测准确性较高。各自的风险偏好不同，选择的置信区间也各不相同。

3. VaR 的数学表示

对于证券组合来说，P_0 为其初始价值，R 是持有期内的收益率。μ，δ 分别表示 R 的均值和方差。则在持有期末，组合的价值为 $P = P_0(1 + R)$。设在置信度 c 下，最低的回报 R^*，则组合的最低价值为 $P^* = P_0(1 + R^*)$。

$$VaR = P_0 - P^* = -P_0 R^*$$

或

$$VaR = E(P_0) - P^* = -P_0(R^* - \mu)$$

设 R^* 的概率密度为 $f(p)$

则：

$$c = \int_{P^*}^{\infty} f(p)\,dp$$

或是

$$1 - c = \int_{-\infty}^{P^*} f(p)\,dp$$

4. 正态分布下 VaR 的计算

对于正态分布来讲，需要对正态分布转换成标准正态分布函数即：

$$-\alpha = \frac{-|R^*| - \mu}{\sigma}$$

则 VaR 转化为：

$$1 - c = \int_{-\infty}^{P_0} f(p)\,dp = \int_{-\infty}^{-|R^*|} f(r)\,dr = \int_{-\infty}^{-\alpha} \Phi(\varepsilon)\,d\varepsilon$$

其中 α 被称为分位数，则

$$R^* = -\alpha\sigma + \mu$$

这是在时间间隔一天来计算所得的，对于间隔为 Δt 的相对 VaR 为：

$$VaR = -P_0(R^* - \mu) = P_0\alpha\sigma\sqrt{\Delta t}$$

因此计算 VaR 的关键就转化成了计算收益率的波动率 σ。

对于一般的时间收益序列，一般都存在着时变方差性，则我们此处引入时变的 GARCH 族来对方差进行估计。

（二）GARCH 族

1. ARCH 模型介绍

ARCH 模型（Autoregressive Conditional Heteroskedasticity Model）是自回归条件异方差模型。

ARCH 模型的基本思想是指在以前信息集下，某一时刻一个噪声的发生服从正态分布。该正态分布的均值为零，方差是一个随时间变化的量（即为条件异方差）。并且这个随时间变化的方差是过去有限项噪声值平方的线性组合（即为自回归）。这样就构成了自回归条件异方差模型。

采取下面的表达方式，

$$Y_t = \beta X_t + \varepsilon_t \tag{1}$$

其中，Y_t 为被解释变量，X_t 为解释变量，ε_t 为误差项。

如果误差项的平方服从 AR（q）过程，即

$$\varepsilon_t^2 = \alpha_0 + \alpha_1\varepsilon_{t-1}^2 + \alpha_2\varepsilon_{t-2}^2 + \cdots + \alpha_q\varepsilon_{t-q}^2 + \eta_t \quad t = 1, 2, 3\cdots \tag{2}$$

其中，η_t 独立同分布，并满足 $E(\eta_t) = 0$，$D(\eta_t) = \lambda^2$，则称上述模型是自回归条件异方差模型，简记为 ARCH 模型。称序列 ε_t 服从 q 阶的 ARCH 的过程，记作 $\varepsilon_t - ARCH(q)$。为了保证 ε_{t2} 为正值，要求 $\alpha_0 > 0$，$\alpha_i \geqslant 0$　$i = 2, 3, 4\cdots$。

（1）式和（2）式构成的模型被称为回归 – ARCH 模型。ARCH 模型通常对主体模型的随机扰动项进行建模分析。以便充分地提取残差中的信息，使得最终的模型残差 η_t 成为白噪声序列。

从上面的模型中可以看出，由于现在时刻噪声的方差是过去有限项噪声值平方的回归，也就是说噪声的波动具有一定的记忆性，因此，如果在以前时刻噪声的方差变大，那么在此刻噪声的方差往往也跟着变大；如果在以前时刻噪声的方差变小，那么在此刻噪声的方差往往也跟着变小。体现到期货市场，那就是如果前一阶段期货合约价格波动变大，那么在此刻市场价格波动也往往较大，反之亦然。这就是 ARCH 模型所具有描述波动的集群性的特性，由此也决定它的无条件分布是一个尖峰胖尾的分布。

ARCH 检验的步骤如下：

原假设为 H_0：$\alpha_1 = \alpha_2 = \cdots = \alpha_p = 0$

（1）运用 OLS 方法对模型。

$y_t = \beta_0 + \beta_1 x_{1t} + \beta_2 x_{2t} + \cdots + \beta_t x_{kt} + u_t$ 进行估计。

（2）计算残差序列 e_t，及 e_t^2，e_{t-1}^2，e_{t-2}^2，$\cdots$，e_{t-p}^2。

（3）求辅助回归函数 $\hat{e}_t^2 = \hat{\alpha}_0 + \hat{\alpha}_1 e_{t-1}^2 + \hat{\alpha}_2 e_{t-2}^2 + \cdots + \hat{\alpha}_p e_{t-p}^2$

注意样本容量不能少于 $n - p$ 个。

（4）由辅助回归函数得 R^2，计算 $(n-p)R^2$，在 H_0 成立的条件下，$(n-p)R^2$ 服从自由度为 p 的 χ^2 分布。比较 $(n-p)R^2$ 与给定 α 下的临界值 $\chi_\alpha^2(p)$，如果 $(n-p)R^2 > \chi_\alpha^2(p)$，则拒绝 H_0，表明模型中存在异方差性。

2. GARCH 模型介绍

GARCH 是广义 ARCH（generalized ARCH）模型的缩写，它是刻画条件异方差最简洁的形式，能很好地拟合许多金融时间序列，主要用来处理日交易及日内交易波动的高频数据。GARCH 模型是一种使用过去变化和过去方差来预测将来变化的时间序列建模方法。大量实证研究证明 GARCH 类模型特别适合于对金融时间序列数据的波动性和相关性进行建模，估计或预测波动性和相关性。与传统时间序列和计量模型假定方差不变不同，ARCH 类模型则把条件方差看作是前期误差（偏离不变的无条件方差的大小）的函数，也就是说条件方差是随时间变化的。GARCH 模型让条件方差作为过去误差和滞后条件方差的函数而变化，更好地体现出波动聚集效应。

GARCH 模型的数学表达式如下：

$$\begin{cases} x_t = u_t + \varepsilon_t \\ \varepsilon_t | \psi_{t-1} \propto N(0, \sigma_t^2) \\ \sigma_t^2 = \alpha_0 + \sum_{i=1}^{q} \alpha_i \varepsilon_{t-i}^2 + \sum_{i=1}^{p} \beta_i \sigma_{t-i}^2 = \alpha_0 + \alpha(L)\varepsilon_t^2 + \beta(L)\sigma_t^2 \end{cases}$$

其中 $p \geq 0$，$q \geq 0$，$\alpha_0 > 0$，$\alpha_i \geq 0$ （$i = 1, 2, \cdots, q$）

$$\beta_i \geq 0 \quad (i = 1, 2, \cdots, p)$$

$\varepsilon_t | \psi_{t-1} \propto N(0, \sigma_t^2)$ 常被写作下两式之和 ε_t

$$\begin{cases} \varepsilon_t = e_t \sigma_t^2 \\ e_t \propto \text{nid}(0, 1) \end{cases}$$

当 $p = 0$ 时，这就是 ARCH(q) 过程，当 $p = q = 0$ 时，$\{\varepsilon_t\}$ 为白噪声过程。如果 $1 - B(L)$ 的根在单位圆外，则有：

$$\sigma_t^2 = \alpha_0 (1 - \beta(1))^{-1} + \alpha(L)(1 - \beta(L))^{-1} \varepsilon_t^2 = \alpha_0 \left(1 - \sum_{i=1}^{p} p_i\right)^{-1} + \sum_{i=1}^{\infty} \delta_i \varepsilon_{t-1}^2$$

这就成了无穷阶 ARCH 模型。

GARCH(p, q) 还可写成另一种表示形式：

$$\varepsilon_t^2 = \alpha_0 + \sum_{i=1}^{q} \alpha_i \varepsilon_{t-i}^2 = \sum_{j=1}^{p} \beta_j \varepsilon_{t-i}^2 - \sum_{j=1}^{p} \beta_j v_{t-j} + v_t$$

$$v_t = \varepsilon_t^2 - \sigma_t^2 = (e_t^2 - 1)\sigma_t^2$$

其中 $e_t \propto \text{nid}(0, 1)$，$v_t$ 序列不相关，这时可以把 GARCH(p, q) 看作是 ε_t^2 的 ARMA(m, p) 其中 $m = \max\{p, q\}$。

定理：平稳性定理，GARCH(p, q) 宽平稳的充要条件是 $\alpha(1) + \beta(1) < 1$，此时有：

$$E(\varepsilon_t) = 0, \quad \text{var}(\varepsilon_t) = \alpha_0(1 - \alpha(1) - \beta(1))^{-1}, \quad \text{cov}(\varepsilon_t, \varepsilon_s) = 0$$

GARCH 模型在 ARCH 模型的基础上增加了异方差函数的 p 阶自相关性，可有效地拟合具有长期记忆性的异方差函数，从而使得模型的识别和估计都变得比较容易，同时 GARCH 模型还可以较好地描述金融时间序列的尖峰重尾性，因此 GARCH 模型可以更加准确地描述非线性随机时间序列过程。

在 GARCH 族模型中，参数的估计主要有两种方法：一种方法为拟极大似然估计（QML），另一种方法为精确似然估计（ML）。ML 方法是假设初始状态分布已知，通过下列分解，得到极大似然函数：

$$f(y_1, y_2, \cdots, y_T) = f(y_1)f(y_2|y_1)\cdots f(y_T|y_{T-1}, \cdots, y_1)$$

而 QML 方法本质上为条件极大似然估计，具体通过下式分解得到极大似然函数：

$$f(y_1, y_2, \cdots, y_T)|y_0 = f(y_1|y_0)f(y_2|y_1, y_0)\cdots f(y_T|y_{T-1}, \cdots, y_0)$$

鉴于 GARCH 也有其种种局限性，便有针对性地提出改善后的 GARCH 族模型。

（1）TARCH 模型。

TARCH 模型是门限 ARCH 模型。主要是为了收益率的非对称效应。模型的数学表达式如下：

$$\sigma_t^2 = \omega + \alpha u_{t-1}^2 + \gamma u_{t-1}^2 I_{t-1} + \beta \sigma_{t-1}^2$$

其中的 I_{t-1} 为示性函数，即当 $u_{t-1} < 0$ 时，$I_{t-1} = 1$，否则 $I_{t-1} = 0$，以便反映出信息的非对称性。只要 $\gamma \neq 0$，则非对称效应既存在。

好消息和坏消息对于方差的冲击效应是不对称的，坏消息（$u_{t-1} < 0$）的冲击为 $\alpha + \gamma$，而好消息的冲击只有 α 倍。

高阶的 TAGCH 模型为：

$$\sigma_t^2 = \omega + \sum_{i=1}^{p} \alpha_i u_{t-i}^2 + \sum_{j=1}^{q} \beta \sigma_{t-j}^2 + \sum_{k=1}^{r} \gamma_k u_{t-k}^2 I_{t-k}$$

（2）EGARCH 模型。

由于二次形式预测标准差时容易得到负的预测值，因此为了避免出现类似的情况给出更加灵活的 σ_t^2 和 u_{t-1} 的关系，得到了 EGARCH 模型。

EGARCH(p, q) 模型的表达式如下：

$$\ln(\sigma_t^2) = \omega + \sum_{i=1}^{p} \alpha_i\left(\frac{a_{t-1}}{\sigma_{t-1}^2} - E\left(\frac{a_{t-1}}{\sigma_{t-1}^2}\right)\right) + \sum_{j=1}^{q} \beta_j \ln(\sigma_{t-j}^2) + \sum_{k=1}^{r} \gamma_k \frac{a_{t-k}}{\sigma_{t-k}^2}$$

模型中条件方差采用了自然对数形式，意味着杠杆效应是指数型的。若 $\gamma_k \neq 0$，说明信息作用非对称。GARCH 模型可以用来分析经济波动的群集性、持续性和经济系统的波动机制，而 EGARCH 模型可以用来进一步研究经济扩张时期的经济波动的强度是否存在明显差别。

此处是高阶的 EGARCH 模型，在简化的基础上，可以衍生出简单的一阶滞后模型如下：

$$\ln(\sigma_t^2) = \omega + \beta_j \ln(\sigma_{t-1}^2) + \alpha \left| \frac{u_{t-1}}{\sigma_{t-1}} - \sqrt{\frac{2}{\pi}} \right| + \gamma \frac{u_{t-1}}{\sigma_{t-1}}$$

（3）PARCH 模型。

由于大幅度的冲击对条件方差的影响比在标准差 GARCH 模型要小，因此对此模型做进一步的扩展为 PARCH（Power ARCH）。

PARCH（p，q）模型的表达式如下：

$$\sigma_t^\delta = \omega + \sum_{i=1}^{p} \alpha_i (|u_{t-i}| - \gamma_i u_{t-i})^\delta + \sum_{j=1}^{q} \beta \sigma_{t-j}^\delta$$

其中：$\delta > 0$，当 $i = 1，2，\cdots，r$ 时，$|\gamma_i| < 1$。如果对于所有的 i，$\delta = 2$ 且 $\gamma_i = 0$，则方程转化为标准的 GARCH 模型。

（4）GARCH 模型的残差分布。

①正态分布。正态分布是最常见的分布。一般的常用此来拟合，但是，由于金融时间序列的尖峰厚尾性，使得正态分布已造成较大的误差。因此此处来介绍几种拟合常见的处理厚尾分布的分布函数。

②t 分布。t 分布和正态分布见图 1。

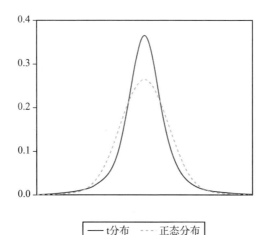

图 1 t 分布和正态分布

由于 t 分布可以较正态分布有更尖峰和尾部后，所以此处介绍 t 分布的函数。

T 分布的密度函数为：$f(x, \nu) = \dfrac{\Gamma\left(\dfrac{\nu+1}{2}\right)\left(1+\dfrac{x^2}{\nu}\right)^{-\frac{\nu+1}{2}}}{(\nu\pi)\Gamma\left(\dfrac{\nu}{2}\right)}$

$\Gamma(.)$ 为 Gamma 函数，ν 为自由度。

③广义误差分布（GED）。广义误差分布是一种更为灵活的分布形式，也是一种处理厚尾的方法。因为通过对其中的参数 v 的调整变化，可以拟合不同的分布形式，正态分布只是其中的一个特例。

GED 分布的概率密度函数为：

$$f(x, v) = \dfrac{v\Gamma\left(\dfrac{3}{v}\right)^{\frac{1}{2}}}{2\Gamma\left(\dfrac{1}{v}\right)^{\frac{3}{2}}}\exp\left[-|x|^v\left[\dfrac{\Gamma\left(\dfrac{3}{v}\right)}{\Gamma\left(\dfrac{1}{v}\right)}\right]^{\frac{v}{2}}\right]$$

当 v < 2 时，GED 表现为厚尾；当 v = 2 时，GED 为正态分布；当 v > 2 时，则表现为瘦尾。

（三）关于 VaR 在期货单品种上的实证分析

1. 样本数据的选择及预处理

在数据的时间段的选取上，首先按照选取最活跃合约办法来构造连续期货价格合约数据。所谓的连续合约即是指的主力合约以及换月后主力合约。一般来说对主力合约的判断来源于两个指标，即持仓量和交易量，并且以持仓量为先。数据来源于富远期货行情软件。

豆油指的是普通大豆压榨的油，豆粕主要是榨完油后的剩余物，主要用来做饲料。两者间有很强的互补性。豆油的数据从 2014 年 1 月 2 日～2018 年 12 月 28 日，共 1198 个交易日的数据。

序列的收益率：

$$r1 = \ln(b1) - \ln(b1(-1))$$

我们注意到有一些文献资料采用滞后三天的对数价格来作为收益率的数据。但是我们指出采用三天虽然能对涨跌停板的作用起到一定的消除作用，但是实证研究往往会放大风险。因此本文采用一天的滞后对数来拟合收益率。本文主要用 Eviews8.0 和 Excel 来处理和回归数据。

2. 数据的单位根检验及波动性检验

数据的统计特征见图 2：

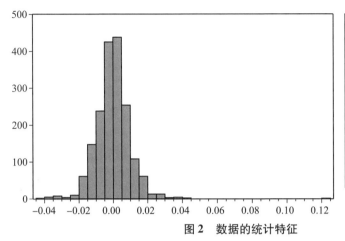

图 2　数据的统计特征

此为数据的统计特征。从图释以及 JB 统计量来看，收益率明显不符合正态分布。

数据的 ADF 检验见表 1：

在进行时间序列分析之前，要对所使用的时间序列进行平稳性检验，确保其是平稳的，这样接下去的分析才有意义。

表 1　　　　　　　　　　　　　　ADF 检验

Null Hypothesis：RB1 has a unit root			
Exogenous：Constant			
Lag Length：1（Automatic-based on SIC，maxlag = 24）			
		t-Statistic	Prob. *
Augmented Dickey-Fuller test statistic		− 32. 45419	0. 0000
Test critical values：	1% level	− 3. 433791	
	5% level	− 2. 862947	
	10% level	− 2. 567566	
* MacKinnon（1996）one-sided p-values.			

从单位根的 ADF 检验来看，序列是平稳的。我们可以在此基础上建模。

波动性检验见图 3：

RB1

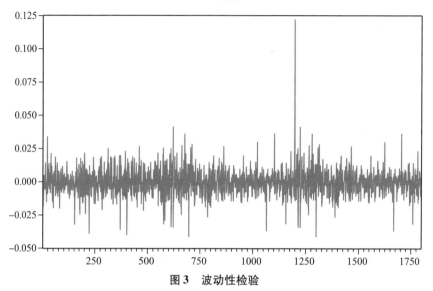

图3　波动性检验

从图3可以看到，波动的聚类性和时变性，适合我们来建立 GARCH 族模型。

3. 正态分布 GARCH 族模型的参数估计

从前面的分析可以看出，分布的正态性并不能很好的满足，但是大多数的文献中都保留了正态分布，此处也保留正态分布。也主要是为了和别的分布做些对比。

此处的收益率方程采用 $rb1 = c + \varepsilon_t$ 的形式。主要对于 ε_t 进行回归建模。

通过实际的验证并且结合参考现有的文献，GARCH（1，1）模型能较好地拟合方差的波动情况。此处，本文也选择 GARCH（1，1）。

残差在正态分布的假设下模型的参数估计见表2：

表2　　　　　　　　　　　　　　　　　**参数估计**

模型	α_0	α_1	β_1	γ	δ
GARCH	7. 17E − 05 （0. 2172）	− 0. 001774 （0. 0010）	0. 595216 （0. 0640）		
TGARCH	7. 2 E − 05 （0. 5678）	− 0. 001785 （0. 000）	0. 050039 （1）	0. 596136 （0. 3598）	
E GARCH	− 5. 043420 − 7. 243716	0. 109537 9. 092534	0. 987055 448. 7851	− 0. 030666 − 4. 030342	
P ARCH	5. 043420 0	0. 464466 0	0. 004556 0. 8678	0. 455953 0	0. 508625 2. 725513

从模型的估计参数来看，各模型的参数在 95% 的置信水平下基本显著，但是在估计 TGARCH 模型时，α_1 的 p 值较大，不能拒绝 0 假设。但是我们看到其本身的估计值就较小，因此此处忽略此问题。并且对各模型估计后的残差做异方差检验，均不存在显著的异方差现象，这表明各模型能较好地反映豆油对数收益率序列的异方差现象。另外，模型参数中的非对称项 γ 显著的异于零，说明了大豆收益率波动的非对称性。

首先来估计在正态分布下的分位数（见表3）：

表3 分位数

分布	置信度	分位数
GARCH	95%	1. 645
	99%	2. 236
TGARCH	95%	1. 645
	99%	2. 236
E GARCH	95%	1. 645
	99%	2. 236
P ARCH	95%	1. 645
	99%	2. 236

从计算结果来看，在 3.4% 左右的比例下基本能覆盖所有的风险水平。这与目前的交易所保证金 5% 有较大的差距，这也与目前有些文献的研究类似。这都反映出目前的国内的保证金交易的比例过高。

4. t 分布下 GARCH 族模型的参数估计

从前面的分析可以看出，分布的正态分布性并不能很好的满足，因此下面主要针对此类情况进行改进处理。

此处的收益率方程采用 $rb1 = c + \varepsilon_t$ 的形式。主要对于 ε_t 进行回归建模。

通过实际的验证并且结合参考现有的文献，GARCH（1，1）模型能较好地拟合方差的波动情况。此处，本文也选择 GARCH（1，1）。

残差在 T 分布的假设下模型的参数估计见表4：

表4 参数估计

模型	α_0	α_1	β_1	γ	δ	DOF
GARCH	9. 96E – 05 (0)	0. 3309 (0)	0. 1559 (0.048)			

续表

模型	α_0	α_1	β_1	γ	δ	DOF
TGARCH	9.98E－06 (0)	0.3438 (0)	－0.026368 (0.7675)	0.1551 (0.0502)		8.577 (0)
E GARCH	－5.970 (0)	0.5896 (0)	－0.0083 (0.8334)	0.3638 (0.0001)		8.2936 (0)
P ARCH	7.74E－08 (0.8622)	0.30787 (0)	－0.0151 (0.7916)	0.0559 (0.3364)	3.6518 (0.0005)	8.6621 (0)

T 分布下的分位数见表 5：

表 5 分位数

分布	自由度	置信度	分位数
GARCH－T	3.565415	95%	2.208743
		99%	4.012324
TGARCH－T	3.596720	95%	2.202415
		99%	3.990073
EGARCH－T	3.749698	95%	2.173398944975
		99%	3.888991620855055
PARCH－T	3.820446	95%	2.160962656515513
		99%	3.846143587086481

此处为了节省篇幅，我们不再做出所有的 VAR 图示表。只给出最终的结果。关于其回归过程在后面的附录中给出。

表 6 是基于尾数残差 t 分布的风险控制的统计表。

表 6 风险控制统计表

	GARCH－T		TGARCH－T		P ARCH－T		E GARCH	
	VAR－95%	VAR－99%	VAR－95%	VAR－99%	VAR－95%	VAR－99%	VAR－95%	VAR－99%
平均值	0.034858	0.063322	0.034419	0.062356	0.032827413	0.058427	0.033195	0.059398

从上面的结论中可以看出，由 PARCH 方法得到的 VAR 偏小。容易出现的穿仓结果较多。

5. GED 分布下 GARCH 族模型的参数估计

从前面的分析可以看出，分布的正态性并不能很好的满足，因此下面主要针对此类情况进行改进处理。

此处的收益率方程采用 rb1 = c + ε_t 的形式。主要对于 ε_t 进行回归建模。

通过实际的验证并且结合参考现有的文献，GARCH（1，1）模型能较好地拟合方差的波动情况。此处，本文也选择 GARCH（1，1）。

残差在 GED 分布的假设下模型的参数估计见表 7：

表 7 参数估计

模型	ω	α_1	β_1	γ	δ	DOF
GARCH	1.05 – 06 (0)	0.2971 (0.0001)	0.1638 (0.049)			1.4609 (0.0000)
TGARCH	1.050E – 06 (0)	0.3130 (0)	– 0.03245 (0.7151)	0.1629 (0.0512)		1.4614 (0.0000)
E GARCH	– 5.675 (0.000)	0.5357 (0.000)	– 0.0032 (0.9372)	0.3907 (0.0001)		1.4511 0.0000
P ARCH	0.000 0.8661	0.2724 0.0021	– 0.0191 0.7641	0.0586 0.3324	3.5952 0.0081	1.4738 0.0000

其中下面的数字为 p 值。在 5% 或是 1% 的概率下，我们看到在 TGARCH 模型中 α_1 不能通过检验。在 EGARCH 模型中 γ 不能通过检验，说明信息冲击并不存在着非对称性，换句话来讲残差为 GED 分布的情况下 EGARCH 模型并不成立。在 PARCH 模型下，ω 不成立，说明其值为零；γ，δ 的参数回归值都不能成立，说明了 PARCH 模型并不能成立。所以我们此处只能考虑 GARCH – GED 和 TGARCH – GED 的 VAR 值。

GED 分布下的分位数见表 8：

表 8 分位数

分布	自由度	置信度	分位数
GARCH – T	1.023653	95%	1.631288211208
		99%	2.750590277498358
TGARCH – T	1.037112	95%	1.632919209940211
		99%	2.741838446894217

此处为了节省篇幅，我们不再做出所有的 VAR 图示表。只给出最终的结果。表 9 是基于尾数残差 GED 分布的风险控制的统计表。

表 9　　　　　　　　　　　风险控制统计表

	GARCH – GED		TGARCH – GED	
	VAR – 95%	VAR – 99%	VAR – 95%	VAR – 99%
平均值	0.024494	0.041301	0.024406	0.04098

6. 结果分析

我们要分析的组合保证金水平主要与单个品种的保证金水平做一个对比，本文打算首先分析组合保证金水平和单个品种保证金水平的关系，因此，我们主要是在分析了个单个品种的最优保证金的水平，得出如下的结论：

对于单个品种保证金水平的测定方法采用了 VaR 的方法，在测定时最关键的是品种的收益率的分布拟合测定。本文研究了 VaR 风险控制的方法且给出 VaR 风险的理论和实际操作过程。在存在异方差的情况下引入了具有时变方差的 GARCH 族方法来希望得到最优的单个品种的风险控制水平。本文主要引入了正态分布 GARCH 族模型、T 分布下 GARCH 族模型、GED 分布下 GARCH 族模型。

从得到的实证结果来看，对于单个品种的保证金水平的度量，由尾数残差 GED 分布下得到的 VAR 相对于其他的方法得到的保证金水平略显偏小，容易出现的穿仓的结果较多。在正态分布拟合的情况下得到的保证金水平也是偏小为主，这与一些已有的研究结果相似。

得到的主要结论主要为后面的论证打下基础，后文用 Copula 函数得到的组合的保证金水平是否是以测定基础上的简单的和差关系，还是对于关系密切的两个品种的组合有其内部的关系结构？若没有，那组合的合理的保证金水平是什么？若有，那他们的内部结构应如何测定，以及在有内部结构基础上的组合的保证金水平是什么？这些都将成为后面研究的内容。

三、Copula 函数及其在套利中的应用

（一）Copula 函数

Copula 的研究起源于斯克拉（Sklar，1959），而尼尔森（Nelsen，1998）比较系统地介绍了 Copula 的定义、构建方法、Archimedean Copulas 及相依性；布耶（Bouye E. Durrleman，2000）系统地介绍了 Copula 在金融中的一些应用。国内的张尧庭教授最早将其引入，并译为连接函数。

Copula 一词原意是交换、连接的意思。它是把多个随机变量 ξ_1，ξ_2，…，ξ_n 的联合分布 $F(x_1，…，x_n)$ 与它们各自的边缘分布 $F(x_1)$，…，$F(x_n)$ 相连接。即相当于存在函数 $C(\cdot)$，使得 $F(x_1，…，x_n)=C(F(x_1)，…，F(x_n))$ 等式成立。则问题转化为是否总是存在 $C(\cdot)$。

1. Sklar 定理

定义：称一个函数 C：$[0，1]^n \to [0，1]$ 为 n 维的 Copula 函数，当 C：

（1）$\forall \xi_i \in [0，1]$，$C(1，…，1，\xi_i，1，…，1)=\xi_i(i \in n)$；

（2）$C(\xi_1，…，\xi_{i-1}，0，\xi_{i+1}，…，\xi_n)=0$；

（3）C 是有界，$C' \geqslant 0$。

（4）若 u，v 独立，则 $C(u，v)=uv$

定理：若多个随机变量 ξ_1，…，ξ_n 的联合分布函数 $H(\xi_1，…，\xi_n)$ 的边际分布 $F_1(\xi_1)$，…，$F_n(\xi)$ 连续，那么存在唯一的 Copula 函数 $C(u_1，…，u_n)$，使 $H(\xi_1，…，\xi_n)=C(F_1(\xi_1)，…，F_n(\xi_n))$。 (1)

有了 Sklar 定理，则可以在相当易得的条件下得到连接函数。

设 $H(\xi_1，…，\xi_n)$ 的密度函数为 $h(\cdot)$；$C(F_1(\xi_1)，…，F_n(\xi_n))$ 的密度函数为 $c(\cdot)$；$H(\xi_1，…，\xi_n)$ 的边际密度函数为 $f_n(\cdot)$。则由(1)式可以得到：

$$h(u_1，…，u_n)=c(F_1(\xi_1)，…，F_n(\xi_n))\prod_{n=1}^{n}f_n(\cdot) \qquad (2)$$

这说明，我们可以把一个联合分布函数用它的边际分布表示，将一个联合密度函数 $h(u_1，…u_n)$ 拆解成两部分：一部分为 Copula 函数 $C(F_1(\xi_1)，…，F_n(\xi_n))$ 的密度函数 $c(F_1(\xi_1)，…，F_n(\xi_n))$，另一部分 $\prod_{n=1}^{n}f_n(\cdot)$ 为边际密度函数的乘积。

（2）式有明显的经济学意义，也即为：应用 Copula 理论，风险可以被分为两个部分：个体风险和相依的结构风险。可以分成市场风险、板块风险、个股风险、随机扰动风险。市场风险是由在股市上交易的全部股票价格形成的，因此它是由联合分布来决定的，用 $c(F_1(\xi_1)，…，F_n(\xi_n))$ 来表示，而个体的非系统性风险，则可以用 $\prod_{n=1}^{n}f_n(\cdot)$ 来表示。这为以后的风险测定打下了基础。

2. Copula 函数的分类

Copula 函数主要分为两个大族：一是椭圆 Copula 函数族；二是 Archimedean Copula 函数族。

（1）椭圆 Copula 函数族。

这类 Copula 函数在图上绘制出来呈现椭圆分布，这是椭圆函数族的得名。椭圆型 Copula（Elliptical copula）是指椭圆型分布的连接函数，椭圆型分布是指曲线 $f(x，y)=C$ 均为椭圆形，其中 $f(x，y)$ 是变量 x，y 的联合概率密度函数，

C 为常数。在椭圆 Copula 函数族中，最常用的是正态 Copula 函数和 t-Copula 函数。

设 F(·) 为椭圆形多元分布的联合分布函数，F_i 为边缘分布，F_i 是边缘分布的逆函数，则由 F(·) 确定的椭圆 Copula 函数形式为：

$$C(u_1, \cdots, u_n) = F(F_1, \cdots, F_n)$$

由于椭圆族 Copula 函数的性质容易掌握，而且模拟比较容易实现，因此椭圆族 Copula 函数在金融领域的应用十分广泛。但是，由于椭圆分布的对称性，椭圆族 Copula 函数存在对称的尾部相关性。这将使得对于好消息和坏消息对市场造成的冲击易产生对称性，使得与实际的结果不符。

①正态分布连接函数：

设 F(·) 为多元正态分布函数，且其边缘分布 F_i 为一元正态分布函数，则有 Sklar 定理存在 Copula 函数使得：

$$C^n(u_1, \cdots, u_n) = \Phi(\phi_1, \cdots, \phi_n^{-1})$$

其中 Φ 为多元标准正态分布的分布函数；ϕ_i^{-1} 为一元标准正态分布函数的逆函数。

②t-Copula。

设 F(·) 为多元 t 分布函数，令其自由度为 v，则有 Sklar 定理存在 Copula 函数使得：

$$C_v(u_1, \cdots, u_n) = t_v^n(t_{v1}^{-1}, \cdots, t_{vn}^{-1})$$

（2）阿基米德族 Copula 函数。

定义：ϕ 被称为由其生成的 $C(u, v) = \phi^{-1}(\phi(u) + \phi(v))$ 阿基米德 Copula 函数算子如果：

ϕ：$[0, 1] \to [0, \infty]$ 为严格单调

$\phi'' \neq 0$，$\phi(0) = \infty$，$\phi(1) = 0$

ϕ^{-1}：$[0, 1] \to [0, \infty]$ 为严格单调且 $\phi^{-1}(\infty) = 0$，$\phi^{-1}(0) = 1$

常见的 Archimedean Copula 函数有 Gumbel Copula 函数、Clayton Copula 函数和 Frank Copula 函数。

①Gumbel Copula 函数。

当算子 $\phi(t) = (-\ln t)^\theta$

$$C(u, v) = \exp\{-[(-\ln u)^\theta + (-\ln v)^\theta]^{\frac{1}{\theta}}\}, \quad \theta \geq 1$$

Gumbel Copula 函数对变量在分布上尾处的变化十分敏感，（关于尾部相关的内容将在后文介绍）因此能够快速捕捉到上尾相关的变化，可以描述具有上尾相关特征的金融变量之间的相关关系，其密度函数具有非对称性，密度分布呈 "J" 字形，即上尾高、下尾低。其参数 θ 描述了相关程度，当 $\theta = 1$ 时，变量独立；当 $\theta \to \infty$ 时，变量完全相关。

②Clayton Copula 函数。

当算子 $\phi(t) = \dfrac{1}{\theta}(t^{-\theta} - 1)$

$$C(u, v) = \max\left[(u^{-\theta}, + v^{-\theta})^{-\frac{1}{\theta}}, 0\right], \quad \theta \geqslant -1$$

Clayton Copula 函数对变量在分布下尾处的变化十分敏感，因此能够快速捕捉到下尾相关的变化，可以描述具有下尾相关特性的金融变量之间的相互关系，其密度函数具有非对称性，密度分布呈"L"字形，即上尾低、下尾高。其参数 θ 描述了相关程度，当 $\theta = 0$ 和 $\theta \rightarrow \infty$，分别表示变量独立和变量完全一致相关。

③Frank Copula 函数。

当算子 $\phi(t) = -\ln \dfrac{e^{-\theta t} - 1}{e^{-\theta} - 1}$

$$C(u, v) = -\frac{1}{\theta}\ln\left(1 + \frac{(e^{-\theta u} - 1)\ (e^{-\theta v} - 1)}{e^{-\theta} - 1}\right)$$

Frank Copula 函数的密度函数分布呈"U"字形，分布具有对称性，因此无法捕捉到随机变量间的非对称相关关系。

（3）各种相关系数。

设 (X_1, X_2)，(Y_1, Y_2) 为来自同一个二维分布的两个独立的随机变量。

①Kendall τ 系数。

$$\tau = p((X_1 - X_2)(Y_1 - Y_2) > 0) - p((X_1 - X_2)(Y_1 - Y_2) < 0)$$
$$= 2p((X_1 - X_2)(Y_1 - Y_2) > 0) - 1$$

Kendall τ 系数考虑了两个变量的相关性变化趋势是否一致。若一致，则相关性较强；若正好相反，相关性也是强的。从 τ 的构造可以看出，$X_1 - X_2$ 反映了 X 的变化，而 $Y_1 - Y_2$ 则反映了 Y 的变化，若 $(X_1 - X_2)(Y_1 - Y_2) > 0$，则说明它们的变化是一致的；若 $(X_1 - X_2)(Y_1 - Y_2) < 0$，则说明它们的变化是相反一致的。因此，$\tau$ 就反映了变化一致与否的程度。

综上所述，我们可以得出以下结论：

$\tau = 1$，表示 x 的变化与 y 的变化完全一致，所以正相关；

$\tau = -1$，表示 x 的变化与 y 的反向变化完全一致，所以负相关；

$\tau = 0$，表示 x 的变化与 y 的变化一半是一致的，一半是相反一致的，所以不能判断是否相关。

在已有观测样本的情况下，可以根据以下公式估计 Kendallτ 系数：

$$\tau = \binom{n}{2}^{-1} \sum_{1 \leqslant i \leqslant j} \text{sign}\left[(X_i - X_j)(Y_i - Y_j)\right]$$

其中 sign(·) 为符号函数。

定理：（Nelsen（1999）) 如果 X，Y 是连续随机变量，且有 Copula 函数 C，

则有下式成立：

$$\tau = 4 \iint\limits_{[0,1]^2} C(\cdot)dC(\cdot) - 1$$

定理：随机变量 X，Y 的 Copula 函数是由生成函数 C 生成的阿基米德函数，则对 X，Y 的一致相关系数 Kendall τ 有：

$$\tau = 1 + 4\int_0^1 \frac{\phi(t)}{\phi'(t)}dt$$

根据这两个定理，可以得到 Kendall τ 和 Copula 函数的对应见表10：

表10　　函数对应

Copula 类	Gumbel（1960）	Clayton（1978）	Frank（1979）
τ	$1 - \theta^{-1}$	$\dfrac{\theta}{\theta+2}$	$1 - \dfrac{4}{\theta}\left[1 - \dfrac{1}{x}\int_0^x \theta(e^\theta - 1)^{-1}d\theta\right]$

②Spearman 相关系数。

$$\rho = 3p[(X_1 - X_2)(Y_1 - Y_2) > 0] - p[(X_1 - X_2)(Y_1 - Y_2) < 0]$$

令 X_i，Y_i 对应的 Copula 函数为 $C(\cdot)$，则：

$$\rho = 12\iint\limits_{[0,1]^2} uvdC(u,v) - 3$$

（4）尾部相关性。

对于一个风险管理者来说，研究不同随机变量之间的相关性的主要目的之一，就是想知道不同随机变量之间的尾部相关性，以控制尾部风险，因为灾难事件往往就发生在随机变量分布的尾部。在金融风险的分析中，更有意义的是寻找随机变量的尾部相关性，这一特性用 Copula 函数来处理非常方便。尾部相关性是度量当一个随机变量取较大的值或者较小的值时，它对另一个随机变量的取值是否有影响。因此，可以考虑用尾部相关性来度量当某一随机变量大幅度变化的时候，它对其他的随机变量会有什么样的影响。

对于随机变量 X，Y 来讲，其相关性即使测度 X 的变化对 Y 的影响程度的指标，当 X，Y 都取值较大或是较小时，就表明了 X，Y 的尾部相关性。

若 $C(X，Y) \to C(u，v)$，其中 $u，v \in [0，1]$ 则：

$$p\{X \geq x/Y \geq y\} = p\{U \geq u/V \geq v\}$$

当 X，Y $\to \infty$ 时，u，v $\to 1$，令：

$$\lambda(u) \equiv P\{U_1 > 1/U_2 > 1\} = \frac{\overline{C}(u,u)}{1-u}$$

定义：$\overline{C}(u，v) = P(U > u，V > v) = 1 - u - v + C(u，v)$

$$\text{生存函数} \widehat{C}(u, v) = u + v - 1 + C(u, v)$$

易得：$\overline{C}(u, v) = \widehat{C}(1 - u, 1 - v)$

定义：尾部相关，当 $u \to 1$ 时，如果 $\lambda(u)$ 的极限值存在，则反映了尾部相关性的大小。为此，Joe（1997）构造了尾部相关系数。

尾部相关系数是一个广泛应用于极值理论的测度，用来表示当一个观测变量的实现值为极值时，另一个变量也出现极值的概率。令 X，Y 为两个连续的随机变量，具有边缘分布 $F(\cdot)$，$G(\cdot)$ 和 Copula 函数 $C(\cdot)$，那么上尾和下尾相关系数分别为：

$$\lambda^{up} = \lim_{u \to 1} p\{Y > G^{-1}(u) / X > F^{-1}(u)\}$$

$$= \lim_{u \to 1} \frac{\widehat{C}(1 - u, 1 - u)}{1 - u}$$

$$\lambda^{dw} = \lim_{u \to 0} p\{Y < G^{-1}(u) / X < F^{-1}(u)\}$$

$$= \lim_{u \to 0} \frac{\widehat{C}(u, u)}{u}$$

若 λ^{up}（或 λ^{dw}）存在且在区间（0，1］内，则随机变量 X，Y 上尾（或下尾）相关；若 λ^{up}（或 λ^{dw}）等于零，则随机变量 X，Y 独立。

（二）Copula 函数的参数估计以及最优 Copula 函数的选择评判

1. Copula 函数的参数估计

（1）Copula 函数参数的极大似然估计。

Copula 模型的参数估计一般采用极大似然估计和矩估计。采用最大似然估计又是最常用到的方法。

同时估计所有的参数可以得到最优估计，但由于同时估计的参数过多在算法上不利于得到最优的求解，而且 Copula 技术的建模特点使其极适于采用多阶段估计法，很多学者的实证都表明采用一步极大似然估计法和两阶段极大似然估计法来估计 Copula 模型，得到的参数估计值差异不显著，所以一般采用两阶段极大似然估计法来估计 Copula 模型的参数。

对于二元的 Copula 函数，对于随机序列 X_t，Y_t，令它们的边缘分布分别为 $F_t(x_t, \varphi)$，$G_t(y_t, \gamma)$，Copula 函数为 $C(F_t(x_t, \varphi), G_t(y_t, \gamma); \kappa)$，其中 φ，γ，κ 分别表示相应的参数向量，采用两阶段极大似然估计法，可将 Copula 模型的参数估计分解为两步：

第一步：

$$\hat{\varphi} = \text{argmax} \sum_{t=1}^{n} \ln f_t(x_t; \varphi)$$

$$\hat{\gamma} = \text{argmax} \sum_{t=1}^{n} \ln g_t(y_t; \gamma)$$

也即先用最大似然统计量估计出各边缘分布的参数，

第二步；

$$\hat{\kappa} = \text{argmax} \sum_{t=1}^{n} \ln c_t (f_t(x_t, \hat{\varphi}), g_t(y_t, \hat{\gamma}); \kappa)$$

用第一步拟合出的参数值带入第二步的参数估计，得出 Copula 函数的参数估计值，进而得到 Copula 函数的结构。

对于一些特殊的 Copula 函数，我们在估计时也会采用矩估计的方法。

（2）Copula 函数参数的 Genest and Rivest 方法。

此方法不指定边缘分布，是直接利用经验数据得到相关结构 Copula。

这种方法主要适用于单参数的阿基米德族 Copula 中 Copula 函数的估计。对于每一个阿基米德族 Copula 中 Copula 函数，Kendall τ 是关于 Copula 参数 α 的一个解析函数。$\tau = 1 + 4 \int_0^1 \frac{\varphi(t)}{\varphi'(t)} dt = f(\alpha)$

这样就可以通过样本数据的秩相关系数度量来估计 Copula 函数。对于每一个 Copula 函数，通过样本可以得到 τ 的经验值，然后通过求反函数就可以得到参数 α 的表达式。对那些不能直接得到 α 的显式表达式，就只能通过数值方法来获得参数 α 的数值解。

2. 最优 Copula 函数的选择

我们可以得到多个不同的 Copula 函数，它们都是从经验的相关结构估计出来的，问题是究竟哪一个是其中最优的 Copula 函数，现在的方向就是在这些 Copula 函数中选出最能刻画随机变量的相关结构的 Copula 函数。

（1）图示检验法。

①Q - Q 图检验。

对于二维 Copula 函数，其密度为：

$$f(x, y) = \frac{\partial^2 C(F(x), G(y))}{\partial x \partial y} = \frac{\partial^2 C(u, v)}{\partial u \partial v} f(x) g(y)$$

记 $C_1(u, v) = \frac{\partial C(u, v)}{\partial u}$，则条件分布 $Y/X = x$ 的分布函数是：

$$F_{Y/X}(x, y) = \frac{C_1(F(x), G(y))}{C_1(F(x), 1)} = C_1(F(x), G(y))$$

因为 $\frac{\partial}{\partial u} C(u, 1) = \lim_{\delta u \to 0} \frac{C(u + \Delta u, 1) - C(u, 1)}{\Delta u} = 1$

又 $F_{Y/X}(x, y) \sim U(0, 1)$

如果其对数据拟合很好，那么对样本数据 X，Y 与应用函数 $F_{Y/X}(x, y) = C_1(F(x), G(y))$ 的 Q - Q 图应该近似一条标准均匀分布分位数的直线。

②Copula 分布函数图形法。

令 $K_c(t) = P(C(u, v) \le t) = t - \dfrac{\varphi(t)}{\varphi'(t)}$,

则对 $C(F(x), G(y))$ 应用 $K_c(\cdot)$ 得到 $K_{C(F(x),G(y))}(\cdot) \sim U(0, 1)$, 如果其对数据拟合很好, $K_{C(F(x),G(y))}(\cdot)$ 的 Q - Q 图应该近似一条标准均匀分布分位数的直线。此种方法主要适用于阿基米德族的 Copula 函数的检验。

（2）解析法。

①K - S 检验。

Kolmogorov-Smirnov 检验是一个非参数检验, 揭示了理论分布与经验分布之间的偏离, 主要用于一元分布函数模型的拟合优度检验。

K - S 检验揭示理论分布与经验分布之间的偏离, 统计值 T 定义为经验累积分布函数与理论累积分布函数之间的最大差异:

$$T = \max\{|\hat{F}(x) - F(x)|\}$$

对前面介绍的两种方法使用 K - S 检验, 验证假设分布是否为标准均匀分布, 检验的方法为: 原假设 H_0: $F_{Y/X}(x, y) \sim U(0, 1)$; 备则假设 H_1: $F_{Y/X}(x, y)$ 不服从 $U(0, 1)$。

②信息准则 AIC。

在使用极大似然估计方法估计参数时, AIC 准则是我们最常用到的准则。我们可以通过比较对数似然函数值来确定拟合程度。AIC 定义为:

$$AIC = 2(\text{negative} \quad \text{loglikelihood}) + 2\rho$$

其中的 ρ 为模型中参数的个数。

（三）基于边际分布为非对称 laplace 分布 Copula 函数套利交易的实证研究

1. 非对称 laplace 分布

考虑到金融资产收益序列的尖峰厚尾分布, 传统的正态分布不能拟合或拟合的误差较大。

定义: 如果 X 是一个随机变量, 并有如下的分布形式, 那么就称随机变量服从非对称 Laplace 分布（Asymmetric Laplace Distribution）, 记为 $X \sim AL(\mu, \sigma, p)$。

$$F(x/\mu, \sigma, p) =$$

$$\left\{ \begin{array}{ll} p\exp\left(\dfrac{k}{p\sigma}(x-\mu)\right) & \text{当 } x \le \mu \\ 1 - (1-p)\exp\left(-\dfrac{k}{(1-p)\sigma}(x-\mu)\right) & \text{当 } x > \mu \end{array} \right\}$$

其中: $k = \sqrt{p^2 + (1-p)^2}$, μ 是位置参数, σ 是标准差, p 是形状参数, 介入 0 和 1 之间, 控制着偏度和峰度, p 的不同取值使得偏度为正或负。当 $p < 0.5$ 时, 密度函数向右偏, 也就是偏度为正; 当 $p = 0.5$ 时, 密度函数是对称的, 即为传

统的 Laplace 分布；当 p > 0.5 时，密度函数向左偏，也就是偏度为负。

对于非对称 laplace 分布的参数估计，采用矩估计方法。在估计的过程中用到了最高的三阶距。

$$E(x) = \mu + \frac{\sigma}{k}(1 - 2p)$$

$$D(x) = \frac{\sigma^2}{k^2}(1 - 2p + 2p^2)$$

$$S(x) = \frac{2((1-p)^3 - p^3)}{k^3}$$

其中 E（x）、D（x）、S（x）分别表示随机变量的期望、方差和偏度。

本文利用前面提到数据和收益率的处理方法，对非对称的 Laplace 分布参数进行了处理和参数估计，估计的结果如下，估计的详细过程在后文的附录中给出。

豆油的非对称分布的参数估计见表 11：

表 11   **参数估计**

估计参数	P	K	1 − 2P	σ	E（x）
参数值	0.5731	0.4789	− 0.1462	0.017555	− 0.00014

从估计的值来看，显示出是右偏的。

图 4 是我们给出的豆油收益率的经验分布图，可以看出得出的结论与实际的结果。

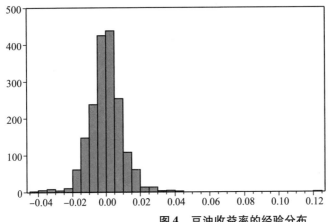

图 4 豆油收益率的经验分布

豆粕的非对称分布的参数估计见表 12：

表 12   参数估计

估计参数	P	K	1 − 2P	σ	E(x)
参数值	0.5836	0.4164	− 0.1672	0.016027	− 0.000128

从估计的值来看，显示出是右偏的。

图 5 是我们给出的豆油收益率的经验分布图，可以看出得出的结论与实际的结果。

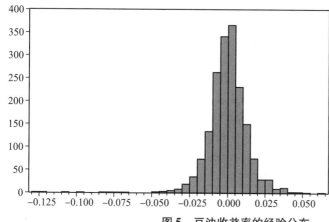

Series:RDP	
Sample1 1799	
Observations1798	
Mean	−0.000128
Median	0.000000
Maximum	0.062399
Minimum	−0.126416
Std. Dev.	0.013483
Skewness	−1.503241
Kurtosis	16.41885
Jarque-Bera	14167.08
Probability	0.000000

图 5 豆油收益率的经验分布

此图的尖峰厚尾性更为明显。

2. Copula 函数的参数估计

考虑到本文的套利研究用的是两列收益序列的研究，因此可以用一些简便的方法估计 Copula 函数的参数。本文用 Genest and Rivest 方法。

这种方法主要适用于单参数的阿基米德族 Copula 中 Copula 函数的估计。对于每一个阿基米德族 Copula 中 Copula 函数，Kendall τ 是关于 Copula 参数 θ 的一个解析函数。

利用 Gumbel Copula 函数的结构等式 $\tau = 1 - \theta^{-1}$

先估计出 τ。在估计 τ 时用到了 SPSS 软件，具体的过程在后文的附录中给出，此处给出结果见表 13。

表 13 估计结果

待估参数	τ	θ	$1/\theta$
估计值	0.467	1.876173	0.533

3. 基于 Copula 函数的模拟

Copula 函数的蒙特卡洛模拟算法

Step1：产生两个 (0，1) 区间上的均匀分布随机数 u，w

本文的随机数产生使用的是 Matlab6.5 自带的随机数发生器，严格意义上来讲，产生的是伪随机数，关于随机问题的优化，超出了本文的讨论范围。本文了解伪随机数可能给文章的结果带来一定的影响，但是目前为止的改进算法相当复杂，其理论意义大于实际意义。

本文采用了 10000 次的模拟结果。

Step2：令 $x = F_1^{-1}(u)$，$F_1(\cdot)$ 为豆油的边际分布函数，本文采用的是非对称 Laplace 分布函数。其参数的值已在前文中给出。

定理：设 C 是一个 Copula 函数，对任意点 $u \in [0，1]$ 在 Lebesgue 测度下，偏导数 $\frac{\partial C}{\partial v}$ 对于每一点 v 都存在，对此 u，v 有 $0 \leqslant \frac{\partial C}{\partial v} \leqslant 1$。同理对 $\frac{\partial C}{\partial u}$ 也成立。

本定理直观的意义即为，在确定了 Copula 函数的结构后，其对于其中一元的偏导数即为令外一元函数的边际分布函数。

Step3：对给定的 Copula 函数求得第二个序列在均匀分布上的随机数 $v = C_u^{-1}(w)$。

此处的 Copula 函数选用了 Gumbel Copula 函数。对于其偏导的过程：

$$C(u，v) = \exp\{-[(-\ln u)^\theta + (-\ln v)^\theta]^{\frac{1}{\theta}}\}，\ \theta \geqslant 1$$

令 $m = [(-\ln u)^\theta + (-\ln v)^\theta]^{\frac{1}{\theta}}$

则：$\frac{\partial C}{\partial u} = -C\frac{\partial m}{\partial u}$

令 $y = (-\ln u)^\theta + (-\ln v)^\theta$

则：$\frac{\partial m}{\partial u} = \frac{\partial y^{1/\theta}}{\partial u}$

$= -y^{(\frac{1}{\theta}-1)}(-\ln u)^{\theta-1}u^{-1}$

$\frac{\partial C}{\partial u} = Cy^{(\frac{1}{\theta}-1)}(-\ln u)^{\theta-1}u^{-1}$

$= C\frac{(-\ln(C))(-\ln u)^{\theta-1}u^{-1}}{(-\ln u)^\theta + (-\ln v)^\theta}$

我们将按照此方法来产生在 Gumbel Copula 函数相依结构下的另一模拟值。

Step4：根据 Step3 中计算的随机数 v，可以求出豆粕随机数 $y = F_2^{-1}(v)$，F_2 为豆粕变量的边际分布函数，本文采用的是非对称 Laplace 分布，其函数值已经给出。

Step5：将 Step2 和 Step4 中产生的随机数（x，y），计算 x，y 的套利组合。

Step6：将 Step1～Step5 重复做 N 次（N = 10000），我们就可以就计算出不同显著性水平 α 下的 VaR 值。

此处的组合采用了等权重交易，

在此，我们模拟套利交易采用一手豆油对冲一手豆粕。由于是多空双方同时在做，因此组合的风险度量为：$f = Var_{rdy} + Var_{rdp}$

我们模拟的结果见表 14：

表 14   模拟结果

	α = 95%	α = 99%	组合 α = 95%	组合 α = 99%
豆油	0.04678	0.07250	0.00726029	0.010833937
豆粕	0.03920	0.06230		

模拟结果的解析：

本文用到蒙特卡洛模拟，在模拟 10000 次的基础上，99% 的分位数采用了第 100 次的模拟结果；95% 的分位数采用了第 500 次的模拟结果（关于模拟的结果的全过程，在论文后的附录中给出）。

（四）基于边际分布为 Garch-t 分布 Copula 函数套利交易的实证研究

1. GARCH – T 函数

GARCH 模型的数学表达式如下：

$$\begin{cases} \varepsilon_t = h_t^{\frac{1}{2}} \xi_t \\ h_t = \alpha_0 + \sum_{i=1}^{q} \alpha_i \varepsilon_{t-1}^2 + \sum_{i=1}^{p} \beta_i h_{t-1}^2 + \xi_t \\ \xi_t \sim t_v \end{cases}$$

在实际应用中，假定收益率观测样本为收益率序列往往都是平稳序列，且其平方序列具有自相关性（ARCH 效应），则可取 $r_t = \mu + \varepsilon_t \mu$ 为样本均值。这时候就可以得到收益率的条件分布 Garch（1，1）–t 如下：

$$P(R_T \leqslant r) = P(\varepsilon_t \leqslant (r - \mu))$$

$$= P(h_t^{\frac{1}{2}} \xi_t \leqslant (r - \mu)) = t_v \left(\frac{r - \mu}{\sqrt{\alpha_0 + \alpha_1 \varepsilon_t^2 + \beta_1 h}} \right)$$

T 分布的密度函数为：$f(x, \nu) = \dfrac{\Gamma\left(\dfrac{\nu+1}{2}\right)\left(1 + \dfrac{x^2}{\nu}\right)^{-\frac{\nu+1}{2}}}{(\nu\pi)\Gamma\left(\dfrac{\nu}{2}\right)}$

$\Gamma(\cdot)$ 为 Gamma 函数，ν 为自由度。

2. GARCH－T 函数的参数估计

我们对于参数不再加过多的说明，此处，只是给出我们估计的参数结果（见表 15）：

表 15　　　　　　　　　　　　　　　　参数结果

GARCH－t 模型	α_0	α_1	β_1	DOF
豆粕	9.71E－07 （1.398820）	0.029218 （3.484914）	0.968104 （113.8553）	3.565415 （9.127996）
豆油	7.20E－07 （0.3407）	0.094091 0.0000	0.914664 0.0000	5.330153 0.0000

Copula 函数的蒙特卡洛模拟算法。

Step1：产生两个 （0，1） 区间上的均匀分布随机数 u，w。

本文采用了 10000 次的模拟结果。

Step2：令 $x = F_1^{-1}(u)$，$F_1(\cdot)$ 为豆油的边际分布函数，本文采用的是非对称 GARCH－T 函数分布函数。其参数的值已在前文中给出。

Step3：对给定的 Copula 函数求得第二个序列在均匀分布上的随机数 $v = C_u^{-1}(w)$。

Step4：根据 Step3 中计算的随机数 v，可以求出豆粕随机数 $y = F_2^{-1}(v)$，F_2 为豆粕变量的边际分布函数，本书采用的是 GARCH－T 函数分布，其函数值已经给出。

Step5：将 Step2 和 Step4 中产生的随机数 （x，y），计算 x，y 的套利组合。

Step6：将 Step1～Step5 重复做 N 次 （N = 10000），我们就可以就计算出不同显著性水平 α 下的 VaR 值。

此处的组合采用了等权重交易。

在此我们模拟套利交易采用一手豆油对冲一手豆粕。由于是多空双方同时在做，因此组合的风险度量为：$f = Var_{rdy} + Var_{rdp}$

我们模拟的结果见表 16：

表 16　　　　　　　　　　　　　　　　模拟结果

	α = 95%	α = 99%	组合 α = 95%	组合 α = 99%
豆粕	0.03833569	0.06946087	0.00156357	0.01008592
豆油	0.03989926	0.07954679		

模拟结果的解析：

本书用到蒙特卡洛模拟，在模拟 10000 次的基础上，99% 的分位数采用了第 100 次的模拟结果；95% 的分位数采用了第 500 次的模拟结果（关于模拟的结果的全过程，在论文后的附件中给出）。

（五）关于运用 Copula 函数的结果分析

本章引入了 Copula 函数，从而得到了两个具有相关关系的品种之间的内部结构，利用两者之间的结构在模拟出其中一个分布的基础上，反演出了另外的一个具有相关关系的品种的收益率的分布参数，并利用蒙特卡洛模拟的办法测定出了在一定的置信水平下的合理的保证金水平。

在模拟边缘分布时，本文运用了非对称的 Laplace 分布和 Garch 族分布来拟合数据，主要的考虑是模型的可实现性和模拟效果之间做到最优的匹配。总体来讲，两种分布对模拟的结果影响差异不大。

从对于具有内部关系的两个相关品种的组合风险测定来讲，并不是两个单品种的简单的加减关系，从模拟的数据结果来看，在采用了 Copula 函数的基础上的组合风险较小，在 99% 的置信水平下，1% 左右的保证金基本上能够覆盖所有的风险，这也与经济学的原理相符合：套利组合的收益率水平的较低相伴随的风险也较小。

关于套利的组合问题我们的保证金只能控制正常的风险波动，问题是在出现了其余的 1% 的极值情况下应该如何的防范？接下来，正是以本问题为出发点引入极值理论，从而为合理地测定准备金理论进而预防出现小概率事件下的极值理论打下基础。

四、关于极值分布的准备金理论

（一）极值理论

极值理论是测量极端市场条件下风险损失的一种方法，它具有超越样本数据的估计能力，并可以准确地描述分布尾部的分位数。它主要包括两类模型：BMM 模型（Block Maxima Method）和 POT 模型（Peaks Over Threshold）。

广义极值分布（简称 GEV 分布），其分布函数为：

$$H_\varepsilon(x) = \begin{cases} \exp(-(1+\varepsilon x)^{-\frac{1}{\varepsilon}}) & (\varepsilon \neq 0) \\ \exp(-e^{-x})) & (\varepsilon = 0) \end{cases}$$

其中，x 满足 $1+\varepsilon x > 0$，ε 是形状参数。$\varepsilon > 0$ 对应于 Frechet 分布，$\varepsilon = 0$ 对应于 Weibull 分布，$\varepsilon < 0$ 对应于 Gumbel 分布。如果引进位置参数 μ 和尺度参数 σ，那么分布函数 $H_\varepsilon(x)$，就可以扩展为 $H_{\varepsilon,\mu,\sigma}(x) = H_\varepsilon\left(\dfrac{x-\mu}{\sigma}\right)$。

POT 模型（Peaks-Over-Thresholds），是对观察值中所有超过某一较大阈值的数据建模。由于 POT 模型能够有效地使用有限的极值情形。因此，通常被认为有较大的使用价值。

Pickands-Balkama-de Haan 定理：

设 F(x) 为金融序列损益分布函数，用 u 表示一充分大的阈值，假设超过阈值 u 的样本的个数为 N_u，用 X_1，X_2，…，X_n 表示超过阈值的样本观测值，用 Y_1，Y_2，…，Y_n 表示相应的超额数，即 $Y_i = X_i - u$。

令 X_0 表示分布 F 的右端点，它可能是有限的，也可能是无限的，即：

$$x_0 = \sup\{x \in R; F(x) < 1\} \geqslant \infty$$

其分布函数记为：

$$F_u(y) = P(x - u \leqslant y \mid x > u),\ 0 \leqslant y_0 \leqslant x_0 - u$$

此处利用条件分布函数进行展开得：

$$F_u(y) = \frac{F_u(u+y) - F(u)}{1 - F(u)}$$

对每一个 $\xi \in R$，$F \in MDA(H_\xi)$，当且仅当对某个正的测度函数 $\beta(u)$，

$$\lim_{u \to x_0} \sup_{0 < y \leqslant x_0 - u} |F_u(y) - G_{\xi,\beta}(x)| = 0$$

对超额数分布由 Pickands-Balkama-de Haan 定理知，对于充分大的阈值 u，超额数的分布函数可以用广义帕累托分布近似拟合。

广义帕累托分布（GPD）：

$$G_{\xi,\beta}(x) = \begin{cases} 1 - \left(1 + \dfrac{\xi x}{\beta}\right)^{-\frac{1}{\beta}} & \xi \neq 0 \\ 1 - \exp\left(-\dfrac{x}{\beta}\right) & \xi = 0 \end{cases}$$

其中，ξ 是重要的形状参数，而 β 是分布的尺度参数，且 $\beta > 0$。当 $\xi \geqslant 0$ 时，$x \geqslant 0$；当 $\xi \leqslant 0$ 时，$0 \leqslant x \leqslant \dfrac{-\beta}{\xi}$。$\xi \geqslant 0$ 时，广义帕累托分布是厚尾的，这种情形下与风险测量是最相关的，也是我们需要测量的情形。

相应地超限分布函数表示为：

$$F(x) = (1 - F(u))G_{\xi,\beta}(x - u) + F(u), \quad x > u$$

1. 阈值的确定和参数估计

（1）阈值 u 的确定。

阈值 u 的确定非常关键。过高的 u 值会导致超额数据太少，从而估计参数的方差会偏高。而太小的 u 值则会产生有偏的估计量。

通常有两种方法来确定阈值 u：其一是根据超额均值函数 MEF 的性质，即选取充分大的 u 值，使得 X > u 时，MEF 是近似线性的；其二是根据 Hill 图。

令 $X(1) > X(2) > \cdots > X(n)$，表示独立同分布的有序数据。尾部指数 Hill 统计量定义为：$H_{k,n} = \dfrac{1}{k}\sum_{i=1}^{k}\ln\left(\dfrac{X(i)}{X(k)}\right)$

Hill 图定义为点 $\{(k, H_{k,n}^{-1}), 1 < k < n - 1\}$ 的集合。阈值 u 选择图形中尾部指数的稳定区域起始点的横坐标 k 所对应的数据 X_k。

（2）用极大似然估计法求得 ξ，β。

由 GPD 分布函数，可求出其密度函数为：$f_u(y) = \dfrac{\xi}{\beta}\left(1 + \xi\dfrac{y}{\beta}\right)^{\frac{-1}{\xi} - 1}$，当 $\xi < 0$ 时，$0 \leqslant x \leqslant -\dfrac{\beta}{\xi}$，其对数似然函数为：

$$L(\xi, \beta; \hat{x}) = \begin{cases} n\ln\xi - n\ln\beta - \left(\dfrac{1}{\xi} + 1\right)\sum_{i=1}^{n}\ln\left(1 + \dfrac{\xi}{\beta}\hat{x}_i\right) & \xi \neq 0 \\ -n\ln\beta - \dfrac{1}{\xi}\sum_{i=1}^{n}\ln\hat{x}_i & \xi = 0 \end{cases}$$

其中的 $\hat{x}_i$ 为 x 的观测值。

由似然函数可推导出似然方程，从而求出 ξ，β 的最大似然估计值。

2. GDP 分布的拟合

确定阈值 u 之后，可以用 $\dfrac{n - N_u}{n}$ 作为 F（x）的估计值，N_u 是超过阈值的样本个数 n 是样本容量。利用大于阈值的样本估计出参数 $\hat{\xi}$，$\hat{\beta}$ 则原来的方程，

$F(x) = (1 - F(u))G_{\xi,\beta}(x - u) + F(u)$，x > u 的尾部估计变为：

$$\hat{F}(x) = \left(1 - \frac{n - N_u}{n}\right)G_{\xi,\beta}(x - u) + \frac{n - N_u}{n}$$

$$= 1 + \frac{N_u}{n}(G_{\xi,\beta}(x - u) - 1)$$

$$= 1 - \frac{N_u}{n}\left(1 + \frac{(x - u)\hat{\xi}}{\hat{\beta}}\right)^{-\frac{1}{\xi}}$$

（二）基于极值分布理论的保证金比率的测算

1. 基于 VaR 计算的极值分布的最优保证金比率的计算

VaR 的知识在前面的章节中已经说明，此处只是利用反分位数给出计算结果。

若给定概率 $P > F(u)$，通过反解 $\hat{F}(x) = 1 - \dfrac{N_u}{n}\left(1 + \dfrac{(x-u)}{\hat{\beta}}\hat{\xi}\right)$ 可以计算得到

P 分位数的估计 $VaR_p = \begin{cases} u + \dfrac{\hat{\beta}}{\hat{\xi}}\left(\left(\dfrac{n}{N_u}(1-p)\right)^{-\xi} - 1\right) & \xi \neq 0 \\[3mm] u - \beta\ln\dfrac{n}{N_u}(1-p) & \xi = 0 \end{cases}$ 。

2. CVaR 对 VaR 的改进

（1）VaR 的不足。

风险测度 $\rho(X)$ 的一致性度量：

如果 $\rho(X)$ 满足以下四条公理

①单调性（monotonicity）：即对任意 X_1，$X_2 \in \varphi$，若 $X1 \leqslant X2$，则 $\rho(X_1) \geqslant \rho(X_2)$。

②平移不变性（translation invariance）：即对任意实数 k，有 $\rho(X+k) = \rho(X) - k$。

③正则齐次性（positive homogeneity）：即对任意 $\lambda > 0$，有 $\rho(\lambda X) = \lambda\rho(X)$。

④子可加性（subadditivity），即对所有的 X_1，$X_2 \in \varphi$，有 $\rho(X_1 + X_2) \leqslant \rho(X_1) + \rho(X_2)$。

则称风险测度 $\rho(X)$ 为一致风险测度（Coherent Risk Measure）。

可以看到，VaR 满足正则齐次性、单调性与平移不变性，但在一般情况下不满足可加性。在此引出了 CVaR。

（2）CVaR 的定义及应用。

$$CVaR_p = VaR_p + E(X - VaR_p / X > VaR_p)$$

其中，$E(X - VaR_p / X > VaR_p)$ 为给定 VaR_p 的超额均值函数 MEF（mean excess function），当 $\xi < 1$ 时，GPD 的超额均值函数为：

$$e(z) = E(X - z / X > z) = \frac{\beta + \xi z}{1 - z}\beta + \xi z$$

则：$CVaR = VaR_p + \dfrac{\beta + \xi(VaR_p - u)}{1 - \xi} = \dfrac{VaR_p}{1 - \xi} + \dfrac{\beta - \xi u}{1 - \xi}$

（三）基于极值分布理论的实证研究

实证研究的数据仍然用前面提到的数据，此处主要用来进行实证研究（见图 6、图 7）：

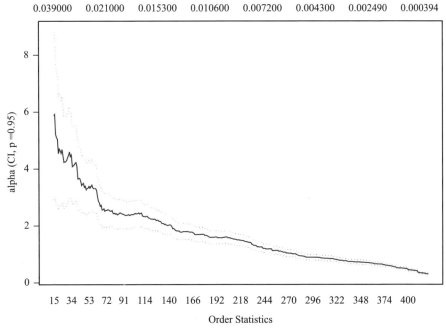

图 6　豆油的 Hill 分布

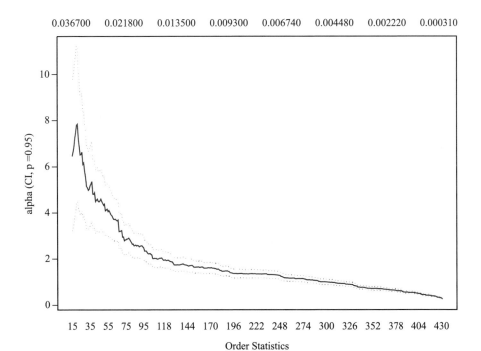

图 7　豆粕的 Hill 分布

图6、图7分别显示了豆油和豆粕的 Hill 分布图，我们结合经验分布来总结出门限之的选择。

我们来看下拟合的效果图（见图8、图9）：

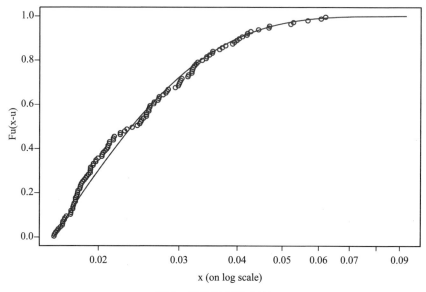

图8 豆粕的拟合分布

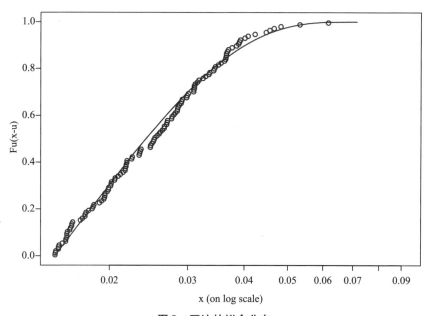

图9 豆油的拟合分布

从图直观的看来，我们的拟合效果都算不错，这也证明了我们的参数估计的合理性。

此时我们应用得到的数据来计算得到我们的尾部的 VaR（见表 17）：

表 17 　　　　　　　　　　　　估计结果

	95% VaR
豆油	0.04620
豆粕	0.04895

此时我们计算得到了极值情况下的厚尾问题。我们的准备金便以此来为依据来进行核算（见表 18）。

表 18 　　　　　　　　　　　　估计结果

	95% CVaR
豆油	0.05260
豆粕	0.5762

通过比较可以看出，有 CVaR 方法计算的准备金要大于 VaR 计算得到的准备金，我们在前面提到了 VaR 计算的缺陷，因此我们为了安全选择高者。

（四）结果分析

我们在测定完正常风险的基础上给出了极值理论的测定问题，从我们的分析结果来看，要想在较高的置信水平下消除极值现象，仍需要较高的风险准备水平。较高的准备金加上正常的保证金也大约在 10%，这也解释了为何国内的期货公司的保证金水平基本上全部在 10% 以上，他们的 10% 的保证金能在覆盖完正常的保证金的基础上，还会基本消除极值理论带来的不利影响，而不同只是所收取的保证金包括了保证金和风险准备金。

五、结论与展望

本文首先分析了个单个品种的最优保证金的水平。对于单个品种保证金水平的测定方法采用了 VaR 的方法，在测定时，最关键的是品种的收益率的分布拟合测定，在存在异方差的情况下，本文引入了正态分布 GARCH 族模型；T 分布下 GARCH 族模型；GED 分布下 GARCH 族模型，从得到的实证结果来看，对于单个品种的保证金水平的度量，由尾数残差 GED 分布下得到的 VAR 相对于其他的方法得到的保证金水平略偏小，容易出现的穿仓的结果较多。

在引入了 Copula 函数，从而得到了两个具有相关关系的品种之间的内部结构，利用两者之间的结构再模拟出其中一个分布的基础上，反演出了另外的一个具有相关关系的品种的收益率的分布参数，并利用蒙特卡洛模拟的办法测定出在一定的置信水平下的合理的保证金水平。

在模拟边缘分布时，本文运用了非对称的 Laplace 分布和 Garch 族分布来拟合数据，主要的考虑是模型的可实现性和模拟效果之间做到最优的匹配。总体来讲，两种分布对模拟的结果影响差异不大。

从对于具有内部关系的两个相关品种的组合风险测定来讲，并不是两个单品种的简单的加减关系，从模拟的数据结果来看，在采用了 Copula 函数的基础上的组合风险较小，在 99% 的置信水平下，1% 左右的保证金基本上能够覆盖所有的风险，这也与经济学的原理相符合：套利组合的收益率水平的较低相伴随的风险也较小。

在测定完正常风险的基础上给出了极值理论的测定问题。从我们的分析结果来看，要想在较高的置信水平下消除极值现象仍需要较高的风险准备水平，较高的准备金加上正常的保证金也大约在 10% 左右。这也解释了为何国内的期货公司的保证金水平基本上全部在 10% 以上，他们的 10% 的保证金能在覆盖完正常的保证金的基础上，还会基本上消除极值理论带来的不利影响，而不同只是所收取的保证金包括了保证金和风险准备金。

未来仍有许多的工作需要完成。在模拟收益率的分布方面尚需更合理的分布去拟合；在 Copula 的内部结构方面，仍需要更多的研究以便更好地理解其完整的结构；在极值理论的方面，确定阈值方面仍需更好的科学的方法。

参考文献

［1］马勇，陈雨露．金融杠杆、杠杆波动与经济增长［J］．经济研究，2017，52（06）：31－45．

［2］午晋涛．基于高频数据的国债期货跨品种套利策略研究［D］．山西财经大学，2017．

［3］刘飒．我国股指期货跨品种套利研究［D］．浙江工商大学，2017．

［4］孔祥哲．上证 50 与沪深 300 股指期货跨品种套利策略研究［D］．山西财经大学，2016．

［5］罗慧．白银跨市套利策略研究［D］．西南交通大学，2015．

［6］周志文．期货市场钢铁产业跨品种套利模型及其应用研究［D］．东华大学，2015．

［7］赵成珍，宋锦玲．跨品种期货套利交易最优保证金比率设计——基于 Copula 函数及极值理论的研究［J］．技术经济与管理研究，2014（12）：16－19．

［8］秦佳菁．国债期货定价与套利交易实证研究［D］．上海交通大学，2014.

［9］柯原，郑双阳．基于信用交易机制的可转换债券套利模型研究［J］．福建江夏学院学报，2014，4（02）：16－21.

［10］王学强．白糖期货期权仿真交易中的套利机会［N］．期货日报，2013－12－09（004）.

［11］张英军．大商所将启动夜盘交易［N］．粮油市场报，2013－11－16（B03）.

［12］吴文．上期所发布两项规章制度［N］．中国冶金报，2013－11－05（007）.

［13］刘娇．贵金属量化价差套利中交易策略设计及软件实现［D］．复旦大学，2013.

［14］李俊．大商所鼓励套利交易　提高市场效率［N］．第一财经日报，2013－07－15（A12）.

［15］郑基超，刘晴．CME 套利制度、产品分析及其对我国的启示［J］．理论月刊，2013（05）：136－139.

［16］王宏伟．股指期货套期保值和套利策略分析［D］．中国社会科学院研究生院，2013.

［17］危达．高频数据下基于 AR－EGARCH 时变模型的中国股指期货跨期套利策略设计与实证研究［D］．复旦大学，2013.

［18］毛琪．沪深 300 股指期货套利交易研究［D］．浙江大学，2013.

［19］朱贤佳．大商所：正研究套利交易保证金优惠和持仓豁免［N］．上海证券报，2013－02－26（F09）.

［20］彭程．沪深 300 股指期货期现正向套利研究［D］．华东政法大学，2012.

［21］胡晓波．基于交易成本的股指期货期现套利交易机会分析［D］．上海交通大学，2011.

［22］廖婷．我国股指期货的套利策略研究［D］．武汉科技大学，2011.

［23］赵成珍．基于 Copula 函数风险控制的期货套利交易保证金比率研究［D］．北京物资学院，2010.

［24］谢晓冬．利用股指期货进行套利交易的理论与实证研究［D］．天津财经大学，2010.

［25］李雨修．沪深 300 股指期货与 ETF 组合复合套利研究［D］．中南大学，2010.

［26］林碧波．考虑噪音交易影响下的套利研究［D］．天津大学，2010.

［27］陈恒．油企豆类期货套利策略研究［D］．大连理工大学，2009.

［28］苏翔飞．基于沪深 300 股指期货与上证 50ETF 协整分析的复合套利实证研究［D］．西北大学，2009.

［29］姜越．金融期货会计问题研究［D］．北京林业大学，2009.

［30］张冠华．沪深 300 股指期货套利策略及风险管理研究［D］．中国海洋大学，2009.

［31］殷晓梅．商品期货跨品种套利交易模型及其实证研究［D］．南京航空航天大学，2009.

［32］荣涛．股指期现套利研究［D］．北京交通大学，2009.

［33］黄顺．沪深 300 股指期货无套利区间分析［D］．西南财经大学，2009.

［34］魏凌艳．我国大豆与豆粕期货跨品种套利交易模型研究［D］．西南交通大学，

2008.

　　［35］杨海珍，鄢宏亮．股指期货跨期套利交易保证金设置方法的比较［J］．系统工程理论与实践，2008（08）：132－138＋170.

　　［36］黄文卿．期现套利对股指期货定价效率的影响［J］．统计与决策，2008（09）：123－125.

　　［37］周洪伟．投资沪深300指数期货的研究［D］．天津大学，2008.

　　［38］孙守东，栾长福．期现套利中超额保证金的最优管理［J］．科学技术与工程，2008（08）：2152－2154.

　　［39］王学勤．"双跨"期货产品新理念［J］．资本市场，2007（12）：72－75.

　　［40］赵鑫．沪深300股指期货套利交易及其风险控制研究［D］．东北财经大学，2007.

　　［41］曾秋根．从对冲基金巨亏看期货价差套利交易的风险与管理［J］．浙江金融，2007（03）：39－40.

　　［42］郑尊信．股指期货交易行为与现金结算价确定研究［D］．上海交通大学，2007.

　　［43］彭萍，王璐，王艳芹．股指期货投机套利交易的会计处理［J］．财会研究，2006（05）：32－33.

　　［44］景楠．中国金属期货市场套利交易与风险控制研究［D］．暨南大学，2006.

　　［45］卢伟忠．中国商品期货套利交易模型和投资方案［D］．西南财经大学，2006.

附录1：

关于 Hill 函数的估计程序

```
function(data,option = "alpha",start = 15,end = NA,p = NA,ci = 0.95,
    plot = T,reverse = F,auto.scale = T,labels = T,…)
{
    stop.on.bdObject(data)
    if(is(data,"series"))
{       data < - seriesData(data)
    }
    if(is.data.frame(data)){
        data < - as.matrix(data)
    }
    ordered < - rev(sort(data))
    ordered < - ordered[ordered > 0]
    n < - length(ordered)
    option < - casefold(option)
    if((option = = "quantile")&&(is.na(p)))
        stop("The probability p must be provided.")
```

```
if( ( option = = "quantile" )&&( p < 1 - start/n ) ) {
  warning( "Graph may look strange ! ! \n\n" )
  warning( paste( "Suggestion 1 : Increase ṕ ábove" ,format(
    signif( 1 - start/n ,5 ) ) ," \n" ) )
  warning( paste( "Suggestion 2 : Increase śtart ábove" ,ceiling(
    length( data ) * ( 1 - p ) ) ," \n" ) )
}
k < - 1 : n
loggs < - logb( ordered )
avesumlog < - cumsum( loggs )/( 1 : n )
xihat < - c( NA ,( avesumlog - loggs )[ 2 : n ] )
alphahat < - 1/xihat
y < - switch( option ,
  alpha = alphahat ,
  xi = xihat ,
  quantile = ordered * ( ( n * ( 1 - p ) )/k )^( - 1/alphahat ) )
ses < - y/sqrt( k )
if( is. na( end ) )
  end < - n
x < - trunc( seq( from = min( end ,length( data ) ) ,to = start ) )
threshold < - findthresh( data ,x )
y < - y[ x ]
#
if( plot ) {
  ylabel < - option
  yrange < - range( y )
  if( ci&&( option ! = "quantile" ) ) {
    qq < - qnorm( 1 - ( 1 - ci )/2 )
    u < - y + ses[ x ] * qq
    l < - y - ses[ x ] * qq
    ylabel < - paste( ylabel ," ( CI ,p = " ,ci ," ) " ,sep = " "
      )
    yrange < - range( u ,l )
  }
  if( option = = "quantile" )
```

```
    ylabel < - paste(" Quantile,p = ",p)
  index < - x
  if( reverse )
    index < -   - x
  if( auto. scale) {
    plot( index,y,ylim = yrange,type = " | ",xlab = " ",
       ylab = " ",axes = F,···)
  }
  else {
    plot( index,y,type = " | ",xlab = " ",ylab = " ",axes
       = F,···)
  }
  axis( 1 ,at = index,lab = paste( x) ,ticks = F)
  axis( 2 )
  axis( 3 ,at = index,lab = paste( format( signif( threshold ,3 ) ) ) ,
     ticks = F)
  box( )
  if( ci && ( option !  = " quantile" ) ) {
    lines( index,u,lty = 2 ,col = 2 )
    lines( index,l,lty = 2 ,col = 2 )
  }
  if( labels) {
    title( xlab = " Order Statistics" ,ylab = ylabel)
    mtext( " Threshold" ,side = 3 ,line = 3 )
  }
}
if( option = = " alpha" ) {
  invisible( return( data. frame( alpha = y,orderStat = x ,
     threshold = threshold) ) )
}
if( option = = " xi" ) {
  invisible( return( data. frame( xi = y ,orderStat = x ,threshold
     = threshold) ) )
}
if( option = = " quantile" ) {
```

```
invisible( return( data. frame( quantile = y, orderStat = x,
    threshold = threshold) ) )
  }
}
```

附录 2:

关于 GPD 函数的估计程序

```
function( data, threshold = NA, nextremes = NA, method = " ml" , information =
  " observed" , max. fcal = 1000, max. iter = 200)
{
  stop. on. bdObject( data)
  if( is( data, " series" ) ) {
    isTS < - T
    pos < - positions( data)
    data < - seriesData( data)
  }
  else{
    isTS < - F
  }
  if( is. data. frame( data) ) {
    data < - as. matrix( data)
  }
  n < - length( data)
  if( is. na( nextremes) &&is. na( threshold) ) {
    ##changed here!
    #   stop( "Either a threshold or the number of upper extremes mu
st be supplied. "   )
    sorted. data < - sort( data)
    if( n < = 150/0. 15) {
      uu1 < - sorted. data[ n - trunc( n * 0. 15) ]
      uu2 < - sorted. data[ n - trunc( n * 0. 15) - 1]
      threshold < - ( uu1 + uu2)/2
    }
    else threshold < - sorted. data[ n - 150]
```

```
}
if( ! is. na( nextremes) )
    threshold < - findthresh( data, nextremes)
exceedances < - data[ data > threshold]
if( isTS)
    pos < - pos[ data > threshold]
excess < - exceedances - threshold
Nu < - length( excess)
xbar < - mean( excess)
method < - casefold( method)
if( method = = " ml" ) {
    s2 < - var( excess)
    xi0 < - - 0. 5 * ( ( ( xbar * xbar)/s2) - 1)
    beta0 < - 0. 5 * xbar * ( ( ( xbar * xbar)/s2) + 1)
    theta < - c( xi0, beta0)
    assign( " gpd. opt. tmp" , excess, frame = 1)
    negloglik < - function( theta)
    {
        xi < - theta[ 1]
        beta < - theta[ 2]
        cond1 < - beta < = 0
        cond2 < - ( xi < = 0) && ( max( gpd. opt. tmp) > ( - beta/
            xi) )
        if( cond1   cond2)
            f < - NA
        else {
            y < - logb( 1 + ( xi * gpd. opt. tmp)/beta)
            y < - y/xi
            f < - length( gpd. opt. tmp) * logb( beta) + (
                1 + xi) * sum( y)
        }
        f
    }
    fit < - nlmin( negloglik, theta, max. fcal = max. fcal, max. iter
        = max. iter)
```

```
    par. ests < - fitMYMx
    converged < - fitMYMconverged
    nllh. final < - negloglik( fitMYMx)
    information < - casefold( information)
      if( information = = "observed") {
        if( is. na( nllh. final) ) {
          warning( "No log likelihood function and covariance matrix c
an be calculated. "
                )
          varcov < - NA
        }
        else varcov < - hess( negloglik,fitMYMx,xscale = c(
          1. ,0) )
    }
      if( information = = "expected") {
        one < - ( 1 + par. ests[ 1 ] )^2/Nu
        two < - ( 2 * ( 1 + par. ests[ 1 ] ) * par. ests[ 2 ]^2)/Nu
        cov < -    - ( ( 1 + par. ests[ 1 ] ) * par. ests[ 2 ] )/Nu
        varcov < - matrix( c( one,cov,cov,two) ,2)
    }
  }
  if( method = = "pwm") {
    a0 < - xbar
    gamma < - -0. 35
    delta < -0.
    #   pvec < - ( ( 1:Nu) + delta)/( Nu + delta)
    pvec < - ( ( 1:Nu) + gamma)/( Nu + delta)
    a1 < - mean( sort( excess) * ( 1 - pvec) )
    xi < -2 - a0/( a0 - 2 * a1)
    beta < - ( 2 * a0 * a1)/( a0 - 2 * a1)
    par. ests < - c( xi,beta)
    denom < - Nu * ( 1 - 2 * xi) * ( 3 - 2 * xi)
    if( xi > 0. 5) {
      denom < - NA
      warning( "Asymptotic standard errors not available for PWM Method wh
```

en xi >0. 5"

)

  }

  one < – (1 – xi) * (1 – xi + 2 * xi^2) * (2 – xi)^2

  two < – (7. – 18. * xi + 11. * xi^2 – 2. * xi^3) * beta^2

  cov < – beta * (2 – xi) * (2. – 6. * xi + 7. * xi^2 – 2. * xi^

   3)

  varcov < – matrix(c(one, cov, cov, two) ,2)/denom

  information < – "expected"

  converged < – NA

  nllh. final < – NA

 }

if(any(is. na(varcov)))

 par. ses < – NA

elsepar. ses < – sqrt(diag(varcov))

p. less. thresh < – 1 – Nu/n

if(isTS) {

 exceedances < – timeSeries(exceedances, pos = pos)

}

out < – list(n = length(data) , data = sort(data) , upper. exceed =

 exceedances, lower. exceed = NA ,

upper. thresh = threshold ,

 lower. thresh = NA ,

p. less. upper. thresh = p. less. thresh ,

  p. larger. lower. thresh = NA ,

n. upper. exceed = Nu ,

  n. lower. exceed = NA ,

upper. method = method ,

lower. method = NA ,

  upper. par. ests = par. ests ,

lower. par. ests = NA ,

upper. par. ses

  = par. ses ,

lower. par. ses = NA , upper. varcov = varcov ,

  lower. varcov = NA ,

```
upper. info = information, lower. info = NA,
        upper. converged = converged,
lower. converged = NA,
        upper. nllh. final = nllh. final,
lower. nllh. final = NA)
    par. names < - c("xi","beta")
    names(outMYMupper. par. ests) < - par. names
    if(! any(is. na(varcov))){
        dimnames(outMYMupper. varcov) < - list(par. names, par. names)
        names(outMYMupper. par. ses) < - par. names
    }
    oldClass(out) < - "gpd"
    out
}
```

中国铁矿石期货国际定价权影响力研究

单 磊 李 罡 薛 辰

一、引言

（一）研究背景及意义

1. 研究背景

铁矿石作为冶炼钢铁的核心原料，随着中国钢铁行业的快速发展，其需求量也出现了大幅的增长。尽管国内铁矿石的产量和规模不断增加，但仍然无法满足钢铁行业的巨大需求。中国铁矿石进口量 2002 年突破 1 亿吨，2003 年超越日本，进口量占比超过世界总产量的 1/3，成为全球铁矿石贸易的最大买家。2006 年中国铁矿石进口总量为欧盟和日本的总和，占据了世界铁矿石贸易量的半壁江山。2017 年全年进口量增长 4.95%，达到 10.75 亿吨，约占全球铁矿石贸易量的 68%，创下历史新高（见图 1）。2018 年 1 ~ 11 月中国铁矿石进口量合计达 9.78 亿吨，按照 2013 年以来单月中国铁矿石进口量不低于 0.5 亿吨的增速来算，2018 年中国铁矿石进口量将连续第 3 年超过 10 亿吨。中国被称为"全球吸铁石"。

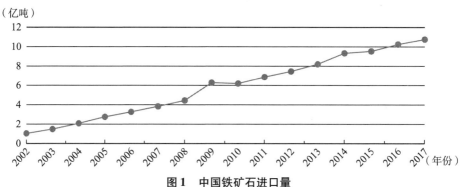

图 1　中国铁矿石进口量

资料来源：钢联资讯。

我国铁矿石资源禀赋不佳，进口主要集中在巴西、澳洲和南非，2016 年我国铁矿石对外依存度超过 80%。近年来主要进口国家和矿山的集中程度大幅提高，使得铁矿石市场更加趋向于一个寡头垄断市场。被称为"全球吸铁石"的中国，本应凭借巨大的进口量在国际铁矿石贸易价格谈判中拥有一定的话语权，然而现实却并非如此。话语权缺失导致中国只能被动地接受铁矿石生产商的价格，钢铁企业难以控制成本，大量的利润被铁矿石供给者所获取，给中国相关行业造成了生产成本大幅提高的困境。

从铁矿石国际贸易的定价机制来看，随着传统的长协定价模式被打破，关于全球铁矿石贸易的定价机制和交易模式在短期内经历了"季度定价——月度定价——指数定价"的迅速演变，而相对稳定的模式一直没有能够完全形成（见表 1）。

表 1　　　　　　　　　　国际铁矿石市场定价机制变迁

时间	事件
1950 年以前	现货交易为主
20 世纪 60 年代早期	供给短期合同出现
20 世纪 60 年代以后	长期合同为主
1975 年	铁矿石输出组织成立，改签长期合同为短期合同
1980 年	年度合同谈判机制形成
2003 年底（2004 财年）	宝钢代表中国企业加入年度长协谈判
2008~2009 年	年度长协模式被打破——多种定价机制产生
2010 年	三大矿石改为季度定价，指数定价机制随之产生
2011 年至今	定价机制灵活多样

尽管面对国际铁矿石生产商的价格联盟，中国一直无法取得铁矿石定价的话语权，但 2013 年 10 月大商所铁矿石期货上市以来，国际铁矿石定价机制开始发生改变。国内钢铁企业在铁矿石采购中使用长协订单的占比显著下降，更多的钢厂选择直接去港口采购铁矿石现货，同时国内钢贸商、钢铁企业在议价时不仅仅会参考普氏指数、SGX 掉期市场价格，也会参考我国大商所的铁矿石期货价格。这些现象表明中国在国际铁矿石定价权中的影响力在逐步增加。

大连商品期货交易所于 2018 年 3 月 27 日发布铁矿石国际化相关规则，5 月 4 日正式引入境外机构交易者，期间境外法人客户开户积极，截至 2018 年 5 月 4 日，共有 70 家境外法人客户开户，仅金瑞期货一家便完成了 21 家境外客户开户。其中，通过境内期货公司直接开户 5 家，通过境外经纪机构转委托开户 65 家，境外客户分布在中国香港、新加坡、中国台湾、日本、英国等国家和地区。

参与铁矿石期货国际化首日交易的境外客户达49家。首批交易的境外客户包括了嘉能可、摩科瑞、托克公司等境外产业链相关企业，以及磐石风险管理有限公司、浙商国际金融控股有限公司等境外金融机构。同时，境外经纪机构备案也进展顺利。截至5月4日，有22家境外经纪机构与境内期货公司完成了26组委托业务备案，为境外客户参与交易提供了保障。铁矿石期货国际化通过吸引全球投资者入场交易，投资者结构将更加完善，信息汇集更加充分，有利于引导铁矿石的开采、贸易及相关资本在全球范围内流通、配置，提高全球相关企业套期保值的避险效率，推动全球铁矿石产业发展，也有助于提升中国铁矿石国际定价的话语权。基于此，本文认为，中国发展铁矿石期货对于争夺国际定价权的实际影响程度，以及如何进一步发展铁矿石期货市场以取得国际定价权就具有重大的研究价值。

综上所述，面对当前铁矿石国际贸易交易模式和市场形势快速演变、稳定的铁矿石交易定价机制还没能最终形成，同时我国期货市场也在不断走向成熟，我国铁矿石期货的上市对其国际贸易定价权影响力进行研究就显得尤为重要。

2. 研究意义

本文通过大商所铁矿石期货上市前后中国对铁矿石国际定价机制影响力的变化进行对比分析，从实证的角度研究期货市场对国际定价权的影响，对于研究如何利用期货市场进一步提高中国铁矿石国际定价权具有重要作用。

加强中国在铁矿石国际定价谈判中的话语权，有助于帮助国内的相关行业争取有利于自己的交易价格，从而更好地控制企业生产成本，保证铁矿石的稳定供应。这对于我国实体经济的发展具有很强的现实意义。

增强中国铁矿石国际定价权，有利于中国期货市场"走出去"与"引进来"，扩大对外开放程度，并吸引各界投资者的加入，从而促进我国期货市场交易制度、套期保值理论以及大宗商品定价理论的完善，因此本文对于如何利用本国交易制度的完善、期货市场的发展帮助中国争夺国际定价权具有很强的学术价值。

随着我国经济的发展，国内的铁矿石需求量也将在现有基础上不断攀升，但是国产矿的开采成本高、品位高导致其价格昂贵，所以在短期内依靠国产矿来满足钢铁行业及其相关产业的需求并不现实。这一系列现实问题表明，中国铁矿石的对外贸易依存度将有可能进一步增大，能否获得价格稳定、数量稳定的铁矿石供给，也就随之成为影响中国可持续发展的关键问题。所以，本文对于如何提高铁矿石国际定价权的研究具有一定的社会效益。

综上所述，研究铁矿石期货市场对现货市场价格的影响，比较国内市场同国际市场的异同，有助于国内铁矿石期货市场同国际期货市场更好地融合；利用主力合约上市以来的交易数据进行实证研究，从定量分析的角度衡量我国期货市场对国际定价权的影响以及国内期货市场国际影响力的变化，在此基础上提出相关政策建议，对于帮助中国争夺国际定价权，打破国外生产商对铁矿石市场的垄断，从而直接降低国内企业铁矿石购进成本、改变中国钢铁产业成本受制于人的局面具有重要的意义。

（二）国内外相关文献综述

期货市场与现货市场、经济发展关系密切，期货市场规避风险和价格发现两大功能持续受到广大投资者和学者的高度关注。期货市场上市品种不断丰富，市场规模不断扩大，研究的深度、广度不断拓展。下面就国内外期货功能、期货市场与国际定价权相关研究成果进行述评。

1. 关于期货功能的研究

期货的两大基础性功能包括规避风险功能和价格发现功能。加贝得和西尔柏（Garbade & Silber）在对现货市场和期货市场的相关关系及相互引导作用进行研究的过程中，首次加入了定量分析方法，从实证的角度开展研究，最终创造了日后在学术界得到广泛运用的 G-S 模型。随后恩格尔和格兰杰（Engle & Granger）提出并发展了协整理论，开创了对时间序列数据的非平稳性问题进行检验的先河，使之成为进行长期均衡关系检验的一种有效方法。乔治·米诺维奇（George Milunovich）以欧洲的棉花现货贸易和期货交易为例，借助恩格尔和格兰杰（Engle & Granger）早年提出的有效性检验方法——协整理论，分析了二者之间的长期均衡关系，研究发现距离到期一个月时间的期货价格与当期棉花的现货价格之间存在均衡关系。也就是说，对于非平稳时间序列数据，在到期时间不同的数据之间经常会存在相关关系或长期均衡关系。

张平元、张峥嵘在对碳排放权期货市场定价功能的实证研究中，通过脉冲响应函数对期货价格与现货价格进行分析，并结合对变动百分比的比较发现，基于现货市场期货价格的贡献率随着滞后期增加，逐渐超过了现货价格本身的价格贡献率，表明期货市场在价格发现过程中起主导作用，并且随着期货市场交易机制的持续完善，其价格发现功能会逐步得到完全发挥。刘玉艳在研究期货市场对增强话语权的作用时，以铁矿石期货的上市为例研究了铁矿石期货市场对于增强我国铁矿石国际贸易话语权的作用，指出期货市场凭借其大量的交易量与参与者，能够及时、客观、准确地发现市场的价格，公平、透明的交易机制和市场环境也就会应运而生。徐雪、李建林在对国内外期货市场进行研究的过程中，选取美国的期货市场作为与国内期货市场的对比对象进行分析，同时借助计量经济学相关模型进行定量分析，结果显示中美期货市场的相关关系主要表现为美国的期货市场对我国的引导作用，反映出相对于美国期货市场来说，我国国内的期货市场发展还不够完善，国际影响力较弱。徐国祥、李文为分析期货的价格发现功能，以我国的商品期货（金属）和商品现货（金属）为研究对象，借助波特五力模型研究发现，在期货价格和现货价格之间有明显的相互引导作用。张红民、廖肇黎以燃料油现货价格和其期货价格为研究对象，综合运用套期保值相关模型、协整相关理论、比例计算、格兰杰因果检验等计量分析方法，对上述二者的相关关系进行了定性及定量分析。从研究结果可以看出，燃料油现货价格在很大程度上受其期货价格的引领，期货价格会先于现货价格反映其市场情况，从而体现出期货市场具有价格发现的作用。华仁海、陈百助两位学者则以重要的金属类资源——铝为研究对象，分别对其现货价格和期货价格进行研究。对相关结果进行综合可以得出结论，即铝的现货市场影响力较弱，而期货市场则具有较强的市场价格影响力。

2. 关于铁矿石国际定价权的研究

关于定价权的界定，贝利（Baillie R. T.）最早将国际定价权看作两个方面的内容，其一是国际贸易中的定价机制如何确定，其二是确定价格的谈判过程中议价能力如何获取的问题，并以此为基础对铁矿石等一系列重要的大宗商品的定价权问题进行了研究。在国际市场，依据相关商品期货合约的价格来确定其现货价是价格决定的一种重要方法。法玛（Fama E. F.）则站在产品价格之外的相关费用研究角度，提出在全球大宗商品现货贸易中，某种商品的期货价格对其现货市场价格的确定具有十分重要的影响。加贝得（Garbade K. D.）从期货市场的主要功能之一，即价格发现功能的角度出发进行研究，得出结论：国际贸易中现货价格的确定，一个重要依据就是具有重要影响力的期货市场的价格。保罗·须贺川（Paul Sukagawa）通过对比研究铁矿石不同时期的价格决定方式，并结合其卖方垄断的特性，很难和普通商品采用相同的方式确定其价格，最后指出引入期货市场、发挥其价格发现的功能才是价格决定的有效方式。

贾儒楠、邢珺、边思凯在对我国大宗商品国际定价权缺失问题进行研究的过程中指出，就 2015 年来看，我国大部分大宗商品进口量依旧保持增长态势，我国已经是全球最大的大宗商品进口国和消费国，但在商品定价权方面一直缺乏话语权。而所谓定价权，广义而言就是在议定商品价格时所拥有的主动权力，具体来讲，国际定价权就是在某种商品上的定价得以影响甚至左右国际市场对该商品进行定价的能力，体现了一国在全球产业链中所处的地位。高兴佑通过分析影响铁矿石价格的因素、国际铁矿石定价机制的决定方式，研究了我国铁矿石定价话语权缺失的表现、危害以及原因，并指出统一制定钢铁行业发展战略规划、促进进口多元化、发展和完善期货市场是帮助我国增强铁矿石国际贸易话语权的有力因素。方文、汪五一、滕蔚然在对中国进口铁矿石定价权缺失的研究中指出，中国在铁矿石进口定价中缺乏话语权的原因来自多个方面，从国内来看，主要包括铁矿石需求量持续上升、钢铁行业集中度不高以及对外贸易的依存度高等因素，而从国际的角度来看，主要原因存在于铁矿石市场供给者的寡头垄断格局以及政治因素等影响。赵文峰运用"中心—外围"理论及约翰逊（Johnson）国际投资理论对中国在铁矿石进口贸易中所面临的定价权缺失的困境进行定性分析，提出应从提升我国相关行业的研发水平、加大对于矿山开发及降低开采成本的投资、完善期货市场相关交易制度以增强"中国因素"对铁矿石国际定价权的影响力。郭正剑、袁象在对中国国内钢铁行业发展现状、中国铁矿石国际定价权缺失的原因进行分析的基础上提出，中国应加大国内铁矿石的探测开采力度、积极谋求国外资源开发的参与度、尽快进行铁矿石的国家战略储备、加大科研力度以提高铁矿石利用率，从而提高中国在国际铁矿石定价谈判中的影响力。尹青指出，造成中国缺乏铁矿石定价权的主要原因并不是供求关系，而是我国钢铁行业集中程度较低，从而导致在定价过程中缺乏话语权，同时相关品种的期货市场起步晚、发展水平低，导致国际影响力较弱等几个方面，上述问题才是我国在国际铁矿石价格决定过程中缺乏影响力的更为真实、更为重要的原因。田原芳在对我国大宗商品国际定价权问题进行研究后指出，规范矿业秩序、提高行业集中度、实现产品升级、相关产业的结构调整，完善国内期货市场，建立健全矿业资源的战略储备制度是提高我国大宗商品国际定价权的有力措施。程继川在铁矿石国际贸易中价格不断上涨、我国铁矿石进口受制于人的环境背景下，综合运用定性及定量分析方法，指出可能会造成铁矿石现货贸易价格不利变动的几个原因，随后，在对以上因素进行分析的过程中提出鼓励国内钢铁企业强强联合、尽快建立期货市场以帮助现货企业对冲价格风险，才是解决我国铁矿石进口议价能力弱、阻碍国内相关行业发展的根本途径。胡仁霞、李峰认为，上海期货交易所应推出作为重要资源类商品的铁矿石期货，并猜想是否可以用螺纹钢期货倒推铁矿石价格。因为对于很多钢铁企业、钢贸商来说，他们需要大量进口铁矿石，所有期货的推出至少可以帮助他们在和铁矿石供应商进行谈判的过程中取得一定的主动权。李新军从经济学均衡的相关理论出发，并结合纳什均衡原理，对铁矿石国际贸易中的市场势力划分进行了研究并指出，影响铁矿石现货价格的基础因素无疑是市场供求关系，而对于其短期价格高低的决定性因素则为一国的对外贸易依存度。此外，交易中买方和卖方的影响力及话语权大小则是单笔贸易价格的决定应因素。王长安通过研究提出，增加物资储备和期货市场的建立应双管齐下，从而有望提高中国的国际定价权。苗建防则借助迈克尔波特的五力模型，研究我国铁矿石国际贸易话语权的影响因素，指出不仅仅是钢铁行业集中度较低的问题，铁矿石本身的特点也决定了其卖方垄断的可能性。

3. 国内外研究现状述评

首先，从国内外文献对期货功能的研究来看，国外对于期货功能的研究起步较早，并且更偏重于理论研究，提出了大量模型与研究思路。而由于国内的期货发展起步较晚，发展时间较短，在研究中更多地通过借鉴国外的模型，结合中国期货市场的发展进行一些品种的实证研究，研究结论针对性与实用性更强。其次，从国内外文献对于大宗商品贸易定价权的研究来看，现有研究从实际情况出发，由于在国际铁矿石贸易中，中国以大量进口为主，并且一直承担着价格被动接受者的角色，所以中国国内的相关研究主要集中在缺乏定价权对于我国相关行业，乃至整个实体经济产生的不利影响。而国外的研究则更偏重于从铁矿石供给方的角度，来分析垄断对于生产商增强定价权的意义。这与国内外铁矿石交易者在国际铁矿石贸易中所处的地位有很大的关系。

（三）研究方法与达到目标

1. 研究方法

（1）文献研究法。本文收集、梳理了国内外学者关于期货价格发现功能、铁矿石国际定价权方面的研究成果，并对比分析了国内外学者相关研究成果的研究角度、研究方法及侧重点，总结了现有文献存在的不足，以此为切入点展开本文的研究。

（2）实证研究法。通过运用协整检验、格兰杰因果关系检验等方法，对国内外铁矿石期货市场与现货市场之间的相关性进行了实证分析；借助 SMR 模型，从进口的角度运用实证方法测量了中国铁矿石国际定价权的大小以及变化情况，以试图了解期货市场对中国铁矿石国际定价权的影响力大小及变化情况。

（3）定性与定量分析法。本文对国际铁矿石定价机制演变历程及其对应时期国际铁矿石市场的特征，对铁矿石的国际定价权的影响因素、转变的动力和方向，以及铁矿石期货市场的发展现状等进行了定性分析；从定量的角度衡量了中国期货市场对铁矿石国际定价权的实际影响。

（4）对比分析法。本文通过对中国铁矿石期货推出前后铁矿石供需双方在整个产业链中的利润分配和国内外现货市场和期货市场的相互关系两个方面进行对比分析，定性分析中国期货市场的完善对铁矿石国际定价权的影响。

2. 达到目标

本文从描述中国铁矿石对外贸易以及期货市场发展现状，提出中国虽为铁矿石进口第一大国，却缺乏在铁矿石国际定价谈判中的话语权这一现实问题，并阐述由此给中国经济发展所带来的弊端，以此指出中国争夺铁矿石国际定价权的必要性。在此基础上运用期货市场价格发现功能及国际定价权形成的相关理论基础，对中国铁矿石期货推出前后铁矿石供需双方在整个产业链中的利润分配和国内外现货市场和期货市场的相互关系两个方面进行对比分析，定性分析中国期货市场的完善对铁矿石国际定价权的影响。最后运用实证模型定量分析中国期货市场对铁矿石国际定价权的实际影响力大小及其变化，最终提出关于如何进一步发展完善我国期货市场，以帮助中国在国际铁矿石定价谈判中争取话语权，从而增强国际竞争力的政策建议。

（四）研究思路与总体框架

本文将首先分析总结国内外学者现有的相关文献，以了解目前关于期货价格发现功能、国际定价权研究成果以及铁矿石期货市场的发展现状。其次运用协整检验、格兰杰因果关系检验等方法，对国内外铁矿石期货市场与现货市场之间的相关性进行分析。接下来，从定量的角度衡量中国期货市场对铁矿石国际定价权的实际影响。一方面，通过收集整理相关数据，以了解铁矿石供需双方在整个产业链中的利润分配，从利润分配的角度反应定价权的大小；另一方面，借助 SMR 模型，从进口的角度运用实证方法测量中国铁矿石国际定价权的大小以及变化情况，以试图了解期货市场对中国铁矿石国际定价权的影响力大小及变化情况。通过以上分析研究，希望能够提出一些有助于增强中国铁矿石国际定价权的相关政策建议。

（五）研究特色与创新

从理论的角度讲，本文分析期货品种对于提高该种商品国际定价权，得益于期货市场有效的价格发现功能所提供的理论支持；从现实的角度讲，因为我国铁矿石国际定价权的缺乏对我国经济发展所带来的不利影响，为本文进一步研究如何通过期货市场的完善发展来提高国际定价权提供了一定的现实环境。但是，从现有文献来看，相关研究成果中仍存在一些问题。首先，国内外学者对于完善期货市场与提高国际定价权的关系的研究方面停留在定性描述的阶段，缺乏相关的量化分析；其次，对于我国铁矿石期货推出前后我国定价权是否有变化的对比研究还是空白。所以本文力争对上述问题进行深入研究，希望可以找到期货市场的发展对争夺国际定价权的实际作用，并在此基础上提出如何利用期货市场进一步提高我国铁矿石国际定价权的相关政策建议。

二、国际铁矿石定价机制演变及其市场特征

（一）国际铁矿石定价机制演变

在国际市场上，铁矿石的价格决定方式主要有两种：一种是协议矿，即长期合同交易，另一种是贸易矿，即现货交易。其中前者是指铁矿石需求方代表（钢厂）与铁矿石供应方代表（四大矿山）谈判，确定未来一个财年的铁矿石价格；后者是指铁矿石生产者根据当时市场的情况，与铁矿石需求方单独商谈每笔交易

的成交价格。由于四大矿山在国际铁矿石贸易中处于寡头垄断地位，因此铁矿石国际贸易的主要定价模式即为长期协议定价。对于铁矿石卖方来说，通过长期合同交易确定基准价，可以以稳定的铁矿石价格换取其对于矿山进行投资的长期、确定的回报；而对于铁矿石买方来说，为了进行生产成本的有效控制、适当安排下一阶段的生产计划，有保证的铁矿石购买渠道就非常有利，同时，这也确保了钢材等下游产品的稳定供应。但长期合同交易定价机制的缺点在于不能在第一时间反映市场的变化并随时进行调整，因此该传统定价机制并不适用于价格运行不平稳的环境。

纵观国际铁矿石市场不断演变的定价模式，主要发展方式为"长协定价——季度定价——月度定价——指数定价"。

在 20 世纪 50 年代以前，国际铁矿石市场主要以现货为主，因此交易规模与现在比起来相对较小。随着世界经济的发展，铁矿石贸易规模从 60 年代开始逐步扩大，市场参与者也随之大幅增加，市场供求关系也越来越紧张。因此，买方和卖方从保护和扩大自身利益的角度出发，加强争取更好价格的谈判能力。经过近二十年的发展完善，铁矿石的年度长协定价机制在 80 年代逐步建立起来，定价模式随之稳定下来。

2003 年以来，中国铁矿石进口量首次超过日本，成为全球铁矿石市场上的最大买方，被称为"全球吸铁石"。由于中国国内经济的高速增长，直接导致对钢铁的需求量激增，钢铁企业为了保证钢材产量，获取高额利润，常常选择以高于世界贸易平均水平的价格购买现货，这就导致了我国国内需求市场的需求量激增，一度造成长期合同价格远低于现货价的局面。与此同时，铁矿石市场的高额利润也吸引了大量钢贸企业的加入，这更加剧了铁矿石价格的疯狂上涨。特别是 2007~2008 年，铁矿石现货价（以印度现货价为代表）远远高出年度长协价格（以澳大利亚为代表），这就导致了以澳大利亚为代表的矿山巨头的强烈不满。

2010 年，国际三大铁矿石供应商在单方面调高铁矿石现货价后，为了保证高额利润，很快又声称将不再执行原有的年度长协定价，而需要进行更短时间的季度定价。所谓季度定价机制，就是指每一季度确定一次价格，在定价基础上采用指数定价，即每季度价格的确定以上一季度的价格指数作为基础，从而改变了以往每年一次的价格谈判模式。由于议价周期的缩短，定价更加灵活，使得铁矿石供应方在价格谈判中处于优势地位，但同时也加剧了铁矿石现货价格的频繁波动。然而就在短短的半年后，必和必拓又率先提出希望采取月度定价方式。力拓公司随后在 2011 年 6 月 23 日，也宣布将会放弃季度定价模式，向灵活性、易调整性更强的定价方式转变，即：月度定价甚至每天进行定价。也就是从这个时候开始，铁矿石的长期协议定价模式渐渐淡出市场，短期化的定价模式取代长期定价，铁矿石定价机制也进入了一个全新的阶段。

随着维系时间最长、运行最稳定的长期协议定价机制被打破，国际铁矿石市场的贸易定价模式开始了向短期化、指数化模式的发展演变。这种变化所带来的结果就是铁矿石卖方能够随时对现货价格进行调整以适应市场的变化，但这就必然会造成价格波动的加大、现货交易风险加大，从而催生了金融避险工具的产生，在很大程度上推动了铁矿石衍生品市场的快速扩张。

随着大量国际资本进入铁矿石市场，其金融属性也日益凸显，因此铁矿石期货市场也随之发展起来，各国纷纷转向发展期货市场来增强本国铁矿石议价能力。2011年以来，印度、新加坡、中国相继推出铁矿石期货，在一定程度上使得铁矿石定价更加真实地反映客观供需关系和商品价格的形成过程，增强这一商品贸易的公开、透明。

综上，可以看出铁矿石正在逐步向金融化、指数化的定价机制转化，铁矿石期货合约也随之不断发展。

（二）国际铁矿石期货市场发展现状

2009年4月新加坡交易所（SGX）首次推出铁矿石掉期合约的OTC结算服务，2011年1月29日，全世界第一个铁矿石期货品种——以铁矿石指数（TSI）为结算价格的铁矿石期货IOF由印度多种商品交易所（MCX）和印度商品交易所（ICEX）共同推出。紧接着，近半年之后，全球第二个铁矿石期货于2011年8月在新加坡商业交易所（SMX）挂牌上市，该期货合约以现金进行结算，以Metal Bulletin的铁矿石价格指数为基准。而后，在2013年4月12日，新加坡交易所（SGX）推出首个以中国铁矿石现货价格（天津港口62%品位的铁矿石现货价）为参照指数的期货合约，同样用现金进行结算。短短半年后，在2013年10月18日，中国首个铁矿石期货合约在大连商品交易所正式挂牌上市，成为全球首个采用实物交割的铁矿石期货合约。

随着铁矿石期货品种在全球各个交易所的推出，其交易制度不断完善，为全球钢铁企业、钢材贸易商、铁矿石供应商规避市场风险提供了可能。期货合约的诞生与市场制度的不断成熟，将真正发挥期货市场价格发现的功能，使得现货市场的价格趋于合理。

铁矿石期货面向全球市场开放以来，其影响力随着交易量的扩大而迅速扩张。在这其中，较为突出的是大连商品交易所的铁矿石期货市场和新交所铁矿石期货市场。新交所铁矿石期货市场开放程度相对较高，国际影响力较大。自2011年8月12日推出铁矿石期货合约以来，积极服务于全球铁矿石贸易市场，呈现出良好的发展势头。通过比较新加坡和印度铁矿石期货市场可以看出，印度铁矿石期货市场则开放程度较低，主要面向印度本土市场，主要服务于其国内贸易，因此其国际影响力也很有限。大商所铁矿石期货交易量巨大。2017年，我国铁矿石期货单边成交量 3.29 亿手，2017 年铁矿石期货日均持仓量 103.19 万手，同比增加 18.47%，法人客户日均持仓量占比达 37%，是新交所铁矿石掉期和期货成交总量的 23.44 倍，市场规模和流动性具有明显优势。期货功能发挥良好，近百家钢厂、近千家钢铁贸易商参与铁矿石期货交易。国内前 10 大钢铁企业中有 7 家参与交易，占全国钢铁总产能的 35%。全球十大铁矿石贸易商均通过在中国注册的公司参与铁矿石期货交易。此外，我国铁矿石期货是全球唯一采取单一实物交割的铁矿石衍生品，保证期现货市场的紧密衔接。而大商所铁矿石期货交易引入境外交易者，将进一步提高大商所铁矿石期货的国际影响力。

（三）中国铁矿石期货市场发展现状

2013 年 10 月 18 日，随着大连商品交易所铁矿石期货合约的鸣锣开市，填补了国内铁矿石金融衍生品市场的空白。这意味着中国国内的钢铁行业再也不用忍受国外铁矿石衍生品市场飞速发展却无法参与交易的困境，而是可以放心大胆地参与期货交易，利用衍生品市场来规避现货市场所面临的巨大风险。对于国内钢铁企业和钢贸商来说，大商所铁矿石期货具有巨大的优势，不仅仅因为该交易所的专业性和其营造的公开透明的交易环境，更是因为中国的铁矿石期货将采用人民币进行交易，不再涉及换汇的问题。这对于国内铁矿石贸易市场参与者来说，无疑是一个重大的利好消息。

和世界其他国家的铁矿石衍生品进行对比，可以看出我国的铁矿石期货品种主要存在以下三大区别：首先是期货品种的交易标的不同。我国大商所的铁矿石期货选取 62% 的粉矿作为标的，而其他国家的铁矿石期货大多采用指数结算方式；其次是期货品种的计价方式不同。大商所的铁矿石期货采用人民币为计价货币，其他国家的铁矿石期货品种，除了印度采用卢比计价外，均采用美元进行计价结算；最后，也是我国铁矿石期货不同于其他国家的一个最大的区别，就是交割方式的不同。我国大商所采用实物交割的方式，而其他国家的铁矿石期货品种均采用现金交割的方式。这得益于我国巨大的现货交易市场，作为全球铁矿石贸易的最大买家，只有我国才具备进行实物交割的条件。

从上述对比分析可以看出，中国大商所铁矿石期货合约的设计在保证其价格发现等期货功能实现的同时，更多地考虑到了服务实体经济的要求。众所周知，铁矿石的国际贸易定价机制并不是受市场供求因素所决定的，而是参考相应的价格指数。由于价格指数的编制过程取样较少、以偏概全，因此这样的定价机制是有失公允的。正因为这样，由于新加坡交易所（SGX）也是以价格指数作为结算依据，所以并不能完全发挥期货市场的价格发现功能。

大商所铁矿石期货于 2018 年 5 月 4 日正式引入境外机构交易者，将吸引全球投资者入场交易，将使投资者结构更加完善，信息汇集更加充分，有利于引导铁矿石的开采、贸易及相关资本在全球范围内流通、配置，利于提高全球相关企业套期保值的避险效率，推动全球铁矿石产业发展。这个重要的转变，不仅仅是中国铁矿石期货的上市使得全球铁矿石贸易定价机制发生改变，更为重要的是这为我国的钢铁行业在参与国际贸易的过程中发出自己的声音奠定了坚实的基础。

通过上述分析可以看出，国际市场上铁矿石价格瞬息万变，在不同的历史时期呈现出不同的交易模式和定价机制。随着 2010 年国际铁矿石长协定价机制的打破，铁矿石的价格决定方式朝着期限短、灵活度高的方向发展，普氏指数也随之成为铁矿石国际贸易的主要定价、结算依据。作为一种重要的资源类商品，铁矿石的定价机制经历了从"长期协议定价"到"季度定价"，再到"月度定价"、"指数定价"的一系列演变。因此，对目前铁矿石国际贸易的主要价格决定方式以及国际铁矿石期货市场发展现状的分析，对于研究期货市场对国际定价权的影响力就至关重要。

三、国内外铁矿石期货与现货市场相关性研究

期货市场是影响相关商品现货市价格的重要因素。我国铁矿石期货合约推出较晚，直到 2013 年 10 月 18 日才在大连商品交易所（DCE）正式挂牌上市交易。在此之前，新加坡交易所（SGX）是世界最主要的铁矿石期货交易所，也是铁矿石期货的全球定价中心。直至大商所推出铁矿石期货后，这一格局才开始转变。

大连商品交易所，凭借着中国这个巨大的铁矿石消费市场，拥有庞大的铁矿石进口量，再加之近年来的发展，参与者越来越多，交易量持续上升，大商所铁矿石期货市场随之不断发展完善，这就为我国增强在铁矿石国际贸易中的话语权提供了可能。

由于期货市场的成熟与否直接关系到国际贸易定价机制，因此，本章将主要运用单位根检验、协整分析和格兰杰因果检验等方法，借助 Eviews10.0 软件，主要从铁矿石买方的角度研究国内外铁矿石现货市场与期货市场之间的相互关系。研究的主要目的在于了解：铁矿石现货市场与国内外期货市场的相关性，以及我国大商所（DCE）铁矿石期货市场和新加坡交易所（SGX）铁矿石掉期之间的关系。以分析大商所铁矿石期货价格和新加坡交易所铁矿石掉期价格对我国铁矿石国际贸易定价的影响，以及我国铁矿石现货价格、大商所铁矿石期货价格和新加坡交易所铁矿石掉期三者之间的格兰杰因果关系。

（一）中国铁矿石期货市场与现货市场相关性分析

大连商品交易所自 1993 年成立以来，一直秉承着规范管理、持续稳健发展的理念，从源头上保证了期货市场价格发现和风险转移功能的发挥。

自 2002 年中国铁矿石进口量突破 1 亿吨之后，仅仅一年的时间，在 2003 年中国铁矿石进口量超越日本，进口量超过世界总产量的 1/3，成为国际铁矿石市场的最大买家。在此之后，中国铁矿石的进口量继续延续大幅增长态势，2006 年中国铁矿石进口总量为欧盟和日本的总和，占据了世界铁矿石贸易量的半壁江山。2015 年一跃达到 9.5272 亿吨的年进口量，中国因此被称为"全球吸铁石"。因此，结合中国的实际情况来看，为了研究大商所铁矿石期货的推出对我国铁矿石对外贸易定价权的影响力，本节将以中国铁矿石的进口定价权主要研究对象。首先研究我国铁矿石现货价格（以普氏指数为代表）与大商所铁矿石期货价格的相关关系。其中用大商所铁矿石主力合约价格日数据（IRON_ORE）代表我国铁矿石期货价格，用普氏价格指数（P_INDEX）代表我国铁矿石进口价格。选取数据区间是：2013 年 10 月 18 日～2018 年 11 月 30 日，数据来源为 Wind 数据库。运用 Eviews 10.0 软件，对以上时间段的历史数据进行单位根检验、协整检验以及格兰杰因果检验等，以进一步研究我国铁矿石期货市场与国际贸易现货市场之间的关系。

第一步：单位根检验（ADF 检验）。

根据统计学原理，在判断时间序列数据之间是否存在长期协整关系，或是研究时间序列数据之间的相互引导关系之前，都要对相关的数据序列进行单位根检验，即检验作为研究对象的数据是否存在单位根。若数据序列存在单位根，说明数据是非平稳的，容易导致伪回归，则需要对数据进行一阶差分后再继续检验，将上述操作一直重复到数据序列 n 阶差分后不存在单位根，则说明该数据序列通过了单位根检验，为 n 阶平稳时间数据序列，则可继续进行接下来的检验分析。

首先，对大商所铁矿石期货价格进行单位根检验，结果见表 2、表 3：

表 2　　　　　　　　大商所铁矿石期货价格（原数列）ADF 检验

		t-Statistic	Prob. *
Augmented Dickey-Fuller test statistic		− 2.713832	0.0720
Test critical values：	1% level	− 3.436605	
	5% level	− 2.864190	
	10% level	− 2.568233	

资料来源：Wind 资讯。

表3　　　　　　大商所铁矿石期货价格（一阶差分数列）ADF检验

			t-Statistic	Prob. *
Augmented Dickey-Fuller test statistic			-30. 18053	0. 0000
Test critical values：	1% level		-3. 436612	
	5% level		-2. 864193	
	10% level		-2. 568235	

资料来源：Wind 资讯。

由表2检验结果可以看出，对大商所铁矿石期货价格原数列进行 ADF 检验，数据序列的 ADF 检验值 -2.713832，高于 1%、5% 显著性水平下的统计量值，这说明大商所铁矿石期货价格原数据序列存在单位根，即为非平稳序列，故此数据序列不能直接用于格兰杰因果检验，需要对其进行差分处理。接下来对原数据序列一阶差分后再进行单位根检验，检验结果见表3。从检验结果可以看出，原数列一阶差分后，ADF 检验值为 -30.18053，小于 1% 显著性水平下的 -3.436612，说明数据通过了 1% 水平下的显著性检验，大商所铁矿石期货价格数据序列一阶差分后不存在单位根，即一阶差分后的大商所铁矿石期货价格数据序列为平稳序列。

同理，对代表我国铁矿石进口现货贸易价格的普氏价格指数数据序列进行单位根检验，检验结果见表4。结果显示，-0.813560 高于 -2.570384，表明普氏价格指数原数据序列没有通过 10% 显著性水平下的单位根检验，所以普氏指数的原数列是存在单位根的。因此需要对原数列进行一阶差分后再做单位根检验，结果如表5。可以看到，一阶差分后数据序列的 ADF 检验值 -16.92849 小于 1% 显著性水平下的 -3.445701，说明普氏指数的数据序列一阶差分后不存在单位根，即普氏指数的数列为一阶差分平稳序列。

表4　　　　　　普氏价格指数（原数列）ADF检验

			t-Statistic	Prob. *
Augmented Dickey-Fuller test statistic			-0. 813560	0. 8138
Test critical values：	1% level		-3. 445701	
	5% level		-2. 868202	
	10% level		-2. 570384	

资料来源：Wind 资讯。

表5 普氏价格指数（一阶差分数列）ADF 检验

			t-Statistic	Prob. *
Augmented Dickey-Fuller test statistic			– 16. 92849	0. 0000
Test critical values:	1% level		– 3. 445701	
	5% level		– 2. 868202	
	10% level		– 2. 570384	

资料来源：Wind 资讯。

第二步：非平稳序列协整检验。

协整检验，主要是用来检测同阶单整的相关数据序列之间是否存在长期的均衡关系，协整检验的一个最重要的方法就是 EG 两步法，即通过计算残差、建立回归模型，从而通过残差序列是否平稳来判定原数据序列是否存在协整关系。由上一步的检验可以明确：大商所铁矿石期货价格数列和普氏指数数列都是一阶单整的时间数据序列，因此可通过协整检验来研究二者之间是否存在协整关系。

本节将借助采用 EG 两步法进行研究，对普氏指数和大商所铁矿石期货价格进行协整关系检验。检验过程将借助 Eviews10.0 软件。具体步骤如下：

首先，计算非均衡数据序列的残差项序列 e'；其次，对残差序列 e' 做 ADF 检验。如果残差项平稳，则大商所铁矿石期货价格和普氏价格指数（1，1）阶协整，两组数据存在长期的均衡关系。若残差项是非平稳，则数据没有通过协整检验，不能判定数据有长期的均衡关系。

由于大商所铁矿石期货价格和普氏价格指数是同阶单整数据，因此可以做协整关系检验。把两组数据序列导入 Eviews10.0 软件。为减少数据波动，消除异方差的问题，本节对两组数据序列取对数。检验结果如表6：

表6 大商所铁矿石期货价格和普氏价格指数协整检验结果

			t-Statistic	Prob. *
Augmented Dickey-Fuller test statistic			– 4. 561101	0. 0002
Test critical values:	1% level		– 3. 436612	
	5% level		– 2. 864193	
	10% level		– 2. 568235	

资料来源：Wind 资讯。

如表6所示，对大商所铁矿石期货价格和普氏价格指数的残差项 e' 进行 ADF 检验。可以看出，残差项的 ADF 检验值为 – 4. 561101，小于 1% 显著性水平下的

-3.436612，说明大商所铁矿石期货价格和普氏价格指数（1，1）阶协整，即两组数据存在长期的均衡关系。

第三步：格兰杰因果关系检验。

格兰杰因果检验是分析变量之间因果关系的主要方法之一，格兰杰因果关系并不是通常意义下的因果关系。经济学中的格兰杰因与果的关系是：在时间序列数据中，对于两个经济变量 X、Y，若在全部包含了两个变量即 X 和 Y 的过去信息的条件下，对 Y 的预测结果要远远好于单独由 Y 的过去信息对 Y 的预测结果。在进行格兰杰因果检验之前，需要确定作为检验对象的时间数据序列是平稳的，以避免伪回归现象的发生。

由以上分析可知：大商所铁矿石期货价格和普氏价格指数都是一阶平稳时间序列数据，因此可以对大商所铁矿石期货价格变化 $\Delta IRON\_ORE$ 和普氏价格指数 ΔP_INDEX 做格兰杰关系检验，以了解大商所铁矿石期货价格的变化量 $\Delta IRON\_ORE$ 和普氏价格指数的变化量 ΔP_INDEX 之间可能存在的相互引导关系。借助 Eviews 10.0 软件对 $\Delta IRON\_ORE$ 和 ΔP_INDEX 做格兰杰因果关系检验。检验结果如表 7 所示：

表7　　　　　　　　　$\Delta IRON\_ORE$ 和 ΔP_INDEX 格兰杰因果检验结果

Null Hypothesis：	Obs	F – Statistic	Probability
ΔP_INDEX does not Granger Cause $\Delta IRON\_ORE$	699	9.80783	6.3E – 05
$\Delta IRON\_ORE$ does not Granger Cause ΔP_INDEX		3.46216	0.03190

资料来源：Wind 资讯。

检验结果表明：ΔP_INDEX 对 $\Delta IRON\_ORE$ 的格兰杰因果关系检验结果通过了 1% 的显著性水平，$\Delta IRON\_ORE$ 对 ΔP_INDEX 的格兰杰因果关系检验结果没有通过 1% 的显著性水平，因此 ΔP_INDEX 对 $\Delta IRON\_ORE$ 的格兰杰原因，而 $\Delta IRON\_ORE$ 不是 ΔP_INDEX 的格兰杰原因。所谓普氏指数，是通过现场或其他问询方式，向铁矿石生产者、钢铁企业及钢贸商收集数据，对 30～40 家相对活跃的企业询价，主要依据询价当天的最高买方报价和最低卖方报价进行评估，而不管实际交易是否发生。因为包括力拓在内的国际铁矿石供应商短期定价的主要参照标准是普氏资源价格指数，所以普氏价格指数被认为是决定铁矿石价格的官方指数。因此普氏价格指数的变动量 ΔP_INDEX 显示了我国铁矿石现货进口价格的变动量，即通过格兰杰因果检验可以看出，普氏价格指数的变动量 ΔP_INDEX 是我国大商所铁矿石期货价格变动量 $\Delta IRON\_ORE$ 的格兰杰原因，而我国大商所铁矿石期货价格变动量 $\Delta IRON\_ORE$ 不是普氏价格指数的变动量 ΔP_INDEX 的格兰杰原因。

以上结果表明，尽管普氏价格指数与我国大商所铁矿石期货价格高度相关，但主要表现为普氏价格指数对我国铁矿石期货价格的引导作用。

（二）国内外铁矿石期货市场相关性分析

上节已经对大商所铁矿石期货价格数据序列进行了单位根检验，检验结果显示大商所铁矿石期货价格数据序列为一阶平稳数列。因此本节将对新交所（SGX）铁矿石掉期价格进行平稳性检验，以分析二者之间的相关性。其中数据选取为 2013 年 10 月 18 日～2018 年 11 月 30 日新交所（SGX）铁矿石掉期价格的日数据，数据来源为 Wind 资讯。

首先，对新交所铁矿石掉期价格进行单位根检验，检验结果见表 8、表 9：

表 8　　　　　　　　新交所铁矿石掉期价格（原数列）ADF 检验

			t-Statistic	Prob. *
Augmented Dickey-Fuller test statistic			− 2.774515	0.0622
Test critical values：	1% level		− 3.435360	
	5% level		− 2.863640	
	10% level		− 2.567938	

资料来源：Wind 资讯。

表 9　　　　　　　新交所铁矿石掉期价格（一阶差分数列）ADF 检验

			t-Statistic	Prob. *
Augmented Dickey-Fuller test statistic			− 34.54530	0.0000
Test critical values：	1% level		− 3.435365	
	5% level		− 2.863642	
	10% level		− 2.567939	

资料来源：Wind 资讯。

由表 8 检验结果可以看出，对新交所铁矿石掉期价格原数列进行 ADF 检验，数据序列的 ADF 检验值 − 2.774515，与 1%、5% 显著性水平下的统计量值相比仍然较大，这说明新交所铁矿石掉期价格原数据序列存在单位根，该数据为非平稳序列，故此数据序列不能直接用于格兰杰因果检验，需要对其进行差分处理。接下来对原数据序列一阶差分后再重复单位根检验，检验结果见表 9。结果表明，原数列一阶差分后 ADF 检验值为 − 34.54530，小于 1% 显著性水平下的 − 3.435365，说明数据通过了 1% 水平下的显著性检验，也就是说一阶差分后的新交所铁矿石掉期价格数据序列为平稳序列。因此新交所铁矿石掉期价格是一阶平稳序列。

由上述分析可知，2013 年 10 月 18 日～2018 年 11 月 30 日新交所和大商所铁矿石期货价格的数据序列均为一阶平稳数列。因此下面对这两组数据进行协整检验，结果见表 10。

表 10　　　　　　　新交所和大商所铁矿石期货价格数据协整检验结果

			t-Statistic	Prob. *
Augmented Dickey-Fuller test statistic			− 5. 965644	0. 0000
Test critical values:	1% level		− 3. 435360	
	5% level		− 2. 863640	
	10% level		− 2. 567938	

资料来源：Wind 资讯。

由表 10 可以看出，对新交所和大商所铁矿石期货价格的残差项 e' 的 ADF 检验值为 − 5. 965644，小于 1% 显著性水平下的 − 3. 435360，表明残差项 e' 在 1% 的显著性水平下没有单位根，为平稳数据序列。说明新交所和大商所铁矿石期货价格之间存在长期均衡关系。

借助 Eviews10.0 软件对 ΔSGX 和 ΔIRON_ORE 进行格兰杰因果关系检验。检验结果如表 11 所示：

表 11　　　　　　　ΔSGX 和 ΔIRON_ORE 格兰杰因果关系检验结果

Null Hypothesis:	Obs	F − Statistic	Probability
ΔSGX does not Granger Cause ΔIRON_ORE	710	4. 11615	0. 01670
ΔIRON_ORE does not Granger Cause ΔSGX		2. 89624	0. 05589

资料来源：Wind 资讯。

结果表明，ΔSGX 对 ΔIRON_ORE 的格兰杰因果关系检验结果通过了 5% 的显著性检验，ΔIRON_ORE 对 ΔSGX 的格兰杰因果关系检验结果未通过 5% 的显著性水平，因此 ΔSGX 是 ΔIRON_ORE 的格兰杰原因，而 ΔIRON_ORE 不是 ΔSGX 的格兰杰原因。

通过以上格兰杰因果检验可以看出，我国大商所铁矿石期货价格的变动量 ΔIRON_ORE 不是新交所铁矿石掉期价格变动量 ΔSGX 的格兰杰原因，而新交所铁矿石掉期价格变动量 ΔSGX 是大商所铁矿石期货价格的变动量 ΔIRON_ORE 的格兰杰原因。也就是说，我国大商所铁矿石期货价格与新交所铁矿石掉期价格的相关关系主要表现为新交所铁矿石期货市场对我国大商所铁矿石期货市场的引导作用。

（三）国外铁矿石期货市场与现货市场相关性分析

新加坡交易所（SGX）是世界上最重要的铁矿石期货交易所，新加坡交易所铁矿石期货价格对其他国家交易所铁矿石期货的价格变动、全球铁矿石现货贸易价格的波动都产生了深远的影响。但随着我国大商所铁矿石期货的推出，交易制度的不断完善，以及中国期货市场开放程度的不断提高，大商所的铁矿石期货也逐渐走向国际市场，其影响力也随之不断增强。

为研究我国大商所铁矿石期货的推出对铁矿石国际贸易价格的影响，本节将以 2013 年 10 月 18 日大商所推出铁矿石期货时间为分界点，对比研究中国铁矿石期货推出前后，国外铁矿石期货市场与现货市场之间的相关性及相互作用。在研究新加坡交易所铁矿石期货市场和国际现货市场相关性中，将主要使用协整检验和格兰杰因果关系检验，利用协整检验以了解新交所铁矿石期货价格和普氏价格指数之间可能存在的长期均衡关系，利用格兰杰因果检验以分析新交所铁矿石期货价格和大商所铁矿石期货价格的相互引导关系。所使用数据是 2010 年 1 月 4 日 ~ 2018 年 11 月 30 日间新交所和大商所铁矿石期货价格的日数据，数据来源于 Wind 资讯，运用 Eviews10.0 软件。

首先对 2010 年 1 月 4 日 ~ 2013 年 10 月 17 日的数据进行相关性分析。

通过 ADF 检验，检验结果表明：新交所铁矿石期货价格和普氏价格指数序列都是一阶平稳序列。因此能够对 ΔSGX 和 ΔP_INDEX 数据序列进行格兰杰因果检验。检验结果见表 12：

表 12　　　　　　2010 年 1 月 4 日 ~ 2013 年 10 月 17 日格兰杰因果检验结果

Null Hypothesis:	Obs	F – Statistic	Probability
ΔSGX does not Granger Cause ΔP_INDEX	930	6.82518	0.00114
ΔP_INDEX does not Granger Cause ΔSGX		11.0193	1.9E – 05

资料来源：Wind 资讯。

结果表明：ΔSGX 对 ΔP_INDEX 的格兰杰因果检验和 ΔP_INDEX 对 ΔSGX 的格兰杰因果检验均通过了 1% 的显著性检验，说明 ΔSGX 和 ΔP_INDEX 互为格兰杰原因。也就是说，新交所铁矿石期货价格和普氏价格指数之间存在相互引导作用。

接下来，对 2013 年 10 月 18 日 ~ 2018 年 11 月 30 日进行格兰杰因果检验。

同样首先要对数据序列进行 ADF 检验，经检验结果表明在此期间新交所铁矿石期货价格和普氏价格指数序列都是一阶平稳序列。因此可以对其变化量 ΔSGX 和 ΔP_INDEX 数据序列进行格兰杰因果检验。检验结果如表 13。

表 13 　　　　2013 年 10 月 18 日～2018 年 11 月 30 日格兰杰因果关系检验结果

Null Hypothesis：	Obs	F－Statistic	Probability
ΔSGX does not Granger Cause ΔP_INDEX	696	1.89903	0.15049
ΔP_INDEX does not Granger Cause ΔSGX		5.12492	0.00617

资料来源：Wind 资讯。

可以看出，ΔSGX 对 ΔP_INDEX 的格兰杰因果关系检验结果没有通过 1% 的显著性检验，ΔP_INDEX 对 ΔSGX 的格兰杰因果关系检验结果通过了 1% 的显著性水平，因此 ΔSGX 不是 ΔP_INDEX 的格兰杰原因，而 ΔP_INDEX 是 ΔSGX 的格兰杰原因。因此通过格兰杰因果检验可以看出，普氏价格指数的变动量 ΔP_INDEX 是新交所铁矿石掉期价格变动量 ΔSGX 的格兰杰原因，而新交所铁矿石掉期价格变动量 ΔSGX 不是普氏价格指数的变动量 ΔP_INDEX 的格兰杰原因。

以上结果表明，2010 年 1 月 4 日～2013 年 10 月 17 日期间，普氏价格指数与新交所铁矿石掉期价格互为格兰杰原因，互相具有引导作用；而 2013 年 10 月 18 日～2018 年 11 月 30 日普氏价格指数与新交所铁矿石掉期价格的相关关系主要表现为普氏价格指数对新交所铁矿石掉期价格的引导作用。因此可以看出，我国大连商品交易所铁矿石期货的推出，在一定程度上降低了新交所铁矿石期货价格在铁矿石国际贸易定价中的影响力。

综上，结合之前的分析，可以初步显示出我国对铁矿石国际贸易价格影响力是一个逐渐增强的过程，其中我国铁矿石期货市场的迅速发展发挥了不可磨灭的重要作用。

四、中国铁矿石期货市场对国际定价权影响力实证研究

本章首先从"矿山——钢厂"这一供需链条上利润分配占比的角度出发，研究我国钢铁企业在整个产业链上的利润占比与国外铁矿石供应商的利润占比之间的关系，以反映我国作为国际铁矿石市场的最大买家在铁矿石国际贸易中所处的地位，以及我国对铁矿石国际贸易价格的影响力。接下来，后半部分通过借助实证分析模型，运用定量分析的方法对我国铁矿石国际贸易定价权的真实水平及其发展变化进行测度。

因为期货市场是影响铁矿石贸易价格的重要因素之一，而 2013 年 10 月 18

日中国大连商品交易所铁矿石期货的上市,对我国钢铁企业在整个产业链上的利润分配,或者说对我国钢铁企业对国际铁矿石现货价格的影响力都可能会有相应的影响。所以在本节中,将会以我国铁矿石期货的上市作为一个重要的时间分界点进行分段研究,以比较期货市场的发展完善对于现货市场铁矿石定价权的影响力。

(一)从产业链利润分配的角度研究铁矿石国际定价权

1. 研究方法概述

从铁矿石开采到最后成品钢坯进入市场,整个钢材的生产过程以及中间各类原料工艺的使用,统称为黑色金属生产产业链,在整个流程中,就涉及产业链利润分配的问题,由于国内铁矿石开采成本和运输成本较高,且铁矿石品味过高,都会提高钢材的生产成本,所以近十年以来,国内钢材的生产大多使用进口矿,其中澳洲作为铁矿石的主要开采国和出口国,也是中国铁矿石的主要来源。所以本节将以澳洲矿石和中国钢厂作为产业链利润分配的两大主体,通过研究近几年来矿山与钢厂的利润分配占比变化情况,来考量2013年10月中国大连商品交易所铁矿石期货合约的上市对中国铁矿石进口贸易的议价能力的影响。

2. 中国期货市场对铁矿石供需双方利润分配影响研究

在整个"矿山——钢厂"这一供需产业链条中,四大矿山巨头和各国钢铁企业进行了长期的博弈。由于四大矿山铁矿石出口量占全球铁矿石产出量的70%以上,因此矿商在卖方市场上充分发挥垄断地位,可以根据国际铁矿石市场价格的波动及时调整控制产量或发货速度,促使形成对自己有利的短期供求关系。这种市场地位及定价模式可以帮助铁矿石供应商减少价格波动给铁矿开采带来的不利影响,但铁矿石价格的起伏波动却会对铁矿石需求方造成成本挤压利润的困扰。因此,从"矿山——钢厂"这一供需链条上利润分配占比的角度定性研究中国期货市场对铁矿石国际贸易定价权的影响,通过利润占比的变化来反映出双方定价权的大小。

矿山的成本主要是其开采现金成本、海运成本,澳洲铁矿石的销售价格本文选取的是普氏价格指数,时间长度为2011年1月~2018年11月,以季度为单位的季度平均价格。

中国钢厂的成本主要包括原料成本,以及生产过程中能源成本、人工成本、损耗成本等,焦炭价格采取唐山二级冶金焦到厂价(日度),销售价格选取唐山普碳钢坯价格(日度),再转换为季度平均价格。采取上海交易所提供的炼钢成本公式,生铁的吨制造成本 = (1.6 × 铁矿石 + 0.45 × 焦炭)/0.9,粗钢的吨制造成本 = (0.96 × 生铁 + 0.15 × 废钢)/0.82。

将相关数据进行计算,结果如图2:

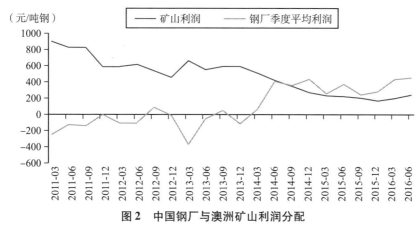

图2　中国钢厂与澳洲矿山利润分配

资料来源：Wind 资讯、钢联资讯。

从图 2 中可以看出，从 2013 年 12 月起，钢厂的利润开始不断上升，与此同时矿山的利润下滑明显，2014 年 6 月起钢厂利润首次超过矿山利润，此时距中国大连铁矿石期货合约上市仅仅过去了 8 个月的时间，可以看出自大商所铁矿石期货上市后，矿山和钢厂在黑色产业链利润的分配情况有了明显的改变，钢厂的利润已经超过了矿山。

（二）中国铁矿石进口定价权实证分析

从上一小节的研究可以看出，尽管我国铁矿石进口量居世界首位，但是对贸易价格的影响并不显著。同时通过分析也可以看出，近年来随着我国铁矿石期货的推出，我国在国际铁矿石市场中的地位不断上升，对其贸易价格的影响力也在不断加大。因此接下来运用定量分析的方法对我国铁矿石国际贸易定价权的真实水平及其变化情况进行测度就是非常重要的。为测量我国铁矿石国际贸易定价权的大小及变化过程，以叶宏伟修正后的 SMR 模型为基础，基于交易各方的不同角度下的剩余需求弹性与市场势力的关系这一研究框架，从买方和卖方的视角对一国对某种特定商品贸易价格的影响力进行定量的测算。但结合我国主要以铁矿石进口为主、同时进口国集中度非常高的实际国情，本文将对该模型进行简化与修正。

以修正后的 SMR 模型为分析框架，以我国铁矿石进口价格为因变量，以中国 GDP 和我国从世界各地的进口总额等因素为自变量，对我国铁矿石进口的定价权进行测算。根据 SMR 模型可以知道，在该模型中，以剩余需求弹性系数的绝对值来反映对外贸易定价权的大小。具体而言，当剩余需求弹性系数的绝对值显著为零时，表明一国对某种特定商品的国际贸易价格没有影响力；而当剩余需求弹性系数的绝对值在 0～0.22 之间时，表示一国享有微弱的贸易定价权；最后，当剩余需求弹性系数的绝对值大于 0.22 时，表示一国拥有比较显著的贸易定价权。

因为我国铁矿石对外贸易主要以进口为主，而出口量极低。所以作为国际铁矿石贸易的最大买家，铁矿石的进口价格对我国经济发展具有重要的影响。因此考虑到中国的实际情况，本节将主要从进口定价权的角度，定量研究中国铁矿石期货市场的发展完善，对于我国铁矿石国际定价权的影响。所以，本文将以 Song-Marchant-Reed 分析框架为基础，从买方（进口视角）推导出关于贸易价格的反剩余函数，进而研究期货市场对我国铁矿石进口定价权的影响。

（1）基于买方视角的 SMR 模型。

假设 A 国为进口国，B 国为出口国，则 A 国对 B 国的剩余需求就等于 A 国国内需求 D_A 减去 A 国国内供给 S_A，再减去其他国家对 A 国的出口 IMP_A^{OTH}，即：

$$R_A^B = D_A - (S_A + IMP_A^{OTH}) \qquad (1)$$

而 A 国国内需求和供给可以分别表示为：

$$D_A = D_A(P_A; Z_A^D) \qquad (2)$$

$$S_A = S_A(P_A; Z_A^S) \qquad (3)$$

上式中，P_A 为某商品在 A 国的国内销售价格，Z_A^D 为 A 国的国内需求变量，主要是指相关商品（替代品）的价格与 A 国收入水平以及其他因素；Z_A^S 是 A 国的供给变量，主要包括替代品的价格、技术、生产成本及其他因素。A 国从 B 国之外的其他国家进口的产品，在本文研究中视为外生变量。

综上，把（2）式、（3）式代入（1）式，并简化公式可得：

$$RD_A^B = RD(P_A; Z_A^D; Z_A^S; IMP_A^{OTH}) \qquad (4)$$

因为国内销售价格和进口价格存在线性关系 $P_A = \theta_A P_A^{B,IMP}$，将其代入（4）式可得：

$$RD_A^B = RD(\theta_A P_A^{B,IMP}; Z_A^D; Z_A^S; IMP_A^{OTH}) \qquad (5)$$

下面将（5）式以 P 的反函数形式表示，可得：

$$P_A^{B,IMP} = P_A^{B,IMP}(RD_A^B; Z_A^D; Z_A^S; IMP_A^{OTH}) \qquad (6)$$

至此，本文已经推导出进口国 A 国对出口国 B 国某种特定产品的反剩余需求函数，由（6）式可知，对其进行对数处理并求偏导，则可得出剩余需求弹性系数，也就是说 RD_A^B 前的系数就是进口国 A 国进口某种商品的进口定价权。

（2）中国铁矿石进口定价权实证模型设定。

基于叶宏伟修正和拓展后的 SMR 模型，可以构建以下实证模型来定量测度我国铁矿石国际贸易的进口定价能力，模型回归方程如下：

$$LnP = C_1 + \alpha_1 lnRS_B + \alpha_2 lnP^1 + \alpha_3 lnP^2 + \alpha_4 lnP^{GDP} + \alpha_5 lnIMP^{OTH} \qquad (7)$$

其中 P 表示我国进口铁矿石的进口价格；RS_B 表示 B 国对我国的铁矿石剩余供给量，在本文中用我国从 B 国进口的铁矿石总额表示；IMP^{OTH} 表示我国从 B 国以外的其他国家进口的铁矿石总额；P^{GDP} 为我国 GDP，用来表示我国的国内需求量，P^1 和 P^2 表示 B 国主要竞争对手对我国的出口价格。由上述模型可知，系数 α_1 为剩余需求弹性，用以表示我国对铁矿石进口价格的价格影响力，即买方定价权。

根据我国铁矿石进口实际情况，中国从澳大利亚进口的铁矿石进口量占中国铁矿石进口比重达到近 50%。因此，把（7）式中的出口国 B 国视为除我国以外的世界其他国家之和，即把澳大利亚视为对我国唯一铁矿石出口国，用以剔除自变量 IMP^{OTH}、P^1 和 P^2，即可简化方程（7）式以测量我国铁矿石进口定价能力，即：

$$LnP = C_1 + \alpha_1 lnRS + \alpha_2 lnP^{GDP} \tag{8}$$

其中 P 是我国铁矿石的进口价格，在本文中用决定铁矿石价格的官方指数——普氏价格指数代表，RS 是世界其他国家对我国的铁矿石出口量，即我国在铁矿石国际贸易中的进口量，在本文中用进口金额表示，P^{GDP} 是我国国内生产总值，表示我国国内铁矿石需求量，（8）式中 α_1 为剩余需求弹性，即可用来表示我国铁矿石的进口定价权，数据来源为钢联数据和 Wind 资讯。

（三）中国铁矿石进口定价权实证结果分析

接下来，本节对 2011～2018 年的相关数据进行研究，借助 Eviews10.0 软件进行回归分析，结果见表 14：

表 14　　　　中国铁矿石进口定价权测度（2011Q1～2018Q3）

Variable	Coefficient	Std. Error	t-Statistic	Prob.
C	11. 59518	5. 149144	2. 251865	0. 0364
LN_RS	0. 191120	0. 146558	7. 172052	0. 0000
LN_P_GDP	− 1. 596272	0. 214460	− 7. 443217	0. 0000

资料来源：Wind 资讯。

表 14 显示了 2011～2018 年间我国进口铁矿石的买方议价能力。由修正后的 SMR 模型可知，剩余需求弹性系数的绝对值表示了我国铁矿石进口议价能力的大小，也就是 LnRS 前的系数 α_1。从以上回归结果可以看出，LnRS 的系数 = 0. 191120，属于 0～0. 22 的这一区间，并通过了 1% 的显著性检验。由 SMR 模型实证结果的判定方式可知，以上回归结果表明，在 2011～2018 年间，我国铁矿石对外贸易中具有微弱的进口定价权。

但是，2013 年是我国铁矿石进口贸易的重要转折点。2013 年 10 月，中国大连商品交易所推出铁矿石期货。随着大商所铁矿石期货市场的规模不断增大，其期货价格的标杆作用不断增强。因此本文将以 2013 年 10 月为时间点，分段测量

2011～2013 年第三季度和 2013 年第四季度～2018 年我国铁矿石进口定价权的大小，以了解在此期间我国铁矿石进口定价权的动态变化，从而进一步分析铁矿石期货市场对我国铁矿石进口贸易议价能力的影响（见表 15）。

表 15　　　　　　　　中国铁矿石进口定价权测度（2011Q1～2013Q3）

Variable	Coefficient	Std. Error	t-Statistic	Prob.
C	9. 732378	3. 331336	2. 921464	0. 0192
LN_RS	0. 073014	0. 132688	3. 564853	0. 0073
LN_P_GDP	− 1. 074845	0. 166579	− 6. 452457	0. 0002

资料来源：Wind 资讯。

表 15 显示了 2011～2013 年第三季度，我国铁矿石进口定价权的大小。回归结果表示 LnRS 的估值系数 = 0.073014，并且通过了 1% 的显著性检验。可以看出，0.073014 明显小于 0.22，接近于零，说明在 2011～2013 年三季度期间，我国铁矿石对外贸易中，具有极弱的议价能力，即我国铁矿石进口定价权并不显著。

表 16 显示了在 2013 年我国铁矿石期货推出后至 2018 年三季度末我国铁矿石进口定价权的大小。回归结果表明，LnRS 的估值系数 $\alpha_1 = 0.297455$，并通过了 1% 的显著性检验，不显著等于零，且大于 0.22。由 SMR 模型可知，我国在贸易中已经具有一定的议价能力，也就是说我国对铁矿石进口价格具有比较显著的影响力。因此以上回归结果表明，在 2013 年四季度至 2018 年三季度期间，我国在铁矿石进口贸易中具有较明显的议价能力。

表 16　　　　　　　　中国铁矿石进口定价权测度（2013Q4～2018Q3）

Variable	Coefficient	Std. Error	t-Statistic	Prob.
C	− 14. 62934	11. 70315	− 1. 250035	0. 2466
LN_RS	0. 297455	0. 164024	7. 300503	0. 0001
LN_P_GDP	− 0. 350399	0. 559238	− 0. 626566	0. 5484

资料来源：Wind 资讯。

结合本章上述内容的实证研究，由回归结果可以看出：我国铁矿石进口定价权的大小经历了由微弱到逐步增强的变化过程。在 2013 年 10 月我国铁矿石期货推出以后，随着我国期货市场的日益发展成熟，我国对铁矿石国际贸易价格的影响力，即进口定价权正在逐渐增强。

五、结论及政策建议

（一）研究结论

本节主要对前文的研究内容及研究成果进行归纳梳理，主要包括以下几点：

第一，本文首先对铁矿石国际贸易定价机制演变历程进行了梳理。从年度长协定价到季度定价、月度定价，再到指数定价，铁矿石定价模式表现出越来越灵活化、短期化的趋势。这就带来了铁矿石价格波动的加剧，而波动的加剧又会导致交易各方风险加大，从而产生了对避险工具的需求。可以看出，铁矿石正在逐步向指数化、金融化定价机制转化，铁矿石期货合约也不断发展。中国适时推出铁矿石期货，不仅有利于铁矿石贸易市场定价机制的改变，也有利于我国的钢铁行业在铁矿石贸易中掌握一定的话语权。面对当前国际铁矿石贸易市场形势的迅速变化，进行适时的研究并对大连商品交易所铁矿石期货上市前后中国对铁矿石国际定价影响力的变化进行对比分析，从实证的角度研究期货市场对国际定价权的影响，对于研究如何利用期货市场进一步提高中国铁矿石国际定价权具有重要作用。

第二，本文以中国铁矿石进口为例，进一步研究了我国铁矿石贸易现货价格、大商所铁矿石期货价格和新交所铁矿石掉期价格三者之间的相关性。通过检验得出：2013年10月18日~2018年11月30日，普氏价格指数与我国大商所铁矿石期货价格与普氏价格指数、新交所铁矿石掉期价格高度相关，但其相关性主要表现为普氏价格指数对我国铁矿石期货价格的引导作用，以及新交所铁矿石期货市场对我国大商所铁矿石期货市场的引导作用。由于2013年10月18日我国铁矿石期货正式上市交易，因此本文以2013年10月18日为时间点，将新交所铁矿石掉期价格和普氏价格指数划分为2010年1月4日~2013年10月17日和2013年10月18日~2018年11月30日两个区间。检验结果表明，2010年1月4日~2013年10月17日，普氏价格指数与新交所铁矿石掉期价格互为格兰杰原因，互相具有引导作用；而2013年10月18日~2018年11月30日，普氏价格指数与新交所铁矿石掉期价格的相关关系主要表现为普氏价格指数对新交所铁矿石掉期价格的引导作用。因此可以看出，我国大连商品交易所铁矿石期货的推出，在一定程度上降低了新交所铁矿石期货价格在铁矿石国际贸易定价中的影响力。结合本章之前的分析，可以看出我国对铁矿石国际贸易价格影响力是一个逐渐增强的过程，其中我国积极发展铁矿石期货市场起到了重要的作用。

第三，从"矿山——钢厂"这一供需链条上利润分配占比的角度出发，研究发现我国钢铁企业在整个产业链上的利润占比远远低于国外铁矿石供应商的利润占比，可以初步显示出在铁矿石国际贸易中，我国尽管为国际铁矿石市场的最大买家，铁矿石贸易价格的影响力相对较低。但自2013年10月18日中国大连商品交易所铁矿石期货上市以来，我国钢铁企业在整个产业链上的利润分配占比有所上升，说明我国铁矿石期货的推出对于增强我国对铁矿石价格的影响力具有一定的作用，同时也表明期货市场是影响铁矿石贸易价格的重要因素。

第四，运用修正后的SMR模型对我国铁矿石进口定价权进行定量研究，可以看出我国铁矿石进口定价权的大小经历了由微弱到逐步增强的变化过程。

2011～2018年间代表我国铁矿石进口议价能力大小的系数 $\alpha_1 = 0.191120$，并通过了1%的显著性检验，表明在2011～2018年间，我国铁矿石对外贸易中具有微弱的进口定价权。但由于2013年10月中国大连商品交易所推出铁矿石期货，其期货价格的标杆作用不断增强。因此本文以2013年10月为时间点，分段测量2011年至2013年第三季度和2013年第四季度至2018年我国铁矿石进口定价权的大小，回归结果表明2011～2013年第三季度的剩余需求弹性系数为0.073014，2013年第四季度至2018年的剩余需求弹性系数为0.297455，显著上升。因此在2013年10月我国铁矿石期货推出以后，随着我国期货市场的日益发展成熟，我国对铁矿石国际贸易价格的影响力，即进口定价权在不断增加。

（二）进一步提高定价权的措施

第一，转变经济发展模式，提高钢铁行业集中度。尽快转变我国高投入、高消耗、高增长、低效益的经济发展模式，努力提升我国在全球产业链竞争中的地位。通过上述研究可以看出，铁矿石定价权不会因为中国是铁矿石国际贸易的最大买方而自动获得。而是应该从促进企业整合、提高钢铁行业集中度的角度入手，整合各大钢铁企业，使他们的利益一体化，从而改变我国铁矿石需求量巨大但需求结构松散的局面。具体来说，可以通过鼓励、帮助大型的钢铁企业对中小型企业实施兼并、收购或重组，同时支持大型的钢企走上强强联合的道路，坚持战略重组，从而提高钢铁行业的集中度。通过促进同行业企业之间的合并，加快整合行业优质资产并进行必要的技术储备和产能投资，提高资源利用率，提升我国在全球产业链竞争中的地位，从而增强中国铁矿石在国际贸易中的议价能力。

第二，建立健全铁矿石储备和缓冲库存制度。随着中国经济的快速增长，钢铁行业得到快速发展，对铁矿石的需求量也随之飙升至世界首位，因此铁矿石是支持中国经济快速增长必不可少的物资。建立健全铁矿石战略储备，有利于缓解国内铁矿石资源的供求矛盾，稳定市场价格。但由于我国缺乏战略储备制度，钢铁企业的购销价格弹性相对较小，即使铁矿石市场价格水平处于高位也不得不买，从而陷入"买什么什么涨，卖什么什么跌"的怪圈。商品定价权是以较大的商品贸易量和库存量为依托和支撑的。因此只有具备一定数量的缓冲库存，才有可能在一定程度上规避铁矿石短期供求关系变动所带来的价格风险，进而以商品供需的时间差来换取价格上的主动。因此我国应尽快完善铁矿石战略储备制度，降低国际铁矿石价格波动对我国国内钢铁企业产生的不利影响。

第三，大力发展和完善国内期货市场。众所周知，期货市场的价格发现功能决定了其具有自然形成市场基准价格的可能。一个成熟的期货市场，可以使期货价格充分反映市场上已有的信息，是对未来现货价格的无偏估计，具有风险转移、信息集散、价格发现等重要功能。由于国际铁矿石定价机制不断向短期化、灵活化转变，使得现货价格波动很大，买卖双方会面临更大的价格波动风险。而金融衍生品市场恰好具有能够提供价格发现和风险对冲的功能。因此，我国应积极发展、完善国内铁矿石期货市场，以帮助国内钢铁企业规避国际市场现货价格波动所带来的风险。主要包括以下几个方面：一是要注意稳定市场、加强协调，防范投机者的过度投机行为；二是应建立期货市场运行的监测管理与风险控制体系，确保期货市场的高效、有序运行；三是积极引进外资开发我国国内的铁矿石期货市场，引入境外投资者和机构投资者，吸收国外资本进入我国的期货市场交易，优化期货市场投资者结构，提高市场流动性和辐射面，增强我国铁矿石期货市场的活力和国际影响力，以帮助我国获取更多的市场信息，提高在铁矿石国际定价谈判中的影响力。

参考文献

［1］钢联数据库［DB/OL］.［2018 - 12 - 11］. 我的钢铁网，www. mysteel. com.

［2］张平元，张峥嵘. 对中国碳排放权定价权缺失的研究［J］. 经济研究导刊，2015（06）：202 - 247.

［3］刘玉艳. 铁矿石期货上市，为中国争取"话语权"［J］. 地球，2014（03）：56 - 59.

［4］徐雪，李建林. 中国期货市场定价效率的实证分析——基于中美棉花期货市场价格关系的研究［J］. 技术经济与管理研究，2013（03）：98 - 102.

［5］徐国祥，李文. 基于中国金属期货价格指数的价格发现能力实证研究［J］. 统计研究，2012（02）：48 - 57.

［6］张红民，廖肇黎. 上海燃料油期货市场运行效率实证研究［J］. 国际石油经济，2009（08）：30 - 34.

［7］华仁海，陈百助. 上海期货交易所铜铝价格发现问题研究［J］. 中国金融学，2008（05）：169 - 183.

［8］贾儒楠，邢珺，边思凯. 我国大宗商品国际定价权缺失问题研究［J］. 价格理论与实践，2015（06）：79 - 81.

［9］高兴佑. 我国铁矿石定价话语权与产业发展［J］. 价格月刊，2015（07）：31 - 34.

［10］方文，汪五一，滕蔚然. 中国进口铁矿石定价权缺失的原因及对策［J］. 宜宾学院学报，2014（02）：55 - 60.

［11］赵文峰. 铁矿石定价权中"中国因素"研究［D］. 广东财经大学，2013.

［12］郭正剑，袁象. 对提高我国铁矿石定价权的思考［J］. 江苏科技信息，2013（09）：17－18.

［13］尹青. 剖析我国大宗商品定价权缺失问题［J］. 特区经济，2012（12）：253－254.

［14］田原芳. 我国大宗商品国际定价权问题研究［D］. 辽宁大学，2012.

［15］程继川. 从铁矿石涨价看我国钢铁工业发展战略［J］. 特区经济，2010（11）：239－240.

［16］胡仁霞，李峰. 争取国际铁矿石定价权策略分析［J］. 国际经济合作，2010（02）：83－86.

［17］李新军. 铁矿石国际贸易的经济学分析［D］. 安徽大学，2010.

［18］王长安. 中国定价，抑制铁矿石疯涨［J］. 金融经济，2009（03）：20－21.

［19］苗建防. 如何提高我国钢铁产业议价能力［J］. 商业时代，2006（02）：77－88.

［20］Garbade, K. D. and Silber, W. L. , Price Movement and Price Discovery in the Futures and Cash Markets［J］. Review of Economics and Statistics, 1983（65）：289－297.

［21］Engle, R. Granger, C. , Co Integration and Error Correction：Representation, Estimation, and Testing［J］. Econometrica, 1987（55）：251－276.

［22］George Milunovich, Testing Market Efficiency and Price Discovery in European Carbon Markets［J］. Macquarie Economics Research Papers, 2009（07）：239－252.

［23］Baillie R. T. , Booth G. G. , Pricing Right and Common Factor Models［J］. Journal of Financial Markets, 2002（03）：309－321.

［24］Fama E. F. , Commodity Futures Prices：Some Evidence on the Forecast Power, Premiums and the Theory of Storage［J］. Journal of Business, 2007（01）：55－73.

［25］Garbade K. D. , Silber W. L. , Price Movement and Cash Discovery in Futures and Cash Markets［J］. Review of Economics and Statistics, 2008（65）：289－297.

［26］Paul Sukagawa. Is Iron Ore Priced as A Commodity? Past and Current Practice［J］. Resources Policy, 2010（03）：54－63.

［27］牟小刚. 我国战略性矿产资源进口价格话语权研究［J］. 现代商贸工业，2015（01）：69－70.

［28］林吉双，董赪. 我国缺失国际贸易定价权的经济学分析［J］. 国际经贸探索，2011（07）：21－25.

［29］李志. 我国大豆进口定价权缺失研究［J］. 价格月刊，2015（02）：8－12.

［30］白明. 中国对国际市场大宗能源类商品定价的影响［J］. 中国对外贸易，2006（02）：82－85.

［31］张莹毓. 提升我国大宗资源类商品定价权策略研究［J］. 价格月刊，2015（02）：1－3.

［32］叶宏伟. 中国大宗商品定价权缺失问题辨析及应对策略研究［J］. 经济研究导刊，2015（03）：10－12.

［33］李振宇. 基于 VAR 模型的铁矿石期货与国际定价权研究［J］. 金融理论与实践，2014（02）：71－77.

［34］李松梁．角逐大宗商品定价权［J］．中国金融，2014（05）：96．

［35］杨浡琦．中国有色金属国际定价权分析［J］．中国有色金属，2014（01）：64－67．

［36］Haigh M. S. , Hranaiova J. , Overdahl J. A. , Price Volatility, Liquidity Provision, and the Role of Hedge Funds in Energy Futures Markets［J］. Journal of Alternative Investments, Spring 2007.

［37］Fung, H. G. , Information Flows Between the U. S and China Commodity Futures Trading［J］. Review of the Quantitative Finance and Accounting, 2003（21）.

［38］潘陆．中国铁矿石进口定价权研究［D］．中央民族大学，2013．

［39］Holder, M. &Tomas, I. I. , Complements or Substitutes Equivalent Futures Markets The Case of Corn and Soybean Futures on U. S. and Japanese Exchanges［J］. Journal of Futures Markets, 2002（22）.

［40］Xu X. , Fung H. G. , Cross-market Linkages between U. S. and Japanese Precious Metals Futures Trading. Journal of International Financial Markets, Institutions and Money, 2005（15）：107－124.

［41］International Monetary Fund（IMF）, Has Speculation Contributed to Higher Commodity Prices?［J］. World Economic Outlook, 2006（9）.

［42］Yang J. , Bessler, D. A. & Leatham, D. I. , Asset Volatility and Price Discovering in the Commodity Futures Markets：A New Look［J］. The Journal Futures Markets, 2001（21）.

［43］唐澍．大宗商品定价模式演变及国际定价话语权研究［D］．东北财经大学，2014．

［44］邢世伟．国际大宗商品的定价机制和我国定价权缺失问题研究——以铁矿石为例［J］．河北金融，2010（10）：25－27．

［45］陈舒．我国大宗商品国际定价权问题研究［D］．山东大学，2013．

［46］Tilton, J. , Economics of the Mineral Industries, in Hartman, SME Mining Engineering Handbook, 2nd edition, 1992：47－62.

［47］Robert Lundmark, Linda Warell, Horizontal Mergers in the Iron Ore Industry—An Application of PCAIDS, Resources Policy, 2008（33）：129－141.

［48］Liu S. M. & Chou. C. H. , Parities and Spread Trading in Gold and Silver Markets：A Fractional Cointegration Analysis［J］. Applied Financial Economics, 2003（13）：899－911.

［49］Luis A. , Gil-Alana, A Fractionally Integrated Model with A Mean Shift for the US and UK Real Oil Price. Economic Modeling, 2001（4）：643－658.

［50］Dhillon U& Lasser D. J. , Volatility, Information, and Double Versus Action Pricing In U. S. and Japanese Futures Markets［J］. Journal of Banking and Finance, 1997（21）.

［51］叶茜．国际原油定价权缺失对中国经济的影响及对策分析［D］．武汉理工大学，2013．

［52］赵继光．中国期货市场的功能研究［D］．吉林大学，2007．

［53］宋佳宁．国外期货市场农产品定价权及其对中国影响的实证研究［D］．吉林大学，2012．

［54］刘庆柏．我国大宗商品国际定价权研究［D］．南京财经大学，2010．

［55］胡彦利．中国进口铁矿石的价格机制及定价权分析［D］．天津财经大学，2011．

［56］邓炜. 国际经验及其对中国争夺稀土定价权的启示［J］. 国际经贸探索，2011（01）：30－34.

［57］许拟. 沪铜价格变化与期货市场定价话语权研究［J］. 中国软科学，2015（09）：182－192.

［58］刘春长. 我国铁矿石供需态势分析与国际定价权争取策略研究［J］. 宏观经济研究，201（12）：41－48.

外汇波动、风险对冲与最优时点选择研究

赵成珍

一、引言

2014 年 3 月，中国人民银行宣布将银行间即期外汇市场人民币兑美元交易价的波动幅度由 1% 扩大至 2%，这是自 2005 年 7 月人民币汇改以来，央行第三次扩大人民币兑美元汇率的浮动区间。随着人民币汇率形成机制日益完善，汇率双向波动幅度逐渐扩大，一方面，汇率在调节国际收支方面发挥了更大的作用，优化了资金的配置效率，减少了跨境套利资金；但另一方面，我国外贸型企业将会面临更大的汇率风险，企业通过汇率衍生工具锁定汇率风险的难度也相应加大。如何更好地解决汇率风险，成为众多的外贸型企业迫切解决的实际问题。

外汇风险又称汇率风险，是指企业因直接或间接持有或使用外汇及外汇相关资产，因汇率的不利变动而遭受损失的可能性，外汇风险主要来自汇率波动的不确定性。汇率的变动会给外汇持有者所持有的外汇资产带来价值的不确定性，它可能是正向的收益，也可能是巨大的损失。

企业所面临的外汇风险通常是由于其持有的外币头寸在持有期限内汇率波动所造成的，因此外汇风险暴露的头寸、时间和汇率波动就是构成企业外汇风险的三个要素。在三要素中，风险暴露头寸是外汇风险得以存在的前提，暴露时间是外汇风险存在的关键，而汇率波动则是产生外汇风险的核心要素。外汇风险的大小与外汇风险暴露头寸、时间及汇率波动等因素均表现出同向变化：外汇风险暴露头寸越大，外汇风险暴露时间越长，汇率波动越剧烈，外汇风险也越大；反之，外汇风险也就越小。

对冲是金融风险管理的重要手段，20 世纪 70 年代以来，越来越多的大型公司借助金融衍生品来管理汇率、利率和大宗商品等方面的风险。在风险对冲中，利用套期保值策略则是重要的方法，在一些文献中，甚至对对冲和套期保值相互使用。套期保值是指把期货市场当作转移价格风险的场所，利用期货合约作为将来在现货市场上买卖商品的临时替代物，对其现在买进准备以后售出商品或对将

来需要买进商品的价格进行保险的交易活动。套期保值的基本操作方法是：在期货和现货市场对同类商品同时进行方向相反、数量相等的买卖活动，即在现货市场上买进或者卖出现货，同时在期货市场上卖出或买进同等数量的期货。在未来期间，因价格变动现货交易出现盈亏时，可由期货市场上的亏盈进行弥补或抵消，从而在远期与近期之间、"现"与"期"之间建立起对冲机制，以最大程度地降低价格风险。

随着人民币汇率制度改革进程加快，人民币外汇衍生品市场也初见规模：人民币外汇衍生品市场分为在岸市场和离岸市场，离岸市场可分为离岸的交易所市场和场外市场，前者主要指 2006 年 8 月芝加哥商业交易所推出的基于人民币的期货和期权交易市场（以美元交割的人民币/美元、人民币/欧元，人民币/日元的期货和期权产品），后者主要包括在中国香港、新加坡和世界其他地区的场外市场。人民币离岸市场从 1996 年开始出现，主要市场为新加坡、中国香港和日本，其中又以新加坡和中国香港为主。在岸市场没有场内交易市场，只有场外市场。场外市场可细分为银行柜台交易市场（也称为零售市场）和银行间市场（也称为批发市场）。

成熟的人民币汇率远期市场能够为即期市场提供有效的避险工具，但套保比率的设定以及套保入市点的选择不当也会使得套保面临风险。如何利用人民币汇率远期及期货进行对冲汇率风险，成为理论界研究较多的问题。

如何选择对冲比率，到目前为止已有大量的文献来对此做研究，但整体的研究中仍以时变或其他的计量方法为主，很多缺乏严格的经济基础及金融论证；更为关键的问题，在如何让选择恰当的入市点时间问题上，到现在为止，尚未有文献加以梳理。本文主要利用金融工程的方法，在对冲该比率的推导方面严格遵循经济中的无套利原理，此外，在论证的过程中，也推导出了合适的入市点的最优问题。

本文的结构如下：第二是包括文献梳理及回顾；第三是变量定义和模型设定；第四是模型稳健分析及实证检验；第五是结论和未来的研究方向。

二、文献回顾

在外汇风险规避研究上，多数集中于金融性对冲策略和运作性对冲策略的适用情况以及在规避长短期外汇风险效果方面的比较，而且在金融性衍生工具规避风险方面的研究多于运作性策略的研究。

早期的套期保值方法来自传统的套期保值理论，最早对该理论进行系统阐述的是凯恩斯，他从经济学的角度提出了后来被称为"幼稚的方法"的"1"的套期比率，即每一单位的现货商品用一单位的期货合约进行保值。约翰逊（Johnson，1960）和斯泰因（Stein，1961）采用 Markowitz 投资组合方法对套期保值进行了研究，艾丁顿（Ederington，1979）又将此方法推广到金融头寸，提出了确定组合头寸风险最小化的回归分析方法——JSE（Johnson-Stein-Ederington）方法。JSE 方法所估计的套保比率比介于 0 和 1 之间，与幼稚方法相比，既降低了保值成本又提高了保值效率。该方法体系也被称为现代套期保值理论，它包括以下三方面的理论内涵：最小方差、均值/方差分析以及风险—报酬权衡。由于 Ederington 测度方法在形式上只考虑了风险来度量套期保值的有效性，有一定的局限性，有学者（Howard & Antonio）运用夏普比率提出了一套风险收益尺度衡量套期保值的方法，他们定义的套期保值有效性指标中包含了收益和风险两项，在效用最大化框架下研究套期保值有效性，主要还是考虑基于均值—方差效用函数，假设套期保值者会投入和无风险收益与其绝对风险归避程度之间的差额相同的数量，因此任何的套期保值取决于套期保值者的风险规避行为。考博和常（Kolb & Chiang，1981）设计了一种应用于利率期货合约的投资策略。它融合了当前价格的信息，将现货和期货的波动率纳入考虑范围。然而传统模型中存在两个问题：一是所得的最小风险的套期保值比率都是不随时间变的。另外，如果现货和期货的关系是长期均衡（协整）的，当不恰当地忽略协整关系时，所计算出的套期保值策略就起不到应有的作用。法玛（Fama，1965）经过实证发现，资产收益的方差和协方差经常不是固定的。如果现货和期货价格的联合分布是时变的，使用历史数据得到的回归方程就不能准确地估计当前的最小风险套期保值比率，因此其提出了时变的套期保值比率方法。

艾科姆（Ahkam，1995）提出企业在管理外汇风险时，不要只是单独运用某一种策略，也可以把运作性对冲策略和金融性对冲策略结合起来使用。艾乐妮和温斯顿（Allayannis & Weston，2001）则指出使用一种规避方法并不能最大化公司价值，把金融性和运作性对冲两者结合才能最有效地规避企业外汇风险。热尼（Rene M. Stuz，2004）指出使用金融衍生工具来规避外汇风险尽管会面临危险，但是若应用得当不仅会规避外汇风险还可能带来额外的财富。艾乐妮等（2009）研究了外汇衍生品价值溢价和公司治理间的关系，他们发现使用外汇衍生品的价值溢价主要存在于那些具有良好公司治理的公司。克拉克和扎德（Clark & Judge，2009）发现使用外汇衍生品能够增加公司价值，但不同类型的外汇衍生品其价值效果不等。

国内学者研究方面大多数研究都是局限于使用金融工具规避外汇风险上。郭峰（2002）介绍并论证了国外动态套期保值模型在我国期货市场的适用性和有效性，并通过计算机编程进行模拟对比，促进了我国对动态套期保值模型的运用。熊洁敏（2007）认为可以使用远期结售汇、外汇期权交易、福费廷贸易方式和保理业务等手段来避免人民币升值带来的风险。仇晓光（2009）、李洁娟（2012）

为减少动态 GARCH 模型的计算误差，分别采用 GARCH – X 模型和 DCC（Dynamic Conditional Correlation）GARCH 模型对其加以完善，使其更具有可操作性。袭晨晨和丁昊宁（2007）的设计方案重点分析了套期保值比率模型。首先对大豆榨油企业现货、期货的平稳性和两者之间的协整关系进行检验，然后对比了 EC – GARCH、OLS、ECM 等模型得出的套期保值比率和套期保值绩效，结果显示，EC – GARCH 和 OLS 模型较好。

纵观此类文献，在实际运用中很关键的一点：入市时机的选择问题未能在这些文献中得到有效的体现。入市时点的选择也是实际操作中首先考虑的因素。此外文献中套保比率的问题也未能将套期的时间跨度的影响问题给予充分的说明。本文在总结前人的不足的基础上，从完全不同于以前已有成果的其他角度出发，在借鉴了期权类衍生品的思想基础上，应用资产定价理论的无套利思想，运用金融工程中的复制原理，用现货和期货复制出了一个远期的权益。利用期权的思想解决了这类问题。在利用期权定价方程的基础上，本文得出的套期保值比率的模型不仅融合了入市点，还在模型中得出套期保值的时间跨度也是影响套保效果重要因素的结论，这些都给人民币汇率套期保值的实际操作提供了理论支撑。

三、变量定义及模型设定[①]

布莱克和舒尔茨（Black & Scholes，1973）推导出了基于标的资产的任何衍生产品的价格必须满足的微分方程，得出了现货期权定价模型。布莱克（1976）在 B – S 微分方程的基础上，针对期货期权推导出了 Black-Scholes 期货期权定价模型。该模型假设期货价格 F 亦遵循几何布朗运动，在无摩擦的金融市场环境中推导了期货期权的价格。

定义 1（几何布朗运动）：若资产价格的随机过程 s_t 服从 $\dfrac{ds_t}{s_t} = \mu dt + \sigma d\omega$，则称 s_t 服从几何布朗运动。其中 μ 为资产的预期收益率，σ 为资产收益的波动率。$\omega(t)$ 表示一个标准布朗运动。

在以上模型和后文中都将会用到一个无摩擦的金融市场，我们考虑的无摩擦的金融市场即是：无风险利率是已知的，并且是常数；没有交易成本和税收；能够无成本地卖空和以无风险利率借款。在有了上述理论之后，我们构建模型：

设期货价格的价格过程为几何布朗运动：

$$ds_2 = \mu_2 s_2 dt + \sigma_2 s_2 d\omega_2 \tag{1}$$

其中的 $S_2 = S_2(t)$ 表示期货的价格过程，μ_2 和 σ_2 分别表示期货的预期收益

---

① 关于模型的详细推导过程可向作者索要或见工作论文版本。

率和波动率，且 μ_2，σ_2 为常数。ω_2 表示一个布朗驱动，来驱动期货市场的随机变化。

期货市场的功能之一是价格发现，价格发现是指利用市场公开竞价的交易制度，形成一个反映市场供求关系的价格，具体来说就是，市场的价格能够对市场未来走势作出预期反应，同现货市场一起共同预测价格的未来走势。

现货的定价正在逐渐地随着期货价格的变化而变化，期货对现货的影响正在逐渐的增大。随着不确定性的增多，现货的定价，尤其是远期交割现货的定价开始大规模地采用点价的方式。

定义 2（点价）：点价是现货定价的一种定价方式，即对某种远期交割的货物，不是直接确定其商品价格，而是只确定现货对期货升贴水是多少。

有了上述理论分析后，我们有理由用期货价格的运动方式间接定价远期交割的现货价格，因此设定现货价格为几何布朗运动：

$$ds_1 = \mu_1 s_1 dt + \sigma_1 s_1 d\omega_1 \tag{2}$$

其中的 $S_1 = S_1(t)$，表示现货价格；μ_1，σ_1 表示远期现货的预期收益率和波动率，且 μ_1，σ_1 为常数；ω_1 表示另一个布朗驱动，来驱动现货市场的随机变化。我们设定期货和现货价格的相关性为 ρ，在价格方程中，ρ 表示为：

$$ds_1 ds_2 = s_1 s_2 \sigma_1 \sigma_2 \rho dt \tag{3}$$

定义 3（基差）：基差就是某一特定地点某种商品的现货价格与同种商品的某一特定期货合约价格间的价差，即，基差 = 现货价格 - 期货价格。

基差是期货价格与现货价格之间实际运行变化的动态指标。理论上认为，期货价格是市场对未来现货价格的预估值，两者之间存在密切的联系。由于影响因素的相近，期货价格与现货价格往往表现出同升、同降的关系，但影响因素又不完全相同，因而两者的变化幅度也不完全一致，现货价格与期货价格之间的关系可以用基差来描述。本文采用现货最近交割月份的期货合约的差，因此远期级差可以表示为 $s_1 - s_2$。

由于基差不是可以直接交易的资产，我们下面的人民币汇率衍生品的设计中，用现货和期货来表示级差。本文设计一个人民币汇率级差的衍生品，也就是关于 s_1，s_2 的衍生品 $V(s_1, hs_2, t)$，利用此衍生品和 s_1，s_2 来做一个资产组合。

定义 4（自融资）：自融资（self-financing），对于一个可预测的投资策略过程 ϕ_n，证券价格过程 S_n，若等式 $\phi_n S_n = \varphi_{n+1} S_n$ 成立，则称该投资策略是自融资的。在自融资的条件下，对于投资组合 $\prod$ 可表示为：

$$\prod = V - \Delta_1 s_1 - \Delta_2 s_2 \tag{4}$$

其中 Δ_1，Δ_2 分别为现货和期货的对冲比率，本文主要用偏微分方程法求出 V 的表达式或是 V 的表达式所满足的方程。

定理 1 在整个组合为自融资的条件下，

$$d\prod = dV - \Delta_1 ds_1 - \Delta_2 hds_2 \tag{5}$$

组合的金融意义是衍生品可以用两个未定的期货和现货进行对冲。在得到 (5) 的条件下，用伊藤定理对其进行展开

$$
\begin{aligned}
dV - \Delta_1 ds_1 - \Delta_2 ds_2 = {}& \Big(\frac{\partial V}{\partial t} + \frac{\partial V}{\partial s_1}\mu_1 s_1 - \Delta_1 \mu_1 s_1 + \frac{\partial V}{\partial s_2}\mu_2 s_2 - \Delta_2 \mu_2 s_2 \\
& + \frac{1}{2}\frac{\partial^2 V}{\partial s_1}\sigma_1^2 s_1 + \frac{1}{2}\frac{\partial^2 V}{\partial s_2}\sigma_2^2 s_2 + \frac{\partial^2 V}{\partial s_1 \partial s_2}s_1 s_2 \sigma_1 \sigma_2 \rho \Big) dt \\
& + \sigma_1 s_1 \Big(\frac{\partial V}{\partial s_1} - \Delta_1 \Big) d\omega_1 + \sigma_2 s_2 \Big(\frac{\partial V}{\partial s_2} - \Delta_2 \Big) d\omega_2
\end{aligned}
\tag{6}
$$

此时，我们求解得到了组合的分解式，由于我们的组合的风险部分被完全的对冲掉，根据无风险套利原理，无风险的收益组合只能获得无风险的收益，否则，将会引起套利。对于方程 (6) 令其获得无风险收益

$$d\prod = r\prod dt \tag{7}$$

则

$$\frac{\partial V}{\partial t} + \frac{1}{2}\frac{\partial^2 V}{\partial s_1^2}\sigma_1^2 s_1^2 + \frac{1}{2}\frac{\partial^2 V}{\partial s_2^2}\sigma_2^2 s_2^2 + \frac{\partial^2 V}{\partial s_1 \partial s_2}s_1 s_2 \sigma_1 \sigma_2 \rho + rs_1\frac{\partial V}{\partial s_1} + rs_2\frac{\partial V}{\partial s_2} = rV \tag{8}$$

此时我们得到了类似的费曼—卡茨 (F—K) 方程。在方程 (8) 中，我们看到，所有的不确定性风险源，也就是两个布朗运动都已经被对冲掉。我们要确定出这只收益而无风险的衍生品合理的价格。此时，我们主要任务变为求解出 (8) 的解。若无解析解，我们将用数值分析的方法进行。对衍生品 V 进行折现到初值。

令

$$f = e^{-r(T-t)}V$$

则

$$\frac{\partial f}{\partial t} + \frac{1}{2}\frac{\partial^2 f}{\partial s_1^2}\sigma_1^2 s_1^2 + \frac{1}{2}\frac{\partial^2 f}{\partial s_2^2}\sigma_2^2 s_2^2 + \frac{\partial^2 f}{\partial s_1 \partial s_2}s_1 s_2 \sigma_1 \sigma_2 \rho + rs_1\frac{\partial f}{\partial s_1} + rs_2\frac{\partial f}{\partial s_2} = 0 \tag{9}$$

对于一个衍生品，一个合理的定价是我们可以以 n 倍价格的衍生品来购买标的为原价 n 倍的衍生品，这称为衍生品定价的齐次性。注意到衍生品的齐次性，

$$f(cs_1, cs_2) = cf(s_1, s_2) \tag{10}$$

通过推导及其边界条件

$$V(T) = \max(S_{1T} - hS_{2T}, 0) \tag{11}$$

我们通过求解得到：

$$V(0) = S_{10}N(d_1) - hS_{20}N(d_2) \tag{12}$$

其中 S_{10}，S_{20} 分别表示现货和期货在初始时刻的价格，S_{1T}，S_{2T} 分别表示现货和期货在套保结束时的价格，N 表示标准正态分布函数。

$$d_1 = \frac{\log(S_{10}/S_{20}) + \frac{1}{2}A^2 T}{A\sqrt{T}}$$

$$d_2 = \frac{\log(S_{10}/S_{20}) - \frac{1}{2}A^2T}{A\sqrt{T}}$$

此时，我们主要是利用期权的思想来消除风险。所以我们令 V (0) = 0，得：

$$h = S_{10}N(d_1)/S_{20}N(d_2) \tag{13}$$

此时设 $S_{10}/S_{20} = k$，k 在实际操作中叫做套期保值选择的时机。则套期保值比率函数化为 $h = \psi(k, T)$ 的函数，T 为套期保值的跨期。

我们在实际应用中最为主要的两点是套保选择的入市点和套期保值的时间问题，在我们的套保比率的函数方程中都得到了体现。

四、模型分析及实证

（1）模型的入市点问题：套期保值源于企业对所购入或售出产品价格走势的不确定，担心出现不利走势引发风险。而在人民币当判断市场为牛市时，企业倾向于对原材料买入套保；当判断为熊市时，倾向于对产品卖出保值。加工企业与原材料生产企业对于价格走势变化担心的角度不同，套期保值建仓目的也不同。具体来讲对于买入保值，由于期现价的回归性。对于未来应以基差走弱为有利的保值方案。在模型中应选择 k 大的点为进入保值点。对于卖出保值来讲，未来应以基差走强为有利的卖出方案。在模型中应选择 k 小的点为卖出点。

（2）关于模型的稳健性：对于模型的参数，在其均衡点附近展开，可以分析他们各部分的影响情况。我们令：

$$\frac{\log(k)}{A\sqrt{T}} = \frac{1}{2}A\sqrt{T}$$

得到：$k = e^{\frac{1}{2}A^2T}$

在实际数据中，由于 k 会在 1 附近上下波动，所以 $\frac{1}{2}A^2T$ 在也会在 0 附近上下起伏。而由于 A^2 较小，接近于 0，与我们的实际情况相符。此外只有 T 较长时，我们看到其对于比率的影响较大。

（3）模型的用到的数据说明：本文选取人民币即期汇率及不可交割的人民币远期（NDF）的日数据进行实证分析，数据区间从 2010 年 1 月 4 日~2014 年 3 月 31 日，剔除波动率大的异常数据，共计有效数据 995 对样本。数据来源于 WIND 数据库（见图 1）。

图 1   人民币与 NDF 走势

（4）模型的数据检验：在 2010 年 1 月 4 日 ~2014 年 3 月 31 日的 995 个交易日中，可以看到远期既有升水也有贴水。对于 995 个交易日的期货和现货的描述性统计见表 1：

表 1   NDF 与即期汇率统计数据分析

	NDF	即期汇率	K
均值	6.39	6.40	1.00
方差	0.025496	0.059362	0.000281
最大值	6.81	6.83	1.03
最小值	6.10	6.04	0.96

对于买入保值，我们选择 K 值最高的点，我们选择 2013 年 7 月 4 日，此时的 K = 1.0285。我们选择一年后（360 天）的买入套期保值，此时选择参数 T = 360。则经过计算得到 h_1 = 1.0303。对于卖出保值，我们选择 K 值较低的点，我们选择 2010 年 11 月 1 日，此时的 K = 0.9616 我们选择一年后的卖出套期保值，此时选择参数 T = 360。则经过计算得到 h_2 = 1.0058。同样作为对比分析，在 995 个样本数据中，k 分别在最大和最小时，我们做买入和卖出最优套保比率，我们分别选择 T = 30 天、T = 60 天、T = 90 天来分别计算其最优套保比率，结果见表 2：

表 2   不同天数下的最优套保比率

	T = 30	T = 60	T = 90	T = 360
h_1	1.0285	1.0285	1.0285	1.0303
h_2	1.0006	1.0012	1.0017	1.0058

随着套保时间的跨期越长，其相应的比率也成增加的趋势。且套保的时期较长时，对套保比率产生的影响也越大。在买期保值上，当判断出市场行情有利时，我们选择相对较大的保值比率，这样可以使我们能尽量获取基差上扬所带来的收益，另外又不至于把套保比率无限扩大使得套保变成投机，从而在万一出现行情错误的时候出现大幅亏损。在卖期保值上，当我们判断行情有利时，我们选择相对较低的保值比率，这样可以使我们能尽量获取基差下跌所带来的收益，另外又不至于把套保比率无限缩小，甚至不保使得套保变成投机，从而在万一出现行情错误的时候亏损。

实证分析可以得知，在利用金融工程办法计算出的套期保值比率的过程中，我们整体的最优值在 1 附近波动，这也与传统直观的 "1" 倍套保比率相符，但却保证了在基于最优比率的基础上可以控制好风险，不至于做成投机性保值。

在实际的操作中，我们可以根据套保是买入还是卖出套保，选择相应的入市点 K，然后根据最优的套保比率计算公式给出最优的计算。

五、结论及未来启示

我们根据套期保值的不同时间和不同的跨期，我们得到了不同的套期保值比率。本文在分析的基础上得出重要结论，我们在选择套期保值比率的时候，首先应选择入市点，也即是判断市场的方向。这也是不要与市场趋势做反和避免重大损失的最重要之处。文章首次引入了寻找合理判断入市点的模型并给出了具体方法。对于以后的实际的套期保值比率的判断有重要的指导意义。

文章提出的入市点的问题，是困扰套期保值理论和实物操作中的一个重要的问题，一直以来未能有研究给出理论上的指导，本文利用金融工程复制的思想，较好地从理论上推导出了这一问题，并给出了实证研究。本文给出的套期保值比率方法及入市点的选择问题，不管从理论上还是实际的操作方面，都具有重大的意义。

当然，我国的跨国公司多通过远期结售汇和不交割外汇远期合约（NDF）来对冲汇率风险，然而现有的远期结售汇市场竞争性不够，流动性较差。贺晓博（2009）及严敏（2010）等的研究发现，境内远期定价相对于境外 NDF 市场定价处于劣势地位，美元人民币远（掉）期定价并不是由境内的金融机构主导，对于文章整体的判断结论可能会有一定的影响，但到目前为止无法找到更合适的检验手段。

文章在整体的模型设定中，采用了随机布朗游走的模型设定方式，在未来的研究中，可以根据研究的需要采取更为相符的随机过程，采取不同的随机过程假设，会对文章中计算的 K 及 T 会产生一定的影响，但整体无套利的经济学思想及方法，仍会适用。

参考文献

[1] 陈欢. 南方建材公司钢材期货套期保值方案设计 [D]. 兰州大学, 2011.

[2] 程希骏. 金融资产定价理论. 中国科学技术出版社, 2006.

[3] 仇晓光. 基于协整理论的期货套期保值决策模型研究 [D]. 大连理工大学, 2009.

[4] 郭飞. 外汇风险对冲和公司价值: 基于中国跨国公司的实证研究 [J]. 经济研究, 2012 (9).

[5] 郭飞, 徐燕. 对冲和风险管理动机: 中国上市公司衍生工具使用的实证研究 [J]. 会计论坛, 2010 (01).

[6] 何晓彬, 周恒. 对我国期货市场套期保值有效性的测度 [J]. 统计与决策, 2006 (07).

[7] 贺晓博. 境外人民币 nDF 和境内人民币掉期之间关系的实证研究 [J]. 国际金融研究, 2009 (06).

[8] 李洁娟, 孙延杨. 期货最优套期保值策略——基于 DCC 模型的修正 [J]. 西南金融, 2012 (07).

[9] 李娟, 吴臻. 局部 Lipschitz 条件下的布朗运动和泊松过程混合驱动的正倒向随机微分方程 [J]. 应用数学, 2002 (02).

[10] 彭红枫, 叶永刚. 基于修正的 ECM – GARCH 模型的动态最优套期保值比率估计及比较研究 [J]. 中国管理科学, 2007 (10).

[11] 王骏, 张宗成. SHFE 金属铜期货的套保值比率与绩效 [J]. 决策参考, 2005 (05).

[12] 严敏, 巴曙松. 境内外人民币远期市场间联动与定价权归属: 实证检验与政策启发 [J]. 经济科学, 2010 (01).

[13] 杨青山, 刘红. 带跳随机微分方程的一个扩充和应用 [J]. 数学学报, 2009 (03).

[14] 袁象, 余思勤. 存在时变方差的股指期货最佳套期保值比率计算 [J]. 大连海事大学学报, 2008 (02).

[15] Allayannis, G., L. Lel, and D. P. Miller, Corporate Governance and the Hedging Premium around the World, Working Paper, 2009.

[16] Bartram, S. M., What Lies Beneath: Foreign Exchange Rate Exposure, Hedging and Cash Flows, Journal of Banking and Finance, 2008, 32: 1508 – 1521.

[17] Campello, M., C. Lin, Y. Ma, and H. Zou, The Real and Financial Implications of Corporate Hedging, Journal of Finance Forthcoming, 2010.

[18] Chien-Hsiu Lin. Exchange Rate Exposure in the Asia Emerging Markets. Journal of Multinational Financial Management, 2011, 21: 224 – 238.

[19] Choi, J. and C. Jiang, Does Multinationality Matter? Implications of Operational Hedging for the Exchange Risk Exposure, Journal of Banking and Finance, 2009, 33: 1973 – 1982

[20] Donghui Li, Fariborz Moshirian, Timothy Wee, Elize Wu, Foreign Exchange Exposure: Evidence from the U. S. Insurance Industry. Journal of International Financial Markets, 2009, 19: 306 – 320.

不同交割制度对我国期货市场交割效率的影响研究

——以 PTA 交割制度变化为例

朱才斌　徐　蓝

一、引言

（一）研究背景及意义

　　期货起源于欧洲，粮食流通体制改革促进我国引进期货。在我国从计划经济转向市场经济的大背景下，取消了农产品计划收购、计划供应的政策，放开了农产品的价格。但市场作用这只"看不见的手"导致了价格上下波动剧烈，农业生产混乱。于是 1990 年，我国引入了国外先进的期货交易制度。作为期货交易的最后一个步骤，交割的重要性体现在将现货市场与期货市场连接起来。不同的交割制度将会对两个市场相互转换产生重大影响。我国目前存在多种不同分类的交割制度：实物交割制度、现金交割制度；集中交割制度、滚动交割制度；标准仓单交割制度、期转现交割制度、厂代库交割制度、车船板交割制度等。而我国早期引进的标准仓单交割制度（仓库交割）由于环节复杂、增加成本、时间滞后等原因，导致交割量和期货交割效率下降，目前正在被我国期货市场所淘汰。以郑州商品交易所为例，2014 年，白糖、菜籽、动力煤、玻璃等品种均加入了厂库交割制度或直接采取厂库交割制度，一小部分品种则可采用车船板交割制度。而在期货市场发达的国家，期货交割制度则比较成熟，通常采用高效率的车船板交割制度或厂代库交割制度。但这些先进的交割制度在这几年才刚刚引入我国，因此，还需要在时间、技术、人才上进行完善，并应用于其他品种的交割中。

　　交割虽然是整个期货交易的最后一个环节。但不同的交割制度对效率的提升有着至关重要的作用。首先，效率的提升意味着过程的简洁高效。因此借助研究不同交割制度对于期货和现货价格的影响可以帮助我们得出对于效率的影响。为我国如何提高期货市场交割效率提供理论和数据支持。其次，我国的期货交易市场不如国外期货交易市场发达，通过这次研究，我们可以看到我国在期货交割研究方面，还需要完善数据库，学习先进理论，尽快应用于期货市场中。最后，我国目前的期货交割制度还存在很多的缺陷，虽然近几年较好地弥补了交割制度单一及交割仓库数量较少的不足，但还存在很多品种交割方式复杂，加大了成本以及一些交割仓库违规操作被取消资格等新问题，推动交割制度的改革与完善。

（二）国内外相关文献综述

1. 国外专家研究不同交割制度对期货市场效率的影响

（1）对期货市场效率概念的界定。贝恩（Bain A. D.，1981）将金融体系效率分为微观效率和宏观效率，微观效率由金融工具的多样性、规模与风险、价格与利率、税收和补贴等构成；宏观效率由总量水平、结构稳定性、市场稳定性、对宏观经济稳定性的贡献等构成。杰克·瑞维尔（Jack Revell，1983）将金融体系的效率归结为结构效率、配置效率和运行效率。爱默生等（Emerson et al.，1997）将证券市场效率划分为资源配置效率、运行效率及信息效率三类。由上述金融市场效率内涵的发展来看，研究者对于市场效率的评价还没有形成一致的共识。

（2）交割制度对期货市场效率影响的理论分析。在国外主流学术界，交割对期货市场效率的影响有最经典的三种言论：零交割观点。由托马斯·A. 希隆尼（1977）提出，认为实物交割没有实际意义。他在自己的著作《为了商业利益和个人利益而进行交易的期货经济学》中，发表了自己的观点"对于一个正常运行的市场，由于期货合约并非为了所有权的交换，如果存在大量交割的话，期货市场是失败的。"限制交割观点。持有这种看法的人认为通过限制期货的交割量，可以增加投机者的数量来分散风险；并可以促进期货市场交割效率的提高。无限交割观点。希克斯（1982）、萨缪尔森（1992）、凯恩斯（1987）等支持这一观点，其成为交割理论方面的主流观点，并是我国目前所采用的交割理论选择依据。其认为，为了实现现货价格与期货价格相一致，必须进行交割，人为限制交割是错误的。

（3）交割制度对期货市场效率影响的研究方法。关于实物交割转为现金交割对期货市场影响在国内外也有众多研究，其中用来衡量期货市场效率的主要方法是格兰杰模型。凯尼恩和里奇（Kenyon & Rich，1987）验证了现金结算对于降低基差和套期保值风险的意义。借助于变量作为实物交割方式向现金交割方式的转变来研究合约，发现现金交割对于基差变化不产生任何影响。赖恩和谢玉昆

（Lien & Tse，2002）得出了由实物交割转为现金交割时不存在结构断裂的现象，现金收益是滞后于期货收益和基差的结论。是通过格兰杰模型研究 FC 合约在允许时变的条件方差下由实物交割转向现金交割所产生的影响所得出。这一结论与布诺森、奥勒曼和法里斯（Brorsen，Oellermann & Farris）等的结论一致。赖恩和谢玉昆还用这一模型研究了柏丽和迈尔斯（Baillie，R. T.，and R. J. Myers，1991）研究过的最小方差套期保值战略问题。最终发现现金交割对于 FC 市场是有益的。赖恩和李杨（Lien & Yang，2003）应用带误差修正的格兰杰模型考察了澳大利亚单只股票及其对应的期货市场的影响。对 SFE 上市的 ISF 结算方式转变后的影响进行了研究，并发现交割方式的转变对于股票和期货的收益都很小，波动性有所增强。

2. 中国专家研究不同交割制度对期货市场效率的影响

（1）对期货市场效率概念的界定。党剑（2004）认为，期货市场效率可分为宏观效率和微观效率两部分。宏观效率指期货市场的外在效率，即期货市场与国民经济相互作用及其对经济增长的贡献所体现出来的效率。微观效率是期货市场的内在效率，即期货市场本身体系结构及其动态运行体现出来的效率，微观效率分为结构效率、资源配置效率，运行效率和动态效率。何锋（2009）认为一个高效率的期货市场应该有以下特点：期货价格应与现货价格保持基本一致，不存在套利空间。期货市场应对信息进行了充分反映，收益可测性不强。期货市场不存在固定的、持久的获利机会。期货市场不存在人为操纵。期货市场的价格运行能为宏观经济政策提供参考信号。

（2）交割制度对期货市场效率影响的理论分析。肖雄伟（2007）对我国商品期货交割制度进行了分析，认为传统的商品期货交割制度增加了额外的交易成本，对我国期货市场发展有制约性。并提出我们应完善和创新商品期货交割方式，消除期转现交割成本差别。继续完善滚动交割和期转现交割制度，根据伦敦国际金融期货交易所的成功范例说明我国可以试行厂代库的交割制度、车船板交割制度以及现金交割制度。谢灵斌（2015）对期货交割进行了宏观层面的分析，从制度变迁视角分析我国商品期货市场交割的演进，指出我国经历了政府作为主体主导我国商品期货市场的发展、现货市场基础渐渐加强、国外先进期货市场交割制度为我国提供经验的发展历程。

（3）对期货市场效率影响的实证分析。高静美（2009）则根据国外众多学者的计量分析研究，阐述了实物交割向现金交割的制度转变所带来的影响。使用格兰杰模型得出了现金结算的方式对市场有利的结论。对于国内期货市场效率，有两种主流的观点：一是近几年，我国的期货市场效率不断提升，期现市场逐渐增加和国际市场的关联，我国有望成为全球第一大商品期货市场。而另一种观点则认为，我国期货市场的效率欠缺，与发达国家之间仍具有很大的差距。国外期货市场早就采用更节约成本的厂代库交割制度和车船板交割制度，但这两种先进的交割制度在我国还没有普及，极大程度地影响了期货市场效率。

3. 评价与概念界定

虽然国内外学者对于期货市场效率的概念还没有形成完全一致的共识，但是，基本上认为期货市场效率分为宏观效率与微观效率或广义效率与狭义效率两大部分。宏观效率（广义效率）是期货市场与国民经济相互作用及其对经济增长的贡献所体现出来的效率，不好具体量化分析，因此主要考虑对期货市场微观效率（狭义）的考察和衡量。

狭义的效率是期货价格对现货市场行情和信息综合反映的有效程度，狭义效率主要是微观效率，体现在价格发现和套期保值等运行方面的效率。价格发现的效率主要通过价格的相关性、平稳性、相互引导性和协整性这四方面来衡量。国内外的专家普遍采用格兰杰因果检验来衡量由实物交割转变为现金交割后效率是否提升。在本文中，期货市场效率主要是指微观层面的交割效率，具体是用单位根检验来证明价格的平稳性，用约翰逊协整检验来确定价格间的协整性，用格兰杰因果检验判断价格间的相互引导性，并用平稳性检验证明模型平稳。并保证接下来的脉冲响应函数研究期现价格之间的长期影响效果。本文采用一系列的模型作为衡量效率的指标和检验方法，增加结果的准确性。

（三）本文的研究的技术路线与研究方法

本文采用理论规范分析与实证分析相结合的研究方法对比分析不同的交割制度对同一品种期货市场交割效率的影响（见图1）。

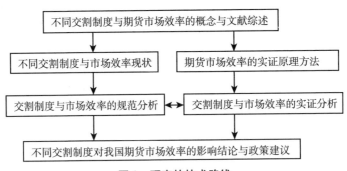

图1　研究的技术路线

（四）创新点

目前，我国对期货交割效率的研究文献数量较少，且比较杂乱，本文尝试将其进行归纳总结精简，形成体系。在查阅资料的过程中，发现很多文献的年代比较久远，其中很多内容已经不适合目前的期货市场，比如提出的很多问题已经被解决。因此本文尝试利用更新更近的数据进行分析，提出新的问题及建议，更加适合我国目前的期货市场。国内外相关的研究大多数采用了格兰杰模型衡量期货效率的方法，一部分加入了 ADF 单位根检验和协整检验，本文在此基础上加入平稳性检验和脉冲响应函数，使结果更准确、更具有说服力。

二、我国期货市场交割制度现状与交割环节的问题

（一）国内期货市场交割制度现状

截至目前，国内商品期货交易所的交割制度大致有以下几种：

1. 集中交割

交割日为最后一个交易日闭市后，由买卖双方集中一次性将仓单与货款同时划转，完成交割。交割价格的计算是将交割月份的所有交易日结算价进行加权平均。集中交割的优势是降低风险，例如通过提供增值税发票和预留筹备货款的时间来避免双方交易违约。

2. 滚动交割

合约及标准仓单由卖方持有，交割可在交易月除最后交易日外所有的交易日提出申请。滚动交割方式在时间上比集中交割更灵活。合约的买卖方可以选择在交割月的第一个交易日至最后交易日前一交易日的任意交易时间提出交割。

3. 标准仓单交割制度

这是我国之前及现在普遍实行的交割制度。标准仓单是由期货交易所规定交割仓库按照交易所规定的程序签发的符合合约规定质量的实物提货凭证。标准仓单的生成较复杂，主要包括入库预报、商品入库、验收、指定交割仓库签发和注册这五项环节，但这种交割方式长期运用于我国多个期货品种。

4. 期转现交割制度

期转现的核心在于将期货部位转变为现货部位，由持有同一交割月份合约的卖方和买方在达成现货买卖协议后进行。美国芝加哥期货交易所、芝加哥商业交易所、明尼阿波里斯谷物交易所、纽约商品交易所交易所和纽约商业交易所；英国伦敦国际金融交易所和伦敦国际石油交易所等长期实行期转现交割制度。

5. 厂代库交割制度

交割地点由库房转变为生产商的生产区域，并取代标准仓单的使用。这种交割方式的优点是节约了交割的成本，省去了入库出库的环节，交割效率随之提

高。美国芝加哥期货交易所的经验就证明了厂代库交割实行对期货市场起到了重大的作用。

6. 车船板交割制度

交割地点为买方汽车板、火车板或轮船板。伦敦国际金融期货及期权交易所的部分品种采用了这种交割制度。这种交割制度的优点与厂代库交割方式类似，降低期货交割成本，解决仓储难以及买方发货难等问题。目前郑州商品期货交易所的普麦、菜籽以及动力煤实行的是仓库或厂库交割与车船板交割并行的交割制度。

7. 现金交割制度

当一份期货合约到期但未平仓，盈亏的计算方式以结算价计算，以现金支付的交割方式。通过统计可以发现，我国商品交易交割全部采用实物交割，只有金融期货采用现金交割。原因是商品期货交割的是商品本身使用价值，而非货币价值。

以郑州商品交易所为例，目前实行仓库交割、厂库交割、车船板交割三种方式，其中仓库交割为主要方式，占比为54%（见图2）。

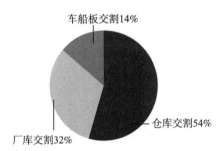

图2　郑州商品交易所各品种交割方式

资料来源：郑州商品期货交易所。

（二）我国期货市场交割环节效率现状及问题

当前我国商品期货的交割制度还存在交割仓库的布局过于集中、交割方式不够多元化等问题。这些问题增加了交易者的成本，降低了期货市场的流动性，不利于期货价格在现货市场上的引导作用。

1. 交割仓库的布局过于集中

相对于发达国家的交割仓库比较丰富，交割一般选在码头或港口完成，但我国的交割仓库数量较少，基本设在特定的几个城市。相对于我国辽阔的疆土，有些品种的交割仓库地点非常少，导致了效率低下。

2. 交割制度设计不合理

由于期货采取标准化合约，对交割品的包装质量有着严格的规定，但我国现货市场的商品包装并无明确规定。因此在交割时需要重新包装，虽然保证了商品的质量，却无形中增加了包装费的成本，这一部分成本无法形成完美对冲，导致期货市场与现货市场脱节，影响交割效率。

3. 交割方式单一、交割程序复杂

虽然我国近几年，引进了车船板交割制度和厂代库等国外先进的交割制度，但仅仅在一部分品种的交割中实行，并且与之前的交割制度同时并行，依旧没有彻底改变交割方式单一的问题。例如很多品种一直实行标准仓单交割制度。增加了入库出库环节，造成交割成本的浪费，同时也降低了交割效率。

三、中国期货市场交割效率研究方法

实证部分的研究思路如下：首先进行单位根检验，因为格兰杰因果检验的前提是数据平稳。如果数据是平稳的，则进行平稳性检验，否则进行一阶差分直到数据平稳。通过平稳性检验后，进行格兰杰因果检验，目的是检验统计学意义上的因果关系，反应时间发生的先后顺序。之后进行协整检验和脉冲响应函数的检验，前者检验长期均衡关系，后者检验冲击对不同变量在不同时期的反应，均检验的是长期关系。

（一）单位根检验

$$y_t = \mu + \rho y_{t-1} + \varepsilon_t \tag{1}$$

如果 $-1 < \rho < 1$，y 是平稳序列。如果 $\rho = 1$，则序列非平稳。因此，如果想论证序列是否是平稳的，可以通过检验 ρ 是否严格小于 1 来获得结论。H_0：$\rho = 1$，备选假设为单边假设 H_1：$\rho < 1$。

从方程两边同时减去 y_{t-1}

$$\Delta y_t = \mu + \gamma y_{t-1} + \varepsilon_t$$

其中
$$\gamma = \rho - 1 \tag{2}$$

所以原假设和备选假设可改为：

$$\begin{cases} H_0: \ \gamma = 0 \\ H_1: \ \gamma < 0 \end{cases} \tag{3}$$

单位根检验可以看作对 γ 进行 t 检验。单位根检验考虑如下三种回归形式：

$$\Delta y_t = \gamma y_{t-1} + \sum_{i=1}^{p} \beta_i \Delta y_{t-i} + \varepsilon_t \tag{4}$$

$$\Delta y_t = \mu + \gamma y_{t-1} + \sum_{i=1}^{p} \beta_i \Delta y_{t-i} + \varepsilon_t \tag{5}$$

$$\Delta y_t = a_0 + \gamma y_{t-1} + a_2 t + \sum_{i=1}^{p} \beta_i \Delta y_{t-i} + \varepsilon_t \tag{6}$$

即通过在模型中增加 Δy_t 的滞后项，以消除残差的序列相关性。

只有计算残差，对残差进行单位根检验之后，才能在 Eviews 中进行协整检验，从而确定 y_{1t}，y_{2t}，$\cdots$，y_{kt} 之间是否有协整关系。

（二）协整检验

协整检验验证的是一组非稳定序列是否是协整的。下面是阶数为 p 的 VAR 模型：

$$y_t = A_1 y_{t-1} + \cdots + A_p y_{t-p} + B x_t + \varepsilon_t \tag{7}$$

其中，y_t 是一个含有非平稳的 I(1) 变量的 k 维向量；x_t 是一个确定的 d 维的向量，ε_t 是扰动向量。我们可把 VAR 转换为以下形式：

$$\Delta y_t = \prod y_{t-1} + \sum_{i=1}^{p-1} \Gamma_i \Delta y_{t-i} + B x_t + \varepsilon_t \tag{8}$$

其中：$\prod = \sum_{i=1}^{p} A_i - I$，

$$\Gamma_i = - \sum_{j=i+1}^{p} A_j \tag{9}$$

格兰杰定理指出：如果系数矩阵 $\prod$ 的秩 r < k，那么存在 k × r 阶矩阵 α 和 β，它们的秩都是 r，使得 $\prod = \alpha \beta'$，并且 $\beta' y_t$ 是稳定的。其中 r 是协整关系的数量（协整秩）并且 β 的每列是协整向量。正如下面解释，α 中的元素是向量误差修正模型 VEC 中的调整参数。协整检验方法是在无约束 VAR 的形式下估计 $\prod$ 矩阵，然后求出 β，进而检验出协整秩，（秩（$\prod$）= r < k），得出协整向量。

Eviews 对下面五种情况提供了检验

（1）序列 y 没有确定趋势，协整方程不存在截距：

$$H_2(r): \prod y_{t-1} + B x_t = \alpha \beta' y_{t-1} \tag{10}$$

（2）序列 y 没有确定趋势，协整方程有截距：

$$H_1^*(r): \prod y_{t-1} + B x_t = \alpha(\beta' y_{t-1} + \rho_0) \tag{11}$$

（3）序列 y 有线性趋势，协整方程仅有截距：

$$H_1(r): \prod y_{t-1} + B x_t = \alpha(\beta' y_{t-1} + \rho_0) + \alpha_\perp \gamma_0 \tag{12}$$

（4）序列 y 和协整方程都有线性趋势：

$$H^*(r): \prod y_{t-1} + B x_t = \alpha(\beta' y_{t-1} + \rho_0 + \rho_1 t) + \alpha_\perp \gamma_0 \tag{13}$$

（5）序列 y 有二次趋势且协整方程有线性趋势：

$$H(r): \prod y_{t-1} + Bx_t = \alpha(\beta' y_{t-1} + \rho_0 + \rho_1 t) + \alpha_\perp(\gamma_0 + \gamma_1 t) \qquad (14)$$

在迹统计量的输出中检验原假设有 r 个协整关系，而不是 k 个协整关系，其中 k 是内生变量的个数，r = 0，1，…，k - 1。按照下列方法计算对原假设有 r 个协整关系的迹统计量：

$$LR_{tr}(r \mid k) = -T \sum_{i=r+1}^{k} \log(1 - \lambda_i) \qquad (15)$$

其中，在输出表的第二列显示，λ_i 是（20.32）式中 $\prod$ 矩阵的第 i 个最大特征值。

最大特征值统计量的检验结果表显示，原假设有 r 个协整关系或是有 r + 1 个协整关系。统计量是按下面的方法计算的：

$$LR_{max}(r \mid r+1) = -T\log(1 - \lambda_{r+1})$$
$$= LR_{tr}(r \mid k) - LR_{tr}(r+1 \mid k) \quad r = 0，1，…，k-1 \qquad (16)$$

（三）脉冲响应函数方法

对第 i 个变量的冲击不仅直接影响了第 i 个变量本身，也通过 VAR 模型的动态结构将冲击传递给其他所有的内生变量。脉冲响应函数展示在一个扰动项上加上一次性的一个冲击，对内生变量的当前值以及未来值所产生的影响。设 VAR（p）模型如下所示：

$$y_t = A_1 y_{t-1} + \cdots + A_p y_{t-p} + \varepsilon_t \qquad (17)$$

这里 y_t 是一个 k 维内生变量向量，ε_t 是方差为 Ω 的扰动向量。y_t 的 VMA（∞）的表达式如下所示：

$$y_t = (\psi_0 I + \psi_1 L + \psi_2 L^2 + \cdots)\varepsilon_t \qquad (18)$$

假如 VAR（p）是可逆的，y_t 的 VMA 的系数可以由 VAR 的系数得到。设 $\psi_q = (\psi_{q,ij})$，q = 1，2，3，…，则 y 的第 i 个变量 y_{it} 可以写成：

$$y_{it} = \sum_{j=1}^{k} (\psi_{0,ij}\varepsilon_{jt} + \psi_{1,ij}\varepsilon_{jt-1} + \psi_{2,ij}\varepsilon_{jt-2} + \psi_{3,ij}\varepsilon_{jt-3} + \cdots) \qquad (19)$$

其中 k 是变量个数。下面仅考虑两个变量（k = 2）的情况：

$$\begin{pmatrix} y_{1t} \\ y_{2t} \end{pmatrix} = \begin{pmatrix} \psi_{0,11} & \psi_{0,12} \\ \psi_{0,21} & \psi_{0,22} \end{pmatrix} \begin{pmatrix} \varepsilon_{1,t} \\ \varepsilon_{2,t} \end{pmatrix} + \begin{pmatrix} \psi_{1,11} & \psi_{1,12} \\ \psi_{1,21} & \psi_{1,22} \end{pmatrix} \begin{pmatrix} \varepsilon_{1,t-1} \\ \varepsilon_{2,t-1} \end{pmatrix}$$
$$+ \begin{pmatrix} \psi_{2,11} & \psi_{2,12} \\ \psi_{2,21} & \psi_{2,22} \end{pmatrix} \begin{pmatrix} \varepsilon_{1,t-2} \\ \varepsilon_{2,t-2} \end{pmatrix} + \cdots$$

现在假定在基期给 y_1 一个单位的脉冲，即：

$$\varepsilon_{1t} = \begin{cases} 1, & t = 0 \\ 0, & else \end{cases}$$

$$\varepsilon_{2t} = 0, \qquad \forall t \tag{20}$$

由 y_1 的脉冲引起的 y_2 的响应函数：$\psi_{0,21}$，$\psi_{1,21}$，$\psi_{2,21}$，$\cdots$

因此，由对 y_j 的脉冲引起的 y_i 的响应函数可以求出：

$$\psi_{0,ij}，\psi_{1,ij}，\psi_{2,ij}，\psi_{3,ij}，\psi_{4,ij}，\cdots$$

四、我国期货市场交割制度影响效果实证分析

（一）数据的选取

由于本文是对不同的交割制度对我国期货市场交割效率的影响，因此从国内期货交易所的通知公告中查阅到一些品种在最近几年交割制度有了相应的改变，针对这些交割制度有变化的品种进行研究。近年来交割制度有所改变的品种有：郑州商品交易所的 PTA、郑州商品交易所的白糖和大连商品期货交易所的胶合板。

郑州商品交易所的白糖期货的上市时间为 2006 年。交割制度变更后的首个交割制度变化的合约无法查证后，故未采用。大连商品交易所的胶合板期货的上市时间为 2013 年 12 月，采用仓库交割方式，而 2015 年之后采用仓库交割和厂库交割两种方式进行交割。采用仓库交割的方式时间短、数据少，也未采用。

郑州商品交易所的 PTA 期货上市时间为 2006 年。在 2015 年 10 月以前，PTA 期货采用仓库交割方式，而 2015 年 10 之后采用仓库交割和厂库交割两种方式进行交割。首个交割制度变化的合约为 PTA1510。本文将根据 PTA 期货在 2012 年 1 月~2015 年 9 月和 2015 年 10 月~2018 年 9 月间先后使用了不同的交割制度对期现货价格带来的影响进行实证来说明在不同交割方式下，期货价格会对现货价格产生不同的的作用及对交割效率的不同影响。

（二）PTA 交割方式变化前后期现价格的实证分析

1. 单位根检验

在进行时间序列检验前，一般都会认为时间序列是平稳的。因此本文首先检验 PTA 的期现货数据是否平稳。如果时间序列存在单位根，则时间序列是不平稳的，对数据进行一阶差分后，从而再次检验数据的平稳性。下面，本文将分别对 PTA2015 年 10 月之前运用标准仓单交割和 2015 年 10 月之后运用厂代库交割的期现货数据进行检验（见表 1）。

表1 　　　　　　　PTA2015 年 10 月之前期现价格数据的 ADF 检验

ADF 检验			一阶差分后的 ADF 检验			不同显著性水平的临界值					
项目	ADF 检验值	P 值	项目	ADF 检验值	P 值	1% 临界值		5% 临界值		10% 临界值	
期货价格	0.392	0.9825	Δ 期货价格	− 20.647	0.000	− 3.444	− 3.444	− 2.867	− 2.867	− 2.570	− 2.570
现货价格	− 0.190	0.937	Δ 现货价格	− 11.219	0.000	− 3.444	− 2.444	− 2.867	− 1.867	− 2.570	− 1.570

资料来源：现期表、Eviews 软件。

单位根检验结果表明，在 10% 的显著水平下，PTA 在 2015 年 10 月之前的期现价格序列不能拒绝原假设，存在单位根。序列是不平稳的，因此需要进行一阶差分来消除数据之间的不平稳性。一阶差分后，在 5% 的显著水平下，原假设不成立，证明了 PTA 的期现货价格是一阶单整的，可以进行下一步协整检验（见表 2）。

表2 　　　　　　PTA2015 年 10 月之后期货价格与现货价格数据的 ADF 检验

ADF 检验			一阶差分后的 ADF 检验			不同显著性水平的临界值					
项目	ADF 检验值	P 值	项目	ADF 检验值	P 值	1% 临界值		5% 临界值		10% 临界值	
期货价格	− 3.013	0.034	Δ 期货价格	− 21.251	0.000	− 3.444	− 3.444	− 2.867	− 2.867	− 2.570	− 2.570
现货价格	− 3.255	0.019	Δ 现货价格	− 20.019	0.000	− 3.444	− 3.444	− 2.867	− 2.867	− 2.570	− 2.570

资料来源：现期表、Eviews 软件。

单位根检验结果表明，在 10% 的显著水平下，PTA 在 2015 年 10 月之后的期现价格序列可以拒绝原假设，不存在单位根。序列是平稳的。而一阶差分后，在 5% 的显著水平下，更进一步可以使得原假设不成立，证明了 PTA 的期现货价格是一阶单整的，可以进行下一步协整检验。

2. 平稳性检验

PTA2015 年 10 月之前的数据所有特征方程特征根倒数的模全部小于 1，证明数据是平稳的。从单位根倒数模的倒数表来看，所有数据均在单位圆内，说明有效（见图 3）。

PTA2015 年 10 月之后的数据所有特征方程特征根倒数的模全部小于 1，证明数据是平稳的。从单位根倒数模的倒数表来看，所有数据均在单位圆内，说明有效（见图 4）。

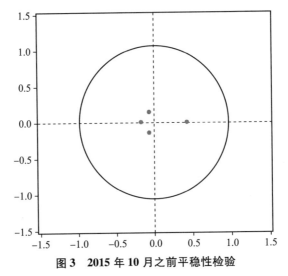

图 3　2015 年 10 月之前平稳性检验

资料来源：现期表、Eviews 软件。

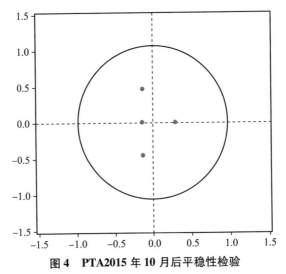

图 4　PTA2015 年 10 月后平稳性检验

资料来源：现期表、Eviews 软件。

3. 最大滞后阶数 P 的确定

分别处理 2015 年 10 月之前的期现价格和 2015 年 10 月之后的期现价格数据，得到了不同的结果。通过多准则联合确定法，可以清楚地看出 2015 年 10 月之前有 p = 6 被三个准则选择；2015 年 10 月之后 p = 2 被五个准则选择，即应该分别组建 VAR（6）和 VAR（2）模型（见图 5、图 6）。

VAR Lag Order Selection Criteria
Endogenous Variables：DX DY
Exogenous variables：C
Date：02/19/17 Time：06：48
Sample：0001 0484
Included observations：477

Lag	LogL	LR	FPE	AIC	SC	HQ
0	−5208.614	NA	10550519	21.84744	21.86491	21.85431
1	−5150.260	115.9742	8400369	21.61954	21.67196	21.64015
2	−5136.368	27.49320	8059085	21.57806	21.66543*	21.61242*
3	−5129.945	12.65776	7977641	21.56790	21.69022	21.61600
4	−5129.276	1.312240	8089890	21.58187	21.73914	21.64370
5	−5125.694	6.999140	8104135	21.58362	21.77584	21.65920
6	−5116.182	18.50518*	7919077*	21.56051*	21.78767	21.64983

* indicates lag order selected by the criterion
LR：sequential modified LR test statistic（each test at 5% level）
FPE：Final prediction error
AIC：Akaike information criterion
SC：Schwarz information criterion
HQ：Hannan – Quinn information criterion

图5　2015年10月之前确定滞后阶数

资料来源：现期表、Eviews 软件。

VAR Lag Order Selection Criteria
Endogenous Variables：DX DY
Exogenous variables：C
Date：02/19/17 Time：08：38
Sample：0001 0484
Included observations：481

Lag	LogL	LR	FPE	AIC	SC	HQ
0	−5154.600	NA	7027974	21.44116	21.45853	21.44799
1	−5142.639	23.77151	6799163	21.40806	21.46015	21.42854
2	−5136.861	41.12543*	6340989*	21.33830*	21.42511*	21.37242*

* indicates lag order selected by the criterion
LR：sequential modified LR test statistic（each test at 5% level）
FPE：Final prediction error
AIC：Akaike information criterion
SC：Schwarz information criterion
HQ：Hannan – Quinn information criterion

图6　2015年10月之后确定滞后阶数

资料来源：现期表、Eviews 软件。

4. 格兰杰检验

虽然协整分析考察了期现价格之间是否存在长期均衡关系，但这种关系是否存在因果关系，还需要用格兰杰检验来证明。通过前面最大滞后阶数 P 的确定，可以得出表 3：

表3　　　　PTA2015 年 10 月之前期货价格与现货价格数据的格兰杰检验

原假设	观测数	F 统计量	伴随概率	结果
期货价格不是现货价格的 Granger 原因	481	4.73305	0.0092	拒绝
现货价格不是期货价格的 Granger 原因	481	7.97056	0.0004	拒绝

资料来源：现期表、Eviews 软件。

格兰杰因果检验表明：在检验原假设 2015 年 10 月之前 "PTA 的期货价格不是现货价格的原因" 时，在 10% 的显著水平下使得原假设不成立，即在 90% 的情况下，期货价格是现货价格的原因。在检验 "现货价格不是期货价格的原因" 时，在 10% 的显著性水平下使得原假设不成立，即在 90% 的情况下，PTA 的现货价格是期货价格的原因。因此，PTA 在 2015 年 10 月之前实行标准仓单交割的情况下，期货价格对现货价格存在预期与引导的作用，而现货价格对期货价格也存在这种作用（见表 4）。

表4　　　　PTA2015 年 10 月之后期货价格与现货价格数据的格兰杰检验

原假设	观测数	F 统计量	伴随概率	结果
期货价格不是现货价格的 Granger 原因	477	16.1386	0.0000	拒绝
现货价格不是期货价格的 Granger 原因	477	3.55155	0.0019	拒绝

资料来源：现期表、Eviews 软件。

格兰杰因果检验表明：在检验原假设 2015 年 10 月之后 "PTA 的期货价格不是现货价格的原因" 时，在 10% 的显著水平下使得原假设不成立，即在 90% 的情况下，期货价格是现货价格的原因。在检验 "现货价格不是期货价格的原因" 时，在 10% 的显著性水平下使得原假设不成立，即在 90% 的情况下，PTA 的现货价格是期货价格的原因。因此，PTA 在 2015 年 10 月之后实行厂代库交割制度的情况下，期货价格对现货价格存在引导作用，而现货价格对期货价格也存在引导作用。

5. 协整检验

如果两个时间序列非平稳并且均为 I（d）序列（d > 0），两个序列的线性组合为 I（0）序列，则这两个非平稳的时间序列之间具有协整关系。运用 VAR 模型确定最优滞后阶数，利用协整检验方法计算迹和最大特征值统计量，得出协整关系的个数。本文将分别对 PTA 这一期货品种在 2015 年 10 月之前运用标准仓单交割和 2015 年 10 月之后运用厂代库交割的期现货价格数据进行协整检验（见表 5）。

表 5　　　　　　PTA2015 年 10 月之期货价格与现货价格数据的协整检验

检验项目	滞后阶数	原假设下协整关系个数	特征值	迹统计量	5%临界值	P 值
PTA 期货与现货	1	r＝0	0.21855	199.9958	15.49471	0.0001
		r≤1	0.15785	82.11924	3.841466	0.0000

资料来源：现期表、Eviews 软件。

序列协整结果表明：r＝0 原假设对应的统计量的 p 值是 0.0001。r≤1 原假设对应的迹统计量和最大特征值统计量的 P 值为 0.0000。结果表明，在 5% 的显著性水平下能够使得"期货与现货价格不存在协整关系"这一假设不成立，说明 2015 年 10 月之前 PTA 的期现价格之间存在显著的协整关系（见表 6）。

表 6　　　　　　PTA2015 年 10 月之后期货价格与现货价格数据的协整检验

检验项目	滞后阶数	原假设下协整关系个数	特征值	迹统计量	5%临界值	P 值
PTA 期货与现货	1	r＝0	0.197064	151.3375	15.49471	0.0001
		r≤1	0.092558	46.42605	3.841466	0.0000

资料来源：现期表、Eviews 软件。

时间序列协整结果表明：r＝0 原假设对应的统计量的 p 值是 0.0001。r≤1 原假设对应的迹统计量和最大特征值的 p 值 0.0000。结果表明，在 5% 的显著性水平下，能够使得"期货价格与现货价格不存在协整关系"这一原假设不成立，也可以使得存在一个协整关系的假设不成立，这说明，在 2015 年 10 月之后，PTA 的期现价格之间存在显著的协整关系。

6. 脉冲响应函数

除了对数据的平稳性和期现货价格的因果关系及长期均衡效果进行检验，也需要知道当模型受到冲击时，模型会做出什么反应，以此来判断两者的预期作用。本文采用脉冲响应函数进行实证分析，同样反映了价格序列长期的影响效果。本文中，应用脉冲响应函数研究 PTA 的期现价格变动之间的影响（见图 7）。

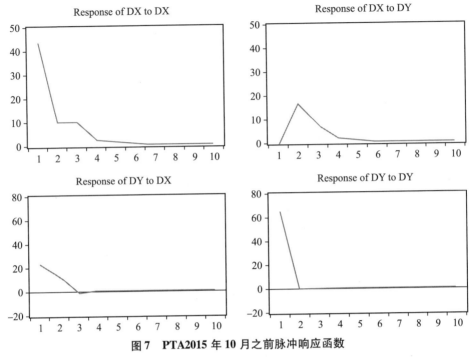

图7 PTA2015年10月之前脉冲响应函数

资料来源：现期表、Eviews 软件。

从脉冲响应的效果来看，PTA 期货对来自自身的一个标准差新信息立即反应为第 1、2 阶段迅速下降，之后保持平稳。而 PTA 期货对现货的标准差信息，则反应为缓慢下降，第 3 期之后一直趋于平稳。同时 PTA 现货对期货的标准差信息则表现为经历小幅度的上升和下降后保持平稳。PTA 现货对现货的标准差新信息反应是很明显的下降之后缓慢下降，在第 6 期滞后趋于 0（见图 8）。

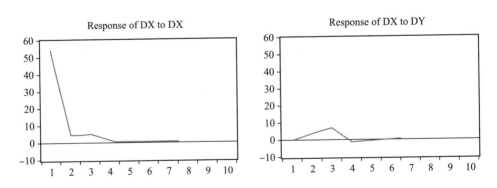

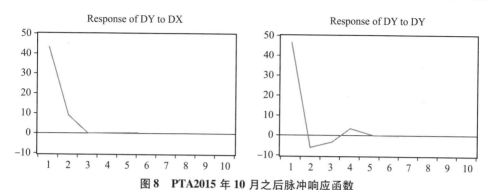

图8 PTA2015年10月之后脉冲响应函数

资料来源：现期表、Eviews 软件。

从脉冲响应的效果来看，PTA 期货对来自自身的一个标准差新信息反应为急速下降后缓慢上升，第 5 期之后保持平稳。而 PTA 期货对现货的标准差信息则反应较快速得下降，第 3 期之后保持平稳。同时 PTA 现货对期货的标准差信息则表现为小幅上升和下降后保持平稳。PTA 现货对现货的标准差新信息反应是急速下降后保持平稳。

五、主要研究结论及对策建议

（一）研究结论

本文通过研究不同交割制度对同一品种的影响，试图说明在不同交割制度下，期货价格与现货价格受到的影响是不一致的，从而说明不同的交割制度对期货市场产生的不同作用，并导致效率的不同。从期现价格的关系作为切入点进行分析。对 PTA 这一品种在标准仓单交割制度下和厂代库交割制度下，期货价格与现货价格之间的关系更加密切了，进而说明交割效率有所提升。

从实证结果来看，PTA 在标准仓单交割制度下，在格兰杰检验中，PTA 期货价格对现货价格存在引导作用，现货价格对期货价格也存在引导作用。而在协整检验中，PTA 期现价格间存在协整关系。进一步说明 PTA 期货与现货存在长期均衡关系。在脉冲响应函数中，PTA 现货价格受自身的影响比期货价格对其的影响更大。这表明，在实行标准仓单交割制度的情况下，PTA 的期现价格之间关系比较紧密。但期货市场对现货市场的价格预期作用不够显著。在实行厂代库交割制度的情况下，从上文实证结果可以得出结论：在格兰杰检验中，PTA 期货价格对现货价格存在引导作用，PTA 现货价格对期货价格同样存在引导作用。而在协整检验中，PTA 期货与现货之间存在很强的协整关系。这表明 PTA 期货与现货之间有着长期均衡的关系。在脉冲响应函数中，PTA 的期价对现价的影响比实行标准仓单交割制度高很多，尤其是 PTA 现货受期货冲击影响更大。

综合实证结果来看，实行厂代库交割制度后，PTA 期现价格之间关系依然非常密切，期货市场对现货市场价格预期效果更加明显，期货市场交割效率有所提升，进而影响期货市场效率的提升。

（二）对我国期货市场交割制度的建议

（1）增加现货市场与期货市场之间的联系。

从实证结果来看，期现价格是决定市场效率的关键，是判断效率高低的重要指标。因此要严格把控现货的包装，防止由于现货包装不符合期货标准，而重新包装增加包装成本，降低交割效率的事件发生。其次，也可以适当降低期货交割品的包装标准，使期货与现货间基差变小，完善交割环节。

（2）逐步淘汰仓库交割制度。

目前，我国一些品种呈现交割仓库少，交易所又经常取消交割仓库的资格，使得运输成本大大增加，交割效率大大降低。而仓库交割制度也早被发达国家所淘汰，我国应尽快淘汰这种效率低下的交割方式，节省入库、出库环节产生的不必要成本，提高交割效率。

（3）增加先进交割制度的应用，学习国外先进理念。

虽然，我国截至今年已引入多种国外先进的交割方式，如车船板交割制度、厂代库交割制度，但应用的品种有限，应用的时间有限，还存在很多问题。一方面，我们应继续引用国外先进的交割方式，并积极学习国外先进的交割经验。另一方面，通过结合本国国情，进行适当调整。另外现金交割目前我国只应用到了金融期货品种中，应积极学习国外已有的经验，将其早日应用于商品期货的交割中。

（4）增加交割仓库的数量，严格审核。

近年来，各个交易所对交割仓库资格的取消时有发生，全国各地仓库及住房的安全事件也是频繁发生。说明作为期货交割的仓库，不仅是国家的重要财产，也是交易者们的标的物，对于不合格的仓库，应定期检查，甚至取消资格。同时积极选址，建立更多的合格的仓库，方便交割的执行，减少交通的成本。

参考文献

［1］李敬. 中国油脂期货市场效率效率研究［M］. 华中农业大学出版社，2010.6

［2］Rich D., Leuthold R., Feeder Cattle Cash Settlement：Hedging Risk Reduction or Illusion［J］. Journal of Empirical Finance，2002.

［3］Lien D., TSE Y. K., Physical Delivery versus Cash Settlement：An Empirical Study on the Feeder Cattle Contract［J］. Journal of Empirical Finance，2002.

［4］ Baillie R. T. , Myers R. J. , Bivariate Garch Estimation of the Optimal Commodity Futures Hedge［J］. Journal of Applied Econometrics，1991.

［5］ Donald Lien，Li Yang. Options Expiration Effects and the Role of Individual Share Futures Contracts［J］. Journal of Futures Markets，2003.

［6］ 肖雄伟. 刍议我国商品期货交割制度［J］. 中国集体经济（下半月），2007（12）：85 - 86.

［7］ 谢灵斌. 基于制度变迁的我国商品期货交割演进分析［J］. 西部论坛，2015.

［8］ 高静美. 海外期货市场交割结算方法的转变及启示［J］. 石家庄学院学报，2009（01）：32 - 35.

［9］ 高全胜，姚仲诚. 商品期货现金交割问题研究［J］. 武汉工业学院学报，2008（01）：79 - 82.

［10］ 何志刚，庞乐乐. 国债期货交割价格确定机制的改进研究——以中国 5 年期国债期货为例［J］. 金融经济学研究，2015（04）：86 - 95.

［11］ 胡江华. 商品期货交割库的设置、调整与期货交割成本［J］. 当代经济（下半月），2008（10）：154 - 155.

［12］ 霍瑞戎. 期货交割理论的演变及我国期货市场的选择［J］. 北京工商大学学报（社会科学版），2009（01）：53 - 57.

［13］ 李小利，谢汉锋. 浅议期货交割检验［J］. 质量与认证，2015（03）：61 - 63.

［14］ 孙超. 中国国债期货交割期权定价及实证研究［J］. 当代经济，2014（18）：130 - 131.

［15］ 王宗芳. 商品期货市场交割仓库布局研究［J］. 金融与经济，2009（11）：51 - 53.

［16］ 熊艳，李忠朝. 国债期货交割选择权与交割特征研究——来自英美两国的经验借鉴［J］. 债券，2014（09）：42 - 49.

期货业务金融科技信息系统安全问题研究

许 可 俞 琛 张文友

一、引言

（一）研究背景及意义

1. 金融科技发展迅猛

随着金融科技的快速发展，互联网金融逐步渗透到金融业务的各个环节，深度改变着金融行业的业务模式。金融业对信息和数据的高度依赖，及现代信息技术与金融业的深度融合，推动了金融服务模式创新，重塑了金融业的竞争格局，促进了金融监管理念和监管方式变革等。特别是人工智能、区块链、云计算、大数据等现代信息技术的蓬勃发展，使金融科技全面渗入到资本市场。期货公司作为金融企业面临新的发展机遇和挑战。

据统计，从 2010~2016 年，全球金融科技投资总额从 17.91 亿美元增长到 232 亿美元，增长近 12 倍。近年来，我国金融科技市场规模快速增长，处于金融科技产业链中的企业已超过 5700 家，至 2016 年累计融资约 420 亿美元。据预测，到 2020 年，金融科技在中国资产管理市场的份额将达到 10%，规模超过 10 万亿元。

2. 信息安全事故威胁着金融市场的安全和稳定

金融科技快速发展和业务规模不断扩大的过程中，资本市场也面临着信息安全的风险，全球网络信息安全事故近几年来频繁发生，使全球信息安全形势却愈发严峻。2013 年斯诺登爆出的"棱镜门事件"和 2016 年的"勒索蠕虫事件"都是典型的信息安全事故。WindowsXP 系统在 2014 年 4 月 8 日正式停止服务，导致使用该操作系统的设备感染病毒的风险成倍增长，网络信息安全陷入巨大危险中。现状是目前大部分金融企业的自助服务设备的主要操作系统仍然是 WindowsXP，风险系数很高。严峻的现实情况和屡屡发生的网络信息安全事故，不仅严重影响到互联网使用者个人的利益，同时也威胁到行业的发展和国家安全，造成巨大的风险敞口，使金融企业的业务数据和客户信息等关键信息面临黑客攻击和恶意篡改的风险，信息系统安全已经成为金融科技发展和创新过程中最重要的前提条件和基本要求。

3. 网络信息安全被列为国家战略

网络信息安全关乎国家安全，2015 年，中央政治局明确指出信息安全是国家安全的重要组成部分。习近平总书记高度重视国家信息安全的建设，亲自担任中共中央网络安全和信息化领导小组组长。同时，信息安全领域的法规逐渐出台完善。2012 年 12 月全国人大出台《关于加强网络保护的决定》；2014 年 2 月中央网络安全和信息化领导小组成立；2015 年 7 月《国家安全法公布实施》；2016 年 12 月国家网信办《国家网络空间安全战略》；2017 年 9 月全国人大建议加快《关键信息基础设施安全保护条例》等一系列机构和法规的出台和实施，彰显着信息安全在国家战略地位中的重要性。法律法规的不断完善，一是保障信息技术建设初期购买的软硬件符合自主可控的要求；二是切实加强网络安全防护，保障系统安全和数据安全。

4. 期货公司的信息系统面临安全挑战

期货公司作为重要的金融企业面临着同样的挑战，在经济共享、知识交叉的时代，金融科技与期货业务深度融合，期货业务作为风险管理工具的同时，更要注重自身业务系统的运行安全。据财经记者了解，2015 年的伊世顿操纵期货市场案，是伊世顿对高频程序化交易软件进行技术伪装，远程操控，未按照要求通过期货公司，而是通过"直连"中金所，以便获得更快的交易速度。从 6 月 1 日~7 月 6 日，大量交易中证 500 股指期货主力合约、沪深 300 股指期货主力合约共 377.44 万余手，从中获取非法利益人民币 3.893 亿余元。

因此，期货行业的信息系统管理者要有识别基本信息安全风险的能力，同时关注信息安全与业务安全，而不是完全依靠技术人员为信息安全审核把关，才能保证整个期货公司和行业的业务安全，有效防范风险。

（二）文献综述

1. 金融科技与信息安全的概念

信息安全是金融科技健康发展的前提和保障。金融科技（Fintech）是英、美 20 世纪 90 年代就提出来的概念，主要是指金融机构运用互联网信息技术来优化流程、减低成本和提高效率，如银行用电脑处理金融数据，用网络传输信息资料，用软件改进工作流程，用数据分析商业模式。

在大多数行业专家眼中（例如资料显示）信息安全的概念可以归纳如下：信息安全指的是网络信息资源中的软件、硬件以及信息系统中运行的各种数据受到保护，使其不会因为被动的或者主动的攻击而遭受到篡改、破坏、泄露等，能够确保信息系统安全、稳定、可靠的运行，使得信息服务能够保持长久的连续性。信息安全的要素归纳起来主要包括下面五个主要内容：保密性、完整性、真实性、可用性、不可否认性。

信息安全的最终目标是尽一切安全措施保护信息的安全，使得信息不会遭受到破坏，因此信息需要经过加密。为了确保信息资源的安全，对于网络中的信息要进行访问控制，对信息源需要进行验证，确保没有任何非法软件驻留。信息安全是一个系统工程，涉及学科众多。王世伟研究表明信息安全、网络安全、网络空间安全三者既有互相交叉的部分，也有各自独特的部分。信息安全可以泛称各类信息安全问题，网络安全可以指称网络所带来的各类安全问题，网络空间安全则特指与陆域、海域、空域、太空并列的全球五大空间中的网络空间安全问题。

2. 金融企业信息安全面临的主要风险

尹辉总结了互联网时期金融科技主要的信息安全风险，面临的常见风险包括：

（1）因为用户网络安全意识和知识淡薄导致的主动安全事故，例如密码泄露、钓鱼攻击（网络钓鱼攻击是将客户引诱到与目标网站相似的钓鱼网站上，用此方法获取个人重要信息）和交易诈骗等（主要有虚假退款、二维码扫码支付诈骗、"支付故障"诈骗、伪装官方实施诈骗）。这类风险通常影响了个人信息的机密性。

（2）DDoS（Distributed Denial of Service，分布式拒绝服务）攻击，2016年每天有452起DDoS攻击事件均在1Gbps以上，平均每天有133次的10Gbps以上的攻击事件，平均每天有6起100Gbps以上攻击事件，也有针对云平台出现的500Gbps以上的攻击，智能设备也逐渐被利用，成为DDoS攻击工具。DDOS攻击很大地影响了业务平台的可用性。

（3）互联网业务支撑系统和移动支付应用自身安全漏洞。2016年，有10822个软硬件漏洞被国家信息安全漏洞共享平台检测到，其中应用程序漏洞占比达59.97%；其次是Web应用漏洞，占比达16.8%；操作系统漏洞次之，占比为13.2%；其他分别为网络设备漏洞、数据库漏洞、安全产品漏洞，占比分别为6.47%、1.97%和1.59%。安全漏洞会导致业务系统被入侵，信息可能被窃取或篡改。

（4）病毒木马。很多木马程序针对网上银行开发，犯罪分子不断翻新密码等病毒，采用木马技术盗取客户资料，若用户计算机上未安装木马查杀软件，会严重威胁网银安全。到2016年12月，360安全中心报告，全年有2.47亿台个人电脑受到病毒木马程序影响，每月有4000万~5500万台受影响，安卓智能手机共1.08亿台受病毒木马程序影响。

（5）APT攻击。APT（Advanced Persistent Threat）即高级持续性威胁，给政府和企业的数据安全带来了巨大的威胁。APT是黑客以窃取核心资料为目的，通常针对高价值目标出于商业或政治动机进行实施的，是一种蓄谋已久的"恶意间谍威胁"。APT 攻击主要面向拥有核心关键技术的技术企业，金融行业已成为 APT 的主要攻击对象。APT 攻击的攻击手段，在于隐匿自己的攻击行为，针对特定目标，进行长期的、有计划、有组织的窃取资料，定向收集情报、单点突破、构建控制通道、内部进行渗透，收集数据并上传。

3. 金融企业未来信息技术发展与信息安全

2017 年 6 月，中国人民银行印发的《中国金融业信息技术"十三五"发展规划》明确提出，"十三五"期间金融信息技术的发展目标包括金融信息基础设施达到国际领先水平、信息技术持续驱动金融创新等。2017 年 7 月，国务院印发的《新一代人工智能发展规划》专门提出了"智能金融"的发展要求，指出要建立金融大数据系统，提升金融多媒体数据处理与理解能力；创新智能金融产品和服务，发展金融新业态；鼓励金融行业应用智能客服、智能监控等技术和装备；建立金融风险智能预警与防控系统。

2018 年 1 月 17 日，在"2018 中国金融科技产业峰会"上，中国信息通信研究院发布了"中国金融科技产业生态分析报告"，指出了当前金融科技发展中的四大重要技术趋势：金融云快速部署落地、金融大数据广泛普及、人工智能成为应用新方向、区块链带来金融服务机制的深刻变革。业内人士统称其为"ABCD"四个话题：A 指 AI，即人工智能；B 指 Block Chain，即区块链；C 指 Cloud，即云计算；D 指 Data，即大数据。

在金融科技的迅猛发展的大趋势中，信息安全成为期货公司健康发展的重要保障。信息技术与业务结合日趋紧密，行业信息技术风险也已不再单一体现为信息技术系统本身的风险，而是更多地与业务合规风险交织融合。"监管合规"已成为众多金融机构的重要工作目标。期货行业也迎来了监管新动态。在金融行业面临"监管合规"考验的当下，追求极速的期货公司更加专注实现强大的风控能力，迎接金融科技的到来。

（三）研究方法与目标

1. 拟采用的研究方法

（1）综合运用多学科交叉分析的研究方法。

本课题不同视角研究均注重将金融科技、行业发展、互联网金融、金融学等学科的基本理论交叉分析与运用，从多角度来诠释和分析期货行业的特有风险与系统性风险及传导机制。

（2）运用文献分析和规范分析相结合的研究方法。

主要采用调研与文献阅读的研究方法，但它们均是以规范分析作为先导的；结论部分主要运用规范分析方法，但它是基于前面诸项研究结论进行的。

（3）注重运用实证分析和比较分析相结合的研究方法。

本书注重将中国期货市场系统性风险与相关行业典型情况进行技术比较，结合期货市场信息安全实证案例分析，找出底层技术的共同点与不同点；注重不同风险的比较分析。

2. 主要目标

获得期货行业金融科技创新过程中的特有风险和系统性风险特征及其传导机制。识别期货行业中的系统性风险，将相关关系尽可能拓展到因果关系，以利于预测和分析。

提出化解期货行业金融科技创新过程中特有风险和系统性风险影响的主要办法。分别提出业务风险防范、应用软件技术风险与底层技术风险的化解办法。

（四）研究思路与总体框架

本课题的研究思路重点放在期货行业中金融科技创新的风险识别和风险防范。针对期货行业特有风险和系统性风险的研究，通过对期货业务类别和业务流程的分析，重点整理业务与科技深度融合的业务与特点，找出风险点，阅读国内外研究文献，在研究理论上寻找正确的方法，研究技术特点，找出常见风险，发现具有代表性的问题。

（1）梳理期货业务类型，筛选出期货公司重点业务所使用的信息系统。

（2）分析期货业务信息系统的安全威胁，找出风险漏洞。

（3）根据类别分析，针对风险点给出风险防范的建议和措施。

研究基本思路线路见图1：

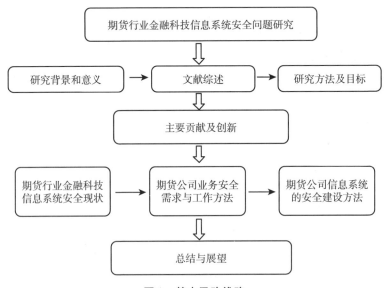

图1　基本思路线路

（五）研究特色与创新

在学术思想、学术观点、研究方法等方面的特色和创新。运用安全五要素分析方法，梳理期货公司重点业务，从业务特点和业务数据出发，分别对其机密性、完整性、可用性、真实性等进行分析，识别期货行业金融科技应用与创新中相关业务面临的信息安全问题，同时针对期货行业信息安全问题，从技术层面做出专业分析，将业务层面的信息安全与底层技术的信息安全对比分析，提出构建安全的业务营运环境和安全技术保障的建议。

二、期货行业金融科技创新发展与业务分类

（一）期货行业的科技技术发展历程

期货行业是重要的金融企业之一，金融科技的发展带动期货业务快速发展的同时，也面临着更大的信息安全风险。

期货行业的科技发展之路如图 2 所示：

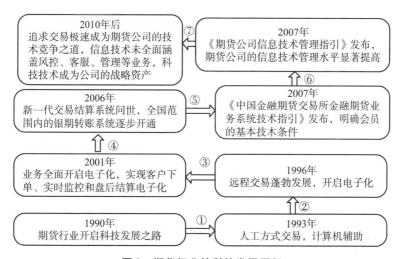

图 2　期货行业的科技发展历程

（1）信息技术在期货行业的逐步发展。

从 1990 年起，中国期货行业的科技技术发展经历了从无到有、从简单到复杂、从局部到整体的多个阶段。1993 年以前，期货公司普遍采用人工方式进行交易，人工电话报单结合计算机辅助清算，计算机系统在此阶段只是作为辅助工

具，而信息技术的应用主要体现在交易所。从 1996 年开始，远程交易蓬勃发展，金融机构的系统开始进入一个电子化阶段。2001 年，期货业务开启全面电子化的过程、投资者从开始逐步使用到大量采用期货交易客户端进行电子化下单，期货经营机构建立起了可以实时控制风险和盘后电子化结算的交易结算系统，区域性的银期转账系统化在个别期货公司得到应用，期货市场进入了全面电子化时代。

（2）期货业务全面进入信息技术阶段。

2001 年 5 月 8 日，三家期货交易所通信联网系统正式开通（史称三所联网），三个交易所系统建设升级换代。2006 年，期货公司新一代交易结算系统面世，全国范围内的银期转账系统逐步开通。

（3）信息技术规范发展阶段。

2007 年 10 月，中金所发布《中国金融期货交易所金融期货业务系统技术指引》，明确了中金所会员的基本技术条件和要求。2009 年《期货公司信息技术管理指引》发布；同时技术分级（共四个级别）检查把期货公司的信息技术管理水平推向了新的高度。

（4）信息资源已经成为公司的战略资产。

2010 年，追求交易极速成为期货公司技术竞争之道。在交易系统中普遍应用内存处理技术，嵌入式系统（基于 FPGA 技术），期货对于速度的要求也越来越高。现在，期货经营机构的信息系统功能已不仅仅是交易和清算，而是包含风控、客服、管理（部分开始包含审计）等，涵盖了期货公司业务的方方面面。信息技术无处不在，已经成为期货公司的生命线，是期货市场安全、稳定运行的基石与基础。

（二）期货行业金融科技信息技术应用现状

（1）行业信息技术标准逐步规范。

证监会加大信息技术规范监管，促使行业信息技术规范发展。中国期货业协会 2009 年制定发布《期货公司信息技术管理指引》及检查细则，先后两次修订《期货公司信息技术管理指引》，使自律规则紧贴行业业务发展特点，更具实际指导意义。在开展自律规则修订工作同时，中期协密切配合监管部门开展工作，四年来先后在程序化交易、信息系统外部接入、信息技术服务商管理等方面投入大量精力，进行调研和规则预研，并在信标委的组织和指导下，牵头制定发布《证券期货业信息系统托管基本要求》等行业标准。

（2）行业信息技术应用现状。

受监管部门委托，2015 年中期协顺利完成了监管部门 2013 年启动的为期 3 年的行业信息技术抽查工作。据统计，现场检查的 105 家期货公司，共 62 家公司达到三类及以上技术等级要求，占比41.33%，较2013年，增加5.08%，较2009年底，增加226.3%；其中1家公司达到四类技术等级要求；71家公司达到二类技术等级要求，占比47.33%，与2013年持平；15家公司达到一类技术等级要求，占比10%。由此可见，期货行业未来信息安全的建设任务任重道远。

（三）期货公司的主要业务类型

本章节研究暂不考虑监管机构对期货公司信息系统的安全要求，单纯梳理期货公司的业务系统，为信息技术安全分析奠定基础，理清思路。

1. 期货行业主要业务

（1）经纪业务：商品期货经纪和金融期货经纪。

（2）期货投资咨询业务。

（3）资产管理业务。

（4）基金销售业务。

（5）IB（Introducing Broker）业务。

2. 支持业务的信息系统

支撑上述业务的主要信息系统如下：

（1）官方网站。

（2）开户：非现场开户和现场开户，手机开户和PC（个人计算机）开户。

（3）网上交易系统（含客户端）。

（4）资管系统。

（5）应急中心。

（6）风控系统。

（7）合规系统。

（8）短信平台。

（9）财务系统。

（10）行情系统。

……

各期货公司的信息系统从系统的开发者来分析：分为自己开发和第三发开发、采购。

三、期货公司业务安全需求与工作方法

业务安全的起源是由于黑产的存在，很多年前黑产就通过黑客入侵、拖库，变卖数据挣钱。随着近三年互联网金融蓬勃发展，黑产盈利门槛也随之降低。不再需要入侵对方才能套利，仅通过业务层面漏洞，对人员行为防范不严和法律空

子就能获利。

（一）业务部门的信息安全工作

提出适合业务现状的业务安全与风控方法，需要安全团队管理层、企业管理层、外部团队与业务团队共同开展良好的沟通，取得相互信任和支持。

业务部门的主要工作包括以下三个方面：

（1）设计和发布符合行业客户需求的产品和配套业务（系统），保障信息系统可用性和敏感数据的机密性和完整性。

（2）保障业务正常运营，避免发生损害公司利益的事件，如数据泄露或勒索事件；利用技术和管理手段解决大规模、集中的数据泄露或勒索事件，对外部业务访问防控、内部人员操作行为内控。

（3）安全团队指导建立日常安全意识和风险管理方法，团队间取得信任和支持。利用平台资产管理能力，定义资产/数据的安全价值，资产威胁情况和资产脆弱性情况，体现安全态势。

（二）业务安全的防护内容

业务安全对基础安全的拓展，包含账号安全、交易风控、征信、反价格爬虫、用户行为分析、反欺诈、反钓鱼、反垃圾信息、内容信息安全、安全情报等。

业务安全内容涵盖业务设计、业务实现和业务运行环境。以业务设计为例，产品经理不光要分析业务流程，还要考虑设计策略，关于业务的设计策略主要体现在数据安全性和扩展性。一般网站开发者为了防止恶意注册的行为，在注册页面均会再加入一些需要人工输入的步骤，比方说短信验证码、邮箱验证等。

（三）业务安全防护方法

常见业务安全防护技术包括账号安全、交易风控、反欺诈技术等，简要介绍如下：

1. 账号安全

账号安全包括注册、登录、密码找回、多因素认证、多设备登录等环节。以登录环节为例，登录行为是指用户登录账号时的信息，其中包括登录时间、设备、IP 地址及归属地、登录类型、登录结果等，借助人工智能技术，可以将登录行为与欺诈交易的评定紧密联系在一起，自动对疑似有风险的交易进行拦截。比如，异地登录账户的风险性较高；不同的登录方式和类型也会反映出不同的风险性。

据 IDC 统计，2020 年，50% 的在线交易将受指纹等生物认证技术的保护，近年来兴起的 FIDO (Fast Identity Online，快速在线身份认证) 更被腾讯、阿里、京东等互联网巨头普遍采用。如果说谁最注重账号安全，非金融行业莫属，身份认证是电子支付的基础，因此，银行、证券、保险等在身份认证领域无不投入重金。

2. 交易风控

对于金融机构来说，数据分析的水平可以决定对于打击欺诈行为所进行观察、指导、决定和采取行动的决策周期。由于最好的见解往往处于行业或数据集重叠的边缘，因此对已知问题提出有针对性的提议，并结合各种信息，想办法研究出解决方案。通过将专有数据集合与行业基准、政府信息相结合，金融机构可以同时使用人工智能、机器学习和分析来大面积打击金融欺诈。

3. 反欺诈技术

在 2016 年 10 月 Gartner 发布的"线上欺诈检测市场研究报告"中，总结了该领域的主要需求以及解决方案供应商的特点，提出了分层级的自动欺诈检测的最佳实践。在这个建议中，Gartner 认为一个完整的线上业务欺诈检测系统，应该分为 5 个层级。

第一层，终端风险识别：以终端为核心，分析交易发起终端（PC，移动设备等）的属性，并且这些分析的前提应当是，欺诈检测系统能够和终端直接发生交互，而不是通过其他中间系统。主要技术手段包括设备指纹、生物检测、木马检测、终端行为与地理位置检测等。

第二层，交互行为监测：以账户为核心，采集账户与业务系统之间的交互行为或网络行为，实时采集并分析，学习用户行为模式，通过行为模式的对比，发现欺诈交易。

第三层，渠道内行为异常检测：使用统计模型或规则系统，在单一渠道上针对某一特定用户，进行行为分析和异常检测。在这一层级，同时可能利用内、外部数据，针对高风险交易，共同进行身份验证。

第四层，全方位行为异常检测：以用户为核心，跨渠道、跨产品的，对用户行为进行监控和分析，对高风险异常行为进行预警。例如全方位采集某个用户在交易、理财、资管平台等各个渠道上的交易行为数据，集中分析，实现全渠道的风控。

第五层，UEBA：基于大数据的 UEBA (User and Entity Behavior Analytics)，通过全面的数据采集与数据治理，在不同的属性上对用户或实体之间的关系进行关联分析，发现潜在的欺诈风险。

四、期货公司信息系统的安全建设方法

狭义的业务安全仅仅针对业务环节：主要是指业务设计中的业务功能和流

程；广义的业务安全还需要包含业务安全和支持这些业务的信息系统，例如 Web 环境、主机、手机应用、网络和物理机房等。

（一）期货业务信息系统面临的典型威胁

1. 数据泄露

数据泄露对于业务经营损失和企业品牌形象的损害有非常严重的后果。

数据的泄露包括：内部运营数据、商业活动策划方案、定价策略、大客户名单联系方式等，造成的损失会使自己现有的客户遭遇电话骚扰，甚至丢失潜在的客户资源。

2014 年 1 月，韩国 2000 万信用卡用户信息泄露。韩国三大信用卡公司的客户信息泄露波及范围覆盖韩国 40% 的人口，实施犯罪的是个人信用评估公司的内部员工。2014 年 10 月，摩根大通银行 8300 万客户信息泄露。黑客通过摩根大通某台服务器安全验证的漏洞绕过验证系统，进入银行服务器，盗取客户信息，并且控制 90 多台服务器。证券行业 2015 年发生的证券幽灵攻击，过程更加隐蔽，手法技术门槛更高。自被发现回溯潜伏最长十多年，默默窃取交易数据，以此谋取利益。事件分析发现，该攻击过程并不会在目标网络中大范围传播，而更加倾向于控制 IT 人员终端、AD（活动目录）域控制器以及应用服务器（DNS、防病毒服务器等），通过对 IT 相关设施的控制，便于攻击者在内网范围内横向移动，窃取账号/口令、文档等关键数据，并逐步渗透进核心业务区域。

2. 勒索攻击

显而易见，业务部门关注勒索事件对业务系统的攻击后果，一旦服务瘫痪，如交易系统或资产管理系统中断，客户无法正常交易，将会造成难以弥补的损失。

2017 年 6 月相继发生的"无敌舰队"和"匿名者"勒索事件，是对金融机构发起大规模 DDoS 攻击。"无敌舰队"事件，许多金融机构收到勒索邮件，被要求支付 10 比特币（市值约 20 万人民币）作为保护费，部分机构受到了一定程度的攻击。同月，"匿名者"（Anonymous）向全球金融机构发起代号为"Opica-rus2017"的攻击，中国人民银行、香港金融管理局等超过 140 个金融机构都在其攻击表中。与以往不同，此次"匿名者"组织发起的是"DDoS + 数据库注入"双重攻击，不仅瘫痪网站服务器，还窃取敏感数据，直击金融行业的核心。

业务安全风控与技术对抗完全不同，业务安全的目标是相对意义上的风险控制，而不是绝对意义上的防黑。攻击者实施拖库行为，只需一次后果就非常严重。另一方面，业务安全即使漏掉了一些，但解决了大部分的问题，整个风险也是可以被接受的。安全态势能否直观展示业务部门的关注结果和建议，是需要信息安全经理思考和解决的。

（二）期货公司主要信息系统安全分析和防护建议

攻击者往往会攻击价值高、易于得手的信息系统，因此本文主要针对重要和利用难度低的几个信息系统进行安全分析，包括官方网站、非现场开户、现场开户、网上交易系统、资管系统。

1. 官方网站

官网是期货公司对外宣传和事件通告的重要平台，如果网站被攻击，往往是出于攻击者荣誉或者政治原因，不管出于何种原因，一旦被攻击者得手，对企业来说都是致命的。

攻击者可以从探测、利用、上传、提权、篡改或窃取几个方面着手一步步渗透网站。既然知道了攻击链，我们针对性打断这条链条。

进入阶段：期货公司建设 WAF（web 应用防火墙）和 IPS（入侵保护系统）系统，通过建设最基础的检测和防御手段，可以有效抵御大量"脚本小子"的攻击，并且防止探测阶段的恶意扫描以及利用 Web 漏洞的攻击行为，另外，定期对网站系统及应用进行安全评估，主动发现脆弱点并及时修复。

潜伏阶段：利用 WAF 等探针检测并阻断黑客 C&C 回连；定期检查 Web 服务器是否有 Webshell（webshell 就是以 asp、php、jsp 或者 cgi 等网页文件形式存在的一种命令执行环境，也可以将其称做为一种网页后门）及其他病毒。

盗取阶段：建立审计系统对数据库泄露行为进行审计、告警；利用数据库防火墙阻止数据泄露，并实时监控网页及开源社区，一旦发生网站篡改及数据泄露事件及时产生告警；建立健全应急机制，明确应急责任人，定期开展应急演练。

2. 经纪业务系统

由于非现场开户、网上交易系统及现场开户（柜台）支撑的都是经纪业务，柜台系统是期货公司最核心的系统之一，所有的开户、交易信息均通过柜台进行。不管是非现场开户还是网上交易，最终都会把数据传输到柜台系统。对于普通投资者来说，我们可以操作的主要是期货公司的非现场开户系统（包括 WEB 端、手机 APP 端）和网上交易系统（包括电脑 C/S 端，手机 APP 端以及微信），柜台的开户则由柜员帮助客户建立账户，该系统为 B/S 架构，处于内网环境，相对可信。

对于攻击者来说，首先考虑的目标一定是开放在互联网上的系统，因此非现场开户及网上交易系统需要重点关照。

非现场开户系统：WEB 端的攻击与防御思路与官网类似，不过这里我们还需要重点关注钓鱼网站的监测以及抗 DDoS 的能力。手机 APP 则通过安全加固等技术对源代码、键盘劫持、渠道分发等进行保护，并定期进行 APP 安全评估。

同时在应用上线之前对源代码进行完整的审计，甚至可以在开发阶段进行安全编码规范。

网上交易系统：该系统是期货公司最为核心的系统之一，通过网上交易系统，客户可以委托进行交易。证监会对该系统也有明确规定，一定要过等级保护。其客户端分为 PC 客户端、APP 客户端、微信。PC 客户端多为大富远、博易大师等交易软件，也有期货公司自己开发一套 C/S 架构系统。此类 C/S 架构系统主要从客户端、通信加密以及服务端是否安全等方面进行评估。手机 APP 客户端需要安全加固及定期评估，微信则定期进行安全检查，而网上交易系统服务器和网络通信服务器需要具备抗 DDOS 攻击能力。

现场开户（柜台）系统：该系统属于内网系统，开户时由柜员登录其账号进行操作，系统架构多为 B/S 架构。由于系统处于内网，相对安全，因此很多期货公司并不太关注该系统的安全建设。笔者认为越来越多的 APT 攻击事件说明内网并不是绝对的安全，往往对该系统进行全面的安全评估之后就会发现一些意想不到的结果。例如 U 盘读取、访问权限过大、接口安全性、操作系统漏洞以及应用漏洞等。笔者认为，至少可以从以下几个方面进行建设：物理安全、安全流量梳理、漏洞管理、0DAY 检测、操作审计、威胁情报与互联网资产信息获取、全流量分析以及蜜罐系统。

笔者提出的建议多为技术方面，其实还有很多管理制度及流程需要与技术同步建设，另外安全人员的培养以及员工的意识培训也有很多工作要做。

3. 资产管理系统

目前期货公司用到比较多的资管系统应用均为 C/S 架构（C/S 结构，即大家熟知的客户机和服务器结构。它是软件系统体系结构，通过它可以充分利用两端硬件环境的优势，合理分配任务，降低了系统的通讯开销），从安全的角度考虑，主要从客户端、通信、端口进行安全检测。资管系统同样面临着柜台系统的威胁：访问权限、APT、操作行为等。

从防护的角度来看，访问控制技术、APT 攻击识别与阻断技术都是必须要考虑采用的措施。

（三）信息系统的防护技术说明

1. 防火墙与访问控制策略

防火墙策略分析需安全工程师对已导出的防火墙策略进行阅读，通过与网络管理员、防火墙厂商工程师交流，理解策略含义。之后，通过与网络拓扑结合分析，找出存在安全风险的配置策略并提出整改建议。分析过程遵循如下原则：

（1）防火墙策略设置应遵循"最小化"原则，根据系统内外部互联的实际需求，建立包括目的 IP、端口、承载信息、信息敏感性等内容在内的网络连接信息表，并据此配置防火墙策略，禁止出现非业务需要的大段 IP、连续端口开放的策略。

（2）原则上不允许提交策略的业务服务占用小于 1024 的常用端口；所有没有明确允许的访问都应该禁止。

（3）在不影响防火墙策略执行效果的情况下，应将针对所有用户（源为 any）的策略设置为较高优先级；将匹配度更高的策略优先级次之；将拒绝的策略设置为比允许的策略更高的优先级。

（4）原则上防火墙策略中不应出现允许远程登录及数据库管理的相关策略。对于特殊需求的，可设置点对点访问控制策略。

（5）原则上互联网用户只能访问外联 DMZ 区域的设备，不允许存在互联网用户直接能问到内部核心服务器区域的访问权限。

（6）防火墙策略的最后应有一条拒绝所有（deny all）的策略。

2. 网络设备安全配置

从整体网络安全的角度对现有的网络安全策略进行全局性的评估，主要包括：

（1）对网络设备进行远程管理时，应采取必要措施防止鉴别信息在网络传输过程中被窃听。

（2）定期对网络设备的配置文件进行备份。

（3）对网络系统中的网络设备运行状况、网络流量、用户行为等进行日志记录。

（4）应对网络设备的管理员登录地址进行限制。

（5）应能够对内部网络用户私自联到外部网络的行为进行检查，准确定出位置，并对其进行有效阻断。

（6）应在网络边界处监视以下攻击行为：端口扫描、强力攻击、木马后门攻击、拒绝服务攻击、缓冲区溢出攻击、注入式攻击、IP 碎片攻击和网络蠕虫攻击等。

3. 拒绝服务攻击防护

拒绝服务攻击，即 DDoS，是在众多网络攻击中一种简单有效并且具有很大危害性的攻击方式，通过各种手段消耗网络带宽和系统资源，直至不能对正常用户进行服务。

DDoS 攻击存在大小流量两极分化。包括攻击事件中攻击流量与时长的两极分化，攻击目标中针对高性能及业务特性的两极分化，攻击协议中小流量复杂大流量简化的两极分化。

小流量攻击有着特殊的目的，与大流量（100G 以上）及超大流量（500G 或更高）相比，这些攻击因为其流量小，不会引起业界的关注，这些小流量隐藏在大流量之中，难以辨识；还有些小流量攻击时长，小到防护设备难以捕获，很难完整呈现其攻击过程，这些特点决定了小流量攻击，不仅不会被攻击者抛弃，而且将利用其充分贴近业务的特性，形成 DDoS 脉冲攻击（Hit-and-run DDoS）。因此，采取能够应对大流量和小流量攻击类型的多个维度防护方法，应对 DDoS 攻击行为。主要防护方法是运营商清洗和本地防护平台，建议采取双机制措施部署，其中一项失效时，互为备份措施。

（1）运营商流量清洗。

国内各运营商陆续提供网内 DDoS 流量清洗增值服务，可有效应对大流量 DDoS 类型攻击。如广东电信流量清洗系统利用旁路部署技术，集中部署在省干网，并结合攻击检测系统，及时发现背景流量中各种类型的攻击流量，迅速对攻击流量进行过滤或旁路，保证正常流量的通过，有效地提供 DDoS 检测防护服务。

（2）本地防护平台。

通过在企业网络互联网边界部署 DDoS 专用防护系统，可有效应对小流量 DDoS 类型攻击。在未达到攻击规模之前，可以对流量进行分析，并统计背景流量状态，事前调整防护策略提高准确性，提升攻击事件发生时的防护水平。

同时，作为运营商流量清洗的备份措施。

4. 网络入侵防护方法

网络入侵防护是应对非授权人员从网络边界入侵企业重要信息系统和相关网络设备。防护方法有网络入侵检测、入侵阻断、威胁风险分析。

（1）入侵防护检测。

①基于特征分析的专家系统。

特征分析主要检测各类已知攻击，在全盘了解攻击特征后，制作出相应的攻击特征过滤器，对网络中传输的数据包进行高速匹配，确保能够准确、快速地检测到此类攻击。

②协议异常检测。

协议异常最为重要的作用是检测特定应用执行缺陷（如：应用缓冲区溢出异常），或者违反特定协议规定的异常（如：RFC 异常），从而发现未知的溢出攻击、零日攻击以及拒绝服务攻击。

③流量异常检测。

流量异常检测主要通过学习和调整特定网络环境下的"正常流量"值，来发现非预期的异常流量。如果实际网络流量统计结果与基准达到一定的偏离，则产生警报。

（2）威胁风险分析。

威胁情报，是资产威胁或危害的基于证据的知识，包括上下文、机制、指标、意义和应对建议，可为主体提供如何响应威胁或危害的决策。

期货类金融企业对外服务的重要系统以交易 WEB 平台和交易 APP 为主，通过收集威胁情报，掌握国内外已发生的特定信息安全事件所利用的已知漏洞是否与企业交易 WEB 平台存在的漏洞或交易 APP 某项业务流程缺陷有关联，从而提出漏洞缺陷修补优先级。威胁风险分析过程需要将信息资产、存在漏洞信息、威胁信息综合分析，得出风险高低结果，提供安全团队决策。

5. APT 攻击行为识别方法

具有 APT 特征的恶意样本，即木马 Backdoor. David。该木马除具备传统木马功能外，同时还具有被捕获后告警、驱动级自保护、多级代理控制、数据通信加密等功能，经过充分分析此木马在攻击事件中的行为特征以及 rootkit 功能，再结合该样本定向攻击、潜伏期长、攻击模式隐蔽且形式多样等特点，我们将该事件性质定义为 APT 攻击。

识别此类木马的方法是定期在企业的网络边界和内部网络进行网络入侵防护基础上，采取网络流量威胁分析，提高 APT 攻击行为的识别率。如下对网络流量威胁分析技术做介绍。

（1）多种应用层及文件层解码。

从高级可持续威胁的攻击路径上分析，绝大多数的攻击来自与 Web 冲浪、钓鱼邮件以及文件共享，基于此监测系统提供以上相关的应用协议的解码还原能力。

为了更精确地检测威胁，监控系统考虑到高级可持续威胁的攻击特点，对关键文件类型进行完整的文件还原解析，系统支持了以下的文件解码：

Office 类：Word、Excel、PowerPoint…

Adobe 类：. swf、. pdf…

不同的压缩格式：. zip、. rar、. gz、. tar、. 7z，. bz…

（2）智能 ShellCode 检测。

恶意攻击软件中具体的攻击功能实现是一段攻击者精心构造的可执行代码，即 ShellCode。一般是开启 Shell、下载并执行攻击程序、添加系统账户等。由于通常攻击程序中一定会包含 ShellCode，所以可以检测是否存在 ShellCode 作为监测恶意软件的依据。这种检测技术不依赖特定的攻击样本或者漏洞，可以有效地检测已知、未知威胁。

需要注意的是由于传统的 ShellCode 检测已经被业界一些厂商使用，因此攻击者在构造 ShellCode 时，往往会使用一些变形技术来规避。主要手段就是对相应的功能字段进行编码，达到攻击客户端时，解码字段首先运行，对编码后的功能字段进行解码，然后跳到解码后的功能字段执行。这样的情况下，简单的匹配相关的攻击功能字段就无法发现相关威胁了。

系统在传统 ShellCode 检测基础上，增加了文件解码功能，通过对不同文件格式的解码，还原出攻击功能字段，从而在新的情势下，依然可以检测出已知、未知威胁。在系统中，此方式作为沙箱检测的有益补充，使系统具备更强的检测能力，提升攻击检测率。

（3）动态沙箱检测。

动态沙箱检测，也称虚拟执行检测，它通过虚拟机技术建立多个不同的应用环境，观察程序在其中的行为，来判断是否存在攻击。这种方式可以检测已知和未知威胁，并且因为分析的是真实应用环境下的真实行为，因此可以做到极低的误报率、较高的检测率。

检测系统具备指令级的代码分析能力，可以跟踪分析指令特征以及行为特征。系统发现恶意软件后，会持续观察其进一步的行为，包括网络、文件、进程、注册表等，作为报警内容的一部分输出给安全管理员，方便追查和审计。而其中恶意软件连接 C&C 服务器（命令与控制服务器）的网络特征也可以进一步被用来发现、跟踪 botnet 网络。

五、总结与展望

（一）金融科技未来发展的趋势

1. 金融服务成为随时在线的服务

随着互联网的进一步发展，数字化金融服务正在从"物理的地方"，变成一种"永远在线"的服务。数字化转型成为金融行业的热点，手机的普及改变着用户的行为习惯，远程开户、手机在线交易等业务的发展也改变着期货行业的业务形态，"移动优先"逐渐成为行业关注的焦点，手机业务 APP 的不断优化，极大地改善着客户体验。

2. 金融行业整体的技术架构转型是大趋势

期货行业经过多年的信息化建设，针对不同业务板块开发了大量的应用软件，基本实现了信息化系统的业务全覆盖，同时也导致大量的重复建设功能，随着业务的增加和系统的复杂，数据孤岛越来越多，逐渐成为业务创新的负担。这也是未来金融行业信息化发展的方向。正如毕马威发布的报告《助力企业数字化转型》指出：未来企业将重点致力于解决从传统信息化到数字化的转变，包含从"烟囱系统，重复开发"到"共享沉淀服务化能力"；从"数据孤岛"到"数据智能决策"等核心 IT 能力的转变。可见，金融机构未来信息技术发展的方向是建设"共享化、组件化、中心化"的业务运行技术架构，"打通"各个环节，打破过去分散系统的壁垒，形成一套支撑全局化的技术能力中心。

（二）信息安全成为行业稳健发展的关键

1. 信息安全工作任重道远

目前的信息安全态势显示："针对我国重要信息系统的高强度有组织攻击威胁形势严峻"，"仍有众多 APT 攻击事件尚未被识别"，信息安全工作任重道远。期货类金融企业网络安全建设应该根据企业现状进行网络架构优化、部署网络方面的检测防御类和安全评估类产品，利用大数据、人机学习、云计算等新技术实现态势感知、关联分析等安全建设目标，保障业务安全。

2. 重视信息安全产品的价值认知

针对网络安全建设思路方法和内容，从架构分析、DDoS 防护、入侵防护逐步深入，从无到有，对于 APT 识别与防护水平高低的关键是企业需要高度重视信息安全，有条件的要组建自有安全团队，信息安全经理需要熟知期货业务，同时必须认识到安全产品的安全价值，明确安全产品在企业业务环境中的专属功能定位，从而发挥超出单一安全产品的防护功能，实现整体安全防护价值。

参考文献

［1］IDG 快讯网．成为"黑客"前，应该知道的"信息安全简述"，2018.12.

［2］王世伟．论信息安全、网络安全、网络空间安全［J］．中国图书馆学报，2015（03）.

［3］尹辉．互联网金融信息安全［J］．互联网＋安全，2017（12）.

［4］和讯期货．金融科技加速变革，为期货行业带来新机遇，2017 年中国期货市场发展蓝皮书，2018（02）.

［5］韩维蜜．证券期货业迈上金融科技新征程［J］．金融电子化，2018（08）.

［6］姜洋．制定证券期货业金融科技发展规划［N］．上海证券报，2017.12.

［7］侯小溪．期货公司直言：量化对冲玩的是科技，中国经济网，2015.09.

［8］期货日报．紧跟金融科技潮：塑造行业竞争力"中国期货行业协会四年工作回顾"系列报道之信息技术篇．

［9］黄鱼．中国信通院何宝宏：金融科技重塑金融行业"三大链"［N］．人民邮电报．2018.01.

［10］俊拓金融．金融科技 Fintech 时代来临共探发展模式与新前景［N］．俊拓金融．2018.01.

［11］何阳．金融科技加速变革四大技术趋势凸显［N］．人民邮电报．2018.01.

［12］Nuix 公司《The Black Report》，在 2016 年召开的 BlackHat 黑帽美国大会与 DEF CON 24 上，针对已知黑客人员（专业术语称为渗透测试人员）进行了一番调查，旨在了解其使用的攻击方法、偏好选择的漏洞以及在实际操作中发现哪些防御措施最具成效等问题。原报告地址：https：//www.nuix.com/white-papers/black-report.

［13］代劲．强化互联网金融风险管理的路径选择［J］．当代金融家，2016（11）.

［14］何纪成，卢楷，王玉涛．电力领域 apt 攻击预警技术研究［J］．电力设备，2018 （10）．

［15］第 39 次中国互联网络发展统计报告．

［16］王虎云．三大风险威胁互联网金融安全［J］．金融世界，2014.09.

［17］周良慧，杨珏．互联网金融中的信息风险分析［J］．金融教育研究，2014（08）．

［18］赵淑静．基于互联网金融企业内部控制的风险管理对策研究［J］．时代金融，2015 （08）．

［19］Mandiant M – Trends 2017 Report，FireEye.